Constitucionalismo e Constituição de 1988

Constitucionalismo e Constituição de 1988

2022 • Volume 1

Edson Simões

ALMEDINA

CONSTITUCIONALISMO E CONSTITUIÇÃO DE 1988
VOLUME 1

AUTOR: Edson Simões

DIRETOR ALMEDINA BRASIL: Rodrigo Mentz
EDITORA JURÍDICA: Manuella Santos de Castro
EDITOR DE DESENVOLVIMENTO: Aurélio Cesar Nogueira
ASSISTENTES EDITORIAIS: Isabela Leite e Larissa Nogueira

DIAGRAMAÇÃO: Almedina
DESIGN DE CAPA: Roberta Bassanetto

ISBN: 9786556274775
Março, 2022

Dados Internacionais de Catalogação na Publicação (CIP)
(Câmara Brasileira do Livro, SP, Brasil)

2Simões, Edson
Constitucionalismo e constituição de 1988 :
vol. 1 / Edson Simões. – 1. ed. – São Paulo :
Almedina, 2022.

ISBN 978-65-5627-477-5

1. Antropofagia 2. Atualidade 3. Brasil –
Constituição (1824-1988) 4. Direito constitucional
5. Direito constitucional – Brasil 6. História
constitucional – Brasil 7. Impeachment – Brasil
8. Imperialismo 9. Revoluções – Brasil I. Título.

Números Mais números

Índices para catálogo sistemático:

1. Brasil : Constituição : Direito constitucional 342.4(81)

Aline Graziele Benitez – Bibliotecária – CRB-1/3129

Este livro segue as regras do novo Acordo Ortográfico da Língua Portuguesa (1990).

EDITORA: Almedina Brasil
Rua José Maria Lisboa, 860, Conj.131 e 132, Jardim Paulista | 01423-001 São Paulo | Brasil
editora@almedina.com.br
www.almedina.com.br

APRESENTAÇÃO

Foi agradável e surpreendente entrar em contato com a Coleção Constituições e Democracia no Brasil e no Mundo – Da antropofagia à autofagia, de autoria de Edson Simões. Eu já o conhecia e tinha ciência de quanto ele conhece a respeito de história do Brasil e da humanidade, em especial de suas Constituições.

Assim que comecei a ler a obra, fui compreendendo que estava diante de uma verdadeira enciclopédia de conhecimentos e de inteligência. Não se trata de um livro para ler como um romance, mas para consultar sempre, no dia a dia, sobretudo por pessoas que necessitam de informações confiáveis.

A aula que ele ali escreve sobre constitucionalismo merece ser lida com atenção por professores de Direito Constitucional, para que possa ser repassada aos alunos. Suas observações são claras e as informações, absolutamente confiáveis.

Já no primeiro dia, ao escrever para o jornal O Estado de S. Paulo um artigo sobre improbidade administrativa e corrupção, fui ao livro de Edson Simões e ali encontrei ensinamentos de mestre, que muito me ajudaram. Enfim, a sua obra, que está muito bem escrita, merece ficar à vista, para ser visitada e consultada sempre.

Sinto-me um privilegiado por receber um exemplar e estou seguro de que vou usá-lo sempre, sobretudo ante as incertezas políticas e jurídicas que a toda hora sacodem o nosso país. Sabia que Edson Simões tinha sido excelente professor, vereador, Conselheiro e Presidente do Tribunal de Contas do Município de São Paulo, e por isso não me surpreendi com a qualidade da obra.

O que realmente me surpreendeu e encantou é que terei à minha disposição, para permanente consulta, trabalho verdadeiro e de honestidade intelectual. Edson Simões merece, sem dúvida, que seu talento seja reconhecido e propagado.

ALOÍSIO DE TOLEDO CÉSAR

Desembargador aposentado do Tribunal de Justiça de São Paulo, ex-secretário de Justiça do Estado de São Paulo e escritor de artigos políticos e jurídicos para jornais e revistas jurídicas. Colaborador do jornal O Estado de S.Paulo

PREFÁCIO

Uma enciclopédia da democracia e das constituições, no Brasil e no mundo

Esta excepcional obra de erudição política e constitucional, dividida em cinco densos livros, poderia ser chamada, seguindo a terminologia desenvolvida pelo historiador francês Fernand Braudel, de trabalho de "longa duração". De fato, Edson Simões deve ter passado muitos anos compulsando sua imensa bibliografia de referência, ademais de uma leitura atenta dos periódicos, para compor este vasto panóptico analítico-interpretativo sobre a evolução constitucional do Brasil, ademais de um igualmente ambicioso panorama cronológico sobre o itinerário histórico dos regimes políticos, desde os modelos ideais pensados pelos antigos filósofos até as modernas democracias de mercado. O conjunto da obra poderia também ser conhecida por um título grandioso, sem, no entanto, deixar de ser verdadeiro: "tudo o que sempre você quis saber sobre as constituições, em especial as do Brasil, e suas conexões com os diferentes regimes democráticos ao longo da história, da antiguidade à contemporaneidade".

O panorama assim traçado é tão vasto que ele precisou ser dividido em nada menos do que cinco alentados volumes, que cobrem praticamente, o amplo espectro das constituições brasileiras, que abrem e fecham a obra, depois de magnífico percurso pela história, pela filosofia e pelo direito dos regimes políticos, desde a antiguidade até a era contemporânea, como resumido a seguir. O primeiro volume é dedicado ao Constitucionalismo e à Constituição de 1988 - da antropofagia à autofagia; o segundo cobre a contribuições de grandes pensadores e suas contribuições à formulação de modelos para a organização dos estados e para a construção das ordens políticas as mais diversas; o terceiro se ocupa justamente da luta pela democracia, da Grécia à finada União Soviética, que deu lugar à Rússia parcialmente democrática de nossos dias; o quarto volta a tratar da história do Brasil, desde o descobrimento até a República Velha; o quinto, finalmente, continua a se ocupar da construção da democracia no Brasil, da era Vargas aos nossos dias, com dois grandes experimentos autoritários no caminho, o Estado Novo (1937-1945) e a ditadura militar, que durou pouco mais de duas décadas (1964-1985).

Pela amplitude, vastidão de tópicos – o que se constatará facilmente pelos sumários detalhados de cada um dos volumes, trata-se de empreendimento inédito no mercado editorial brasileiro, carente de títulos que tratem, simultaneamente e de forma integrada, de temas de direito e de história constitucional, com uma enorme análise, não apenas complementar, mas absolutamente essencial, sobre os conceitos e as realidades dos regimes democráticos, desde suas origens às modernas democracias de mercado. De fato, uma consulta a cada um dos índices dos volumes revela uma profusão verdadeiramente enciclopédica de subcapítulos e de seções em cada uma das suas centenas de partes, algo surpreendente nos dias atuais em termos de esforços ciclópicos, como este que Edson Simões tomou a braços, em face de sínteses bem mais modestas que são publicadas atualmente.

A bibliografia geral, usada pelo autor, assim como as referências específicas a cada um dos volumes, podem ser consideradas como verdadeiramente esmagadoras para um único autor, pois também revelam uma ampla diversidade de leituras, provavelmente ao longo de anos, senão de décadas. Um somatório tentativo das leituras de Edson Simões – que não é matemático, pois há que considerar todo acúmulo de leituras da mídia diária, o seguimento do noticiário em outros veículos e, desde alguns anos, tudo aquilo que nos entra pelas redes sociais – resulta num inacreditável cômputo final de 565 títulos, sendo que não menos de dez pertencem ao próprio autor (dos quais vários em obras coletivas ou em coautoria), aos quais este prefaciador poderia agregar oito de sua própria autoria, títulos mais propriamente de relações internacionais e de história do que exatamente de ciência política ou direito.

Mas, estes são apenas os aspectos volumétricos, ou quantitativos, desta obra de fato monumental, o que requereu, justamente, sua divisão em volumes, em função de sua dimensão assombrosa. Sem pretender uma comparação quanto ao conteúdo, inclusive porque são de gêneros completamente diferentes, pode-se pensar – quanto ao volume de trabalho que a obra dever ter custado ao autor, numa labuta de longos anos – no famoso *Dictionary of the English Language*, do não menos famoso Samuel Johnson. O dicionário do inglês, biografado por James Boswell, tomou não menos do que nove anos para ser completado: de 1746 a 1755; sua composição gráfica, com muitas ilustrações e uma infinidade de citações – "examples from the best writers", entre os quais se incluíam, sobretudo, Shakespeare e Milton –, custou bem mais ao editor que o compôs, em dois volumes, do que Samuel Johnson recebeu para compô-lo.

Sabemos que outros autores também foram prolíficos escritores, como, por exemplo, no terreno do Direito, Pontes de Miranda, ou mais ainda, Rui Barbosa (sem que ele, na verdade, tenha publicado um único volume durante toda a sua longa vida), cujas obras completas, aos cuidados da Fundação que leva o seu nome, ainda não se terminaram de publicar, mas já somam mais de uma centena de volumes. Aliás, Edson Simões não cita Rui Barbosa em seus quase seiscentos títulos da bibliografia, mas é porque o grande jurista baiano – conterrâneo, portanto, de Edson Simões – é tomado como um verdadeiro personagem de nossa história constitucional e política, muito mais atuante na vida parlamentar e nos debates de imprensa, do que propriamente como doutrinador. Mas, Rui Barbosa também foi um estadista e um diplomata – sobretudo nas negociações em torno da compra do Acre, depois, de maneira magistral, na segunda conferência da paz da Haia (1907) e, finalmente, como representante brasileira nas comemorações do primeiro centenário da independência argentina, em 1916 –, tendo formulado contra as pretensões dos imperialismos arrogantes, na Haia, um dos princípios basilares do multilateralismo brasileiro e peça básica da doutrina diplomática do Brasil: a igualdade soberana dos estados. Rui Barbosa, mais até do que um advogado de grandes causas, de jurista respeitado internacionalmente e, até mesmo, um estadista de envergadura mundial – foi escolhido praticamente por unanimidade, inclusive pelas grandes potências, para ser o primeiro juiz brasileiro na Corte de Justiça Internacional, só não assumindo por já se encontrar doente –, era um escritor compulsivo, e a maior parte de sua obra entraria, talvez, na categoria do jornalismo erudito.

Edson Simões honra a memória do "homem mais inteligente do Brasil" (segundo os baianos certamente).

Em matéria de dicionários, Edson Simões usou extensivamente, ou recorreu para consultas tópicas, a nada menos do que duas dezenas de dicionários de Política (entre eles o famoso de Norberto Bobbio), de História (três da história brasileira, outro da história universal, sendo um da civilização grega e outro da Roma antiga, e um da Revolução Francesa, que possui um estupendo prefácio de José Guilherme Merquior), de Filosofia e dos filósofos (inclusive cobrindo Rousseau, além de um "gramsciano), sem mencionar os que são propriamente da área constitucional e parlamentar, um do "politicamente correto", ademais daqueles especificamente da língua portuguesa (Houaiss, o grande lexicográfico brasileiro, como o britânico Samuel Johnson, mas ele foi um diplomata cassado pelo regime militar). Edson Simões também se revelou um misto de "dicionarista", de "enciclopedista", de cronista dos tempos recuados e modernos em matéria de constituições e democracias, um autor dotado de uma pena surpreendentemente abrangente.

Na verdade, pela amplitude de sua escrita, não se trata apenas de uma "pena quilométrica", e sim de uma capacidade de digitação fenomenal, uma espécie de Balzac do direito constitucional, um autor tão volumoso e denso quanto, em outros gêneros, o velho Chateaubriand (que vendeu suas "memórias do além-túmulo", por uma renda permanente, muito antes do esperavam seus editores), ou, em outro exemplo mais literário, quanto Marcel Proust (que era capaz de escrever várias páginas simplesmente sobre o aroma que lhe despertava uma "madeleine" sobre uma xícara de chá). Ainda neste terreno da literatura em grande volume, as centenas de páginas desta respeitável obra em cinco volumes de Edson Simões cobrem facilmente, em extensão, as aventuras que Georges Simenon imaginou para o Comissaire Maigret, em suas 75 pequenas novelas de mistério policial.

No caso de que nos ocupamos, não há absolutamente nenhum mistério, mas total transparência e lucidez quanto aos critérios do autor na abordagem de seu triplo objeto: os pensadores da Política, do Estado, da Justiça e do Direito; as aventuras da senhora Democracia, da antiga Grécia (a "mãe da democracia") aos embates entre autoritarismo e democracia, na Alemanha contemporânea, passando pela Inglaterra, França e Estados

Unidos, entre outros exemplos; e, finalmente, ao início e ao final, o próprio Brasil, seja na sua sucessão de constituições, desde a mais longeva, aquela outorgada pelo primeiro imperador, até a mais recente, que já é uma "balzaquiana", mas que carrega mais emendas do que as dezenas de volumes da *Comédia Humana*, do ilustre novelista francês do século XIX. O caráter enciclopédico da obra é justamente confirmado pela pletora de casos tratados no terreno da política, das desventuras da democracia ao redor do mundo, da Grécia e da Roma antigas às modernas democracias de mercado e, sobretudo, confirmado pela profusão de pensadores das doutrinas e dos regimes políticos abordados, dos sofistas (os primeiros aprendizes de filósofos, mas dotados de pouca lógica) aos contemporâneos, passando por medievais, renascentistas e modernos, sem descurar alguns adeptos do terror político, Robespierre, Marat e Danton *en tête* (que levaram vários outros a perder a cabeça, antes deles).

O primeiro volume da obra revela um comentarista erudito, mas também irônico, sobre as constituições do Brasil, que teriam saído da "antropofagia" para chegar à "autofagia", tantas foram nossas tentativas de democracia, para terminar com o que ele caracteriza como "uma colcha de retalhos". De fato, a Constituição de 1988, a sétima ou oitava da série, segundo se considere certas anomalias ditatoriais, constitui um vasto conjunto de dispositivos concedendo muitos direitos, mas exigindo poucas obrigações, como sempre lembrou o economista e diplomata Roberto Campos, aqui citado pelas suas memórias, um passeio pela história do Brasil no século XX e por cinco de suas constituições, uma das quais, a de 1967, ele ajudou a elaborar, pelo menos no capítulo econômico.

E é justamente no capítulo econômico que se situam os principais problemas do arranjo constitucional atual, uma vez que a Carta de 1988 garantiu todos os direitos a que os cidadãos tinham direito (e sempre mais alguns, segundo a generosa disposição dos legisladores de encontrar o verdadeiro caminho da felicidade legal). Mas, ao mesmo tempo, ela forjou uma ordem econômica que gera baixo nível de investimentos para alimentar um processo de crescimento sustentado, com transformações estruturais e distribuição social dos benefícios de crescimento que não vem, desde exatamente a promulgação da "Constituição cidadã", do dizer de Ulysses Guimarães. Não exclusivamente por causa de seus dispositivos econômicos – pois também ocorreu a crise da dívida dos anos 1980, as hiperinflações se alternando a planos frustrados de estabilização macroeconômica e uma introversão negativa do aparelho produtivo, isolando o Brasil das pressões competitivas da economia global –, mas sobretudo pela tentativa de distribuir benesses a todos e a cada um, a Constituição tornou-se um óbice a uma maior taxa de investimentos produtivos, ao dirigir boa parte das receitas fiscais ao próprio Estado. Este é um ogro famélico que captura um terço de todas as riquezas criadas por empresários e trabalhadores, muito acima do que justificaria o nível de renda per capita do Brasil no confronto com países de características similares (nossa carga fiscal se situa dez pontos acima, no PIB, à de outras economias emergentes, quase no mesmo nível que os países avançados da OCDE, que possuem uma renda per capita cinco ou seis vezes superior à nossa (aliás, estagnada há vários anos).

A chave – ou, se poderia dizer, o ferrolho – de todos os problemas brasileiros se situam amplamente nos terrenos político e institucional, temas cruciais de nossos impasses sociais, e que são objeto de profundas considerações do autor tanto ao início quanto ao final desta obra verdadeiramente completa, tão completa que vai dos "antecedentes do descobrimento do Brasil" e da própria "formação e evolução de Portugal", até Dilma, Temer e Bolsonaro, para mencionar apenas os mais recentes personagens de uma trama que confirma o que Edson Simões chama de "erosão da República e da democracia em pleno século XXI". De fato, impossível não concordar com ele, quando se contempla a lenta demolição das instituições, que vão das manifestações contra o poder político na década passada, às "contradições do Poder Judiciário", como também explicitado ao final da primeira parte da obra. Aqui, caberia talvez retornar ao velho Rui Barbosa, crítico contumaz do militarismo da República – tendo ele enfrentado, em 1910, o sobrinho do primeiro marechal-presidente, Hermes da Fonseca, habitual em intervir nos conflitos estaduais –, que ele considerava como o principal perigo à democracia brasileira: de fato, os militares nunca deixaram de intervir nos assuntos políticos, em mais de 130 ano de República.

O amontoado heteróclito de problemas institucionais, constitucionais, econômicos e sociais recomendaria uma ampla reforma política, que reverteria a atual fragmentação partidária e limitaria a chantagem recíproca que se exercem os poderes executivo e legislativo, na disputa por nacos de um orçamento quase que totalmente comprometido com gastos obrigatórios. De fato, como se sabe, o orçamento brasileiro reserva muito pouco das receitas a investimentos produtivos, ou para a correção das imensas desigualdades distributivas, e no período recente vem sendo objeto de um verdadeiro estupro orçamentário, ao acomodar dois fundos ilegítimos – o partidário e o eleitoral, já que partidos são de direito privado – e uma pletora de "emendas orçamentárias" que simplesmente distorcem qualquer sentido de planejamento racional de despesas públicas, ao fragmentar bilhões de recursos em projetos paroquiais que nunca deveriam ser de responsabilidade federal. Mas é justamente essa reforma política que se revela praticamente impossível em face de um parlamentarismo de fato, não de direito, feito de superpoderes do estamento político, especialmente dedicado a disputar os despojos do Estado e pouco voltado para a correção dos inúmeros impasses quanto ao funcionamento das instituições.

Às vésperas do bicentenário da formação de um Estado independente, em setembro de 2022, a construção da nação permanece inacabada, pois, assim como ela permaneceu refratária à abolição do tráfico e da escravidão no momento oportuno, ela se mostrou impérvia à implantação de um verdadeira sistema de educação de massas de qualidade, assim como, num passado não muito remoto, esqueceu-se da distribuição da propriedade e da integração dos antigos escravos e dos rurícolas marginais aos benefícios da alfabetização e dos cuidados elementares de saneamento básico, e até hoje permanece indiferente ao grau elevado de violência urbana, que atinge sobretudo as populações pobres das favelas. O Brasil do bicentenário de sua independência nos aflige, profundamente, e a maior parte das razões estão muito bem descritas, esmiuçadas, explicadas e criticadas nesta obra monumental.

A feliz coincidência de que esta obra multivolumes esteja sendo publicada às vésperas do bicentenário oferece, precisamente, um guia, um manual seguro, um diretório dos nossos impasses democráticos e constitucionais, um manancial de informações e de argumentos que podem nos ajudar a identificar os problemas e traçar um roteiro de sugestões para sua correção ao início do terceiro centenário de nossa vida independente, como Estado soberano. O diagnóstico, não apenas constitucional, mas sobretudo compreensivo, no sentido weberiano da expressão, para que possamos congregar esforços na busca de caminhos democráticos, consensuais, para superar os atuais impasses da nacionalidade. Apenas com uma compreensão sofisticada dos problemas que se colocam à "brasilidade" será possível formular as prescrições adequadas para a adoção das medidas corretivas que devem ser aprovadas pela representação política.

O diagnóstico já foi feito por Edson Simões, a crítica dos erros passados também, os modelos oferecidos pelas democracias de mercado exitosas comparecem nesta sua obra que pode ser considerada uma síntese perfeita de uma trajetória intelectual das mais completas. Tive enorme prazer em percorrer suas densas páginas, o que me fez relembrar de quando, jovens adolescentes em São Paulo, trocávamos sugestões e exemplares de livros para enriquecer nossa formação inicial: entre esses autores estava Stefan Zweig, que havia projetado um futuro luminoso para o Brasil, em 1941, uma esperança até aqui frustrada em várias de suas dimensões. Aos 80 anos do suicídio do escritor, em pleno Carnaval de 1942, em Petrópolis, cabe esperar que o "país do futuro" almejado pelo grande intelectual austríaco, possa realizar-se no curso das próximas décadas, como nossos filhos e netos têm todo o direito de almejar. Com esta afetiva rememoração, encerro meus cumprimentos ao Edson Simões, seguro de que ele ofereceu o melhor de si nestes magníficos volumes.

Fevereiro de 2022

PAULO ROBERTO DE ALMEIDA

Diplomata, doutor em Ciências Sociais pela Universidade de Bruxelas, ex-professor de Economia Política nos cursos de mestrado e doutorado do Centro Universitário de Brasília (Uniceub), professor orientador dos cursos de mestrado do Instituto Rio Branco do Itamaraty. Publicou mais de uma dezena de livros individuais e participou de muitos outros coletivos.

SUMÁRIO

INTRODUÇÃO

Esta obra teve sua gênese a partir de inquietações intelectuais surgidas durante as grandes manifestações de 2013/2014 e parte de 2015, celebrizadas como Jornadas de 2013, que, iniciadas em São Paulo em razão de um aumento de R$ 0,20 (vinte centavos) nas tarifas de ônibus e metrô, espalharam-se por todo o País e o exterior, contestando a majoração. O movimento, entretanto, transformou-se em crítica de caráter geral à política e aos governos e, abarcando temas variados, posicionou-se em defesa da democracia direta, contra a impunidade dos políticos, em prol do poder de investigação do Ministério Público e contra a corrupção governamental. Dezenas de outras reivindicações surgiam, conforme novas cidades aderiam aos atos públicos. Na verdade, é possível dizer que os anseios do povo se encontravam adormecidos desde um período anterior, mas as jornadas fizeram com que eles aflorassem.

Os referidos atos, como os leitores poderão observar no primeiro capítulo a seguir, ganharam volume e podem ser considerados como uma das várias manifestações de massa da história do Brasil. Não havia, aparentemente, um comando único, embora fosse possível observar, depois, quem perdeu com suas consequências: basicamente a então presidente Dilma Rousseff (PT), que foi alvo de um pedido de *impeachment*, acolhido pelo presidente da Câmara dos Deputados no dia 2 de dezembro de 2015 e encerrado em 31 de agosto de 2016; o prefeito da cidade de São Paulo, Fernando Haddad (PT), que não se reelegeu nas eleições de 2016; o governador de São Paulo, Geraldo Alckmin (PSDB), que acabou perdendo força em seu partido e foi derrotado na eleição presidencial seguinte, em 2018; e a gradual perda de direitos sociais que se inicia com a presidência de Michel Temer. Na ocasião, jovens, idosos e crianças ocuparam ruas e praças, com faixas e cartazes, a fim de demonstrar sua indignação com a política e a vontade de "mudar tudo o que está aí". Obtiveram algumas vitórias, como o recuo dos governos, em várias cidades, a começar por São Paulo, em relação ao aumento, mas as manifestações não se converteram em melhores tempos para o País, como é possível observar, passados alguns anos dos primeiros atos.

Ao contrário, o Brasil passou a viver severa crise institucional, com enorme confusão entre os Poderes da República, momento em que se vê o Executivo legislando, o Legislativo acuado (por vezes movido somente pelo mais raso fisiologismo, quase como uma linha auxiliar do Executivo), o Judiciário com excesso de poderes e o Ministério Público, em razão de operações como a Lava Jato – que em alguns momentos parece se converter em uma entidade mística que não pode ser contrariada –, e do protagonismo dos seus agentes, impondo-se sobre os Poderes, como se fosse um deles, e em alguns momentos até mais poderoso, em uma subversão completa do princípio constitucional da autoridade pública. Os resultados dessa barafunda podem ser observados *in loco*: a destruição da economia e dos empregos[1]; a imagem do Brasil no exterior seriamente avariada; brigas intestinas no governo por meio de redes sociais, envolvendo, inclusive, o presidente Jair Bolsonaro e seus filhos contra todos que atravessem seu caminho, até mesmo os apoiadores de primeira hora; a destruição do que restava de Estado de bem-estar social no País; o ódio levado à disputa política em altíssimo grau; problemas gravíssimos na seara ambiental, como queimadas na Amazônia e Pantanal e vazamento de óleo nas praias nordestinas; ministros absolutamente desqualificados e até folclóricos[2], entre tantos outros problemas que teríamos dificuldade

[1] O total de desempregados em abril de 2019 chegou a 13,4 milhões, o equivalente a 12,7% da população economicamente ativa, de acordo com a Pesquisa Nacional por Análise de Domicílio (PNAD Contínua) do IBGE. Em junho do mesmo ano, era de 12%. O estudo também constatou que 28,3 milhões de brasileiros são trabalhadores subutilizados, o que inclui os desempregados, os subocupados (que gostariam de trabalhar mais) e a força de trabalho potencial (que tem idade e condições físicas e mentais, mas não encontra emprego). Dados do jornal *Valor Econômico* de 30/04/2019, p. A-6

[2] Em 2019, o então ministro da Educação, Abraham Weintraub, fez vídeos imitando a dança da música *Cantando na Chuva*, envolveu-se em bate-bocas públicos com manifestantes e ameaçou retaliar universidades públicas que o criticavam, cortando as verbas

até de enumerar. Para complicar, a desigualdade de renda e oportunidades aumentou a olhos vistos no País, conforme destacam os institutos de pesquisa[3].

Certamente, não era esse o País que esperavam os manifestantes, com sua indignação generosa e sua vontade de mudar o *status quo*. Ao contrário, temos vivido uma distopia em que salta aos olhos a inadequação da **Lei Maior** para enfrentar esses novos tempos. Pois bem, ao se perscrutar, com olhar atento, as manifestações daqueles anos, com ânimo de pesquisador, a inquietação se fortaleceu a partir dos *slogans* com os quais os participantes pintavam o dito mundo novo onde, como um passe de mágica, esperavam viver: a **democracia direta**, a luta contra a impunidade, entre outros. A partir disso, faz-se nesta obra uma regressão histórica às raízes da democracia no mundo e ao surgimento das legislações e Constituições nos principais países do planeta com

de manutenção de praticamente todas as unidades de ensino federais, o que quase as inviabilizou. A ministra da Cidadania e Direitos Humanos, Damares Alves, por sua vez, tornou-se famosa por divulgar vídeos em que dizia que se "ensinava feitiçaria" no Nordeste, que crianças eram masturbadas na Holanda e outras sandices mais. O ministro do Meio Ambiente Ricardo Salles, por sua vez, já foi condenado por crime ambiental quando era secretário da área em São Paulo, e sua colega da Agricultura, Tereza Cristina, ganhou o apelido de "rainha dos agrotóxicos" por liberar uma enorme quantidade de pesticidas. Em sua gestão à frente da Pasta, o número de agrotóxicos considerados "prejudiciais à saúde" pelas autoridades sanitárias caiu de 702 para 43. O então ministro de Relações Exteriores, Ernesto Araújo, era defensor da teoria da terra plana e acreditava no chamado "marxismo cultural", além de propalar que o presidente americano Donald Trump era "paladino da democracia ocidental", nos passos do seu "mestre", o astrólogo Olavo de Carvalho, tido como um guru do presidente e de sua família.

[3] A Pesquisa Nacional por Amostra de Domicílio (PNAD Contínua) do IBGE demonstrou que de 2017 para 2018 o ganho dos 10% dos brasileiros mais pobres caiu 3,2% (para R$ 153,00, em média), enquanto o do 1% dos mais ricos aumentou 8,4% (para R$ 27.774,00). A desigualdade de renda foi recorde desde o início da PNAD Contínua, em 2012. De 2017 para 2018, diminuiu de 15,9% para 13,7% o total de brasileiros atendidos pelo Bolsa Família. Visto pelo ângulo estritamente econômico, o estudo constatou que os 10% mais abastados ficavam com 43,1% da massa de rendimentos, o equivalente a R$ 119,6 bilhões. Na outra ponta, os 10% mais pobres ficavam somente com 0,8% destes recursos, ou seja, R$ 2,2 bilhões. A pesquisa constatou que, em outubro de 2019, metade dos brasileiros viviam com apenas R$ 413,00 por mês. CANZIAN, Fernando, *Folha de S. Paulo*, 16 de outubro de 2019, p. B-6.

o intuito de esclarecer algumas dúvidas que surgiram nesse processo, no seio da população e até mesmo dos estudiosos do tema. Vasculhou-se a vida e as ideias dos principais pensadores da política no mundo, desde os pré-socráticos até os contemporâneos, passando por estudiosos do porte de Diderot, Locke, Maquiavel, Karl Marx, Tocqueville, entre vários outros. Ao mesmo tempo, incursionou-se pela origem da aplicação da democracia, desde a Grécia Antiga, dos princípios constitucionais no mundo e no Brasil, com estudo na Constituição Dirigente e nas leis fundamentais, na legislação e na história de países e impérios como Grécia, Roma, Estados Unidos, França, Suíça, Inglaterra, Alemanha, Portugal, além, é claro, do nosso país, para estudar a gênese das democracias, da democracia direta e das Constituições. Traçou-se um quadro evolutivo da questão constitucional e da formação dos Estados, assim como a consolidação do direito.

Dessa forma, é preciso compreender o momento crucial em que vivemos atualmente, cuja principal transformação se iniciou naquele confuso 2013, quando multidões ensandecidas assustaram o poder e provocaram um cenário conturbado nas cidades ao invadir palácios, depredar o patrimônio público e, em muitos casos, enfrentar a Polícia, sem que se identificassem precisamente as lideranças do movimento. A principal questão aqui proposta foi dissecar a origem desses problemas políticos brasileiros a partir de uma leitura atenta da Constituição de 1988, a **Constituição Cidadã,** no dizer de Ulysses Guimarães, que em muitos casos é a sede de muitos de nossos problemas de ordem institucional. Somente com um exemplo, nela há o registro de 79 direitos[4], sem haver a devida correlação de deveres. Dessa constatação nasceu o título base dessa coleção, *As constituições do Brasil (1824 a 1988):* Do Império à atualidade ideia sintetiza a confusão institucional e legal gerada pela nossa Carta Magna, com seus numerosos erros e confusões, propositais ou não, a serem expostos nas páginas seguintes. Naturalmente, também serão tratados os seus méritos, mas sem deixar de aludir ao dano que causa à nação a existência de uma Carta com alto teor de confusão e incompatibilidade, aberta a todos os tipos de interpretações e subjetividades.

[4] Menezes Filho; e Souza, André Portela. *A Carta – para entender a Constituição brasileira*. São Paulo: Todavia, 2019, p. 19.

Tentar-se-á comprovar, à luz de alguns dos mais importantes cientistas políticos e filósofos da história, que a nossa Constituição é uma espécie de colcha de retalhos, acolhendo em seu seio desde ideias de democracia direta no modelo grego até temas da Constituição de Weimar de 1919, da Constituição Americana, da Constituição da Itália de 1947, do Pacto de São José da Costa Rica de 1969, da Constituição Francesa de 1958 e também temas do direito anglo-saxônico, passando por detalhes da legislação portuguesa desde a preexistência do Brasil, da Constituição Dirigente de Portugal de 1976, entre vários outros diplomas jurídicos, muitos dos quais absolutamente contraditórios entre si. Ora, diante desse cenário, fica difícil que o País dê certo, como se espera e como necessitamos urgentemente. Um texto ruim, como sabemos, não gera uma boa peça de teatro. É natural que haja dúvidas jurisprudenciais sobre temas ligados à construção da nacionalidade e mesmo à definição das várias competências entre os entes do Estado. Isso, como se poderia esperar, conduz à paralisia administrativa da nação e à sua acefalia. Passamos a viver, então, sob o arbítrio, submetidos, diversas vezes, à visão pessoal de um ou outro membro do Judiciário, de forma muito semelhante a um Estado autocrático. Não é à toa que o jurista e político Rui Barbosa dizia que a pior ditadura que existe é a do Judiciário porque "contra ela não há a quem recorrer".

O País encontra-se em verdadeira **confusão institucional** – basta ler as notícias deste período –, um abismo legislativo, com enorme confusão de Poderes, conforme afirmado anteriormente, e casos de grande violência e insegurança, índices de desemprego quase sempre crescentes, desindustrialização, problemas ambientais, entre outras graves dificuldades. Compreender os problemas é o primeiro passo para resolvê-los ou, ao menos, atenuá-los.

A intenção deste trabalho é exatamente propiciar o debate – algo que ocorre pouco no Brasil de hoje, dominado por "discussões" de fancaria com participação das redes sociais sem direito ao contraditório, no entanto recheado de egos inflados –, de forma que se possa, em uma lógica dialética, sair da tese para a antítese, chegando, enfim, à síntese, ou seja, ao debate honesto e transparente sobre os problemas, a fim de, produzindo ciência, enfrentá-los de fato. Sem uma discussão séria, no entanto, é lícito imaginar que não sairemos do lugar, ficaremos patinando, em meio a confusões institucionais e aos problemas decorrentes dessa situação. É necessário solidificar a democracia ainda incipiente no Brasil.

Para me ajudar nessa tarefa de compreensão da realidade brasileira, contei com a colaboração de três intelectuais de grande competência: Jônatas Junqueira de Mello, Moacir Assunção e José Fábio Maciel, aos quais entreguei mais de 4 mil páginas de texto, referentes aos originais dessa obra. Com muita paciência e cuidado, estes colegas, aos quais agradeço, dedicaram-se à sua revisão e edição, o que resultou na edição desta coleção de 5 volumes, com aproximadamente 3 mil páginas, que temos o prazer de apresentar aos leitores e leitoras. Boa leitura! Edson Simões.

Capítulo 1
CONSTITUCIONALISMO E CONSTITUIÇÃO DE 1988 – DA ANTROPOFAGIA À AUTOFAGIA

Toda essa preocupação começou em junho de 2013, com manifestações contra o aumento da tarifa de ônibus em São Paulo, e chegou à discussão sobre regimes políticos, **democracia direta** – certamente a maior exigência dos manifestantes – e democracia representativa e a Constituição de 1988, passando por temas diversos, em um clima de terror e de exigência de mudanças por parte da população amotinada nas grandes cidades brasileiras. Naquela ocasião, espaços representativos do Poder Político, como o Congresso Nacional e o Palácio do Itamaraty, em Brasília, o Palácio dos Bandeirantes, sede do governo paulista, a Assembleia Legislativa do Rio de Janeiro (Alerj), a Câmara Municipal de Belo Horizonte e a Prefeitura paulistana viram-se cercados por multidões e, em vários casos, depredados, com danos ao patrimônio público, particular e histórico. Lojas, agências de bancos, caixas eletrônicos, terminais de ônibus, ônibus e estações de metrô também foram atacados, pichados e saqueados por manifestantes, em meio a protestos em 12 capitais brasileiras, além de dezenas de cidades médias e pequenas. Eram as manifestações contra os aumentos do transporte urbano, iniciadas naquele mês, que galvanizaram a atenção do País durante muito tempo. Os atos de protesto, praticamente um por hora, atingiram 353 cidades brasileiras no total, com seu auge no dia 20, quando ocorreram em 150 municípios. Naquele dia, foram feitas 467 mil menções às manifestações nas redes sociais *Twitter* e *Facebook*[5].

[5] *O Estado de S. Paulo*, 30 de junho 2013, p. A10.

Nos protestos de Brasília os manifestantes ocuparam a cúpula do Congresso praticamente sem resistência e gritaram: "o Congresso é nosso!". No Itamaraty, palácio que abriga a diplomacia brasileira, colunas externas foram queimadas e vidros quebrados pelos manifestantes, que só foram contidos pela ação da Polícia Militar já na rampa de acesso ao local. Dois coronéis da PM e o diretor-geral da Câmara foram agredidos. Em São Paulo, até mesmo o Teatro Municipal foi pichado pelos manifestantes, assim como a Faculdade de Direito da USP, no Largo de São Francisco, e um prédio da Universidade Mackenzie.

Naquele dia, cerca de um milhão de pessoas foram às ruas em 75 cidades – das quais 12 capitais de Estado – para protestar contra uma dezena de problemas[6]. Um manifestante, Marcos Delafrate, de 18 anos, morreu atropelado em Ribeirão Preto (SP), vitimado por um motorista em um automóvel blindado que queria passar no local onde estava sendo realizado um ato de protesto. No dia 18 os jornais haviam divulgado pesquisa segundo a qual nada menos de 79 milhões de pessoas discutiram as manifestações nas redes sociais durante aquela semana[7].

Inicialmente, era para ser somente um protesto do Movimento Passe Livre (MPL)[8] contra o aumento das passagens dos ônibus urbanos e do metrô e trem em São Paulo, mas a pauta das manifestações logo evoluiu para temas tão diversos (e complexos) quanto a revogação da PEC 37 – que impunha limites à ação do Ministério Público – e estava em apreciação no Congresso, contra os gastos na Copa do Mundo, que ocorreria em 2014 no Brasil, contra a corrupção, pela saúde, educação, transporte, redução da maioridade penal, em rejeição ao então presidente do Senado, Renan Calheiros (PMDB), e ao então presidente da Comissão de Direitos Humanos da Câmara Federal, o deputado Marco Feliciano (PSC-SP), pela prisão dos acusados no chamado Mensalão do PT, em prol da reforma política e de muitos outros do rol dos direitos civis consagrados

[6] *O Estado de S. Paulo,* 21 de junho 2013, p. 18.

[7] Segundo levantamento da empresa Scup, especializada em análise de redes sociais, publicado no jornal *O Estado de S. Paulo,* de 18 de junho de 2013, p. 14.

[8] O movimento Passe Livre era formado por estudantes universitários de universidades como a USP, PUC e outras, além de entidades estudantis e partidos que se intitulam de esquerda, como PSTU, PSol e PCO.

na Constituição de 1988. Era possível perceber nas faixas e nas palavras de ordem uma rejeição difusa aos políticos convencionais, aos partidos políticos e à **democracia representativa**. Reivindicações de **democracia direta** apareciam em várias faixas como uma espécie de panaceia universal para todos os problemas políticos brasileiros. A discussão direta dos problemas e sua posterior solução pareciam catalisar as multidões.

A capital paulista, por exemplo, ficou praticamente paralisada sob a palavra de ordem "São Paulo vai parar se a tarifa não baixar", proferida aos gritos pelos manifestantes, em sua maioria jovens. No Rio, usou-se, inicialmente, outra máxima: "acabou o amor, isso aqui vai virar a Turquia". Era uma referência à luta dos turcos, na mesma época, contra o regime do primeiro-ministro Recep Tayyp Erdogan. Em todo o País a palavra de ordem "***o gigante acordou***" fazia muito sucesso entre os manifestantes. Os protestos, iniciados no dia 6 de junho de 2013 em São Paulo, que exigiam dos governos estadual (Geraldo Alckmin – PSDB) e municipal (Fernando Haddad – PT) a revogação do aumento das tarifas de ônibus, metrô e trem que haviam passado de R$ 3,00 para R$ 3,20 no dia 2 daquele mês, começaram relativamente tímidos, com pouco mais de mil manifestantes, que fecharam a Avenida Paulista e depredaram duas estações de metrô, em confrontos com a PM. Teriam continuação nos dias 7, 11, 13, 17, 19 e 20, com aumentos crescentes no número de manifestantes, que chegou a 65 mil no dia 17, segundo o Instituto Datafolha[9].

Logo no segundo dia de protestos, o promotor de Justiça Rogério Zagallo, impedido de locomover-se por conta da realização de um dos atos, escreveu em uma rede social: "estou há duas horas tentando voltar para casa, mas um bando de bugios revoltados está parando a Faria Lima e a Marginal Pinheiros. Por favor, alguém pode avisar à Tropa de Choque que essa região faz parte do meu Tribunal do Júri e que se eles matarem esses f.d.p eu arquivo o inquérito policial". Depois, diante da repercussão negativa, o promotor apagou a postagem e colocou outra, na qual dizia que os manifestantes têm direito de demonstrar sua insatisfação[10].

Um grupo de pesquisadores de ciências sociais reunidos no Instituto de Estudos Avançados (IEA) da Universidade de São Paulo (USP) discu-

[9] *Folha de S. Paulo*, 18 de junho, p. 17.

[10] *O Estado de S. Paulo*, 8 de junho 2013, p. A-3.

tiu as questões levantadas pelos manifestantes, ainda nos primeiros dias, para tentar entender o sentido e para onde se encaminhavam as manifestações. O professor de filosofia política da USP, Renato Janine Ribeiro, que depois seria ministro da Educação do governo de Dilma Roussefff (PT), atribuiu ao desencanto com a democracia as manifestações e comparou a situação brasileira à da Espanha, onde também houve protestos. "Talvez o problema, para nós, não seja tanto a opressão, mas o tédio". Segundo ele, a falta de perspectivas da juventude também estiveram na origem das revoltas de Maio de 1968, em Paris.

A Professora de Psicologia na Universidade Federal de São Paulo (Unifesp), Sylvia Dantas, ofereceu uma opinião semelhante ao debate. Para ela, o estado de espírito dos brasileiros oscilava entre a "melancolia" e a "impotência". "As manifestações trouxeram vida, esperança. É um momento de catarse. A insatisfação teve voz", definiu. O professor do curso de Ciência Política da USP, José Álvaro Moisés, também presente ao encontro, disse que há **"um enorme mal-estar com a democracia no Brasil"**. "Os partidos fracassaram, inclusive os que nasceram de movimentos sociais, como o PT", comentou. Para Sergio Adorno, coordenador do Núcleo de Estudos da Violência (NEV) da USP, as manifestações refletem um momento de interrupção da comunicação entre os atores políticos. "Os canais considerados legitimamente aceitos parecem ilegítimos". Os pesquisadores apontaram a "**guinada conservadora**" dos protestos como um dos possíveis desdobramentos na ação[11]. E estavam certos. Posteriormente, as manifestações foram "capturadas" pela direita política e passaram a refletir temáticas conservadoras.

O sociólogo e jornalista italiano Paolo Gerbaudo, pesquisador de temas como a Primavera Árabe, o Ocuppy Wall Street e o Indignados, da Espanha[12], eventos que constatou *in loco*, comparou, em entrevista ao jornal *Folha de S. Paulo*[13], o movimento no Brasil e nestes países. Em sua opinião, há uma visão populista e quase religiosa dos movimentos sociais

[11] *Folha de S. Paulo*, 22 de junho 2013, p. C-12.

[12] Trata-se de um conjunto de manifestações populares ocorridas, respectivamente, em vários países árabes, que começaram na Tunísia, nos Estados Unidos e na Espanha, a partir de fins do ano de 2010.

[13] Edição de 8 de julho de 2013, p. A-12.

nas tentativas de substituir partidos e sindicatos, que precisarão se reinventar para sobreviver, mas parte das críticas são legítimas. Afirmou:

> "(...) *É um discurso populista (da extinção dos partidos). Isso ocorre em alguns momentos na história que Antonio Gramsci (1891-1937) chamava de "interregnum". É quando um sistema de poder está em colapso, mas seu sucessor ainda não se formou. Nesses momentos aparece o que Gramsci chamava de sintomas mórbidos, criaturas monstruosas, difíceis de serem decifradas. Hoje, as criaturas estranhas são esses movimentos populares.*
>
> *Para eles (manifestantes), a classe política rompeu o contrato social que sustenta o sistema representativo. O acordo era: "vocês, o povo, nos concedem o poder. Em troca, nós atendemos as suas demandas". Agora, as pessoas perceberam que a classe política só está atendendo a sua agenda.*
>
> *Há um problema fundamental na democracia representativa como ela existe hoje. Ou os partidos encontram um caminho para recuperar credibilidade, ou vão ser superados por novos partidos, sintonizados com as demandas da sociedade pós-industrial de hoje. (...) Há um outro problema. Os governos do PT proporcionaram muitos avanços na área social, mas os casos de corrupção, clientelismo e compra de votos minaram a legitimidade moral do partido. (...) Devido à ausência de uma estrutura formal, esses novos movimentos populares tendem a sumir com a mesma velocidade que aparecem. É impossível manter uma mobilização de massa a longo prazo, como se viu nos Indignados da Espanha e no Ocuppy Wall Street".*

Houve quem, como a cientista política Monika Dowbor, do Centro de Análise e Planejamento (**Cebrap**), comparasse a estratégia dos grupos que se manifestaram em vários pontos do Brasil à dos movimentos de direitos civis americanos nos anos *1960*. "Na época, as lideranças escolheram as cidades mais violentas e racistas para protestar, para que houvesse reação e seus militantes saíssem como heróis", diz. Segundo ela, os protestos antigos no Brasil nos anos 1970 eram violentos por causa da impossibilidade de diálogo com as autoridades. A situação mudou nos anos 1980, quando o Estado abriu espaço para integrantes desses grupos em conselhos e cargos públicos. Ela acha que o embate travado nas ruas das cidades brasileiras pode ser uma estratégia capaz de diferenciar o grupo. "Se eles se sentassem para negociar, seriam mais um grupo recebido pelo prefeito. Hoje são poucos os grupos que apostam no conflito, caso do Movimento dos Sem-Terra (MST). É uma forma de se diferenciar politicamente"[14].

Para o professor de Filosofia da Universidade Estadual de Campinas (Unicamp), Roberto Romano, as manifestações, tachadas como "de direita" e "fascistas" por alguns grupos de esquerda, demonstraram que os partidos e movimentos sociais, de uma maneira geral, se converteram em "palácio", ou seja, integrantes das estruturas de poder, em oposição à "praça", a população de uma maneira geral. "Os partidos, todos, se tornaram oligarquias sob comando de grupos e, às vezes, até mesmo de um só indivíduo, que se eternizam no controle da máquina partidária por 30, 40 anos, sem nenhuma abertura para suas bases. Mesmo o PT, que ainda guardava alguma democracia interna, sucumbiu a essa prática, principalmente após a eleição de Luiz Inácio Lula da Silva, na visão do pesquisador. Da mesma forma, os movimentos sociais passaram a dispor de carros oficiais, a pedir verbas de representação, da mesma forma que os órgãos de Estado, burocráticos e oligarquizados", criticou durante palestra no evento Café Filosófico CPFL[15].

Em entrevista, o filósofo afirmou ser um erro menosprezar as manifestações que tomaram as principais cidades brasileiras, sob o argumento de que são mera demanda pela redução das tarifas de transporte público. "Os protestos são mais do que isso. Mostram que os brasileiros sabem reivindicar seus direitos"[16]. Para o intelectual, a estabilidade econômica proporcionada pelo Plano Real deixou a população, de certa forma, adormecida diante de outros problemas, como a má qualidade dos serviços públicos, mas esse quadro começava a mudar. "Basta pegar um ônibus às 6 horas da manhã em Porto Alegre, Salvador, São Paulo, para ver o tipo de serviço oferecido. É péssimo. E isso ocorre no mesmo momento em que cresce a percepção de corrupção em várias esferas da administração pública. É só observar a quantidade de escândalos ligados a empresas de transporte. Isso cansa a população. Foi o que ocorreu".

[14] *O Estado de S. Paulo*, 9 de junho 2013, p. A-26.

[15] Edição de 18/10/2013, no Instituto CPFL, em Campinas, sob curadoria de Demétrio Magnoli, com o título Fragmentos da Democracia – As jornadas de junho no Brasil.

[16] Revista *Exame*, Editora Abril, edição de 20 de junho de 2013, p. 13, sob edição da repórter Verena Fornetti.

Na visão do filósofo, os protestos revelam que o Estado, de uma maneira geral, tem muito pouco respeito pelo cidadão que paga os impostos, altíssimos, com qualidade de serviço baixíssima e sem transparência. "Mas, sinceramente, não sei até onde esses protestos podem ir. Por enquanto, são um sinal positivo de que efetivamente existe a possibilidade de a população reivindicar direitos". Para complicar ainda mais, Romano considera que a então presidente Dilma Rousseff (PT) fazia um governo somente pautado na propaganda, tentando se descolar das manifestações. Para ele, a inércia das instituições colabora ainda mais para aumentar a força das manifestações.

"O Estado tem três monopólios essenciais: o monopólio da força física, da norma jurídica e da taxação do excedente econômico, por meio dos impostos. No Brasil, esses três monopólios derretem como gelo. No caso da Ficha Limpa, por exemplo, os legisladores estão intencionalmente corroendo a lei. No Brasil, temos o conceito de anomia, que significa que a lei não vigora. O Brasil hoje quase regride ao estado da natureza; não confiamos mais na polícia, no Judiciário, no prefeito, no vereador, no promotor, porque eles estão defendendo interesses particulares. Hoje, com estas manifestações, a sociedade é tratada como o inimigo a ser combatido. Precisamos de uma polícia treinada para disciplinar e controlar multidões. Como tudo que é excessivo no Brasil, tem-se o excessivo uso da força e a ineficácia desses excessos. Quando se tem o controle da força, não se tem autoridade. A polícia precisa ter autoridade, mas na verdade ela é temida. No Estado brasileiro, temos o poder que dá medo, que produz medo, mas não inspira respeito e confiança"[17].

Para o pensador existe uma ideia, que considera falsa, de que o povo brasileiro é pacífico e não luta por seus direitos. "No século XIX, ocorreu a Revolução Farroupilha, a Balaiada e Canudos[18], todas elas esmagadas

[17] BORGES, Laryssa, revista *Veja*, edição de 24 de junho de 2013, p. 16.

[18] Outras revoltas: Confederação dos Tamoios (1562), Insurreição Pernambucana (1645), Guerra dos Bárbaros (1682), Revolta do Maranhão (1684), Revolta de Filipe dos Santos (1720), Inconfidência Mineira (1789), Conjuração Baiana (1798), Revolução Pernambucana (1817), Confederação do Equador (1824), Cabanagem (1833), Guerra dos Farrapos (1835), Sabinada (1837), Revolução Praieira (1848), Revolta da Armada (1893), Revolução Federalista (1893), Guerra de Canudos (1896), Revolta da Vacina (1904), Guerra do

pelo monopólio da força física, portanto temos manifestação de setores inteligentes contra forças do poder. Estamos longe de uma democratização política, de fato. À medida que os serviços públicos pioram, um número crescente de cidadãos se organiza e se mostra cada vez mais insatisfeito com o Estado e a estrutura política brasileira. Em 2013, o povo saiu da anestesia gerada pelo Plano Real, que venceu a inflação temporariamente, mas não ajudou a mudar o modo de governar e o andamento das políticas públicas no País. Um erro basilar de análise política é restringir o debate sobre o caráter ideológico dos manifestantes, se eles são de esquerda ou de direita. Mesmo que exista uma coloração de direita, o fato é que a grande massa está mesmo insatisfeita com o fisco brasileiro, a ausência de mudanças no campo, a precária oferta de serviços públicos, a ausência de segurança. As últimas notícias trazem à consciência o que todo brasileiro negro, pobre ou pertencente a minorias conhece: a polícia do Brasil é uma das mais violentas do planeta"[19].

Uma semana depois do primeiro ato, os protestos já começavam a assumir um caráter de massas, como a maior manifestação popular depois do *impeachment* do então presidente da República Fernando Collor, em 1992. Em seu auge, segundo a imprensa, uma multidão heterogênea de cerca de um milhão de pessoas percorreu as ruas de 12 capitais brasileiras em protestos – com confrontos com a Polícia Militar e guardas civis municipais e depredação de mobiliário urbano, lojas e ônibus. Na continuação, militantes de partidos de esquerda, entre os quais o PT, portando bandeiras nos atos foram hostilizados por grupos de extrema direita e expulsos de várias manifestações. Jornalistas foram agredidos por policiais e também por manifestantes.

Renato Janine Ribeiro, professor de filosofia na Universidade de São Paulo (USP), comentou no artigo *A violência faz a diferença*[20] a razão das manifestações, comparando os movimentos no Brasil com outros semelhantes ocorridos no Egito e na Turquia:

Contestado (1912), Movimento Tenentista (1922), Revolução Constitucionalista (1932), Golpe de 1964.

[19] Entrevista à revista *MPD Dialógica*, do Movimento do Ministério Público Democrático (MPD), edição de 22 de fevereiro de 2016, p. 43.

[20] *Jornal Valor*, 17 de junho 2013, p. A-9.

"As manifestações decorrem de quê? De uma lenta e determinada degradação do transporte público, apesar de sua tarifa subir em valores reais (considerando os últimos 20 anos). Reportagem do Estado *mostrou que o número de ônibus não cresce desde 2004, mesmo com um aumento de 80% na quantidade de passageiros. Já as viagens de ônibus se reduziram em 3,5%, o que praticamente dobra a lotação por veículo. O desconforto dos usuários só aumentou e notem que o levantamento cobre um período de prosperidade no País, quando a vida do cidadão "da porta da rua para fora" melhorou.*
(...) Se as manifestações não têm uma liderança clara e distinta, é natural que possam ser transbordadas por criminosos infiltrados nelas. Se a PM não tem um treinamento impecável para manter o sangue frio e lidar democraticamente com os manifestantes é lógico que possa agredir, atuando muito além do que lhe facultam a lei e a decência. Manifestações sem líderes são uma das conquistas – democráticas – dos últimos anos. A Primavera Árabe assim foi. A Praça Tahir, no Cairo, e a Praça Taksim, em Istambul, são alguns emblemas desses movimentos altamente capilares que, para cada vez mais de nós, são a cara do espírito democrático que desconfia da manipulação por líderes".

O consultor político e professor da USP, Gaudêncio Torquato, por sua vez, no artigo *O clamor das turbas*[21], também chama a atenção para as semelhanças dos movimentos no Brasil e nos países árabes:

"Um zumbido ecoa forte nos ouvidos de governantes dos mais diferentes recantos do planeta, fruto de manifestações que tomam conta de praças e ruas de tradicionais centros urbanos. Em Istambul, na Turquia, na onda de um movimento que ocorre há semanas, a multidão derruba barricadas, enfrenta a polícia e ocupa o mais importante espaço de concentração popular, a Praça Taksim, em revolta contra o governo que pretende construir na maior área verde da capital, o Parque Gezi, um shopping center. São Paulo e Rio de Janeiro são palco de movimentos que arrastam grupos dos mais variados setores da sociedade em passeatas que culminam em vandalismo.
(...) Esses tempos de grandes carências explicam o atual estágio civilizatório da maioria das nações. Resta lembrar, em complemento, a crise que assola a democracia representativa que prometeu implantar (e não o fez) o ideário dos direitos humanos, a partir da igualdade de oportunidade entre as pessoas, o acesso de todos à Justiça, o combate

[21] *O Estado de S. Paulo*, 19 de junho 2013, p. A-2.

ao poder invisível, a transparência dos governos e a educação para a cidadania, entre outros, como lembra Norberto Bobbio.

Os mecanismos clássicos da política saíram dos eixos: os espectros ideológicos perderam as cores originais, partidos se transformaram em entes pasteurizados, os Parlamentos, sem força, tornaram-se reféns dos Executivos, as bases partidárias arrefeceram o ânimo. Formou-se, ao lado da cadeia de degradação, imenso vácuo entre a política e a sociedade.

(...) O clamor das turbas ganha volume em todo o País ao denotar insatisfação com o 'establishment'. Os tempos são outros, mas Castro Alves continua lembrando: "A praça é do povo, como o céu é do condor". Mas a praça não pode e não deve ser espaço para a violência".

Cidade em guerra – Em São Paulo, logo nos primeiros dias dos atos, a cidade ficou vários dias em pé de guerra entre manifestantes e policiais militares. O motorista de um ônibus depredado logo no segundo dia de manifestações, Raimundo José de Sousa e Silva, demonstrou sua surpresa pela tática dos manifestantes: "usaram marretas e paus para quebrar os vidros. Depois colocaram fogo no ônibus. Quando me recusei a sair, recebi uma chuva de pedras"[22]. Morador do edifício Pauliceia, na Avenida Paulista, palco da maior parte dos protestos, o bancário aposentado Jaime Rabelo, de 62 anos, lamentou os rumos das manifestações: "Todo protesto é válido, mas desta vez passaram dos limites e acabaram perdendo a razão e a simpatia de quem poderia estar do lado deles", comentou[23]. Naquele dia, após os protestos de 11 de junho, a cidade amargara 226 quilômetros de lentidão, o terceiro maior índice do ano, e 87 coletivos foram depredados.

O psiquiatra Daniel Martins de Barros, professor do Departamento de Psiquiatria da Universidade Federal Paulista (Unifesp), recorreu à **psicologia de massas** para tentar entender o comportamento das pessoas em manifestações:

"Quando uma multidão se junta, por qualquer motivo, o comportamento das pessoas deixa de ser individual como se fosse uma entidade se comportando: a massa. O indiví-

[22] *Agora São Paulo*, 7 de junho 2013, p. 14.
[23] *O Estado de S. Paulo*, 12 de junho 2013, p. 15.

duo diminui seus freios e ganha coragem. Como a responsabilidade é dividida, a pessoa acaba fazendo alguma coisa que não faria se estivesse sozinha.
Isso não significa que seja um comportamento justificável; é compreensível. O comportamento da massa, aliás, nem sempre é negativo. A gente vê reuniões de milhares de pessoas que não descambam para atitudes violentas. Alguns teóricos dizem que esse comportamento nunca é totalmente irracional. Podemos arriscar uma interpretação livre: 'O aumento da tarifa reduz minha mobilidade e agora vou reduzir a mobilidade da cidade'. Não por acaso picharam o ônibus"[24].

São Paulo – Em outro ato, na capital paulista, no dia 11, manifestantes tentaram invadir o Terminal de Ônibus Parque Dom Pedro II, na região central, e foram contidos pela Tropa de Choque da Polícia Militar, em verdadeira batalha campal, com pelo menos oito PMs e dezenas de manifestantes feridos.

"O ânimo deles é causar baderna e quebrar a ordem", criticou o tenente-coronel Marcelo Pignatari, em referência aos manifestantes[25]. A TV mostrava diariamente confrontos em protestos. No dia 13, tido como o mais violento na capital paulista, 105 pessoas, entre manifestantes e jornalistas, ficaram feridas e 235 foram presas, entre os quais alguns profissionais de imprensa, mesmo identificados. O repórter-fotográfico Sérgio Silva, da Futura Press, perdeu um olho após tomar um tiro de bala de borracha de policiais da Tropa de Choque enquanto cobria o conflito. Ele entrou com uma ação contra o governo estadual mas, por duas vezes, o Tribunal de Justiça negou seu direito a uma indenização.

A repórter da *TV Folha*, Giuliana Vallone, também foi atingida no olho pela polícia e tomou 15 pontos no rosto, assim como o seu colega Fábio Braga, da *Folha de S. Paulo,* que levou um tiro no rosto. Os também jornalistas Piero Locatelli, da revista *Carta Capital*, e Leandro Machado, da *Folha*, foram detidos. O primeiro, por portar vinagre (usado para combater os efeitos do gás), e o segundo sob acusação de "atrapalhar o trabalho da polícia". A *Folha* acabou divulgando uma nota em que criticava a ação da PM, acusando-a de "falta de discernimento". O então secretário estadual de Segurança Pública, Fernando Grella Vieira, prometeu inves-

24 *O Estado de S. Paulo*, 07 de junho de 2013, p. A-22.
25 *O Estado de S. Paulo*, 12 de junho 2013, p. 16.

tigar a ação e punir eventuais abusos praticados por policiais. Entidades ligadas à defesa dos direitos humanos e à proteção de jornalistas também questionaram a ação da polícia.

O jornalista espanhol Juan Arías, correspondente no Brasil do jornal *El País*, criticou, no artigo "Democracia imatura?", publicado em *O Estado de S. Paulo*[26], a ação das PMs paulista e carioca na repressão aos protestos de rua. Para o jornalista, a pior impressão que o Brasil pode passar ao mundo será a de que não respeita as manifestações de rua.

> *"(...) Na quinta-feira, em São Paulo e no Rio, quem perdeu as estribeiras, estimulados por orientações duras de seus superiores, foram as forças da ordem. De nada adianta alegar que lutavam contra 'vândalos' e 'infiltrados'. As cenas que presenciamos demonstram claramente que a polícia estava ali não para defender uma manifestação legítima, mas para que ela não se realizasse.*
> *(...) E houve tantos repórteres feridos como em uma guerra. Ou mais. Tudo isso mostra que o Brasil passou dez anos sem protestos de rua, dando a seus governantes até 80% de aprovação, terá agora de se habituar a conviver com o contraditório da cidadania que parece ter despertado. Não é preciso doutorado em sociologia ou psicologia para saber que quanto mais violência for usada contra os jovens maior será a violência de sua reação. Um país que encurrala seus jovens por medo de suas manifestações é um país perdedor".*

Naquele dia, os manifestantes, que estavam em frente ao Teatro Municipal, tentaram subir a Rua da Consolação para seguir em direção à Avenida Paulista, e um grupo de PMs, postado na esquina da Rua Maria Antonia, começou a atirar bombas de gás e de efeito moral a esmo, sem nem ao menos avisá-los de que ia fazer isso. Minutos antes do ataque, a *TV Estadão* (do Grupo Estado) mostrou o tenente-coronel da PM Ben-Hur Siqueira Neto elogiando os líderes do ato pelo comportamento pacífico dos manifestantes até aquele momento[27].

Em entrevista ao jornal *O Estado de S. Paulo*[28], a socióloga Maria da Glória Ghon afirmou que os jovens das manifestações de junho não se

[26] Edição de 16 de junho, 2013, p. E-3.
[27] *O Estado de S. Paulo*, 14 de junho 2013, p. 15.
[28] Edição de 14 de julho 2013, p. A-8.

identificavam com os espaços tradicionais da política, como partidos e sindicatos. Em sua visão, há uma tentativa das novas gerações de buscar novas formas de organização política. Maria da Glória, que é professora da Universidade Estadual de Campinas (Unicamp) e especialista em movimentos sociais, também constatou que o governo ficou isolado ao tentar dialogar com os representantes dos movimentos – principalmente o MPL – que organizaram as passeatas. Para ela, os atos de protestos no Brasil não guardam grandes semelhanças com os da Primavera Árabe, do Ocuppy Wall Street e dos indignados europeus. Isso tem relação, segundo a pesquisadora, em condições específicas de cada protesto. Seu ponto de vista:

> *"A população que se identificou com os movimentos de rua de junho não atendeu à convocação das centrais sindicais para o Dia Nacional de Lutas. A nova geração de jovens não se identifica com as formas de organização existentes.*
> *A despeito das políticas de inclusão social e da boa imagem internacional do País como um emergente de sucesso, o Brasil tudo azul era uma construção irreal. O povo fazia sua leitura nas entrelinhas das notícias do dia a dia e quando viu na TV e jornais jovens sendo espancados por lutarem por bandeiras que também eram as suas, como a mobilidade urbana, saiu às ruas e, mais uma vez, demonstrou que a cordialidade do brasileiro tem limites.*
> *Os indignados brasileiros diferenciam-se dos indignados da Europa. Os indignados brasileiros diferenciam-se ainda mais do movimento da Primavera Árabe, onde predominam democracias frágeis. E diferenciam-se, também, do Ocuppy Wall Street porque tinha, no início, uma pauta específica, a redução das tarifas de ônibus, não um espaço específico, preferindo as passeatas, sem realizar bloqueios, o que só passou a ser utilizado depois".*

Após o primeiro ato com cerca de mil manifestantes no dia 6 de junho de 2013, o Instituto Datafolha calculou 50 mil pessoas na Praça da Sé, no dia 13, em um dos protestos organizados pelo MPL que acabou em depredação da Prefeitura. Quatro dias depois, seriam 65 mil no Largo da Batata, em Pinheiros[29]. Naquela ocasião, não houve violência, apenas um

[29] *Folha de S. Paulo*, 18 de junho 2013, p. 16.

grupo minoritário que tentou, sem sucesso, invadir o Palácio dos Bandeirantes. O major da PM Paulo Wilhem chegou a ser aplaudido pelos manifestantes ao se sentar na rua, ao lado deles, para demonstrar que não haveria confronto.

Rio de Janeiro – No Rio, por sua vez, 20 PMs, que foram encurralados pela multidão, e 7 manifestantes – um deles com uma bala alojada no pulmão – ficaram feridos no primeiro ato. Treze pessoas foram indiciadas por danos ao patrimônio público na manifestação, promovida pelo Fórum de Lutas Contra o Aumento da Passagem, que pedia a revogação do aumento da tarifa dos ônibus urbanos. Até mesmo os vitrais da Igreja Nossa Senhora do Carmo, um patrimônio histórico de 400 anos, foram destruídos. No ataque à Assembleia, os manifestantes gritavam: "Não é Turquia, não é a Grécia, é o Brasil saindo da inércia"[30]. A Tropa de Choque teve que usar a força para retirar um grupo, que invadiu o Legislativo Estadual. Os prejuízos do ataque à Assembleia Legislativa carioca chegaram a R$ 2 milhões, segundo a presidência da instituição. Em todo o País, pessoas foram presas e feridas, em meio a nuvens de gás lacrimogêneo e tiros de bala de borracha disparados pela Polícia.

Naqueles dias, a população das grandes cidades onde houve manifestações ouviria falar, pela primeira vez, de um grupo diferente de manifestantes que, em sentido contrário ao dos demais, buscava o confronto com as forças policiais, os *black blocs*.

1.1. O papel dos "black blocs" – a violência e a reação policial

Mascarados e vestidos de preto da cabeça aos pés, com jaquetas de couro baseadas na estética punk, eles se intitulavam *black blocs* (bloco negro) e se diziam adeptos do anarquismo. Enfrentavam a Polícia com pedras, bombas caseiras, coquetéis molotov e rojões e usavam vinagre e lenços para combater os efeitos do gás lacrimogêneo e das bombas de efeito moral. Calculava-se que os *black blocs* eram cerca de cem pessoas que formavam uma espécie de tropa de choque dos protestos[31]. Eles usavam uma outra frase de guerra, distinta da que os manifestantes pacíficos proferiam: "quebrar, quebrar, é melhor pra protestar".

[30] *O Estado de S. Paulo*, 17 de junho 2013, p. 16.
[31] MANSO, Bruno Paes. *O Estado de S. Paulo*, 15/06, p. 23.

Aliás, o movimento como um todo era diverso do convencional: as manifestações eram marcadas pelas redes sociais, em especial o *Facebook e o Twitter*, e não havia nenhum partido político que monopolizasse o discurso nem lideranças visíveis. A imprensa divulgava, entretanto, que os líderes eram jovens universitários, de boas universidades públicas e privadas, e que setores mais radicais de partidos de esquerda ofereciam apoio logístico e material à manifestação[32] .

Em reportagem no jornal *O Estado de S. Paulo*[33], informava-se que os *black blocs* já estavam organizados em 23 Estados do País. Somente Amapá, Tocantins, Sergipe e Acre não tinham, na época, páginas do grupo na internet. Em São Paulo, além da capital, cidades como São José dos Campos, além de cinco outras, tinham páginas ativas do grupo – inspirado nos *black blocs* anticapitalistas alemães, que atuavam nos anos 1980 como seguranças nas manifestações contra o capitalismo e a globalização, vestidos de preto e munidos de máscaras de gás. O professor do Centro de Pesquisa Organizacional da Fundação Getúlio Vargas (FGV) Rafael Alcapadini Silveira estudava o movimento na rede mundial de computadores e tinha acompanhado pessoalmente os dois últimos protestos.

Silveira procurava justificar a violência *black bloc* usando uma questão relacionada à sobrevivência destes na cidade. "Muitos dos jovens que estão usando essa estratégia de violência nas manifestações vieram da periferia. Eles já são vítimas da violência cotidiana por parte do Estado e por isso os protestos violentos passaram a fazer sentido para eles".

Essas ações dos *black blocs*, no entanto, ao contrário do que se poderia imaginar, não representam uma ameaça e sim um enorme benefício ao Estado. Esta é a tese do jornalista e escritor americano Chris Hedge, apoiador do movimento Ocuppy Wall Street, um conjunto de manifestações críticas ao capitalismo que chacoalhou os Estados Unidos em 2011 e 2012[34].

"Entregar o movimento aos *black blocs* ou deixar que eles o sequestrem afasta a massa e transforma o movimento em marginal, exatamente o que o Estado quer", explicou. Hedge descreveu os integrantes do *black bloc*

[32] *O Estado de S. Paulo,* 08 de junho 2013, p. C-4.

[33] Edição de 02/06/13, p. A-23.

[34] *Folha de S. Paulo,* 09/09/13, p. A-6.

nos EUA como "**jovens brancos, niilistas, adeptos do pequeno vandalismo e que padecem de hipermasculinidade de contornos fascistas**".

Em artigo no jornal *O Estado de S. Paulo*[35], o articulista José Roberto de Toledo demonstrou concordar com o jornalista americano. Segundo ele,

> *"A primeira manifestação de massa da classe média em duas décadas foi sequestrada pelos Black Blocs e seus assemelhados. Perdeu a força de uma ação coletiva. As imagens de bombas, correrias e apedrejamentos transmitidas sem cortes pela internet vão se repetindo até perderem a novidade, o interesse e a audiência.*
> *(...) Perde-se a rua – mesmo que temporariamente – como catalisadora dessa mobilização ampla da sociedade. Sem ela, perdem força as reivindicações por reformas da estrutura de poder. Os políticos, com raras exceções, estão em dívida com os 'black blocs'".*

O escritor e jornalista Ruy Castro também questionou no artigo *Por trás das burcas*[36], publicado na *Folha de S. Paulo*, as razões e fundamentos dos *black blocs*. Segundo ele,

> *"Há três meses, quando me falaram dos 'black blocs' pensei que era uma nova versão do grupo New Kids on the Block. Hoje em dia, ninguém faria essa confusão. De tanto vê-los na TV ou nos jornais atacando carros, vidraças e orelhões e jogando bombas na polícia sabemos que são um grupo anarquista. E, como tal, dedicados a combater o Estado, a hierarquia, a autoridade e qualquer forma de ordem.*
> *Apesar disso, reina entre eles uma certa ordem: andam sempre de máscara e se vestem de preto da cabeça aos pés. É normal, não querem ser identificados. O que leva à pergunta: por trás do aparato quase militar com que se cobrem, quem são? É um fenômeno ainda a ser investigado.*
> *Em quem votaram nas últimas eleições? E se votaram, ainda se lembram em quem votaram? Bebem, fumam, usam alguma droga? Têm namoradas ou apenas 'ficam' com as amigas? Vão ao cinema? Jogam pelada na praia? Gostam de futebol, torcem por algum time, vão aos estádios? E nestes, são tão incisivos quanto nas ruas? Quais são seus anarquistas favoritos? O jornalista inglês William Godwin (1756-1836), o filósofo francês Pierre-Joseph Proudhon (1809-1865), o ativista italiano Errico Mala-*

[35] Emenda *Black Bloc*, edição de 09/09/2013, p. A-6.
[36] Na edição de 05 de agosto de 2013, p. A-2.

testa (1853-1932). O anarquismo clássico pode ser de extrema esquerda ou de extrema direita. Qual deles estará por trás das burcas com que os nossos anarquistas se vestem?".

O filósofo e professor da Universidade Estadual de Campinas (Unicamp), Roberto Romano, por sua vez, lembrou que os *blacks blocs* se originaram na Alemanha, a partir de movimentos de moradia que combatiam a violência policial, e se constituíram numa tentativa de promover a chamada ação direta nas manifestações. "Eles acreditaram mesmo que seriam o exemplo e o modelo para os manifestantes. De certa forma, foi a mesma ilusão da esquerda na luta armada contra a ditadura, que se considerava vanguarda na luta contra os militares. Esse erro nos custou muito caro e o estamos pagando até hoje. Não diria que eles são fascistas, mas são adeptos do terror", afirmou, em palestra no projeto Café Filosófico CPFL[37].

Em seu livro *Mascarados – a verdadeira história dos adeptos da tática black bloc*[38], o jornalista e cientista político Bruno Paes Manso entrevista um jovem, cujo apelido, *Black*, já revele que ele é adepto das estratégias violentas dos *black blocs*. Descrito como um rapaz de 22 anos, negro e forte, descendente de imigrantes de Camarões que vieram trabalhar no interior de São Paulo, estudante de Direito e estagiário, Black se revelou tímido na conversa, mas logo afirmou que odeia a Polícia Militar e o protesto era uma forma de extravasar esse ódio.

"Quando a gente vê os PMs daquele jeito, atirando para todos os lados, o sangue ferve e vamos pra cima mesmo", disse. Ele divide a linha de frente das manifestações com no máximo dez jovens. Todos andam juntos e formaram uma nova "família". Usam os aplicativos de trocas de mensagens e redes sociais para se comunicarem durante todo o dia. "Com as máscaras, as pessoas não conhecem a gente. Parece que cria um escudo. Mas, sem atitude, nada disso estaria acontecendo", diz. Entre os personagens apresentados pelo jornalista há um que não tem, como a maioria, origem humilde. Citado como o "Barão Revolucionário", um dos

[37] Edição de 18/10/2013, no Instituto CPFL, em Campinas, sob curadoria de Demétrio Magnoli, com o título Fragmentos da Democracia – As jornadas de junho no Brasil.

[38] Manso, Bruno, Solano, Esther e Novaes, Willian. *Mascarados, a verdadeira história dos adeptos da tática black bloc.* São Paulo: Geração Editorial, 2014, p. 205-214.

jovens de 33 anos nasceu em berço de ouro, tem seis negócios diferentes, entre os quais um restaurante da moda, e integra uma família quatrocentona paulista. Depois que os parentes descobriram que ele era um *black bloc*, a situação mudou bastante. "Hoje, eu fui excluído do meu grupo mais próximo. Ninguém quer ter um *black bloc* na mesa de jantar, despejando na cara deles as minhas ideias e verdades", diz. Na prática, o jovem, de acordo com o jornalista, não quebra vidros ou destrói patrimônio público. Seu papel é dialogar com a PM, ajudar os demais *black blocs* quando necessário, dar apoio logístico, abastecer os canais de informação com transmissões ao vivo, como Mídia Ninja, explicar a ideologia do movimento e financiar alguns mascarados. Somente em 2013 ele calculava ter gasto R$ 40 mil com a "filantropia revolucionária"[39].

Em editorial, cujo título era *Combate ao vandalismo mascarado*, o jornal *O Estado de S. Paulo*[40] exaltou uma lei, então recentemente aprovada na Assembleia legislativa do Rio de Janeiro, segundo a qual a Polícia poderia levar para identificação pessoas que usem máscaras para integrar protestos de rua. Para o jornal, a medida poderia ser usada em outros Estados para conter a violência dos *black blocs*.

> *"(...) Desde terça-feira, por decisão da Justiça do Rio, a Polícia local está autorizada a conduzir a uma delegacia pessoas que usem máscaras em manifestações, para serem identificados, civil e criminalmente, mesmo que não seja flagrado cometendo algum delito. Quem se recusar, poderá ser levado à delegacia à força. E ainda que a medida se aplique a todo manifestante que utilizar máscaras ou qualquer objeto que esconda seu rosto, tais como camisas, capuzes e lenços.*
> *Para evitar que os policiais cometam excessos, toda abordagem contra mascarados deverá ser filmada. Na delegacia, o manifestante será fotografado e terá suas impressões digitais cadastradas. Essas informações serão enviadas aos responsáveis pelos inquéritos que buscam identificar os vândalos.*
> *Os policiais militares (PMs) que atuam em manifestações terão de utilizar coletes com identificação alfanumérica visível, o que deve levá-los a ser mais cautelosos. É hora de pôr um fim a essa situação, porque os vândalos mascarados fizeram os protestos perder seu sentido original. É preciso separá-los dos verdadeiros manifestantes e tratá-los com*

[39] Ibidem, p. 205-214.
[40] Edição de 05 de setembro 2013, p. A-3.

todo o rigor que merecem. Para isso, um dos caminhos acaba de ser apontado pela Justiça do Rio".

A PM paulista agiu com excessiva dureza em protesto no dia 15 de junho de 2013, quando foram agredidos 15 jornalistas, mas se mostrou omissa dois dias depois, quando manifestantes autodenominados anarquistas cercaram a Prefeitura paulistana, jogando pedras e bombas, ferindo guardas-civis e servidores e quase invadindo o prédio, um exemplar da arquitetura fascista construído pelo conde Francisco Matarazzo. O prefeito Fernando Haddad não estava no local, mas a vice-prefeita, Nádia Campeão, e vários secretários municipais encontravam-se no imóvel, na região central da cidade. Os secretários chegaram a cogitar resgatar a vice-prefeita de helicóptero[41].

Naquela ocasião, uma parcela mais moderada dos manifestantes organizou um cordão humano para proteger a sede da administração municipal gritando "sem violência" para os punks e anarquistas que queriam invadir o prédio. Em resposta, estes diziam: "sem moralismo". Os moderados acabaram recuando, com receio de confronto físico[42]. Uma bandeira brasileira, retirada do mastro em frente à Prefeitura, quase foi queimada pelos manifestantes.

Um corretor de imóveis, Gustavo Elis, que estava na manifestação, arriscou-se para protegê-la dos demais manifestantes. No mesmo protesto, o estudante de arquitetura, Pierre Ramon Alves de Oliveira, foi fotografado depredando a sede da Prefeitura e quebrando os vidros da portaria com barras de ferro. Posteriormente, o universitário e lutador de jiu-jitsu foi reconhecido e indiciado pela Polícia. Constrangido, pediu desculpas ao MPL. Ele foi processado. Naquele dia, um furgão da Rede Record acabou incendiado pelos manifestantes, um jornalista ficou ferido por uma pedrada e 20 lojas da região central foram saqueadas, assim como bancos. Uma cabine da PM foi destruída, a 50 metros da sede da Secretaria Estadual de Segurança Pública. O editor da TV Folha, João Wainer, descreveu assim o saque à loja das Casas Pernambucanas: "Um homem gritou para os invasores: sobe, sobe, os notebooks estão lá em

[41] *O Estado de S. Paulo*, 18 de junho 2013, p. 11.
[42] Ibidem, 14 de junho, p. C-10.

cima. Aqui embaixo só tem roupa. Pouco depois, eles desciam com os aparelhos"[43].

Apesar das imagens do confronto, ao vivo na TV, a Tropa de Choque da PM só foi agir no Centro após três horas do início dos protestos, quando lojas, bancos e até o Teatro Municipal, onde frequentadores que viam uma ópera ficaram presos, já haviam sido atacados pelos manifestantes. No dia 11, em outra manifestação no centro, um PM, o soldado Vanderlei Paulo Vignoli, que trabalhava na segurança do Tribunal de Justiça (TJ), quase havia sido linchado por manifestantes ao se atracar com um jovem que pichara a parede do Tribunal. A imagem dele exibida nos jornais, com a cabeça ensanguentada por uma pedrada, segurando o pichador pela gola, teria causado grande impacto no moral da tropa, criando um espírito de vingança que se realizou no dia seguinte[44]. "Lincha, lincha. Tira a arma dele. Mata",[45] gritaram os manifestantes que o atacaram, segundo sua descrição.

Do lado dos manifestantes, a situação também havia se radicalizado. Uma dos líderes do MPL, a aluna de Direito da USP, Nina Capello, admitiu que o movimento não tinha mais como conter as manifestações. "A manifestação se transformou numa revolta popular", justificou[46]. O prefeito Fernando Haddad demonstrava contrariedade com as depredações de ônibus e de prédios públicos. "Considero legítima toda manifestação. O que a cidade reprova é a violência"[47], afirmou. Enquanto isso, o governador Geraldo Alckmin avisava: "A Polícia vai responsabilizar e exigirá ressarcimento de patrimônio destruído, seja público ou privado. Isso é absoluto vandalismo inaceitável"[48].

Em editorial sob o título *Puro vandalismo*, o Estadão[49] criticou as primeiras manifestações e os ataques às estações de metrô e outros atos de vandalismo praticados pelos militantes do Movimento Passe Livre (MPL).

[43] *Folha de S. Paulo*, 19 de junho 2013, p. C-8.

[44] Havia um temor no Comando da PM que isso ocorresse, conforme relata Marcelo Godoy na edição de *O Estado de S. Paulo*, 18 de junho 2013, p. 8.

[45] *Agora*, 13 de junho de 2013, p.12 e *O Estado de S. Paulo*, 13 de junho 2013, p. C-14.

[46] *Folha de S. Paulo*, 12 de junho de 2013, p.C. 4.

[47] *O Estado de S. Paulo*, 19 de junho de 2013, p. 18.

[48] *Folha de S. Paulo*, 12 de junho de 2013, p. C.6.

[49] Edição de 08 de junho 2013, p. A-3.

"Para entender esse protesto, é preciso levar em conta as muitas coisas que estão por trás dele. Uma delas é o fato de o MPL ser pura e simplesmente contra qualquer tarifa, ou, se preferir, a favor da tarifa zero. Ele não se opõe ao aumento de R$ 3,00 para R$ 3,20 mas a ela própria, ou seja, não há acordo possível e, como seus militantes são radicais, qualquer manifestação que promova só pode acabar em violência. As autoridades da área de segurança pública, já sabendo disso, deveriam ter determinado à polícia que, desde o início do protesto, aja com rigor.
Deve-se levar em conta que a capital paulista está pagando o preço da falta de firmeza das autoridades – ao longo das últimas décadas. Para não ficar mal com os chamados movimentos sociais, por razões políticas, as autoridades têm tolerado seus desmandos".

1.1.1. A origem das máscaras dos *black blocs* – a Conspiração da Pólvora

Parte dos manifestantes dos protestos de junho e meses posteriores usava uma curiosa máscara de bigodes pontudos e barba fina no queixo. Vários deles eram militantes do *Anonymous*, grupo de *hackers* especializado em invadir sites oficiais, mas mesmo entre os militantes comuns e os *black blocs* o adorno era bastante popular. Nem todos – ou talvez quase nenhum – sabiam de quem se tratava o personagem retratado naquela imagem: o soldado católico **Guy** (ou **Guido**) **Fawkes**, peça central da chamada *Conspiração da Pólvora* (Gunpowder Ploft), que estocou 36 barris de pólvora sob o Parlamento Britânico, em 5 de novembro de 1605, com a intenção de matar o rei protestante **Jaime I**, seus ministros, nobres e parlamentares que estariam reunidos em sessão[50].

[50] Também conhecida como *A Traição Jesuíta*, a conspiração, liderada pelo nobre católico Robert Catesby, pretendia derrubar o rei e fazer com que sua filha, a Princesa **Isabel**, assumisse um reino católico, que respeitasse as diferenças religiosas entre os britânicos, o que o soberano britânico estava longe de fazer. O complô acabou sendo denunciado em uma carta anônima às autoridades, que determinaram a vistoria dos subterrâneos do Parlamento, onde Fawkes – militar veterano da repressão à Revolta Holandesa contra a Coroa Britânica – escondia os explosivos, suficientes para destruir o prédio. Capturado, ele foi torturado até denunciar os outros participantes da revolta. No momento da sua prisão, teria dito, ao ser questionado por que guardava tanto explosivo: "é para explodir todos vocês, desgraçados bêbados de scotch, e mandá-los de volta para as montanhas sujas de onde vieram." Fawkes suicidou-se antes de ser enforcado, estripado e esquartejado e, posteriormente, degolado, a duríssima pena a qual foi condenado por tentativa de regicídio (atentar contra a vida do rei). Outros sete conspiradores, entretanto, passaram pelo suplício, uma forma de a Coroa Britânica demonstrar o seu poder diante dos súditos e

1.1.2. A bandeira do MPL

O movimento Passe Livre, formado por alas mais radicais do movimento estudantil e de partidos como o PSOL e o PSTU, tem como bandeira a defesa do transporte público gratuito e, nos últimos anos, vinha organizando protestos sempre que o preço da tarifa de ônibus e metrô aumentava. Em 2011, na gestão do prefeito Gilberto Kassab (DEM), quando o preço da passagem de ônibus foi elevado de R$ 2,70 para R$ 3,00, eles organizaram mais de uma dezena de atos, parando o trânsito e provocando confrontos com a PM[51].

O MPL registra em seu site (www.mpl.org.br) dois momentos em que teria participado na luta contra aumentos de passagens de ônibus urbanos em capitais brasileiras: a ***Revolta do Buzu***, em Salvador (BA), em 2003, e a ***Revolta da Catraca***, em Florianópolis (SC), em 2004 e 2005. De acordo com a organização, o movimento somente se formou em 2006, após uma reunião entre representantes de 10 cidades na Escola Florestan Fernandes, do Movimento dos Trabalhadores Rurais Sem-Terrra (MST), em Guararema, Grande São Paulo. A chamada para as manifestações era feita, basicamente, por meio das redes sociais, nas quais se formou uma base de apoio ao movimento. A tarifa zero, sem custos para os passageiros, que seria bancada exclusivamente pelo poder público, é a principal bandeira de luta do grupo.

O ex-secretário municipal de Transporte da gestão Erundina (PT), entre 1990 e 1992, Lucio Gregori, defendeu, em entrevista ao jornal *O*

desestimular novas revoltas. Os demais foram mortos pela polícia. Até hoje, mantém-se a tradição de revistar os subterrâneos do Parlamento quando o rei ou a rainha da Inglaterra visitam, somente uma vez por ano, o local. Uma placa no Palácio de Westminter, sede da Câmara dos Comuns, relembra o atentado e todo dia 5 de novembro, há 400 anos, os londrinos lembram a Revolta da Pólvora na Noite das Fogueiras (Bonfire Nigth), queimando e despedaçando bonecos de Fawkes espalhados pela cidade, numa tradição que remete à Malhação de Judas, no Brasil. O personagem voltou à cena na *graphic novel* de Alan Moore *V de Vingança*, que se tornou um filme, com o mesmo título, em 2005, dirigido por James Mc Teigue. Na história, um personagem chamado V organiza uma vingança contra um estado totalitário do futuro que o condenou e deformou seu rosto, protegido pela máscara. Fraser, Antonia. *A conspiração da pólvora – terror e fé na Revolução Inglesa*. Rio de Janeiro: Record, 1998, p. 136.

[51] *Diário de S. Paulo*, 8 de junho de 2013, p. 2E.

Estado de S. Paulo[52], a proposta de tarifa zero que apresentou na ocasião, mas não chegou a ser votada pela Câmara Municipal. Na visão de Gregori, a medida, que em 2013 era realidade em três cidades do interior do Brasil – Porto Real, no Rio de Janeiro; Ivaiporã, no Paraná; e Agudos, em São Paulo –, poderia ser implantada em São Paulo, cidade com mais de 11 milhões de habitantes ante 100 mil dos três municípios interioranos.

"A tarifa zero independe do tamanho da cidade. Ela é possível, mas depende do planejamento financeiro de cada município. Em uma cidade do tamanho de São Paulo, o planejamento técnico tem que ser muito maior e envolver também os governos federal e estadual". Segundo Gregori, a tarifa zero também era realidade em pelo menos 32 cidades de porte médio dos Estados Unidos, com população entre 400 mil e 500 mil pessoas. O professor Diógenes Costa, especialista em mobilidade da Unicamp, por sua vez, acredita que o tamanho continental do Brasil e a complexidade das vias urbanas inviabilizaria a tarifa zero. Na opinião do professor, a má qualidade do transporte público já oferecido, associada ao aumento significativo de demanda provocada pela gratuidade, levanta muitos questionamentos sobre a viabilidade da tarifa zero.

1.1.3. A confusão entre direitos e deveres

O jornal *O Estado de S. Paulo*, em editorial do dia 30 de julho – *A bagunça vai se instalando*, p. A3 –, criticou a omissão da polícia durante passeata de manifestantes ocorrida dias antes:

> *"Eles voltaram a atacar na sexta-feira, deixando em São Paulo um rastro de destruição por onde passaram e, no Rio, amedrontando peregrinos reunidos à noite na Praia de Copacabana, onde se realizava um show promovido pela Jornada Mundial da Juventude. Na capital paulista, a manifestação – em apoio aos jovens que no Rio protestam contra o governador Sérgio Cabral – começou pacífica por volta das 18 horas no vão livre do Masp, na Avenida Paulista. Mas logo desandou, quando entrou em ação um grupo de participantes dos Black Blocs, que se intitulam anarquistas.*
> *(...) Quando um manifestante pediu a outro PM que agisse contra os vândalos, ouviu como resposta: 'Se você for até a delegacia e identificar* (o suspeito de vandalismo) *eu*

[52] Edição de 14/06/13, p. A-16.

levo. Senão, não posso'. (...) A agressividade crescente desses grupos e o comportamento hesitante da polícia, que só intervêm quando o mal já está feito, criam uma situação altamente altamente perigosa. (...) Ao contrário do que afirmaram algumas autoridades policiais, não há dificuldade alguma de distinguir os grupos violentos dos demais manifestantes. Basta ver o que fazem".

Em artigo na *Folha de S. Paulo*[53], o colunista Jânio de Freitas anotava, de forma indignada, certa confusão institucional de setores importantes da sociedade quanto à repressão aos protestos:

"Foi muito pouco dizer que os delinquentes que atacaram o Congresso e o Itamaraty eram baderneiros e pronto. O mesmo sobre os delinquentes que investiram contra a Prefeitura de São Paulo e sobre os que tentaram incendiar a Assembleia Legislativa do Rio de Janeiro ou, agora, atacaram no Leblon. (...) Os deslimites vêm de todos os lados, em nome da democracia e de direitos. Ainda o exemplo do Leblon: em nome da democracia, uma reunião de promotores, OAB e Anistia Internacional, na semana passada, recomendou à PM contenção nas ações repressivas aos baderneiros, em especial no uso de bombas de gás; agora a recomendação à PM, em nome da democracia, é que não permita baderna. Então, para livrar a cara, vem o acréscimo 'mas sem excessos'. E o que seriam estes excessos diante da violência delinquente? Ninguém diz, nem diz como deve ser a repressão. Basta falar em nome da democracia. A simplificação, em nome da democracia, é um risco de antidemocracia".

Gustavo Romano, mestre em Direito pela Universidade de Harvad e responsável pelo *site direito.folha.com.br*, iniciava os primeiros debates sobre conflito de direitos dos manifestantes, e dos que não participavam dos protestos, em confronto com os deveres do Estado[54]:

"Manifestantes, não manifestantes e poder público têm direitos, mas também possuem limites e obrigações. Do ponto de vista constitucional o que está acontecendo é um conflito entre três direitos: o dos manifestantes de se manifestarem, o dos não manifestantes de irem e virem e do poder público de gerenciar o bem-estar da sociedade como um todo. A liberdade de expressão é garantida pela Constituição. Mas não há direito sem obri-

[53] Edição de 21 de junho 2013, p. A-10.
[54] *Folha de S. Paulo*, 12 de junho 2013, p. C-3.

gações ou limites. No caso das manifestações, o limite é que a liberdade de expressão de uma parte não deve ofender o direito da outra de ir e vir, ou do poder público gerenciar as vias urbanas, à segurança pública ou de bens públicos e privados.
Quando a manifestação vira um protesto, e o protesto vira um empecilho ao resto da sociedade, ela passa a ofender o direito alheio. Daí porque os municípios podem (e devem) gerenciar como essas manifestações são feitas, quando são feitas, como devem ser feitas etc. Do ponto de vista puramente jurídico, não é diferente das restrições impostas às marchas religiosas ou à paradas LGBT: o governo não está tolhendo a liberdade de expressão mas apenas tentando garantir que o direito de alguns não invada o dos demais".

1.1.4. Uma inflexão – A repressão violenta gera adesão à causa

Depois da repressão da PM paulista a um protesto pacífico no centro da cidade no dia 13 de junho de 2013, em que foram agredidos 15 jornalistas, sete deles do Grupo Folha, a situação mudou de figura, em termos de imagem pública dos manifestantes. Naquele dia, pacíficos paulistanos que nem sequer participavam dos atos também foram agredidos pela PM enquanto levavam crianças à escola ou voltavam do trabalho. A designer Andressa Oliveira, moradora de Higienópolis, que pegava a filha de 2 anos na creche, foi forçada a parar seu carro na Rua Caio Prado com medo das bombas de gás que explodiam ao seu lado. "Nunca vi nada parecido. Pensei que fosse morrer", disse. O frentista Ronaldo Farias de Camargo, de 61 anos, que trabalhava num posto da região, desmaiou após inalar gás lacrimogêneo[55].

Com isso, o apoio da opinião pública aos manifestantes – até então vistos majoritariamente como vândalos por causa dos ataques às estações de metrô, que causaram prejuízos de mais de R$ 100 mil à Companhia do Metropolitano (o suficiente para pagar 34 mil passagens) – cresceu exponencialmente. A imprensa, a Comissão de Justiça e Paz da Arquidiocese de São Paulo e a Ordem dos Advogados do Brasil (OAB), além de entidades jornalísticas, criticaram a violência policial. A Organização das Nações Unidas (ONU) chegou a pedir ao governo uma "investigação independente" da ação da Polícia[56]. Pressionado, o secretário de Segu-

[55] *O Estado de S. Paulo*, 14 de junho 2013, p. C-7.
[56] Ibidem, p. C-6.

rança Pública, Fernando Grella Vieira, proibiu a PM de utilizar elastômeros (balas de borracha) e desistiu de empregar a Tropa de Choque na manifestação que ocorreria no dia seguinte, no Largo da Batata, em Pinheiros.

O apoio aos atos cresceu tanto que 215 mil pessoas confirmaram, pelas redes sociais[57], presença no protesto no Largo da Batata um dia depois que a Tropa de Choque atacou manifestantes na região da Rua Maria Antônia, no Centro. Anteriormente críticos ao movimento, que classificavam de "baderna" e "guerrilha urbana", os jornais paulistanos *Folha de S. Paulo* e *O Estado de S. Paulo* passaram a fazer fortes questionamentos à postura do Estado e da Prefeitura na questão, com destaque para a denúncia à violência policial.

Sondagens do Instituto Datafolha na ocasião apontavam um crescimento de 51% para **77%** na aprovação da população às manifestações em apenas cinco dias. Demonstrava, também, que 84% dos manifestantes não tinham simpatia por nenhum partido político[58]. A pesquisa explicitou o pouco apoio aos partidos políticos vistos como importantes para 44% dos entrevistados em 2003 e somente para 22% em 2013 e ao Poder Judiciário, que tinha 38% de aprovação em 2003 e somente 20% em 2013.

A partir dos fatos supracitados, o movimento cresceu, atingindo todo o País e ganhando repercussão mundial. A Anistia Internacional publicou uma nota pedindo diálogo entre as partes. "É fundamental que o direito à manifestação e à realização de protestos pacíficos seja mantido," dizia o documento. Em Dublin, na Irlanda, em Berlim, Nova York, Boston, Barcelona, Copenhague, Florença, Montreal e em três cidades de Portugal, brasileiros residentes manifestaram-se em praças e pelas redes sociais, em apoio aos manifestantes nacionais. Em Nova York, a comunidade turca aderiu aos protestos. Os jornais estrangeiros, com destaque para o *New York Times*, *Wall Street Journal*, *Le Monde* e *El País*, além da *BBC*, noticiaram com destaque as manifestações no Brasil. O espanhol *El País* estampou a manchete: "cenas de guerra em São Paulo"[59].

[57] Ibidem, 15 de junho de 2013, p. C-8.

[58] *Folha de S. Paulo*, 16 de junho 2013, p. 12 e 19 de junho, p. C-9.

[59] *O Estado de S. Paulo*, 18 junho 2013, p. 16.

Hassan Tuluy, vice-presidente do Banco Mundial para a América Latina e o Caribe, afirmou no artigo *Sobre os protestos na América Latina* que as manifestações populares no Brasil, Chile e Equador[60] ocorreram em um momento favorável para os países latino-americanos em termos econômicos. Alertou, no entanto, que o processo de melhora para a população da região, em termos de acesso a serviços públicos de qualidade, precisa ser concluído, sob risco de as manifestações se perpetuarem.

> *"Nos últimos meses, os grandes protestos populares nas ruas da América Latina foram destaque nas manchetes de jornais. Em junho, o Brasil foi palco das maiores manifestações públicas em duas décadas. Um mês depois, o Peru testemunhou a sua maior passeata em uma década. Enquanto isso, no Chile, os protestos estudantis de passado recente evoluíram e abrangem agora temas que vão muito além da educação.*
> *Os manifestantes não estão saindo às ruas com demandas abusivas, o fato é que nos últimos meses eles vêm pagando preços mais altos pelos serviços que não melhoraram. No Brasil, por exemplo, as tarifas dos serviços públicos e da cesta básica começaram a subir há um ano em ritmo acelerado, o que duplicou a taxa média de inflação. Enquanto isso no Chile, os gastos com educação, serviços públicos, alimentos e bebidas se tornaram três vezes mais elevados do que a inflação média.*

[60] Em outubro de 2019, tanto o Chile quanto o Equador vivenciaram novos episódios de violência popular nas ruas, com repressão da Polícia, agora com sinais trocados. No Equador, a população protestou contra o presidente Lênin Moreno – um mandatário de perfil de esquerda que passou a ser tratado como traidor por adotar teses da direita no governo – e encheu as ruas de Quito, enfrentando policiais em batalhas campais em razão do cancelamento do subsídio aos combustíveis e de outras políticas econômicas do governo. Grupos indígenas compunham os principais integrantes dos protestos, que deixaram oito mortos e 1.340 feridos. No Chile, a população também saiu às ruas, enfrentando os carabineiros, temida polícia nacional, em protesto contra a privatização da previdência, da água e da energia pelo presidente de direita Sebastião Piñera. Até 24 de outubro, já se contabilizavam 18 mortos, inclusive uma criança de 4 anos, e um número indefinido de feridos. Em ambos os casos, os presidentes recuaram diante da pressão da população. No Chile, o governo anunciou a confecção de uma nova Constituição para substituir a que estava em vigor, e que havia sido aprovada durante a ditadura de Augusto Pinochet (1973-1990). Em plebiscito realizado no dia 25 de outubro de 2020 os chilenos aprovaram, por ampla maioria (78%), a instalação de uma Assembleia Constituinte para a elaboração de uma nova Constituição.

No mundo interconectado de hoje, há somente a probabilidade de que as expectativas dos latino-americanos aumentem. Os governos federais, estaduais e municipais precisarão se tornar muito mais eficientes para poder atender às demandas da população; mais do que o inevitável preço do sucesso, os recentes protestos representam o preço de uma agenda bem-sucedida que ainda não foi concluída".

No artigo *Sinal de desgaste do contrato social*[61], publicado na *Folha de S. Paulo*, o economista e professor da Fundação Getúlio Vargas (FGV), Samuel Pessoa, deplora os problemas estruturais do Brasil, mas lembra que o País obteve muitas conquistas em termos sociais.

"Meu entendimento é que os protestos representam um sinal de que o contrato social da redemocratização brasileira está desgastado. Desde 1988, foi se consolidando a decisão de construir um abrangente estado de bem-estar social. Universalizamos a educação fundamental e avançamos muito na direção de universalizar o ensino médio.
Instituímos o SUS, um serviço de saúde integral e universal, isto é, que cobre todos os procedimentos médicos. Finalmente, os diversos programas sociais para idosos, em associação com a aposentadoria do INSS universalizaram, na prática, a aposentadoria.
(...) O resultado é um Estado que arrecada muito, cerca de 35% do PIB, transfere muitos recursos às famílias na forma de aposentadoria e programas sociais, cerca de 14% do PIB, e gasta muito com juros e subsídios. Não sobram muitos, portanto, recursos para investimento em logística que poderão ser viabilizados se o governo aceitar taxas de remuneração maiores nos leilões de concessão. Mas, principalmente, faltam recursos para investimento em infraestrutura urbana.
Aparentemente, o atual movimento de protestos levanta bandeiras pela melhor qualidade dos péssimos serviços públicos de educação, saúde e transportes urbanos, entre outros. O aumento da passagem de ônibus e o reconhecimento dos elevados custos dos eventos esportivos serviram como detonadores da insatisfação.
Com relação à melhora da qualidade dos serviços de saúde e educação, há uma extensa agenda que depende da criação de instrumentos que tornem a gestão desses serviços mais eficientes.

[61] *Folha de S. Paulo*, 23 de junho 2013, p. B16.

Não há saída simples e indolor nas escolhas de políticas públicas para enfrentar as deficiências do contrato social da redemocratização. Oxalá o processo eleitoral de 2014 sirva para que a sociedade amadureça esses temas e encontre os caminhos mais adequados".

Depois de 15 dias de protestos, o governador e o prefeito da capital anunciaram no dia 19 de junho de 2013, no Palácio dos Bandeirantes, a redução nos valores das tarifas de ônibus, metrô e trem, embora lembrando que o dinheiro para isso teria que sair de algum lugar. Foram seis atos liderados pelo MPL antes da suspensão do aumento e mais um após a divulgação do anúncio do fim da majoração no preço das tarifas por Prefeitura e Estado. Após duas semanas de atos e confrontos, a pendência chegava ao fim, embora os protestos continuassem por todo o Brasil. Na ocasião, a Prefeitura previu que teria que dobrar o subsídio da administração às empresas de ônibus até 2016 para manter a tarifa naquele patamar. O governo do Estado, por sua vez, trabalhava com gastos extras de R$ 210 milhões, dada a redução do preço das passagens do Metrô e da CPTM.

No mesmo dia, Eduardo Paes, o então prefeito do Rio, anunciava, também, a redução da tarifa. Na capital carioca caiu de R$ 2,95 para R$ 2,75. Segundo Paes, havia sido celebrado um acordo entre a prefeitura do Rio e os governos estadual e municipal de São Paulo para que a redução ocorresse. Houve protestos contra a tarifa de ônibus em 12 capitais brasileiras, onde o preço da tarifa caiu ou não foi reajustado: São Paulo, Rio de Janeiro, Brasília, Belo Horizonte, Porto Alegre, Recife, Salvador, Belém, Maceió, Natal, Goiânia e Curitiba. Cidades paulistas como Santo André, São Bernardo do Campo, São Caetano, Mauá, Ribeirão Pires, Ubatuba, São José dos Campos, Osasco, São Sebastião e Jacareí, da mesma forma, reviram os aumentos no transporte. Ocorreram protestos, no total, em 353 cidades brasileiras. Um total de 47 cidades, sendo 6 capitais, reduziu a tarifa de ônibus em porcentuais médios de 5,3%. Na Região Metropolitana de São Paulo, a queda nos preços chegou a 6,1% em média[62].

O cientista político e professor do Insper, Carlos Melo, em artigo no *Estadão,* chamou de negligente a atitude de autoridades e partidos

[62] *O Estado de S. Paulo,* 21 junho 2013, p. 18.

políticos em relação ao potencial das manifestações. O artigo foi publicado logo após o governador e o prefeito terem desistido da proposta de aumentar as tarifas de transporte público.

> *"O recuo de Geraldo Alckmin e Fernando Haddad em relação às manifestações que tomam a cidade foi indisfarçável e estampou as primeiras páginas dos principais jornais. O posicionamento frio do prefeito, assemelhado ao dos técnicos biônicos do passado, e a postura beligerante do governador – poder-se-ia chamá-lo de 'Erasmo' Alckmin? – mudaram radicalmente num cavalo de pau forçado pelas circunstâncias e pelos erros que eles próprios cometeram. E, por isso, foram obrigados a desdizer o que se disse antes, como se antes não dissessem absolutamente nada – e de fundamental foi tudo o que de fato disseram. Ora, quem há de negar que a qualidade de vida nos centros urbanos tangencia o desespero? A imobilidade urbana, a vertiginosa e sufocante verticalização, a baixa qualidade da saúde, o descaso com a educação, o custo de vida e, é claro, a insegurança: já esquecemos que o noticiário dos últimos meses veio recheado de casos os mais escabrosos que o governador teima em transformar em mera questão de menoridade penal? Alckmin e Haddad negligenciaram o potencial explosivo da situação. A presidente da República e os partidos políticos, todos, também"*[63].

A presidente Dilma Rousseff afirmou, dias após as autoridades paulistas desistirem do aumento da tarifa, ser favorável à negociação com os manifestantes. "A voz das ruas tem que ser ouvida. As manifestações são próprias da democracia", defendeu. O ex-presidente Fernando Henrique Cardoso foi pela mesma linha: "Os governantes precisam atuar entendendo o porquê desses acontecimentos nas ruas. Desqualificá-los como ação de baderneiros é grave erro. Dizer que são violentos não resolve nada. Justificar a repressão é inútil", afirmou, contrariando o discurso do governador Geraldo Alckmin, seu companheiro de partido[64]. Também ex-presidente, Luiz Inácio Lula da Silva defendeu que "ninguém em sã consciência pode ser contra manifestações da sociedade civil".

Uma pesquisa do Instituto Datafolha demonstrava uma queda considerável na avaliação dos poderes da República durante o tempo que durou o episódio. Divulgado no jornal *Folha de S. Paulo* de 19 de junho

[63] *O Estado de S. Paulo*, 18/06/13, p. A-3.

[64] *Diário de S. Paulo*, 18 junho 2013, p. 2 e 3.

(p.16), o estudo demonstrou que caiu de 51% para 19% entre 2003 e 2013 o número dos que achavam que a Presidência da República tinha muito prestígio e subiu de 17% para 42%, no mesmo período, o porcentual dos que consideravam que o Congresso não tinha prestígio algum. Como um reflexo dessa percepção, a presidente Dilma Rousseff havia sido vaiada na abertura da Copa das Confederações, em Brasília, no dia 15 de junho de 2013.

O jornal *Agora* discutiu em editorial[65] os danos à imagem dos governantes com as várias manifestações, a partir de pesquisa do Datafolha. No texto, cujo título era *Tsunami político*, ficaram claros os problemas enfrentados pelos governantes em nível federal, estadual e municipal com os repetidos atos políticos, que repercutiram diretamente na concepção que a população tem deles:

"Ninguém se salvou. As manifestações das semanas passadas tiveram efeito brutal na popularidade dos governantes. É o que mostra pesquisa do Datafolha. Em três semanas, a presidente Dilma despencou de 57% para 30% no número dos que consideram 'ótimo' ou 'bom' o seu desempenho.

O governador Geraldo Alckmin caiu de 52% para 38%, enquanto o prefeito Fernando Haddad afundou para 18% dos 34% em que se equilibrava antes do maremoto".

A editora do Painel - espaço para discussão de política nacional - na *Folha de S. Paulo,* Vera Magalhães, também discutiu, no artigo *Furacão das revoltas abala governantes de todas as siglas*[66], a mesma questão que, segundo ela, levou ao cenário de "terra arrasada" as imagens públicas dos governantes:

"O cenário captado pelo Datafolha no calor das revoltas de junho é de terra arrasada. O furacão colheu governantes das três esferas da administração, de todos os partidos, em meio de mandato ou recém-eleitos. Ninguém foi poupado da insatisfação geral que emergiu em meio aos protestos.

(...) É difícil que tal grau de irritação com os governantes permaneça até a eleição, mas também parece pouco provável que ocorra recuperação plena, ainda mais diante das dificuldades econômicas, que impedirão que se atendam as reivindicações mais genéricas, por melhoras na saúde e educação".

[65] Publicado em 1.º de julho de 2013, p. A-3.
[66] *Folha de S. Paulo,* 01/07/2013, p. A-4.

1.1.5 A reação das autoridades

Em 21 de junho de 2013, por meio de rede nacional de TV e Rádio, a presidente Dilma Rousseff anunciou medidas para tentar responder às ruas. Ela prometeu receber os integrantes do MPL para dialogar. Dilma anunciou a criação do Plano Nacional de Mobilidade Urbana e a contratação de médicos no Exterior por meio do programa Mais Médicos, do Ministério da Saúde. Também introduziu na pauta das promessas a reforma política e a ampliação do Serviço Único de Saúde (SUS). A presidente se comprometeu a convocar os presidentes dos outros dois Poderes, governadores e prefeitos para apresentar sugestões de melhoria da condição de vida do País. "Não transigiremos com a violência", afirmou[67]. No mesmo dia, o MPL anunciou, em São Paulo, que não promoveria novos atos porque havia detectado a presença nas manifestações de *skinheads* e militantes de direita com pautas conservadoras, como a criminalização do aborto e a redução da maioridade penal[68].

Mesmo com a retirada de cena do MPL, os protestos continuavam. Em São Paulo, ainda no dia 21, manifestantes pararam a Via Dutra impedindo o acesso de tripulantes e passageiros ao Aeroporto de Guarulhos. Em Belém (PA), a gari Cleonice Vieira de Morais, que era hipertensa, morreu durante um confronto, ao tentar se refugiar das bombas da PM. Era a segunda vítima fatal das manifestações. Os protestos ainda continuariam, por alguns dias, em São Paulo, Belo Horizonte, Brasília e Rio de Janeiro. Em São Paulo, a presidente era a personagem política mais criticada, assim como o governador Geraldo Alckmin e Lula[69].

Para tentar diminuir o desgaste em consequência das manifestações, a presidente anunciou ainda no dia 23 um esforço da base governista no Congresso para conseguir a aprovação do Projeto de Lei n. 6.826/2010[70], mais conhecido como Lei Anticorrupção, que prevê multas que podem

[67] *O Estado de S. Paulo*, 22 de junho, p. 1.

[68] Ibidem, p. 6.

[69] *O Estado de S. Paulo*, 24 de junho 2013, p. A12.

[70] No dia 23 de abril de 2013, a Comissão Especial, representada pelo Relator, Dep. Carlos Zarattini (PT-SP), composta a fim de proferir parecer sobre o Projeto de Lei n. 6.826/2019, de autoria do Poder Executivo, decidiu pela sua constitucionalidade, juridicidade, boa técnica legislativa, compatibilidade e adequação financeira e orçamentária, dando ensejo, *a posteriori*, à promulgação da Lei n. 12.846, de 1º de agosto de 2013, que dispõe sobre a

chegar a 20% do faturamento de empresas privadas acusadas de subornar agentes públicos, fraudar licitações ou dificultar investigações de agências reguladoras do Banco Central. A companhia passaria a integrar, também, o Cadastro Nacional de Empresas Punidas (CNEP). Outro Projeto de Lei, o PL 5.363/2005[71], estabelecia pena de reclusão para o funcionário público que possuísse, mantivesse ou adquirisse, de forma injustificada, bens ou valores incompatíveis com a sua renda ou com a evolução do seu patrimônio.

O governo editou dois decretos que, aparentemente, tinham a intenção de combater acusações de leniência diante da corrupção levantadas pelos manifestantes: um que elevava de quatro para 12 meses a "quarentena" de ocupantes de determinados cargos públicos, que ficariam proibidos de exercer nesse período funções em empresas privadas, de forma a evitar o conflito de interesses e o chamado "decreto ficha limpa" na gestão pública, que estabelecia critérios análogos aos da Lei Complementar 135/2010 (A Lei da Ficha Limpa)[72] para nomeação de funcionários em cargos em comissão.

A base governista se movimentou, ainda, de acordo com o jornal *O Estado de S. Paulo*[73], para aprovar temas simpáticos à população, como a destinação de 100% dos royalties do petróleo (o pré-sal) para a área

responsabilização administrativa e civil de pessoas jurídicas pela prática de atos contra a administração pública, nacional ou estrangeira, e dá outras providências.

[71] O Projeto de Lei n. 5.363/2005, de autoria do então deputado federal Eduardo Valverde (PT/RO), previu, à data de sua proposição, que fosse incluído o art. 312-A e alterado o art. 327 do Código Penal Brasileiro, ante a inclusão do enriquecimento ilícito como tipo penal. O referido projeto de lei foi aprovado parcialmente, tendo em vista que houve apenas a alteração do art. 327 do Código Penal, que passou a contar com a seguinte redação: "Art. 327. Considera-se funcionário público, para os efeitos penais, quem, embora transitoriamente ou sem remuneração, exerce cargo, emprego ou função pública". A inclusão do enriquecimento ilícito como tipo penal ainda se encontra em tramitação no Congresso Nacional.

[72] A Lei da Ficha Limpa (LC n. 135/2010) foi sancionada em 4 de junho de 2010, e alterou a Lei Complementar n. 64, de 18 de maio de 1990, que estabelece, de acordo com o § 9º do art. 14 da Constituição Federal, casos de inelegibilidade, prazos de cessação e determina outras providências, para incluir hipóteses de inelegibilidade que visam a proteger a probidade administrativa e a moralidade no exercício do mandato.

[73] Edição de 24 de junho de 2013, p. A-11.

de educação e a contratação, pelo programa Mais Médicos, de médicos estrangeiros para trabalhar nas regiões mais distantes do País e na periferia das grandes cidades[74]. A medida já era criticada pelo Conselho Federal de Medicina (CFM) para quem a contratação dos profissionais "esconde os reais problemas que afetam o SUS". Então líder do PT na Câmara, o deputado José Guimarães (CE) resumiu a opinião da base governista no Legislativo sobre a questão das manifestações: "O Congresso não pode se omitir num momento desse e tem de apresentar suas pautas e agendas próprias", disse[75].

No dia seguinte, 24 de junho, a presidente recebeu no Palácio do Planalto os jovens do MPL para discutir as reivindicações. O estudante de Filosofia da Universidade de São Paulo (USP), Marcelo Hotinsky, um dos representantes do grupo, disse depois que a presidência estava "despreparada" para discutir as questões abordadas e não apresentou nenhuma proposta concreta[76]. Na sequência, foram recebidos 27 governadores e 26 prefeitos de capitais em reunião de emergência convocada pela presidente. Na ocasião, ela lançou a sugestão de edição de um plebiscito para definir a convocação de uma assembleia constituinte exclusiva para a reforma política. A ideia da constituinte exclusiva partiu do ministro da Justiça José Eduardo Cardozo e do governador do Ceará Cid Gomes[77].

O jornal *Folha de S. Paulo* elogiou em seu editorial a atitude da presidente de convidar os líderes das manifestações para uma reunião no Palácio do Planalto, mas ao mesmo tempo afirmou considerar muito vagas as propostas surgidas da conversa:

> *"A presidente Dilma enfatizou a manutenção da lei e da ordem como condição de convívio democrático, criticando o flanco mais vulnerável do movimento. Cidadãos isolados e grupos minoritários produziram episódios de violência selvagem – e é digno de nota*

[74] Ambas as medidas foram anuladas pelos governos posteriores, de Michel Temer e Jair Bolsonaro. As jazidas do pré-sal foram leiloadas e compradas por empresas estrangeiras e o Mais Médicos perdeu os profissionais cubanos que atuavam nas periferias das grandes cidades e nos pequenos municípios. Convocados, os profissionais brasileiros decidiram não ocupar as vagas e mais de 3 milhões de pessoas ficaram sem atendimento médico.

[75] Edição de 24 de junho de 2013, p. A-11.

[76] *O Estado de S. Paulo*, 25 de junho 2013, p. 6.

[77] Ibidem, p. 7.

que o Movimento Passe Livre não tenha repudiado de forma inequívoca, até aqui, o vandalismo que tem irrompido nas ruas. Além de convidar líderes das manifestações para uma reunião, Dilma prometeu conclamar os chefes dos outros Poderes, governadores e prefeitos para um pacto por mudanças. Muito mais preciso ser dito e feito, mas não foi desta vez que a presidente se comprometeu com metas mais ambiciosas, como desempacar a reforma tributária. Falou em reforma política, mas não disse qual seria ela. Providências de impacto simbólico, por exemplo, quanto ao notório inchaço de cargos de confiança e ministérios também ficou de fora"[78].

Os pactos sugeridos por Dilma na reunião com governadores e prefeitos sugeriam a reforma política e o combate à corrupção – o que incluía a proposta de tipificar a corrupção dolosa como crime hediondo – investimentos em educação, saúde e transporte, manutenção da responsabilidade fiscal e combate à inflação. Naquela data, os partidos de oposição divulgaram uma nota na qual diziam que o governo do PT não tinha se empenhado nos últimos dez anos em aprovar a reforma política no Congresso, onde tinha maioria absoluta. Afirmavam, ainda, ter dúvidas sobre a eficácia de uma constituinte, acrescentando que cabe apenas ao Congresso decidir se deve ou não propor um plebiscito.

1.1.6. A Constituinte exclusiva

No mesmo dia em que foi apresentada, a proposta de constituinte exclusiva para a reforma política já recebia críticas. Deputados, senadores e ministros do Supremo Tribunal Federal (STF) questionaram a viabilidade da realização de um plebiscito sobre a convocação de uma constituinte exclusiva para debater a reforma política. Dois ministros do STF ouvidos pela imprensa[79] – que não quiseram se identificar – lembraram que não havia na Constituição Federal a previsão de convocação de uma constituinte exclusiva – integrada não por parlamentares, mas por pessoas eleitas para esse fim. Um dos integrantes da Corte destacou que esta possibilidade não está prevista na legislação justamente para preservar a segurança jurídica do País. Na visão de ambos, a convocação de uma

[78] *Folha de S. Paulo*, "Mensagem bem-vinda", 23 jun. 2013, p. A-2.

[79] *O Estado de S. Paulo*, 25 de junho 2013, p. 5.

constituinte exclusiva equivaleria a "**um golpe contra a Constituição Federal**"[80].

Ex-presidente do STF, Carlos Velloso criticou a proposta da presidente, alegando que era "uma forma de distrair o povo que estava nas ruas". O então presidente da Ordem dos Advogados do Brasil (OAB) nacional, Marcus Vinicius Furtado, considerou a sugestão um gasto de energia desnecessário. "Basta mudar a Lei das Eleições e a Lei dos Partidos", disse. Em artigo na mesma edição do *Estadão*, o presidente da OAB afirmou que a constituinte exclusiva poderia se transformar numa "carta em branco". "Não é possível convocar uma constituinte para discutir matéria 'a' ou 'b', pois é ela própria quem decide. Nada impede, portanto, que alcance matérias relativas à liberdade de imprensa, garantias individuais e tantas outras sobre as quais a sociedade precisa se manter vigilante para que não pereçam. Acaba sendo uma carta em branco"[81]. O movimento Reforma Política, que reúne entidades que lutaram pela Lei da Ficha Limpa, aproveitou o ambiente favorável e lançou, no mesmo dia, em Brasília, um movimento para pedir eleições limpas no Brasil. O movimento precisava coletar assinaturas de 1,5 milhão de pessoas para apresentar ao Congresso um projeto de iniciativa popular em prol da proposta.

O professor de direito da Fundação Getúlio Vargas (FGV), Oscar Vilhena, defendeu, no artigo *Resiliência Constitucional*[82], que o mundo político organize um novo arranjo para que a sociedade tenha a possibilidade de promover avanços sem ataques à Constituição:

> *"A Constituição de 1988 tem se demonstrado um instrumento altamente resiliente nestas duas últimas décadas. Permitiu a estabilização de nossa democracia, a superação de crises políticas e econômicas e avanços importantes para o corpo social. Neste período foi alterada mais de 70 vezes. Vergou, mas não quebrou (...). Problemas centrais como o da falta de legitimidade do sistema político não foram, entretanto, superados. Pedir aos*

80 Ibidem, p. 5.

81 Ibidem, p. 5.

82 "Resiliência", segundo o Dicionário Houaiss, significa a capacidade de se recobrar facilmente ou se adaptar à má sorte ou às mudanças. *O Estado de S. Paulo*, 26 de junho 2013, p. A-4.

partidos no poder que alterem as regras que os beneficiaram é algo ingênuo, para dizer o mínimo. A regra de ouro da política é que ninguém abre mão de parcela do poder que tem, exceto sob o risco de perdê-lo por completo. Daí ter surgido a proposta da presidente de um processo constituinte específico, como resposta à ira das ruas.

A ideia de devolver ao povo a possibilidade de se autodeterminar não é absurda ou antidemocrática. Ela é, no entanto, problemática. Não há hoje qualquer protocolo constitucional para viabilizá-la. O único mecanismo juridicamente estabelecido para alterar a Constituição é a emenda, protegida por um complexo de salvaguardas procedimentais e substantivas. É importante que o corpo político tenha clareza de que o povo, titular do poder constituinte, pode convocar uma nova assembleia constituinte no momento que quiser. Seria mais prudente, portanto, que o Congresso, ainda que a fórceps, produzisse um arranjo político mais democrático e representativo e o submetesse imediatamente à sociedade, por intermédio do referendo. Teríamos, assim, um novo pacto político, selado pelo povo, sem necessidade de colocar em risco nossa valiosa Constituição".

O ministro do Supremo Tribunal Federal (STF) Gilmar Mendes, por sua vez, em entrevista à *Folha de S. Paulo*[83], disse que uma reforma política por meio de plebiscito é "temerária e de difícil exequibilidade". Mendes ainda comentou que a presidente deveria ter ouvido presidentes de outros Poderes e líderes políticos para analisar a eficácia da proposta antes de lançá-la à população. "Acredito até que isso evitaria alguns equívocos até na abordagem das propostas", afirmou.

O ministro disse que teria dúvidas inclusive sobre as perguntas que seriam dirigidas à população. "O sistema a ser adotado seria o alemão distrital misto ou proporcional? A população saberia distinguir?", indagou. "Transformar a corrupção em crime hediondo em que resulta?" Esse açodamento, em sua opinião, poderia não ter ocorrido. "A presidente não pode convocar uma constituinte, nem o Congresso, nem o Supremo. Não há espaço para isso, mas esse era um erro que podia ter sido evitado".

No artigo *Vontade popular pronta e acabada é presunção*[84], o cientista político e professor da USP Fernando Limongi criticou as propostas de reforma política como se fossem a expressão da vontade popular, tal como a creem os seus defensores. "A reforma política representou apro-

[83] Edição de 1 de julho 2013, p. A-12.
[84] *Valor*, 1 de julho 2013, p. A-10.

ximadamente a vontade de 1% dos manifestantes para ir às ruas. Mesmo assim foi desenterrada pelos partidos, o PSDB com a ideia do voto distrital misto e o PT com financiamento público de campanha".

A ideia não encontrou eco nas manifestações, de acordo com o especialista. "As velhas propostas recebem tinturas populares. Métodos e recursos aparentados com a democracia direta como plebiscitos, referendos, *recall*, são apontados como os mais legítimos. O povo dará o veredicto, a vontade popular se manifestará de forma bruta, sem intermediários, direta e reta. A presunção que alimenta tais esperanças é de que a vontade popular existe, está lá, pronta e acabada, só precisa ser consultada para se revelar".

Não é bem assim que ocorre, segundo Limongi. "Esta presunção é simplesmente falsa. A vontade do povo precisa ser formada e difundir informação custa dinheiro. Plebiscitos, referendos e *recalls* são precedidos de campanha. E o poder econômico sabe muito bem como explorar a seu favor estes mecanismos. O problema, por certo, não está nas leis eleitorais. Por que não discutir as políticas de educação, de saúde, de transporte?".

Vítimas da violência - Ainda continuaram as manifestações - com certo grau de violência - em São Paulo, Brasília, Rio de Janeiro e Goiás. Nesse último Estado, duas mulheres que protestavam na BR-215, em Cristalino, morreram ao serem atropeladas por um homem em um Fiat Uno, que fugiu em direção a Brasília. Elas foram identificadas como Valdinete Rodrigues Pereira, de 40 anos, e Maria Aparecida, de 50. Com as duas, já eram quatro as vítimas fatais das manifestações. O número subiu a seis, com as mortes do metalúrgico Douglas Henrique de Oliveira Souza, que morreu ao cair de uma altura de 5 metros ao tentar pular de uma pista para outra de um viaduto em Belo Horizonte, e de um jovem de 16 anos, Ygor Oliveira da Silva, atropelado por um caminhão que tentava escapar de uma manifestação em Guarujá, litoral paulista[85].

Menos de 24 horas depois de lançar a ideia da **constituinte exclusiva** para a reforma política, a presidente Dilma Rousseff desistiu da proposta. "O então vice-presidente Michel Temer (PMDB), que é pro-

[85] *O Estado de S. Paulo*, 26 de junho 2013, p. 4.

fessor de Direito Constitucional, a havia alertado para a inviabilidade da sugestão por causa do que classificou de 'uma razão singela': trata-se de algo que significa o rompimento da ordem institucional porque nunca será exclusiva e sempre abarcará uma porção de temas"[86]. A presidente havia sido criticada até mesmo por sua base, ao lançar a proposta e foi forçada a recuar. Assim, sugeriu apenas pedir ao Congresso a convocação de um plebiscito, em 45 dias, para discutir pontos específicos da reforma política, como o financiamento público de campanha, o voto em lista, o voto distrital e o fim das coligações partidárias e do suplente de senador.

Mesmo essa proposta, no entanto, naufragou, por falta de apoio à ideia no Congresso entre a própria base governista[87]. Em 5 de julho, o vice-presidente afirmou que não havia apoio da base para a realização do plebiscito ainda em 2013 para valer nas eleições de outubro de 2014. Cinco dias depois, os líderes do Congresso rechaçaram a proposta de plebiscito e decidiram formar um grupo de trabalho que se encarregaria de formular uma proposta de reforma política. Depois de aprovadas pelo Congresso, as propostas seriam submetidas a um referendo popular, passando a valer somente em 2016. No mesmo dia, uma PEC, que propunha o fim do segundo suplente ao Senado, foi derrubada naquela Casa Legislativa[88]. Eram necessários 49 votos, e a proposta obteve somente 46.

No artigo *Passeata dos empulhadores*[89], o jornalista Elio Gaspari questionou o que chamou de "mistificação do andar de cima", ao criticar a reação das autoridades às manifestações de junho, em que foram às ruas o que chamou de "andar de baixo":

> *"Desde que o monstro foi para a rua, o andar de cima virou urubu que voa de costas. Em poucas semanas aprontou o seguinte: 1) a doutora Dilma reuniu o ministério e propôs 'Cinco Pactos'. Quais? Ninguém lembra. A quem? Ninguém sabe. 2) Em seguida, defendeu uma Constituinte exclusiva, ideia que durou 24 horas, porque ninguém sabia o que era. 3) Agora quer um plebiscito para orientar uma reforma política na qual o*

[86] *O Estado de S. Paulo*, 26 de junho 2013, p. 4.

[87] O Datafolha revelou, em reportagem na *Folha de S. Paulo* de 29 de junho, página A-8, que 68% dos brasileiros entrevistados apoiavam a proposta do plebiscito.

[88] *O Estado de S. Paulo*, 10 de julho 2014, p. A-4.

[89] *Folha de S. Paulo*, edição de 3 de julho 2013, p. A-6.

PT quer arrancar o financiamento público de campanha (sendo seu maior beneficiário) e, se der, algum voto de lista. 4) o governador Geraldo Alckmin, cuja Polícia Militar acendeu o pavio de explosão de rua. (Argumenta-se que ele não a controla como devia, mas esse é um problema do doutor.). Dias depois suspendeu o aumento de 6,5% nos pedágios nas rodovias paulistas, previstos para o início deste mês. 5) O Senado poderá aprovar hoje um projeto que dá transporte gratuito a estudantes.
(...) Sempre que um governo não sabe o que fazer defende mais impostos sobre bens supérfluos. O PT manda em Brasília desde 2003, passou a voar nos jatinhos amigos, aninhou-se na rede de interesses da plutocracia e cobra IPVA de quem tem carro velho (produto supérfluo), mas nada pede a quem tem helicóptero (um bem essencial).
O que a rua quer é menos empulhação dos sábios de planilhas que confiaram nos mecanismos de persuasão da polícia e dos pensadores. O que a doutora Dilma, governadores e prefeitos estão oferecendo é pouco mais que uma marquetagem destinada a embaralhar o debate. Inverte-se um velho slogan que dizia 'peça o impossível'. Noves fora o passe livre, a rua pede o possível: menos roubalheira e mais contas abertas. Os palácios estão oferecendo o impossível".

O jornalista Jânio de Freitas, no artigo *A favor, porém contra*, publicado na *Folha de S. Paulo*[90], com base em pesquisa recente do Instituto Datafolha, defendeu a tese de que a população ofereceu apoio à convocação de uma constituinte pela presidente, sem a participação da classe política reunida no atual Congresso:

"O mais interessante no recente Datafolha, a meu ver, está no apoio de 73% dos entrevistados à convocação de uma constituinte, índice que não despertou interesse na imprensa. Considerada a margem de erro, são justos três quartos que indicam o anseio por uma reforma política tão remodeladora e fluência menos demorada que requer uma via própria. (...).
O índice conduz, porém, a uma contradição com outro dado colhido pelo Datafolha: 68% consideram que 'a presidente agiu bem ao propor um plebiscito' para decidir sobre uma constituinte (vale repetir: a presidente nunca propôs um plebiscito, como lhe atribui, por exemplo e criticamente, até um ministro do STF, Gilmar Mendes; propôs apenas um 'debate para decidir' sobre plebiscito ou não).

[90] Na edição de 2 de julho 2013, p. A-3.

O plebiscito e a constituinte estão conectados na ideia que os suscitou e, mais significativo, na própria recusa dos 73% à entrega da reforma política ao atual Congresso. A diferença dos índices, apesar de relativos ao mesmo fim, sugere que plebiscito não é algo claro para o eleitorado. Uma advertência, então, para os que preferem propor aos eleitores diferentes fórmulas de reforma para sua escolha. Ou seja, plebiscito mesmo, e não o referendo, que apenas pediria sim ou não à convocação de constituinte.
(...) A resposta administrativa e politicamente mais adequada, para todos, seria o compromisso público de dar aos prefeitos e governadores toda a colaboração federal possível para a solução dos problemas apontados nas ruas. Isso não foi feito no discurso e não está feito na prática. E o resultado é Dilma Rousseff juntar-se à queda dos governadores e prefeitos responsáveis pelos temas majoritários da insatisfação, municipais e estaduais.
A insatisfação se volta contra a classe política, como concluíram as boas análises de Aécio e do prefeito Eduardo Paes, mas não só. Agora chama para acerto de contas também os inúmeros juristas, acadêmicos e outros contrários à constituinte".

Em São Paulo, foi rejeitada uma PEC que impedia promotores de investigarem prefeitos e governadores, de autoria do deputado Campos Machado (PTB). Dia 26 de julho, uma nova tentativa do Congresso Nacional de atender ao clamor das ruas fora levada a efeito: a aprovação da PEC de autoria do senador Pedro Taques (na época no PDT) que instituiu o voto aberto na Câmara, mesmo nas votações de cassação de mandatos de deputados por falta de decoro ou condenação criminal[91].

A proposta havia ficado no limbo político, sem votação, por seis anos. Ainda na onda do atendimento às demandas das ruas, o Supremo Tribunal Federal (STF) determinou a prisão do deputado federal Natan Donadon (PMDB-RO), que respondia a processo sob acusação de desviar R$ 8,4 milhões da Assembleia Legislativa do seu Estado quando era deputado estadual, com falsos contratos de propaganda. Foi a primeira vez, desde 1974, que o STF determinou a prisão de um parlamentar. Donadon, que ficou preso no Presídio da Papuda, em Brasília, teria, em primeiro momento, seu mandato preservado na Câmara para depois ser cassado em uma segunda votação por quebra de decoro parlamentar.

[91] *O Estado de S. Paulo*, 27 de junho, p.4.

1.2. A Passeata dos Cem Mil – passado e presente lado a lado em contextos diferentes

No dia em que a Passeata dos Cem mil, no Rio de Janeiro, ocorrida em plena ditadura militar, completou 45 anos, em 26 de junho de 2013, em meio aos protestos populares, o jornal *Folha de S. Paulo*[92] entrevistou alguns dos participantes daquele momento histórico para comparar as motivações e resultados das duas manifestações. Para o músico e ex-ministro da Cultura, Gilberto Gil, o cineasta Cacá Diegues, o poeta Ferreira Gullar, o ex-líder estudantil Vladimir Palmeira, o ex-deputado Fernando Gabeira e a cantora Nana Caymmi, a impressão foi de que, apesar de algumas semelhanças, os movimentos não podem ser confundidos.

Na visão de Gil, o foco dos protestos em 1968 era muito preciso: a luta contra a ditadura. Ao contrário, a ocorrida em 2013 tinha muitos focos. "Essa de agora é a nuvem, para usar uma expressão da internet. É um conjunto de demandas difusas, em relação a um conjunto de coisas, apesar de ter coisas objetivas também, como o passe livre", afirmou o compositor baiano. O cineasta Cacá Diegues, por sua vez, considerou que havia outra diferença fundamental na principal reivindicação: "Naquela época, a gente queria construir uma democracia. Hoje existe uma decepção com essa ideia da democracia representativa, e não só no Brasil. Não sei como resolver isso, não gosto de democracia direta, acho que acaba no populismo", disse.

Diferentemente das manifestações recentes, quando foram registrados inúmeros enfrentamentos com a Polícia e vandalismo, a de 1968 transcorreu em paz, de acordo com o ator e diretor teatral Renato Borghi: "Houve uma intimidação. Tinha tanques de guerra, metralhadoras, cavalos, um aparato militar como se fosse um dia de guerra, mas a passeata foi em paz".

Um ponto em comum entre ambos os movimentos, segundo Ferreira Gullar, foi a participação de jovens da classe média em 1968 e 2014. "Quem tem consciência e atua na sociedade politicamente é a classe média", ressaltou. Por outro lado, uma diferença fundamental entre os dois momentos, na visão dos participantes, era a liderança, muito clara

[92] Na edição de 26 de junho de 2013, p. C-4. Título: iguais, mas diferentes.

em 1968 e extremamente difusa em 2013. "A diferença é que naquela época sabia-se quem estava organizando o ato: a UNE com os artistas e o respaldo do Partido Comunista. Participaram sindicatos, Igreja, associações de mães, agora não, é o povo desorganizado".

Na visão dos velhos militantes, a existência de um comando central na Passeata dos Cem Mil conferiu unidade política ao discurso e evitou a violência dos manifestantes. "Escolhia-se desde o itinerário até as palavras de ordem. Era mais ensaiado", recorda-se o jornalista, guerrilheiro e ex-deputado Fernando Gabeira. Apesar das diferenças, tanto os militantes da Passeata dos Cem Mil quanto os das manifestações recentes foram recebidos pelo presidente da República. No caso de 1968, o general Artur da Costa e Silva e no de 2013 a presidente Dilma Rousseff.

Somente o ex-líder estudantil naquele período, Vladimir Palmeira, do Rio de Janeiro, havia participado de uma manifestação recente. Ele esteve em uma ocorrida em sua cidade, que reuniu estimadas 300 mil pessoas. "As maiores reivindicações são por educação, saúde e a luta contra a corrupção. O problema é que grande parte da esquerda se sente atingida pela luta contra a corrupção, ficam cheios de dedos por causa do processo do Mensalão", analisou.

1.2.1. As manifestações e o crescimento da "direita"

Segundo o jornal *Folha de S. Paulo,* 648 pessoas haviam sido detidas em todo o País durante os atos - 102 continuavam presas na ocasião, em 29 de junho. Um total de 61 prédios públicos haviam sido danificados, com prejuízos superiores a R$ 7 milhões[93]. A Associação Brasileira de Jornalismo Investigativo (Abraji) divulgou um relatório segundo o qual jornalistas e órgãos de imprensa haviam sofrido 53 ataques de policiais e de manifestantes, em 11 cidades durante os atos de protestos. Seis profissionais haviam sido presos pela polícia, mesmo depois de mostrarem seus documentos de identificação[94].

[93] Edição de 29/06/13, p. C-8.

[94] *O Estado de S. Paulo,* 28 de julho, p. 12.

A súbita paralisação das manifestações de massa logo após o início das aulas, em agosto de 2013, foi destacada pelo articulista Vinícius Mota, da *Folha de S. Paulo*, no artigo "O teste dos protestos"[95]:

> *"Que fatores terão contribuído para a dispersão da impressionante onda de protestos da última quinzena de junho? É melhor apostar num conjunto de vetores: o recuo das autoridades na tarifa de ônibus; a falta de líderes e objetivos; o cansaço do exercício cívico reiterado; a violência, latente e explícita, dos episódios; o fechamento da janela global da Copa das Confederações.*
> *O MPL volta à carga, cercado pelos companheiros de sempre, incluindo o PT. A pauta da convocação, centrada no metrô, é uma tentativa de ataque aos tucanos. O teste de quarta-feira será de duas ordens: o MPL conseguirá arregimentar multidão comparável em tamanho e perfil – mais de 80% sem preferência partidária – às do final de junho? Em caso afirmativo, conduzirá a pauta de indignação?".*

E qual teria sido o legado das manifestações de junho no Brasil? Para os cientistas sociais reunidos no 37.º Encontro Nacional de Pós-Graduação em Ciências Sociais (Anpocs), em 24 de setembro de 2013, na cidade paulista de Águas de Lindóia, um dos legados foi o **ressurgimento de valores de direita**, até mesmo de propostas autoritárias, como a volta do regime militar e de alternativas nazifascistas no bojo dos atos em que, durante vários momentos, militantes bem vestidos e bem nutridos pediam a criminalização do aborto e a redução da idade penal, pautas típicas da direita.

"Hoje se perdeu a vergonha de ser conservador, de se assumir como de direita. Muito mais gente assume a defesa de um regime militar, do autoritarismo e do nazismo", disse o professor Adriano Codato, da Universidade Federal do Paraná (UFPR). As manifestações de rua levaram o professor João Féres Júnior, da Universidade Estadual do Rio de Janeiro (Uerj) a concluir que "a direita saiu do armário"[96].

Codato analisou o perfil de cerca de 7 mil parlamentares que passaram pela Câmara dos Deputados entre 1945 e 2010, tendo por base a ori-

[95] Publicado na edição de 12 de agosto 2013, p. A-2.

[96] Reportagem de Adauri Antunes no jornal *Valor Econômico* de 25 de setembro de 2013, p. A-8.

gem partidária, e concluiu que não houve "uma mudança espetacular" no perfil característico dos representantes da direita. Segundo ele, ao perfil característico do ruralista agregam-se comunicadores e pastores, como o deputado Marco Feliciano (PSC-SP).

Outro participante da mesa presente no evento da Anpocs, o professor Claudio Couto, da Fundação Getúlio Vargas (FGV), em São Paulo, fez uma análise que mostra a "**guinada à direita**" do PSDB a partir de 1998. De acordo com o seu estudo, em sucessivas disputas com o PT, nas quais tentou se firmar eleitoralmente, o partido dos tucanos não conseguiu imprimir em São Paulo políticas que o fizessem se diferenciar de administrações anteriores, de direita, dando continuidade a programas como "Rota na rua".

O senador Aécio Neves (PSDB-MG), segundo Couto, deu mais uma demonstração da "direitização" do partido no programa eleitoral tucano. "Ele ataca o Estado, que considera paternalista, e defende a livre iniciativa como forma de o Estado avançar".

O professor do Departamento de Ciência Política da Universidade Estadual de Campinas (Unicamp), Wagner de Melo Romão, defendeu, em entrevista ao jornal *Folha de S. Paulo*,[97] que, ao contrário do que sempre houve na política brasileira, uma parcela da população alinhada com **ideias da direita** também ocupou as ruas em junho de 2013, nas históricas manifestações, e não somente os setores de **esquerda** e **centro-esquerda**, como era tradicional. Isso, para o cientista político, fortaleceu a pluralidade de opiniões, demonstrando o vigor da democracia, ao mesmo tempo em que favoreceu o **acirramento de posições**. O Brasil teria, de acordo com o Departamento Intersindical de Assessoria Parlamentar (Diap), o Congresso mais conservador - portanto mais infenso a propostas de esquerda e centro-esquerda - desde 1964. Uma grande parcela da população votou, em 5 de outubro de 2014, em candidatos de viés conservador[98].

[97] Edição de 12 de outubro de 2014, p. E-2.

[98] Esse congresso conservador apoiou e aprovou várias pautas da chamada direita política, como a Reforma Trabalhista, entre outros temas de interesse desse segmento político.

1.2.2. A nova direita

Se não trouxeram a revolução, como se poderia imaginar, os eventos de junho acabaram ajudando a fomentar a **criação de uma nova direita**, semelhante à americana, não convencional, que não está contemplada pelos esquemas tradicionais da política. Esta é a visão do filósofo e professor aposentado da USP Paulo Eduardo Arantes, para quem há um descompasso entre a esquerda e a direita no Brasil. "A esquerda oficial no Brasil é moderada. O outro lado não é. Por isso, a polarização é assimétrica", explicou ele, em palestra sobre as manifestações de junho de 2013 no 16º Encontro da Associação Nacional de Pós-Graduação de Filosofia em Campos do Jordão (SP)[99].

Para o filósofo, a nova direita brasileira guarda enormes semelhanças com seus pares republicanos americanos. "A direta norte-americana não está mais interessada em constituir maioria de governo. Está interessada em impedir que aconteçam governos. Não quer constituir política no Legislativo e ignora o voto do eleitor médio. Ela não precisa de voto porque está sendo financiada diretamente pelas grandes corporações".

Por isso, comentou o acadêmico, seus integrantes podem se dar ao luxo de ter posições nítidas e inegociáveis. "E partem para cima, tornando impossível qualquer mudança no *status quo*. Há uma direita no Brasil que está indo nessa direção", disse. E a esquerda? Na visão do especialista, a esquerda não pode agir como a nova direita. "A esquerda tem que governar, construir maiorias, transigir, negociar, transformar tudo em um mingau", explicou. Nesse confronto, surge o que sociólogos americanos chamam de "polarização assimétrica", com um lado sem freios e outro tentando contemporizar.

Na sua avaliação, o conceito de polarização assimétrica se aplica ao Brasil. "A lenga-lenga do Brasil polarizado é apenas uma lenga-lenga, um teatro. Nos Estados Unidos, democratas e liberais se caracterizam pela moderação – como a esquerda oficial no Brasil, que é moderada. O outro lado não é moderado. Por isso, a polarização é assimétrica."

Na opinião de Arantes, todos, até mesmo seus líderes, foram surpreendidos com o tamanho e a violência das passeatas. "Ninguém esperava que

[99] *Folha de S. Paulo*, de 31 de outubro de 2012, p. A-10.

isso acontecesse, nem os próprios protagonistas, nessas proporções. Foi absolutamente inesperado. Não temos mais ouvidos para decifrar qualquer sinal de alarme".

Em balanço publicado em 27 de dezembro de 2013, o editor de Cotidiano da *Folha de S. Paulo*, Alan Gripp, analisou as manifestações sob o prisma da surpresa que o evento causou entre os pensadores da política e seus reflexos.

> *"Quando um grupo de jovens se reuniu no dia 6 de junho na Avenida Paulista para contestar o aumento da tarifa de ônibus de São Paulo ninguém poderia imaginar que aquele seria o marco zero da maior sequência de protestos no País desde o Fora Collor. Afinal, o MPL (Movimento Passe Livre) fazia ali mais uma de suas manifestações convocadas após o anúncio de cada reajuste de tarifa – que neste ano, diga-se, foi abaixo da inflação. Mas como o ato se transformou na explosão de protestos pelo país? Olhando a cadeia de acontecimentos a distância é possível observar um fenômeno à época invisível e levantar hipóteses.*
>
> *No mesmo dia em que o MPL se reuniu na Paulista, pesquisadores do Datafolha estavam nas ruas. O que eles colheram, publicado três dias depois na Folha, mostrava que algo estava fora da curva. A popularidade da presidente Dilma caiu 8 pontos, o primeiro tombo desde sua posse em 2011. A pesquisa também detectou um aumento do pessimismo do brasileiro de forma geral.*
>
> *À época ninguém (jornalistas, cientistas sociais e políticos incluídos) ligou uma coisa à outra. O ministro Aloízio Mercadante (Educação) chegou a eleger um culpado: o tomate, item que sofrera grande aumento de preço. Os famosos cartazes nos atos seguintes evidenciaram essa grande e silenciosa insatisfação que encontrou no aumento da tarifa, que tem efeito sobre grande parcela da população, o catalisador perfeito. 'Não era pelos 20 centavos', dizia um deles.*
>
> *Também não há dúvida de que alguns governos deram sua contribuição ao reprimir violentamente alguns protestos, após atos de vandalismo, principalmente em São Paulo e no Rio de Janeiro, despejando gasolina na fogueira. É possível distinguir ao menos três fases do protesto. A primeira teve foco na tarifa e reuniu majoritariamente estudantes. A segunda – com forte apelo popular e mais efêmera – arrastou multidões contra a corrupção, a polícia e tudo o mais.*
>
> *Por fim, restaram as 'manifestações' mais radicais, já sem o apoio da maioria da população, marcadas pela quebradeira dos adeptos da tática black bloc. No balanço das*

"conquistas da rua" há muito o que enumerar. Talvez a maior delas tenha sido impor à classe política a sensação de estar sob constante vigilância".

1.3. 2014 – A crise continua – o rescaldo das manifestações de junho de 2013

No ano seguinte, 2014, o tema das grandes manifestações ainda continuou reverberando nas discussões. No artigo "*Data Venia*", publicado no jornal *Folha de S. Paulo*[100], o presidente da Academia Paulista de Letras Jurídicas, Ruy Martins Altenfelder Silva, criticou a leniência das autoridades constituídas com os manifestantes violentos, que, no seu entender, vandalizavam o patrimônio público e privado, assim como com maus profissionais e o que chamou de "críticos contumazes" de deslizes alheios, mas que não enxergavam os seus próprios.

> *"(...) A primeira 'data venia' (expressão latina que significa com licença, mas que induz a uma contestação) vai para a tolerância a pessoas ou grupos que aproveitam os protestos para praticar atos de agressão contra outras pessoas e/ou cometer atos de vandalismo contra bens públicos e privados. Tolerância essa dispensada por autoridades públicas dos Três Poderes, que encaram com leniência o fato de que esses atos constituem crimes capitulados no Código Penal e não encontram abrigo na liberdade constitucional de expressão de manifestação.*
>
> *A segunda 'data venia' vai para maus profissionais, que desrespeitam o código de ética profissional e protagonizam atos como a busca de celebridade e o desrespeito das autoridades constituídas. A terceira 'data venia' vai para a sociedade, que consagra e até cultiva o famoso jeitinho brasileiro, que quase sempre funciona como um corolário da conhecida – embora injusta com o personagem – Lei de Gerson, ou seja, levar vantagem contornando ou prejudicando direitos alheios.*
>
> *(...) Mas, data venia, as reflexões acima pretendem ser apenas uma modesta contribuição contrária à máxima popular consagrada por séculos de permissividade: aos amigos, os benefícios da lei; aos inimigos, o rigor da lei. Isso porque, no Estado Democrático de Direito, a lei deve ser sempre igual para todos".*

[100] Edição de 28 de setembro de 2014, p. A-3.

Uma reportagem da *Folha de S. Paulo* demonstrou que nenhum dos vários supostos líderes das Manifestações de Junho conseguiu se eleger nas eleições de outubro de 2014. Todos, no entanto, colaram explicitamente suas campanhas nas manifestações de 2013. Alguns lançaram o lamento "foi para isso que as pessoas foram às ruas?". Ao menos quatro manifestantes citados na reportagem não obtiveram votos suficientes para conseguir uma vaga como deputado estadual ou federal. Clayton Coringa, candidato pelo PSB, ficou com 277 votos. O sociólogo Thiago Aguiar, que concorreu pelo PSOL, teve 7.841 votos e Vanderlei Fernandes, do PSB (Rede), obteve 1.384 sufrágios.

Fábio Silva, que se autointitulou "a voz das ruas", também não teve votos. Militante das manifestações em Campinas, Silva disse ter renunciado. "Escolhi esse nome porque participei ativamente dos protestos aqui em Campinas. Tentei me candidatar pelo PMDB, fazer uma discussão por dentro, mas não deu certo e renunciei", disse ele, que é militante da Rede e estudante de Direito.

Candidato a deputado estadual pelo PSTU, o estudante de Filosofia da UFRJ, Julio Anselmo, que obteve apenas 547 votos, também reclamou da situação: "as pessoas só votam em quem elas acreditam que vai ganhar e isso acaba alimentando esse sistema viciado, em que só entra quem tem campanha com bastante dinheiro e um tempo relativamente grande na televisão", afirmou ele, que integrava o Fórum de Lutas Contra o Aumento de Tarifas.

Para ao menos parte dos candidatos e analistas políticos, após os protestos houve uma radicalização do discurso à direita, que teria contribuído para a eleição de um Congresso mais conservador. Thiago Aguiar comparou a situação do Brasil com a da Espanha, onde um partido conservador, o PP, venceu as eleições gerais, depois do protesto dos Indignados, que teve características semelhantes às manifestações no Brasil.

André Singer, cientista social da USP, defendeu a tese de que as eleições são uma espécie de "segundo *round*" das manifestações, em que as forças políticas disputam os mais escolarizados de menor renda, para quem os protestos foram uma espécie de "entrada" na política. "Eles poderiam ir para a esquerda, para a direita ou para o centro. Essa indefinição está se expressando agora" (nas intenções de voto dessa fatia).

Também no jornal *Folha de S. Paulo*[101], o articulista Mauricio Puls defendeu, no artigo *A poeira das manifestações*, que o roteiro das manifestações de junho de 2013 no Brasil repetiu, de certa forma, o que houve em outros países, como a França, com as passeatas de Maio de 68; na Espanha, com o movimento dos Indignados, em 2011; e na Argentina, em 2001, na revolta popular que derrubou o governo de Fernando de La Rúa. Em todos estes casos, relembrou o articulista, o que sucedeu às lutas populares foi o conservadorismo e não a revolução, como seria de se esperar. Uma das razões para essa mudança de opinião até desconcertante, em sua visão, foi a falta ou o excesso de objetivos nas manifestações.

> *"(...) França, 1968. Universitários protestam contra a proibição de que rapazes visitem os quartos das alunas à noite. O incidente logo se desdobra em críticas à regressão sexual, às universidades, ao Estado, ao capitalismo. No auge da crise, De Gaulle convoca eleições. Os protestos cedem, e o governo obtêm uma vitória esmagadora: a direita elege 396 deputados, contra 91 da esquerda.*
> *Espanha, 2011. Oito milhões de jovens 'indignados' com a crise econômica ocupam as praças de 58 cidades para protestar contra o desemprego, os bancos, o capitalismo, a globalização. Atacam todos os partidos ('vocês não nos representam'). Em novembro, o PP, de direita, elege 53% dos deputados.*
> *Manifestações libertárias reforçam o conservadorismo? Depende: protestos 'contra um', em geral, são mais eficazes do que protestos 'contra todos'; o 'Caracazo' na Venezuela (1989) e o 'Cacerolazo' na Argentina (2001) levaram ao impeachment de Carlos Andrés Pérez e à renúncia de Fernando de la Rúa. Quem tem uma meta sabe o que precisa fazer.*
> *As jornadas de 2013 tinham, a princípio, uma só bandeira: anular o aumento nas tarifas de transporte – daí seu êxito inicial. Mas tão logo a demanda foi satisfeita, os jovens sacaram das redes sociais uma pauta desconexa: contra a Copa, a PEC 37, a homofobia, a corrupção...*
> *Sem um objetivo, não havia como formular um plano de ação. Aliás, não havia mais ação, só a rotina das mesmas marchas. A bazófia dos seus líderes – 'amanhã vai ser maior' – ocultava uma vontade de impotência: diziam que estava fazendo história, mas não queriam sujar suas mãos puras no lixão da política.*

[101] Edição de 21 de outubro de 2014. Caderno Especial Eleições 2014, p. 7.

Impregnados por esse moralismo anarquista, os manifestantes hostilizaram os ativistas de esquerda, que aceitavam a realidade prosaica do jogo democrático – as doações eleitorais, os acordos partidários, a gestão do Estado. Mas como estes militantes também compartilhavam do ideal de uma sociedade sem Estado, mostraram-se muito vulneráveis a esses ataques. Houve uma desmobilização geral: nesta eleição, o PT teve menos votos de legenda para deputado federal que o PSDB. A bancada sindical caiu de 83 para 46 deputados federais.
Enquanto os libertários 'ameaçavam' o poder com o voto nulo, uma massa silenciosa aguardava sua vez de entrar em cena – para votar no policial que reprimia os manifestantes, no pastor que ofendia os homossexuais, no ruralista que atacava os comunistas. Nossos reacionários não fazem poeira: fazem política. Eles sabem que os manifestantes passam, mas os deputados ficam".

Em artigo na revista *Aliás*, do jornal *O Estado de S. Paulo*[102], o sociólogo e professor emérito da USP, José de Souza Martins, analisou, sob um prisma diferenciado, o fenômeno das manifestações. Para Martins, os protestos no País não eram, como se poderia esperar, promovidos e integrados por vítimas de carecimentos materiais, mas por outras carências, que identificou como "**a carência da clareza nas demandas e de certeza nas exigências**".

Na visão do sociólogo,

"(...) Protestar é hoje praticamente um rito, mesmo que o conteúdo e a função social não estejam claro para os próprios manifestantes. Os pobres também estão lá, mas como coadjuvantes secundários, como número e não como pessoas. Suas demandas tornaram-se adjetivas em relação a urgências que são, na verdade, da classe média.
(...) Se antes havia adversários bem definidos do bem comum, equivocadamente ou não, hoje a revolta se dirige contra os mais próximos. É o que explica que em boa parte hoje em dia a conflitividade social tenha a forte marca de um conflito de gerações. Ela está tanto nas greves selvagens das universidades como nos linchamentos. Nesses, a incidência de violência fatal é maior contra jovens e até crianças, que a geração adulta vê como uma geração de ociosos e desfrutadores. Não tem em conta as mudanças que levaram a juventude a se sentir supérflua e descartável"

102 Edição de *O Estado de S. Paulo* de 5 de outubro de 2014, p. A-9.

O consultor em marketing político Gaudêncio Torquato fez uma reflexão sobre a corrupção no artigo "A corrupção aumenta ou diminui?", publicado no jornal *O Estado de S. Paulo*[103]. No artigo, Torquato, também professor da USP, discutiu a sobrevivência e até o crescimento de atos corruptos mesmo diante da constatação de que o aparelho estatal, na sua visão, havia se tornado mais eficiente no combate aos malefícios causados à sociedade pela malversação de recursos públicos. Os problemas ligados à corrupção, ocorridos na maior empresa brasileira, a Petrobras, foram o ponto de partida para a discussão do especialista.

> *"(...) Mesmo com os mecanismos de Estado mais eficientes na investigação de bandalheiras, ilícitos e desvios, a corrupção tem aumentado nos últimos tempos? Ou os controles têm sido frouxos no combate à ação de larápios que capturam imensa parcela do Tesouro Nacional?*
> *Vejamos. Calcula-se a conta da corrupção em R$ 100 bilhões, com o Brasil ocupando a 72.ª posição na lista dos países mais limpos organizada pela ONG Transparência Internacional. A título de comparação, aqui pertinho, o Uruguai está na 19.ª posição e o Chile na 22.ª. E não é por falta de prisões que a corrupção endêmica se espalha. Entre dezembro de 2008 e dezembro de 2012, o número de detentos no sistema penitenciário brasileiro por crimes contra a administração pública – corrupção e peculato, por exemplo – cresceu 133%, sete vezes mais que o aumento da população carcerária de então.*
> *(...) Diferente do modelo inglês de formação da planilha dos direitos, amparada primeiro nas liberdades civis, seguidas por liberdades políticas e, por último, os direitos sociais, o Brasil estabeleceu inicialmente os direitos sociais, na sequência os direitos políticos e, por último, os direitos civis. A pirâmide da cidadania virou de cabeça para baixo. Essa valorização explica a valorização do Poder Executivo, capaz de prover as demandas e necessidades do cidadão. A ilustração da vaca leiteira é recorrente: nela, todos querem mamar. Deriva daí a fascinação das massas por quem detém o poder da caneta. Indivíduo e governo se confundem, para deleite dos governantes. O falecido senador Parsifal Barroso recordava os tempos em que governava o Estado do Ceará: 'Aí vem o governo' era o que ouvia quando o povo acorria para recebê-lo.*
> *Fechemos o circuito: Estado providencial, expansão da vida econômica, cultura arraigada no familhismo (nepotismo, filhotismo), tecnodemocracia em expansão, partidos*

[103] Edição de 14 de setembro de 2014, p. A-2.

e atores políticos ganhando fatias da massa administrativa. (...) a potência emergente tem um olho no futuro e outro no passado.
Fechar as comportas da corrupção mais parece utopia. Mas é possível usar a velha receita: mudando as regras da política, coisas boas poderão vir. Importa ter boa vontade de sustar a metástase que devasta o corpo político. E fazer circular novo sangue".

O articulista e cineasta Arnaldo Jabor, por sua vez, apresentou no artigo "A lista dos perigos"[104] os riscos a que o Brasil, em sua visão, estaria sujeito caso fosse eleita a presidente Dilma Rousseff (PT), candidata à reeleição. Para o articulista,

"O que acontecerá com o Brasil se Dilma for eleita?
Aqui vai a lista:
A catástrofe anunciada vai chegar pelo desejo de governar um país capitalista com 'métodos socialistas'. Os 'meios errados nos levarão a fins errados'. Como não haverá outra 'reeleição', o PT no governo vai adotar medidas bolivarianas tropicais, na 'linha justa' da Venezuela, Argentina e outros.
Dilma já diz que vai controlar a mídia, economicamente, como faz a Cristina, na Argentina. Quando o programa do PT diz: 'combater o monopólio dos meios eletrônicos de informação, cultura e entretenimento', leia-se, como um velho petista deixou escapar: 'eliminar o esterco da cultura internacional' e a 'irresponsabilidade' da mídia conservadora. Poderão, enfim, pôr em prática a velha frase de Stálin: 'As ideias são mais poderosas do que as armas. Nós não permitimos que nossos inimigos tenham armas, porque deveríamos permitir que tenham ideias?'.
(...) Continuaremos a defender o Estado Islâmico e outros terroristas do 'terceiro mundo' porque, afinal, eles são 'contra os Estados Unidos', 'inimigo principal' dos bolcheviques que amavam o Bush e tratam o grande Obama como um 'neguinho pernóstico'.
Manipularão as contas públicas com o descaro de 'revolucionários' – em 2015, as contas vão explodir. Mas ela vai nomear outro 'pau mandado' como o Mantega. Aguardem.
A Lei de Responsabilidade Fiscal será desmoralizada por medidas atenuantes – prefeitos e governadores têm direito de gastar mais do que arrecadam, porque a corrupção não pode ficar à mercê de regras da época 'neoliberal'. Da reforma política e tributária ninguém cogita.

104 *O Estado de S. Paulo*, 30 de setembro de 2014, p. C-8.

(...) Certas leis 'chatas' serão ignoradas, como a lei que proíbe reforma agrária em terras invadidas ilegalmente, que foi esquecida de propósito. A arrogância e a cobiça do PT aumentarão. As 30 mil boquinhas de 'militantes' dentro do Estado vão crescer, pois consideram a vitória 'uma tomada de poder'. O programa do PT é um plano de guerra. Essa gente não larga o osso. Eles odeiam a democracia e se consideram 'os sujeitos', os agentes heroicos da História. Nós somos, como eles falam, 'a massa atrasada'. É isso aí, tenho vontade de registrar esse texto em cartório, para depois mostrar aos eleitores da Dilma, se ela for eleita".

No artigo "A burocracia", publicado no jornal *O Estado de S. Paulo*[105], o advogado e ex-procurador-geral da Fazenda Nacional, Cid Heráclito de Queiroz, descreveu a origem da expressão burocracia e criticou o excesso de medidas provisórias e de processos criminais em curso no Brasil. Para o autor, os Poderes Públicos, extremamente burocráticos, traziam problemas à administração, em todos os níveis, e à sociedade, que precisava se socorrer de serviços públicos.

"Burocracia é um galicismo proveniente de 'bureocratie', com origem em 'bureau', a escrivaninha de trabalho dos funcionários. Na acepção original, burocracia é um modelo de organização administrativa – considerada ideal por Max Weber – que funciona segundo regulamentos, normas e padrões expressos por intermédio dos ocupantes de cargos ou funções, com atribuições e responsabilidades definidas e conforme uma escala baseada na hierarquia.
(...) A burocracia é, infelizmente, uma realidade, uma verdadeira praga, que ataca e prejudica as ações de entidades públicas e das entidades privadas que se relacionam diretamente com a população. No entanto, a burocracia não é invencível. As armas para combater a burocracia são conhecidas. Todavia, enfrentar a burocracia, nos dias atuais, em nosso país, exige competência, determinação, seriedade e, sobretudo, vontade política dos governantes, dos legisladores e dos magistrados, nos planos federal, estadual e municipal".

O jornalista Fernando Lara Mesquita, no artigo "Unidos pelo repúdio"[106], discutiu os resultados do primeiro turno das eleições. Ele ques-

[105] Edição de 5 de outubro de 2014, p. A-2.
[106] *O Estado de S. Paulo* de 9 de outubro de 2014, p. A-2.

tionou se os resultados, com a passagem para o segundo turno da presidente Dilma Rousseff (PT) e do candidato do PSDB, Aécio Neves (PT), poderiam ser colocados na categoria de "ético" ou "social". Para Mesquita,

> " (...) *Mas esta eleição provou que, se existe um país manipulável porque vive na insegurança econômica extrema e tem prioridades mais urgentes do que distinguir a verdade da mentira ou pensar além da sobrevivência até amanhã, convive com ele outro que, por cima dos matizes ideológicos em que se divide internamente, pode olhar para mais adiante e responde com avalanches de indignação às que lhe tem sido atiradas desaforadamente à cara, como confirma o contingente antipetista que chegou às urnas maior do que partiu.*
> (...) *O resultado que as urnas de domingo colheram reflete um movimento de autopreservação desse Brasil que, tudo indica, ainda não se completou. Pois, ao assumir a mentira como linha mestra de sua campanha, o PT que sobrou não está apenas confessando falido o 'projeto' com que tenta vender-se ao outro, está declarando guerra ao Brasil com discernimento, posto que esse caminho não tem volta: ou o País inteiro regride ao estágio de que ainda não conseguiram sair dos grotões – como foi feito nas ditaduras que o PT nos aponta como exemplos e se trata de fazer nos rebentos 'bolivarianos' que nos cercam, calando a imprensa (e até o IBGE) e substituindo os debates legislativos dos representantes eleitos pelo povo pelos decretos das Organizações Não Governamentais (ONGs), ditas 'movimentos sociais', conforme prescrito no Decreto 8.243, baixado pela 'presidente' – ou confina esse PT ao nicho reservado aos dinossauros políticos que, em todo o resto do planeta, foram à extinção no ano 89 do século passado.*
> (...) *O Brasil pode até tranquilamente arcar com isso. Com o que não pode mais arcar, por um minuto que seja, é com o resto do aparelhamento do Estado e compra de poder à custa de futuro do Brasil que sobrou e da legião dos indecorosos bilionários vendedores de 'governabilidade', abraçado à qual ele tem a caradura de nos falar em "mudança".*

Na *Folha de S. Paulo*, edição de 11 de outubro de 2014 (p. A-2), Helio Schwartsman deplorava um "gargalo" ao desenvolvimento brasileiro, conforme identificou na educação. Embora reconhecesse o crescimento do investimento do governo em programas como o Fies e o ProUni, Schwartsman lamentou que os estudantes de ensino médio continuassem optando por carreiras saturadas, como direito e administração, em detrimento de outras que o País tem interesse, como engenharia e medicina. Na visão do colunista, até mesmo a iniciativa privada havia identificado, além do governo, a necessidade de profissionais naquelas áreas, por isso buscou contratá-los com bom salário, quase sempre sem resultado.

> *"(...) É certo que o Brasil precisa aumentar sua população diplomada. Aqui, só 13% dos adultos entre 25 e 64 anos são detentores de título universitário, contra uma média de 33% nos países desenvolvidos (OCDE). Não creio, porém, que a proposta, defendida por alguns especialistas, de oferecer juros menores a estudantes que se disponham a cursar carreiras em que o país tem interesse, como engenharia e medicina, vá dar certo. Não é só o governo que identificou a carência desses profissionais. A iniciativa privada também o fez e busca, às vezes desesperadamente, contratá-los, oferecendo bons salários. (...)*
> *Se os alunos não respondem aos estímulos do mercado e optam por carreiras saturadas, como direito e administração, é provavelmente porque não se sentem capazes de enfrentar cursos mais técnicos como engenharia e medicina. E talvez tenham motivos para isso. Testes internacionais demonstram que o desempenho acadêmico de nossos alunos do ensino médio é bem ruim e piora ainda mais em matemática e ciências.*
> *Receio que já estejamos enfrentando o gargalo imposto por um ensino básico deficiente, que não capacita o estudante a seguir qualquer carreira, levando a preferir aquelas em que é mais fácil enrolar".*

1.3.1. Programas sociais

Na gestão do então vice-presidente (1-5-2014 até 1-1-2019) do Banco Mundial (Bird) para a América Latina, o mexicano Jorge Familiar, o Brasil tinha o grande desafio de tornar os seus gastos com programas sociais mais eficientes e, com isso, abrir espaço fiscal para preservar as conquistas obtidas com os programas sociais e até ampliá-los. Em entrevista ao jornal *Valor*, o executivo demonstrava preocupação com os brasileiros que viviam – e certamente ainda hoje vivem – numa "zona vulnerável de pobreza" (com ganhos entre U$$ 4 e US$ 10 por dia) e saíram da miséria absoluta em consequência de programas como o Bolsa Família, mas corriam sérios riscos de voltar a ela[107].

Na época, Familiar advertiu que 40% da população da América Latina vivia em condições de vulnerabilidade, e os países da região teriam de

[107] *Valor Econômico*, edição de 23 de outubro de 2014, p. A-6.

encontrar meios para crescer em condições internacionais adversas, como a queda nos preços internacionais das *commodities* e o aumento dos juros pelo Federal Reserve Bank, o Banco Central americano, em 2015. Esses fatores, em sua visão, tornavam ainda mais urgente a realização de reformas para o crescimento dos países da região.

"A atividade do Banco Mundial no Brasil não depende de sua taxa de crescimento, que deve ser observada dentro do contexto do que está acontecendo no mundo", disse. Para o executivo, o que acontecia na região nos últimos dez anos se devia em boa medida a algo que ocorrera no Brasil.

> "*Tivemos dez anos muito bons, como muito crescimento econômico impulsionado por taxas de juros baixas e aumento da demanda por bens que a região exporta, como minerais e 'commodities' alimentícias. A boa notícia, nesse período, é que esses ventos que impulsionaram a economia latino-americana foram utilizados para a erradicação da pobreza e promoção da prosperidade da região. É o caso do Brasil, que se destaca claramente nesse sentido, pois 25 milhões de pessoas saíram da faixa de pobreza*", afirmara.

Com relação às demandas por reformas que desembocaram nas manifestações de junho de 2013, o vice-presidente do Bird afirmou que isso não se deu somente no País, mas em outras partes do mundo.

> "*É um fenômeno generalizado que se dá na medida em que as pessoas melhoraram as suas qualidades de vida. Agora, temos um segundo desafio que é conservar esse progresso social e claramente evitar uma reversão: hoje, 40% da população da América Latina vive em condições de vulnerabilidade. Já não são pobres nem estão na classe média. Então, choques de qualquer natureza, como uma doença na família, um problema financeiro, ou a perda do emprego, imediatamente os leva de volta à pobreza*".

Diplomaticamente, ele evitou manifestar, na entrevista conduzida pelo repórter Juliano Basile, em Washington, preferência por outro candidato à presidência da República e sua possível relação com o Banco Mundial, tendo dito:

> "*O processo eleitoral brasileiro compete aos brasileiros, mas estou seguro que, independentemente do resultado das eleições, o Banco Mundial continuará trabalhando muito*

próximo do Brasil. Nós temos uma relação muito boa com o Brasil e ela vai continuar independentemente de ciclos econômicos e políticos".

E no período houve, de fato, uma escalada no gasto com projetos de transferência de renda – um conjunto de ações nas áreas de assistência social e amparo ao trabalhador – em que o governo desembolsou cerca de R$ 480 bilhões por ano. O valor equivalia, na época, a praticamente metade do orçamento federal, se deduzidos da conta os encargos da dívida pública e as transferências obrigatórias de Estados e Municípios[108]. E os montantes cresciam ano a ano com o envelhecimento da população, o aumento de trabalhadores com carteira assinada e a alta do salário mínimo. Mas também havia normas muito frouxas que davam margem a excessos e abusos. Um caso que mobilizou especialistas e técnicos dos governos FHC, Lula e Dilma foi o das pensões por morte, que, apenas com beneficiários do INSS (Instituto Nacional do Seguro Social), consumiu R$ 76,1 bilhões em 2013.

Só inferior ao das aposentadorias, o valor chegou a 1,6% do Produto Interno Bruto (PIB) em 2013. Especialistas estimaram que, somando também as pensões do regime previdenciário dos servidores públicos, a despesa chegava a 3% do PIB, o triplo da média internacional. A legislação brasileira não impunha tempo mínimo de contribuição nem união para ter direito ao benefício; os dependentes recebiam o valor integral, independentemente de idade ou de renda.

Conforme levantamento feito em 2010 pela Previdência, as regras estimulavam casamentos de curta duração entre aposentados e mulheres mais jovens, de forma a perpetuar o recebimento do benefício pela família. Devido a distorções do gênero, os gastos do INSS com pensões chegaram a totalizar o triplo dos destinados ao Bolsa Família, com impacto sobre a pobreza muito menor – e, nos casos de beneficiários de renda mais alta, contribuindo para a desigualdade social[109].

[108] PATU, Gustavo. *Folha de S. Paulo,* caderno Eleições 2014, 19 de outubro de 2014, p. 6.

[109] A partir da promulgação da reforma da Previdência, em 12 de novembro de 2019, os benefícios deixaram de ser integrais, mas calculados em forma de cotas, a exemplo do que era até 1995. O pagamento da pensão será composto por uma cota familiar de 50% do salário de contribuição do segurado, mais 10% para cada dependente, até o limite de

O seguro-desemprego, outra anomalia no sistema de seguridade brasileiro da época, representou altos desembolsos naqueles últimos anos, a despeito da melhora no mercado de trabalho. Em 2013, o ministro Guido Mantega (Fazenda) tentou negociar com as centrais sindicais regras mais restritivas, sem sucesso. A própria disponibilidade de vagas no mercado permitia que um trabalhador demitido de um emprego formal optasse por um informal para acumular salários e seguro.

Em artigo publicado no jornal *Folha de S. Paulo*[110], o ex-presidente do Banco Central, Henrique Meirelles[111], defendeu que, para garantir o crescimento econômico do País conjugado com estabilidade econômica e inclusão social, era necessário fazer os investimentos necessários em produtividade e consolidar a estabilidade. "O crescimento viabilizará o continuado aumento do investimento social, com mostra nossa história recente".

Segundo ele, que atuou no Banco Central durante o primeiro mandato de Luiz Inácio Lula da Silva:

> *"Tem havido no Brasil debate intenso sobre o dilema entre uma política que garanta estabilidade e crescimento econômico versus uma política de investimentos em inclusão social.*
> *(...) Na realidade, são duas questões diferentes conjugadas pelos diferentes polos ideológicos, o que reduz a clareza entre elas. A primeira questão é a definição do melhor modelo econômico para o País crescer a taxas elevadas e gerar mais empregos – via estatização e maior intervenção do Estado ou via maior empreendedorismo e competição no setor privado. (...) Quanto à primeira questão, sobre modelo de desenvolvimento, não resta dúvida de que o sistema de livre mercado com regulação eficiente pelo setor público, que favoreça a competição e o empreendedorismo, gera maior eficiência na alocação de capitais e uma mobilização maior e mais eficaz de recursos da sociedade para geração de crescimento e empregos.*

100%. Se a viúva não tiver filhos, receberá o equivalente a 60%. Se algum filho completar 21 anos, perdendo, portanto, a condição de dependente, a referida cota será desconsiderada do cálculo.

110 Edição de 2 de novembro de 2014, p. A-2.

111 Meirelles, depois, tornou-se ministro do governo de Michel Temer e, posteriormente, em 2019, secretário estadual na gestão do tucano João Dória, em São Paulo.

A segunda segue sendo questão política relevante hoje: como dividir a poupança nacional entre investimentos sociais visando maior igualdade e investimentos produtivos que visam maior ganho social a médio e longo prazo. E a maioria da população brasileira tem feito a opção por mais investimentos sociais para reduzir a desigualdade.
Para melhor exercer a opção escolhida, portanto, devemos fazer os investimentos necessários em produtividade e consolidar a estabilidade. O crescimento viabilizará o continuado aumento do investimento social, como mostra nossa história recente".

1.3.2. As eleições e o Bolsa Família em 2014 – as consequências

A pesquisa Ibope/Estado/TV Globo que ouviu 3.010 eleitores entre os dias 7 e 8 de outubro de 2014 constatou que a então candidata à reeleição pelo PT, Dilma Rousseff, liderava com folga entre os eleitores que recebiam Bolsa Família. De acordo com o levantamento, Dilma tinha 74% dos votos dos eleitores nessa situação, enquanto o tucano Aécio Neves, seu principal concorrente, ficava com 26%. Mas esse contingente não era o único a sustentar a presidente. Seis em cada dez dos seus eleitores não contavam com nenhum benefício do governo[112].

Entre os eleitores de Aécio, 11% recebiam o Bolsa Família e cerca de 80% não eram alcançados por nenhum dos programas sociais do governo. Além disso, 13% dos eleitores eram beneficiados, direta ou indiretamente, pelo Bolsa Família, incluindo-se pessoas que moravam na residência do entrevistado. Mais 8% eram beneficiados por outros programas do governo, como ProUni, Minha Casa Minha Vida e Pronatec. Os restantes 79% declararam não receber benefícios governamentais. Nesse último contingente, Aécio liderava por 58% a 42%[113].

A pesquisa, a primeira após a passagem de Dilma e Aécio para o segundo turno, demonstrou que ambos estavam em situação de empate técnico – Aécio com 51% dos votos válidos e Dilma com 49%.

Segundo o jornal *Folha de S. Paulo*[114], o Bolsa Família, principal programa social do governo federal, não chegava a todos os necessitados de Guaribas, no Piauí, uma das mais pobres cidades do Brasil. Foi lá que começou, ainda no governo de Luiz Inácio Lula da Silva (2000-2008),

[112] *O Estado de S. Paulo* de 11 de outubro de 2014, p. A-11.
[113] Ibidem, p. A-11.
[114] Caderno *Eleições 2014*, 12 de outubro de 2014, p. 8.

o programa Fome Zero, depois substituído pelo Bolsa Família. No município, 220 famílias em condição de miséria ainda esperavam pelo benefício[115]. A presidente e candidata reeleita na época, Dilma Roussefff (PT), obteve 89% dos votos no município, ao passo que Aécio Neves (PSDB) obteve 158 votos (5%) e Marina Silva (PSB) 128. Nulos e brancos chegaram a 1.163 (28%).

A popularidade do Bolsa Família refletiu-se na votação de Dilma. Os eleitores incluíam até o funcionário público Aclécio da Silva, de 25 anos, filiado ao PSDB. "As ideias de Dilma eram muito superiores que as de Marina", disse Silva. Ele explicou que não tinha votado em Aécio Neves porque achava que o tucano não tinha chance. A maior empresa da cidade, na época, era um pequeno mercado mantido pelo microempresário Edcarlos Bastos, de 37 anos, que trabalhava em Osasco, na Grande São Paulo, até ser convencido pela família a retornar à sua cidade natal.

O negócio, na ocasião, o *Mercado Ferreira*, empregava apenas dois rapazes e contava com a ajuda da mulher, embora fosse o maior comércio de Guaribas. Com uma clientela de baixa renda, a solução foi vender fiado. A conta era saldada quando chegava o dinheiro do Bolsa Família. "Poucos deixam de pagar", atestou o comerciante. Em Teresina, capital do Estado em que a presidente Dilma Rousseff (PT) obteve a sua maior votação proporcional no primeiro turno das eleições, a favela Irmã Dulce, a maior da cidade, reproduzia a divisão, em nível nacional, entre petistas e tucanos[116].

[115] Apesar de terem o perfil necessário para o Bolsa Família, as 220 famílias não obtiveram o benefício, segundo o Centro de Referência Social (Cras) de Guaribas, porque o Ministério de Assistência e Desenvolvimento Social (MDS) usava como parâmetro o censo de 2010 do Instituto Brasileiro de Geografia e Estatística (IBGE), que apontou 742 famílias em condição de miséria na cidade, ou seja, com renda *per capita* mensal de até R$ 154,00. Guaribas, com 6 mil habitantes, 4.372 estavam cadastrados no Bolsa Família, e 3.318 recebiam na época efetivamente o benefício, correspondente ao valor médio de R$ 224,48. A cidade tinha um PIB per capita (em valores de 2011) de apenas R$ 3.852,00 ante R$ 21.535,00 do Brasil e somente 14 empresas registradas, com 144 trabalhadores assalariados. O Índice de Desenvolvimento Humano (IDH) de Guariba avançou de 0,141 em 1991 para 0,508 em 2010, no entanto a cidade ainda ocupava o número 5.507 em 5.565 municípios no IDH. Na localidade, Dilma teve 2.477 votos no primeiro turno das eleições presidenciais, o equivalente a 89% dos votos válidos. Ibidem, p. 8.

[116] *O Estado de S. Paulo*, edição de 13 de outubro de 2014, p. A-9.

No primeiro turno, a presidente teve 70,6% dos votos válidos no Estado, ante apenas 14% de Aécio e Marina Silva (PSDB) somados. Na disputa estadual, o também petista Wellington Dias bateu o tucano José Filho por 66% a 33%. O Estado, na época, tinha a segunda maior cobertura do Bolsa Família: cerca de 458 mil pessoas atendidas, em um universo de 1,5 milhão. Só na Vila Irmã Dulce, a candidata do PT teve 3.146 votos (78,7%) ante 476 de Marina Silva (11,9%) e 276 de Aécio (6,9%).

Durante aquela eleição, uma parte expressiva dos moradores da favela fazia a defesa enfática do voto na candidata petista: "O nordestino que não vota no PT não tem vergonha na cara", criticou a líder comunitária Francisca de Moura, de 40 anos, beneficiária do Bolsa Família. "Se você perceber, os adesivos de quem apoia o Aécio estão em carros de luxo". Em minoria, os eleitores de Aécio Neves eram visivelmente os de melhor renda na favela, caso do presidente da associação dos moradores, José Leônidas da Silva, que segundo a reportagem tinha carro próprio, não recebia Bolsa Família e cuja renda mensal era então de R$ 3 mil. "No atual governo, ficou difícil botar carne bovina na mesa do pobre. Dilma devia pedir desculpas ao povo brasileiro".

Se havia divergência na avaliação dos candidatos, os moradores da favela mostravam-se uníssonos em defesa do Nordeste, região esta que se tornou alvo de ataques por sua opção majoritária pelo PT. "O que fizeram com os nordestinos nas redes sociais foi desumano", disse Maria Moura, presidente da associação da juventude da zona sul de Teresina. José Leônidas questiona: "Se o Nordeste é burro, o que dizer dos paulistas que elegeram um palhaço (Tiririca) para o Congresso?".

1.4. A vitória de Dilma Rousseff nas eleições e a volta da discussão sobre o plebiscito para a reforma política e a Constituição

Apenas seis dias após a vitória da presidente Dilma Rousseff no segundo turno sobre Aécio Neves (PSDB), a Avenida Paulista foi palco de uma manifestação com cerca de 2,5 mil pessoas, de acordo com a Polícia Militar, que pedia o *impeachment* da então presidente e, até, intervenção militar no Brasil. Também houve atos em Brasília, Curitiba e Manaus.

Convocado pelas redes sociais, o protesto iniciou-se no vão livre do Museu de Arte de São Paulo (Masp) e seguiu, escoltado pela PM, até o Parque do Ibirapuera. O cantor e compositor Lobão e o deputado federal eleito Eduardo Bolsonaro (PSC-SP) discursaram durante o evento, que foi pacífico, com exceção dos gritos contra bandeiras e camisetas vermelhas do PT, que eram colocadas nas janelas dos prédios durante a passagem dos manifestantes.

Lobão defendeu a recontagem dos votos, numa das eleições mais apertadas da história do Brasil, com 51,6% dos votos para Dilma e 48,6% votos para seu adversário. O perito Ricardo Molina, por sua vez, que também participou do ato, disse que as urnas eletrônicas eram fraudáveis. "Qualquer não analfabeto sabe", disse. Fotos divulgadas em redes sociais dias após a manifestação mostravam o deputado Eduardo Bolsonaro com uma pistola na cintura durante o ato. Ele diria, depois, que "como policial federal tem porte de arma". No seu discurso, Eduardo afirmou que seu pai, caso fosse candidato, teria "fuzilado" a presidente Dilma Rousseff. Alguns jornalistas foram hostilizados pelos manifestantes.

O vice-presidente nacional do PSDB e ex-vice governador de São Paulo, Alberto Goldman[117] (1937 – 2019), foi o primeiro dirigente tucano a se manifestar contra o pedido de *impeachment* da presidente. De acordo com ele, a sigla e a direção de campanha de Aécio Neves não incentivavam, organizavam ou ofereciam suporte a atos que pedissem o afastamento. "Seria uma irresponsabilidade compactuar com isso", afirmou, embora tivesse dito que o País estava com os ânimos inflamados. "Até por conta de campanha muito suja, muito pesada, que o PT fez contra a Marina (PSB) e depois contra o Aécio. Mas nem isso justifica um pedido de *impeachment*", argumentou. Também dirigente tucano, Xico Graziano igualmente condenou, pelas redes sociais, a proposta de deposição da presidente. Com isso, atraiu a ira de gente ligada aos manifestantes que o xingou de "comunista" e "petralha" por causa de seus comentários

"O PSDB originou-se do MDB autêntico, contra a ditadura. Se você pensa de forma diferente, por favor, saia do PSDB. Você é que está no lugar errado, não eu", afirmou Graziano, sob aplausos de parte dos internautas e críticas de outra parte. O próprio Aécio se manifestou, depois, contrário à proposta de *impeachment*. O PSDB, entretanto, pediu auditoria na votação. O pedido foi negado pelo Tribunal Superior Eleitoral

[117] Alberto Goldman (12-10-1937 – 1-9-2019) foi deputado, vice-governador e governador por São Paulo.

(TSE) que, apesar disso, colocou à disposição do partido os mapas de apuração. Posteriormente os tucanos acabariam, a despeito de Goldman – que foi militante comunista antes de entrar no partido – assinando o pedido de *impeachment* da presidente e pagando o parecer preparado pela então advogada e professora de Direito (USP), Janaína Paschoal[118], que pedia o fim do governo Dilma.

Logo após a vitória no segundo turno das eleições, a presidente voltou a falar – ainda no discurso da vitória em um hotel em Brasília – em um plebiscito para detonar uma proposta de reforma política. Era uma referência explícita aos reclamos das pessoas que foram às ruas em junho de 2013 protestar por mudanças. O mesmo já havia ocorrido no pós-manifestações, e tanto na época quanto depois das eleições a presidente ouviu o mesmo recado: o Congresso não estava disposto a fazer plebiscito pela reforma política.

O cientista político Fabiano Santos, professor da Universidade do Estado do Rio de Janeiro (UERJ), classificou a reforma política proposta pela presidente como um "erro cabal". Para Santos, que comentou o tema em encontro da Associação Nacional dos Pesquisadores em Ciências Sociais (Anpocs), em Caxambu (MG), a proposta do governo podia gerar uma "crise institucional" de grandes proporções caso fosse levada adiante[119].

"Reforma política não tem nenhuma relação com um problema substantivo da vida das pessoas. É um erro cabal o governo puxar esse assunto, um desastre", defendeu. Para o cientista político, não há chance de o PT conseguir aprovação no Congresso de pontos que considerava importantes para a reforma política, como o financiamento de campanha exclusivamente com recursos públicos. "Existe o sonho dourado do PT e existe algo que o Congresso não fará, que é o sonho dourado do PT".

Para o cientista político, consulta por meio de voto tampouco é viável, e o próprio financiamento público de campanha é um exemplo da dificuldade de convencer a população das propostas. "Vai convencer a

[118] Posteriormente, Janaína Paschoal foi eleita deputada federal pelo PSL paulista.

[119] *Folha de S. Paulo*, 30 outubro 2014, edição digital Folha-Uol, disponível em https://www1.folha.uol.com.br/poder/2014/10/1540636-reforma-politica-e-erro-cabal-diz-cientista-politico.shtml.

população que seja só público. Tem uma comoção em torno da política. Aí a gente vai pagar imposto pros caras... não é bom".

Além disso, para Santos experiências internacionais de reforma política também resultaram em desastres, como o caso da Itália. "Lá, a reforma política foi feita em meio a uma grande comoção sobre corrupção. O sistema fragmentou-se mais ainda, radicalizou-se o processo político e o ex-premiê Silvio Berlusconi ficou 25 anos no poder". Berlusconi, um dos homens mais ricos do mundo, governou a Itália por três períodos entre 1994 e 2011, num total de nove anos, envolvendo-se em corrupção. Posteriormente, respondeu na Justiça a processos de fraude fiscal e foi cassado da política. Significa que mesmo sendo empresário e atuando no setor privado não fugiu dos antecessores, entrando de cabeça na corrupção italiana.

Em lugar de ampla reforma política, como queria a presidente, Santos defendeu o aperfeiçoamento do processo eleitoral de forma pontual, com o fim da doação empresarial a partidos e políticos, ficando permitidas apenas doações individuais e financiamento público, propostas que durante o governo de Michel Temer foram aprovadas pelo Congresso Nacional.

O historiador Lincoln Secco e o geógrafo Demétrio Magnoli fizeram, na *Folha de S. Paulo*[120], uma análise da herança de 12 anos do PT no poder e das hipóteses para o futuro próximo. Para Secco, o partido, em 12 anos, consolidou-se em estratos que até então pareciam inconquistáveis, ao mesmo tempo em que moderou seu discurso e fez alianças antes inimagináveis. "Embora seus dirigentes tenham atribuído os seus defeitos ao sistema político, o antipetismo ganhou, depois dos escândalos de 2005, um fundamento ideológico novo: ele conseguiu redefinir o PT como "o partido mais corrupto da história," explicou o acadêmico.

Desde junho de 2013, na opinião do historiador, o chamado "antipetismo" tornou-se uma força social militante, embora não fosse esse o sentido original das manifestações. "Parece inevitável que o PT tente agora reestabelecer pontes com setores que lhe são hostis. Mas isso dependerá

[120] Edição de 2 de novembro de 2014, caderno Ilustríssima, edição digital Folha/Uol, disponível em https://www1.folha.uol.com.br/ilustrissima/2014/11/1540834-a-heranca-de-12-anos-de-governo-e-hipoteses-sobre-o-futuro-proximo.shtml.

do quanto seu atual modelo ainda pode garantir a continuidade da inclusão social e, ao mesmo tempo, o atendimento das demandas de junho", afirmou Secco. "É na melhoria contínua da educação, da saúde e do transporte que já está a base para a disputa pela nova classe trabalhadora que, nestas eleições, se dividiu", acrescentou.

Magnoli, por sua vez, centrou sua análise no papel desempenhado pelo ex-presidente Luiz Inácio Lula da Silva durante seus mandatos. O geógrafo recordou uma frase, atribuída ao general e intelectual Golbery do Couto e Silva, em palestra ministrada na Escola Superior de Guerra em 1980, segundo a qual, "Lula será o coveiro da esquerda no Brasil". Além disso, segundo o analista, o PT difundiu sua influência como "partido das mudanças", mas se tornou, aos poucos, o "partido da ordem".

"Nos seus 12 anos de governo, desceu mais um degrau, congraçando-se com as máfias políticas tradicionais e tornando-se o 'partido da velha ordem'. O mapa eleitoral sinaliza a transformação regressiva – e o encerramento de uma nova era. Dilma 2 está fadado a ser um governo de crise: a tensa dissolução do pouco que resta das expectativas exageradas que se depositaram no lulopetismo".

Na visão do analista, o PT atrelou ao governo os movimentos sociais, que passaram a receber financiamento estatal. "Sob o rótulo de 'democracia participativa', por meio de uma estrutura de 'conselhos populares'[121],

[121] Sobre os conselhos populares, derivados da democracia direta da Grécia e adaptados à época da Revolução Russa de 1905, marco inicial da futura Revolução de 1917, quando surgiram os Conselhos de Trabalhadores, formados por operários, soldados e camponeses, que se opuseram, principalmente por meio de greves, à ditadura do Tzar Nicolau II, imperador russo. Em 13 de outubro do mesmo ano, a fim de adotar um comando que fosse apto a ditar os rumos do movimento, surgiu o soviete, termo russo que significa "conselho", passando então a existir os sovietes de deputados e representantes operários. Em sua origem, portanto, o soviete concentrava-se numa luta que organizava as massas operárias, dirigia greves, além de armar os operários e proteger a população contra os ataques da direita (os pogroms), mas os membros revolucionários acabaram sendo presos em 3 de dezembro de 1905. No entanto, com o advento da Revolução Russa de 1917, que derrubou de vez o tzar, o proletariado recorreu àquelas lições de 1905, e os sovietes renasceram, espalhando-se pelo país e à frente de diversos setores, de soldados e marinheiros a camponeses. Em outubro de 1917, com a derrubada do governo provisório burguês pelo Soviete de Petrogrado, dirigido por bolcheviques (o Partido Bolchevique), tendo à frente os líderes Leon Trotsky e Lênin, os sovietes constituíram a base para a organização de um novo Estado

esculpida no Planalto, projeta-se no horizonte a sombra de neocorporativismo. O lulopetismo patrocina a conciliação entre as velhas oligarquias políticas e uma nova elite dirigente".

O primeiro mandato de Lula no PT, na opinião de Magnoli, foi favorecido pelo ciclo de "globalização chinesa", marcada pelo inflação do preço das *commodities* e por uma explosão dos fluxos de investimentos estrangeiros, impulsionando as economias emergentes, como a do Brasil. "A nova matriz esgotou-se no lado infectante da recessão e do desequilíbrio macroeconômico. Dilma 2 navegará em águas turvas. Agora, o Brasil testará os compromissos do PT com os princípios e as instituições da democracia", opinou.

A situação evoluiu a tal ponto que o jurista Ives Gandra Martins, em artigo no jornal *Folha de S. Paulo*[122], chegou a analisar – a pedido do advogado José de Oliveira Costa, que depois se descobriu ser o advogado do ex-presidente Fernando Henrique Cardoso – a primeira hipótese de *impeachment* da presidente da República, Dilma Rousseff, motivada por improbidade administrativa causada não por dolo, mas por culpa, no caso entendida como imperícia, negligência e imprudência.

Operário. Tornaram-se, oficialmente, órgãos de poder do Estado. Trotski defendeu o controle operário como um primeiro passo da tomada do comando do conjunto da economia: os conselhos eram a "escola da economia planificada" (Trotsky, 1979:84). Os comitês de fábrica, portanto, são "um elemento da dualidade de poder na fábrica" só concebíveis quando há, em seu favor, um forte movimento de massas que gera outros comitês de luta contra a guerra, por exemplo, de vigilância de preços etc.: "Os conselhos só podem nascer onde o movimento das massas entra em um estágio abertamente revolucionário. Como pivô em torno do qual se unem milhões de trabalhadores na luta contra os exploradores, os conselhos, desde o momento de sua aparição, tornam-se os rivais e os adversários das autoridades locais e, em seguida, do próprio governo central. Se o comitê de fábrica cria elementos de dualidade de poder na fábrica, os conselhos abrem um período de dualidade de poder no país" (Trotsky, 1979: 100-101). TROTSKI, Leon. "Programa de transição – a agonia do capitalismo e as tarefas da IV Internacional". In: V.I. Lênin e L. Trotski. *A questão do programa*. São Paulo: Kairós, 1979, p. 100, apud SECCO, Lincoln. Cooperativas e conselhos populares. *Lutas Sociais* (Revista do Núcleo de Estudos de Ideologias e Lutas Sociais – NEILS). São Paulo: PUC-SP, 2017 – ISSN:1415-854X.

[122] Ives Gandra da Silva Martins, jurista, advogado, professor e escritor brasileiro, escreveu artigo sob o título A hipótese de culpa para o *impeachment*. São Paulo: *Folha de S. Paulo*, 3 fev. 2015, p. A-3.

Ele afirmou ter estudado o artigo 85, inciso 5.º, da Constituição Federal, sobre *impeachment* por atos contra a probidade na administração; o artigo 37, § 6.º (responsabilidade do Estado por lesão ao cidadão e à sociedade); e o § 5.º (imprescritibilidade das ações de ressarcimento do Estado contra o agente público que gerou a lesão por culpa, entendidos como imprudência, negligência ou imperícia), única hipótese sem prescrição da responsabilidade do agente público pelo dano causado.

O jurista analisou a Lei do *Impeachment* (1.079/50, com as modificações da Lei 10.028/2000) - crimes contra a administração pública: "Art. 9º, (...) 3) Não tornar efetiva a responsabilidade de seus subordinados, quando manifesta em delitos funcionais ou na prática de atos contrários à Constituição". Ainda estudou a Lei das Sociedades Anônimas, artigos 138, 139 e 142 (principalmente no artigo 142, inciso 3º), acerca da responsabilidade dos Conselhos de Administração na fiscalização da gestão de seus diretores, com amplitude absoluta deste poder.

Por fim, ele debruçou-se, ainda, sobre o § 4º do artigo 37 da Constituição Federal, quanto a improbidade administrativa; e sobre o artigo 11 da Lei nº 8.429/92: "Constitui ato de improbidade administrativa que atente contra os princípios da administração pública ação ou omissão que viole os deveres de honestidade, imparcialidade, legalidade e lealdade às instituições".

Ao interpretar o conjunto dos dispositivos citados, entendeu que a culpa é hipótese de improbidade administrativa, a que se refere o artigo 85, inciso 5º, da Lei Suprema, dedicado ao *impeachment*. Na sequência do parecer, o jurista chegou à seguinte conclusão:

> *"Referi-me à destruição da Petrobras, reduzida a sua expressão nenhuma, nos anos de gestão da presidente Dilma Roussefff como presidente do Conselho de Administração e como presidente da República, por corrupção ou concussão, durante oito anos, com desfalque de bilhões de reais, por dinheiro ilicitamente desviado e por operações administrativas desastrosas, que levaram ao seu balanço não poder sequer ser auditado.*
> *À luz desse raciocínio, exclusivamente jurídico, terminei o parecer afirmando haver, independentemente das apurações dos desvios que estão sendo realizadas pela Polícia Federal e pelo Ministério Público (hipótese de dolo), fundamentação jurídica para o pedido de 'impeachment' (hipótese de culpa).*

Não deixei, todavia, de esclarecer que o julgamento do 'impeachment' pelo Congresso é mais político que jurídico, lembrando o caso do presidente Fernando Collor, que afastado da Presidência pelo Congresso, foi absolvido pela suprema corte. Enviei meu parecer, com autorização do contratante, a dois eminentes professores, que o apoiaram (Modesto Carvalhosa, da USP, e Adilson Dallari, da PUC-SP) em suas conclusões".

Mas apesar da fundamentação jurídica de Ives Gandra, ele afirmou na época que não havia clima para a proposta de *impeachment* e via como mínimas as chances contra Dilma: "Diante da necessidade de dois terços dos votos de parlamentares para o 'impeachment', até o Collor teria se livrado se tivesse trabalhado um pouco"[123].

O filósofo e professor da Universidade de São Paulo (USP), Renato Janine Ribeiro, posteriormente ministro da Educação de Dilma, respondeu, em artigo no jornal *Valor*[124], ao comentário do jurista. Para ele, em que pesem os erros e sua má comunicação, a presidente Dilma Rousseff representava forças políticas consideráveis. "O fato de seus eleitores terem menos voz que seus opositores não deve nos enganar. Eles existem, mesmo que calados. Uma eventual tentativa de *impeachment* não será fácil de vender à sociedade. Pode convir a quem votou contra ela, mas mesmo os sem voz na mídia estão mais presentes na vida social e política do que há sessenta anos. Vale a pena todos baixarem a bola", afirmou.

Na visão do articulista, a situação da presidente naquele fevereiro lembrava mais a de Getúlio Vargas nos anos 1950 do que Fernando Collor – com quem estava sendo comparada nos últimos dias – nos anos 1990.

"(...) Collor não representava nada, nenhum interesse consolidado, fosse econômico, classista ou religioso. Foi um homem de grande 'virtù' – no sentido maquiaveliano – que viu um vazio de poder e correu a ocupá-lo. Percebeu que a direita tradicional não tinha lugar, que o centro peemedebista estava esvaziado pela inflação e que a esquerda, com os nomes de Lula e Brizola, metia medo demais no campo conservador. No meio desse vácuo de poder, que a sorte (ou a fortuna, para usarmos outro termo de Maquiavel) lhe ofereceu, ele soube dominar a bola e marcar gol. Essa, a 'virtù' segundo Maquiavel:

123 *Folha de S. Paulo*, edição de 15 de fevereiro de 2015, p. A-8.
124 Edição de 7/2/2015, p. A-8.

nada tem a ver com a moral, mas tudo com a capacidade de um líder inteligente examinar a conjuntura e agir com vistas à vitória.

Mas sua vitória se esgotou na eleição. O plano econômico que teve seu nome, e que pretendia acabar com a inflação, logo fracassou. Ele perdeu o apoio político. Assim, quando o Brasil chegou ao fundo do poço, denúncias bem feitas e bem utilizadas politicamente permitiram que fosse afastado do cargo sem drama. O segundo semestre de 1992 – dividido em três atos: o povo na rua contra ele, a Câmara aceitando a denúncia e afastando-o do cargo, o Senado condenando-o – não foi nenhuma tragédia. O País respirou. Sentiu-se adulto, maduro. E logo voltou a se preocupar por conta da alta inflação, que Collor recebera e deixara de legado. Hoje, Collor é pouco mais do que um nome.

Em palavras mais prosaicas, em seus últimos tempos no poder, nem Getúlio nem Collor tinham apoio da mídia ou da opinião pública. Mas havia uma maioria getulista pobre, excluída socialmente, sem voz na mídia, mais silenciada do que silenciosa. Foi essa maioria que despertou com o suicídio. Já do lado de Collor, não havia ninguém.

A situação atual lembra mais Getúlio – claro que sem o fantasma do suicídio – do que o impeachment de Collor. Dilma pode estar desprestigiada, mas continua representando uma fração importante da sociedade brasileira. Ela não se compara a Getúlio, mas o PT sim. Hoje Dilma teria menos votos do que em outubro, mas isso não quer dizer muita coisa. Melhor a oposição construir alternativas do que insistir num 'impeachment' que pode atear fogo ao País, levando a protestos na rua e a uma repressão talvez sangrenta. Enquanto isso, melhor o governo trabalhar e dialogar com a sociedade, como prometeu, mas não está cumprindo".

No artigo "Risco de 'impeachment'", publicado no jornal *O Estado de S. Paulo*[125], o jornalista Carlos Alberto Di Franco afirmou que a presidente Dilma Rousseff foi "omissa e incompetente num caso paradigmático de desvio de dinheiro público" e, por isso, deveria sofrer a punição do *impeachment*. Em sua visão, o chamado escândalo do "Petrolão" nasceu no governo petista e não começou em outros mandatos, conforme alegou a presidente, que transferiu parte da culpa do esquema para o governo do ex-presidente Fernando Henrique Cardoso. Di Franco é representante no Brasil da organização católica *Opus Dei*, com sede na Espanha.

[125] Edição de 18 de fevereiro de 2015, p. A-2.

"O governo do PT, principal responsável pelo escândalo da Petrobrás, tenta manter a estratégia da vala comum: sempre foi assim, todos roubam. Não é verdade. O chamado petrolão é um esquema criminoso e capilar que só tem uma vítima, o cidadão brasileiro, e muitos culpados: os agentes políticos a serviço do governo do PT e de seus aliados, os operadores de dentro e de fora da Petrobrás e as empresas que se uniram em cartel com o propósito de abocanhar contratos.

(...) A possibilidade do processo de impedimento da presidente Dilma é real e concreta. Sua sustentação jurídica, a meu ver, é bastante clara. A decisão, no entanto, cabe aos parlamentares. Trata-se de providência constitucional, mas marcadamente política. É sempre um remédio traumático, embora legal e democrático. O isolamento político e a solidão da presidente da República, algo semelhante ao que aconteceu com Fernando Collor, conspiram a favor dessa hipótese. A estrondosa derrota de Dilma na disputa pela presidência da Câmara, não obstante o rolo compressor e as chantagens políticas do governo, é um exemplo do abismo que separa Dilma Rousseff dos congressistas. E é aí que mora o perigo".

Em reportagem do jornalista Fernando Canzian na *Folha de S. Paulo*[126], vários especialistas discutiram a possibilidade de *impeachment* da presidente Dilma Rousseff. A conclusão, de acordo com o texto, foi de que essa proposta era "prematura", ou seja, não havia protestos nas ruas, como no caso do ex-presidente Fernando Collor, e faltavam provas que liguem a presidente a desvios. *"(...) Grupos oposicionistas organizados nas redes sociais que promoveram protestos contra a presidente no fim do ano passado, logo após sua reeleição, convocaram novas manifestações contra Dilma para o dia 15 de março, um domingo, em pelo menos 50 cidades, incluindo São Paulo e as principais capitais. Segundo especialistas*[127] *ouvidos pela Folha, três fatores costumam contribuir para esse tipo de pressão: crise econômica; uso indevido de recursos públicos; e a presença massiva do povo nas ruas (...).Segundo vários especialistas, não há provas concretas do envolvimento de Dilma nas duas frentes que poderiam gerar um processo: sua participação direta nos*

[126] Edição de 15 de fevereiro de 2015, p. A-8.

[127] Segundo a matéria jornalística da *Folha de S. Paulo*, os especialistas consultados foram os juristas Ives Gandra Martins, Tales Castelo Branco, os cientistas políticos Fábio Wanderley Reis, Marcus Melo, Cláudio Gonçalves Couto e Fernando Abrucio. Canzian, Fernando. Especialistas acham debate sobre *impeachment* de Dilma prematuro. *Folha de SPaulo*, 15 fev. 2015.

desmandos da Petrobras, ou que ela soubesse que parte do dinheiro desviado da estatal teria ido parar no caixa do PT, financiando sua reeleição".

1.4.1. Tempestade perfeita

Assim como outros, para o cientista político Marcus Melo, da Universidade Federal de Pernambuco, processos de *impeachment* costumam ser "políticos". Na época, ele afirmou que Dilma podia estar ingressando numa "tempestade perfeita".

> *"Dilma sofre de perda massiva de popularidade, de fratura na sua base de sustentação e enfrentará uma situação econômica extremamente adversa"*, disse Melo. *"E há um componente importante de 'estelionato eleitoral' (ao adotar medidas amargas no pós-eleição) que pode colocar a população contra ela*[128]".

O cientista político Cláudio Gonçalves Couto afirmou que não era "a hora" de falar sobre *impeachment* e que isso seria "temerário". No seu entendimento, ele esperava, porém, um desgaste cada vez maior de Dilma na área econômica e um "aumento da insatisfação, com cada vez mais gente na rua".

Seu colega da FGV-SP Fernando Abrucio disse que não existia "nenhuma implicação legal" contra Dilma que justificasse um processo de *impeachment*, apesar de seu viés predominantemente político.

Para Abrucio, o futuro de Dilma estava mais para uma "sarneyzação" do que para um "Collor", em referência ao fim melancólico em termos de popularidade e de caos econômico do governo de José Sarney (1985-1990).

Em artigo publicado no caderno *Aliás*[129] do jornal *O Estado de S. Paulo*, o historiador e professor da Universidade de San Diego, nos EUA, Kemerth Serbin, defendeu a tese de que a política brasileira, com seus radicalismos de tempos recentes, cada vez se assemelhava à americana. No texto, o professor, que então acompanhava a política nacional desde 1989, afirmou que os brasileiros que pediram intervenção dos Estados

[128] Ibidem, p. A-8.

[129] Desarmando o extremismo. Edição de 9 de novembro de 2014.

Unidos para conter a intitulada "ameaça bolivariana", representada pelo governo brasileiro, prestaram um desserviço a si mesmos.

"Os indivíduos, presumivelmente brasileiros, que estão fazendo uma petição ao presidente americano Barack Obama para se opor à 'expansão comunista' da presidente Dilma Rousseff prestaram um desserviço a si mesmos e, potencialmente, ao Brasil. Em 28 de outubro, apenas dois dias depois que a presidente brasileira se reelegeu, os requerentes postaram sua petição num website da Casa Branca programado para ser usado por cidadãos americanos. Em 6 de novembro, aproximadamente 140 mil pessoas haviam assinado a petição. Somente suas iniciais aparecem, por isso é difícil determinar quem realmente apoia a iniciativa e se indivíduos poderiam ter assinado várias vezes.

A qualidade do inglês é risível, com dez erros num documento de meras 154 palavras. O(s) autor(es) aparentemente nem se deram ao trabalho de revisar a petição ou buscar a ajuda de um tradutor. A petição também não explica o significado dos termos 'bolivariano' e 'Foro de São Paulo', que não são familiares à maioria dos americanos. As alegações de 'comunismo' são absurdas. Americanos instruídos não levarão a sério um documento tão pobremente concebido. No entanto, sua própria existência pode ter consequências imprevistas e indesejáveis.

O tom e o conteúdo da petição fazem eco aos apelos pelo 'impeachment' da presidente Dilma proferidos no pequeno protesto contra ela realizado na Avenida Paulista em 1º de novembro. Alguns manifestantes chegaram a propor a volta de um regime militar. Quando o deputado eleito Eduardo Bolsonaro declarou que seu pai Jair, também deputado, teria 'fuzilado' a presidente Dilma se tivesse entrado na disputa presidencial, ele conjurou as listas de mortos de torturadores da era militar com os nomes de combatentes da resistência eliminados sem processo judicial, sem misericórdia e, em alguns casos, somente depois de seus algozes terem satisfeito seus prazeres sádicos. Essas palavras seguramente ofenderam a presidente Dilma, que esteve detida num centro de tortura onde tais abusos eram cometidos. Ofenderam também o cargo da Presidência brasileira e a nação brasileira.

Bolsonaro e os manifestantes anti-Dilma estão criando um clima que os americanos conhecem perfeitamente: ódio ao presidente e o resultante incentivo a seu assassinato. Esperemos que esse não se torne um momento em que os brasileiros olharão com pesar para uma guinada terrível em sua história política. O Brasil é uma democracia em que as pessoas têm o direito de protestar e requerer tudo que quiserem. Mas uma democracia justa e efetiva requer uma cidadania informada e tolerante. A petição e o protesto na Paulista têm o mesmo tipo de ódio e o pensamento irracional que Hitler usou para

> *sufocar a democracia na Alemanha e, por fim, cometer genocídio contra os judeus e outros grupos.*
> *A eleição de 2014 foi a mais disputada e uma das mais polarizadas da história brasileira. Como os Estados Unidos, o Brasil parece estar a caminho de uma polarização duradoura. Em comparação com eleições passadas, a campanha de 2014 não se concentrou bem em temas – outra tendência em que o Brasil está espelhando os EUA. De sua parte, o PSDB terá que manobrar com habilidade para desarmar o tipo de radicalismo expressado pelos Bolsonaros da mesma forma que o Partido Republicano dos EUA conquistou uma vitória esmagadora em 4 de novembro sem permitir que o Tea Party assumisse o controle do partido".*

Em artigo[130], o cineasta Arnaldo Jabor perguntou a si mesmo se, por causa dos constantes escândalos que, nos últimos tempos, assolavam o País, já chegáramos ao fundo do poço. Sua análise foi a seguinte:

> *"Nunca vi nada igual. Todas as certezas estão desabando, toda fé, todas as esperanças morrem diante dessa abundância de escrotidões, desse despautério de horrores. A gente liga a TV, lê o jornal e cai em cava depressão. 'Tudo que é sólido desmancha no ar', como disse Marx, tão mal entendido pela esquerda burra, que tomou o poder com base na fraude, como vemos com as granas 'legais' que a tesouraria do PT recebeu dos restos de campanha.*
> *(...) Há uma grande neurose no ar. Cria-se uma vontade de fuga. Nunca vi tanta gente pensando em deixar o País e ir morar fora. As mudanças mentais são visíveis nos rostos tristes nos ônibus abarrotados, na rápida cachaça às 6 da manhã antes de enfrentar mais um dia de inferno, nos feios, nos obesos, no desânimo das pessoas nas ruas, no pessimismo como único assunto em mesas de bar.*
> *Outro nítido efeito na cabeça das pessoas é o fatalismo. 'É assim mesmo, não tem jeito não'. O fatalismo é a aceitação da desgraça. E crescem a desesperança e a tristeza. O Brasil está triste e envergonhado. Essa fragilização da democracia traz de volta também um desejo de autoritarismo na base de 'tem de botar para quebrar'. Já vi muito chofer de táxi com saudade da ditadura. (...) O Brasil está sofrendo uma mutação gravíssima e nossas cabeças também. Sempre ouvimos que o Brasil estaria à beira do abismo. Será que já caímos nele? Será que a vaca já foi para o brejo?".*

[130] A vaca foi para o brejo? *O Estado de S. Paulo*, 9 de dezembro de 2014, p. C.10.

1.5. As Manifestações em 2015 – A volta do confronto e suas consequências

O ano de 2015 começou com **novas manifestações**, patrocinadas pelo MPL contra o aumento da tarifa, que foi de R$ 3,00 para R$ 3,50, anulando os ganhos obtidos nas passeatas de dois anos antes. E com mais atos de vandalismo protagonizados por militantes ***black blocs***, sempre em confronto com a Polícia Militar, que foi acusada de agir com violência diante de militantes que não eram vândalos ou simples transeuntes, que passavam pelo local naquela hora.

Na primeira manifestação contra a tarifa, ocorrida em 6 de janeiro de 2015, mais uma vez houve **confrontos** entre manifestantes e PMs. Bombas de efeito moral foram lançadas pela PM contra um grupo de três mil manifestantes em frente à Prefeitura, no Viaduto do Chá. A Polícia disse ter reagido após ser atacada com fogos de artifício. Pessoas que circulavam pela região se desesperaram e ocuparam estações do metrô. Um manifestante, que estaria com uma garrafa de gasolina, foi preso, e pelo menos duas agências bancárias foram danificadas pelos manifestantes.

Pouco antes do início da manifestação, o MPL divulgou uma nota para rebater a Secretaria de Segurança Pública, que acusou o movimento de, por meio do silêncio, "endossar os atos dos vândalos". O MPL afirmou não concordar com a postura de "alguns manifestantes", mas disse não ser sua função "identificar, julgar ou criminalizar quem está nas ruas protestando contra a violência diária do transporte e suas tarifas". O MPL também acusou a PM de promover "covardes sessões de tortura a céu aberto ao espancar manifestantes desarmados e isolados". A PM respondeu que agiu somente para "garantir a segurança dos manifestantes e da população e que respeita o pleno direito à liberdade de manifestação"[131].

Um total de 1,1 mil policiais atuou na repressão à manifestação. O repórter de *O Estado de S. Paulo*, Edgar Maciel, foi atingido na perna por uma bala de borracha. Duas outras pessoas também foram atingidas pelas bombas. O major da PM Luis Augusto Ambar, que comandou a ação,

[131] *Diário de S. Paulo*, 07 de janeiro de 2015 – dia a dia.

disse que a repressão policial teve início quando "uma bomba explodiu no meio da manifestação". O repórter assegurou que a PM atirou em direção de um grupo de jornalistas. Em nota, a PM pediu que o jornalista comparecesse à corregedoria da corporação para apresentar queixa contra os agressores[132].

Reportagem do jornal *Diário de S. Paulo*, de 16 de janeiro de 2015, demonstrou que, passados quase dois anos desde os atos de vandalismo protagonizados por manifestantes mascarados durante os atos de 2013, poucos manifestantes haviam sido punidos por causa disso. Alguns dos casos que resultaram em prisão, relaxada depois quando se constatou que eles não portavam material explosivo, foi o do estudante Fabio Hideki Harano e do professor Rafael Lusvarghi, que ficaram 46 dias presos depois de participarem de um ato contra a Copa na Avenida Paulista em 23 de junho de 2014. A Polícia os havia acusado de levar bombas à manifestação. Com outro preso, Rafael Braga Vieira, acusado de portar material explosivo (na verdade, ele levava água sanitária), a Justiça do Rio de Janeiro foi mais dura. Ele foi condenado a 5 anos de prisão e solto posteriormente, para cumprir prisão domiciliar.

Em 23 de janeiro de 2015, na terceira manifestação do ano contra o aumento da tarifa de ônibus de R$ 3,00 para R$ 3,50, também houve violência e *black blocs*. Iniciado no Teatro Municipal, o ato, com cerca de 1,2 mil pessoas, seguia pacífico quando a PM atirou balas de borracha e bombas químicas contra os manifestantes. Depois, a Polícia alegou que reagiu após ser vítima de rojões jogados de um prédio da Rua Conselheiro Crispiniano. Os manifestantes responderam à ação da PM, revidando com tudo o que encontravam pela frente. Pouco antes, havia sido feito um acordo segundo o qual o MPL não iria até a Avenida Paulista, a pedido da PM. É que a avenida estava em obras e havia risco de conflito.

A partir daquele momento, relata o *Diário de S. Paulo*, o MPL perdeu completamente a organização do movimento, que já contava com três mil pessoas – 10 mil para os organizadores. Um grupo de *black blocs* começou o quebra-quebra na região da Praça da República e das avenidas São João

[132] *Diário de S. Paulo*, de 24 de janeiro, p. 6 e *O Estado de S. Paulo*, da mesma data, p. E-4.

e Ipiranga. Fachadas de comércio, lixeiras, relógios de rua e três agências bancárias foram depredadas. Muito lixo ficou espalhado pelas ruas.

Seis pessoas foram detidas com rojões e conduzidas ao 2.º Distrito Policial. Na frente da Câmara Municipal, um grupo de *black blocs* provocou nova confusão ao rasgar a bandeira do Brasil. Foram repreendidos pelo pessoal do MPL. "Vocês querem arrumar confusão, não é?", gritaram militantes do Passe Livre. A PM recolheu a bandeira e a passeata continuou. Comerciantes vizinhos à Prefeitura fecharam as portas, com medo dos mascarados, mesmo com o cordão de isolamento feito pela Polícia. Acessos a estações do metrô também foram bloqueados. Na República, Anhangabaú e São João somente uma entrada permaneceu aberta, mesmo assim reforçada pelos seguranças. "O Centro está sitiado", resumiu uma mulher que voltava para casa depois do trabalho, por volta das 21 horas.

A *Folha de S. Paulo*, por sua vez, constatou que, após a Copa do Mundo, a Polícia passou a aliviar prisões de manifestantes em protestos em São Paulo. De acordo com o jornal, das 85 pessoas presas nas cinco manifestações de 2015 contra a alta nas tarifas do transporte público somente um rapaz de 23 anos, que foi flagrado por câmeras depredando agências bancárias, foi indiciado por danos ao patrimônio, um delito leve sob a pena de prestação de serviços à comunidade.

Outros considerados vândalos foram apenas investigados por crimes semelhantes ou liberados por falta de provas. Em 2015, os crimes praticados pelos manifestantes passaram a ser investigados pelas delegacias das áreas. No ano anterior, por sua vez, as investigações foram centralizadas no Departamento Estadual de Investigações sobre Crime Organizado (Deic), que abriu inquéritos contra os manifestantes por associação criminosa, um crime punível com prisão. Pelo menos quatro pessoas que participaram das manifestações em 2014 foram investigadas. Nas manifestações de 2015, os 85 detidos – 4 deles menores de idade – foram levados às delegacias da área onde ocorreram os crimes, em função dos atos contra a tarifa de transporte.

A polícia iniciou investigações contra 52 suspeitos de cometerem delitos, como danos ao patrimônio, lesão corporal e desacato, sem indiciá-los. Outros cinco foram citados em boletins de ocorrência de apreensão de objetos. Nove acabaram mencionados num registro de natureza não criminal. E os 18 restantes foram liberados por falta de provas[133].

Em 5 de janeiro de 2015, houve o maior aumento das tarifas de ônibus e metrô dos últimos cinco anos. Desde o início do bilhete único, em 2004, essa variação de 16,7% foi a maior no sistema sobre trilhos e a segunda mais alta. Em 2010, houve aumento de 17,4%. O Movimento Passe Livre (MPL) e outras entidades prometeram, na ocasião, grandes mobilizações para tentar, como em 2013, reverter o reajuste – entre 2 e 22 de junho a tarifa ficou unificada em R$ 3,20[134].

As gestões do governador e do prefeito destacaram, por meio de nota, que o reajuste do dia 5 de janeiro estava abaixo dos 27% de inflação acumulados desde janeiro de 2011. De acordo com documentos da São Paulo Transporte (SPTrans), a correção simples por este porcentual levaria a tarifa a ficar entre R$ 3,65 e R$ 3,81.

O consultor de transportes Flamínio Fichmmann afirmou que a data para o anúncio do aumento foi estrategicamente pensada. "Os governos anteciparam o reajuste para pegar o pessoal de férias e reduzir manifestações", disse. Em sua visão, a decisão do aumento era "política" e poderia ser evitada.

O fato de o Conselho Municipal de Transportes e Trânsito (CMTT), criado após os protestos de 2013, não ter sido consultado sobre o aumento provocou uma crise. Sete integrantes do Conselho divulgaram uma carta de repúdio à atuação do governo municipal. Para o mestre em Transportes pela Universidade de São Paulo (USP), Horácio Augusto Figueira, o aumento era inevitável. "O restaurante onde você come fica com o mesmo preço por quatro anos? Não".

Um dia antes do anúncio do aumento, o MPL havia promovido uma aula pública, com a participação do ex-secretário municipal de Transportes, Lucio Gregori, na qual compareceram cerca de 350 pessoas em frente à Prefeitura, para tentar explicar a "**tarifa zero**", termo criado por ele quando esteve na Secretaria Municipal de Transportes. O encontro serviu como prévia das manifestações que ocorreram nos dias seguintes.

[133] Edição de 31 de janeiro de 2015, p. C-3.

[134] *O Estado de S. Paulo*, 6 de janeiro de 2015, p. A-11.

Até o início de fevereiro de 2015, já haviam ocorrido cinco manifestações, sempre com enfrentamentos entre PMs e manifestantes.

Indicado secretário de Direitos Humanos da Prefeitura paulistana pelo prefeito Fernando Haddad, o ex-senador petista Eduardo Suplicy foi alvo de críticas no editorial do Estadão, intitulado "O 'diálogo' com os *black blocs*". No texto, o jornal condenou a proposta de Suplicy de dialogar com os *black blocs*, que classificou como "arruaceiros cuja única reivindicação é ter a liberdade irrestrita de causar o maior dano possível ao patrimônio alheio". O editorial demonstrou indignação pela proposta, que considera "esdrúxula".

> *"(...) Talvez seja o caso de não se levar a sério o que diz Suplicy – a menos, é claro, que se considere normal e sadio que uma autoridade municipal entre em uma negociação formal com quem deveria estar na cadeia.*
> *No entanto, caso o agora secretário de Direitos Humanos resolva levar adiante sua esdrúxula promessa, será apenas mais um entre tantos outros atos irresponsáveis de uma Prefeitura que se apequenou diante de grupelhos radicais. Quem não se lembra do prefeito Fernando Haddad em cima de um carro de som, em março do ano passado, estimulando os baderneiros do Movimento dos Trabalhadores Sem-Teto a pressionar a Câmara Municipal a aprovar projetos de seu interesse? Diante disso, não surpreende que a truculência tenha se tornado o atalho preferido dos oportunistas para o encaminhamento de reivindicações ditas 'sociais'.*
> *(...) O paulistano já conhece bem as 'boas intenções' dos black blocs. Desde que foram apresentados a eles nas manifestações de junho de 2013, os moradores de São Paulo sabem que, a qualquer momento, durante qualquer protesto do Movimento Passe Livre (MPL), esses mascarados estarão presentes para atacar estações do metrô, pontos de ônibus, agências bancárias e o que mais aparecer pela frente. Em sua tática, a esperada reação da Polícia Militar é sempre bem-vinda, pois assim os baderneiros podem posar de vítimas da repressão policial.*
> *(...) Quando um secretário municipal se dispõe a esse tipo de atitude, que subverte totalmente o papel de um gestor da coisa pública, é um sinal de que a crise que a cidade vive não é apenas administrativa, mas moral!"*[135].

[135] *O Estado de S. Paulo*, 4 de fevereiro de 2015, p. A-3.

O jornalista e cientista político, pesquisador do Núcleo de Estudos da Violência (NEV) da Universidade de São Paulo (USP), Bruno Paes Manso, detectou o cinismo como um traço da sociedade brasileira que, em sua visão, garantia a persistência dos abusos policiais há mais de 40 anos nas grandes capitais. Na visão do pesquisador, que também foi repórter do *Estadão*, tratava-se de um jogo em que a autoridade finge "indignação" diante da violência policial, enquanto o cidadão comum também finge acreditar no "*script* feito sob medida para empulhar". À época, ele referiu-se, no caso, à história de um oficial da Tropa de Choque do Rio, flagrado pelo *WhatsApp* ao defender a violência policial contra as manifestações na capital carioca, ao mesmo tempo em que se posicionava favoravelmente ao nazismo[136].

> *"O cinismo é um dos traços principais no caráter da sociedade brasileira, que garante a persistência dos abusos policiais. Em setembro, quatro jovens foram mortos dentro de um carro durante uma suposta perseguição feita por policiais na periferia de São Paulo. Seria mais um caso a cair no esquecimento, se não fosse a tal da vaidade.*
> *Fotos dos corpos baleados foram tiradas por celular na cena do crime e no Instituto Médico Legal. Instantes depois, essas imagens foram enviadas pelo WhatsApp aos familiares das vítimas, que entraram em choque. Os diálogos no WhatsApp, em que oficiais da PM do Rio de Janeiro faziam apologia do nazismo e riam da truculência usada contra manifestantes também é parte do fenômeno.*
> *Um major sugere aos colegas o uso de uma técnica de imobilização com um bastão chamado tonfa. O tenente-coronel Fábio Almeida de Souza retruca: 'Mata! Assim imobiliza para sempre. Tonfa é o c....! 7.62 (um tipo de fuzil) mata eles tudo. Na última manifestação que fui dei de AM640 (um lançador de bombas) inferno azul nas costas de um black bobo no máximo 30 metros!!! Que orgulho!!!'. (...)'Coronel Fábio pela instauração do Reich', respondeu outro policial.*
> *As polícias devem ser reformadas. A atual estrutura das polícias estaduais, dividida em duas, não consegue lidar com a sensação de vulnerabilidade da sociedade diante da violência crescente. Como resultado, criamos um sistema penitenciário inchado, o quarto que mais aprisiona no mundo, mas mantém todos os brasileiros com uma sensação de impunidade permanente. Porque se prende muito mal.*

[136] *O Estado de S. Paulo*, Caderno Aliás, Perverso equilíbrio, 10 de janeiro de 2015, p. 11.

Portanto, que venham à tona as verdades, seja da forma que for, via redes sociais ou pelo jornalismo. Mas basta de cinismo e de hipocrisia. Vamos assumir nossos podres, admitir que erramos e até perdoar nossos erros. Para mudar e encarar com maturidade a necessária reforma das polícias no Brasil".

Em meio aos protestos que ainda ocorriam, a *Folha de S. Paulo* questionara, em artigo[137], a situação do Parlamento, visto que seus respectivos chefes, Renan Calheiros e Eduardo Cunha, esmeravam-se em "emparedar" a presidente Dilma Rousseff sem apresentar alternativas às suas repetidas indicações de projetos que somente aumentam despesas, sem que haja receita para isso. Assim, escudados numa suposta aura institucional, mantêm a presidente refém de suas decisões. Para a articulista, essa postura poderia trazer problemas muito graves ao País.

"Qual é o objetivo dos presidentes da Câmara, Eduardo Cunha (RJ), e do Senado, Renan Calheiros (AL), ambos do PMDB, ao se lançarem num campeonato frenético para ver quem empareda mais a presidente Dilma Rousseff?

Qual a alternativa dos chefes do Legislativo ao ajuste fiscal que colocam em risco com bravatas diárias e projetos que apenas aumentam despesas, sem indicar receitas?

Para a primeira questão, a resposta se dá no campo da política. A da segunda é simples: nenhuma.

Ao encher a boca para falar de independência do Poder de cujo comando são sócios, Cunha e Renan tentam dar aura institucional para o que não passa de demonstração de que têm o governo como refém.

Se não, por que o presidente da Câmara votaria a toque de caixa uma lei que obriga o governo a arcar com papagaio de R$ 3 bilhões anuais de Estados e municípios que querem rasgar contratos que assinaram e espetar a conta na viúva, como bem apontou o mestre Elio Gaspari?

E por que seu parceiro do Senado daria um ultimato ao ministro da Fazenda e à presidente para que resolvam a situação até terça, ou ele tratará de dar o tiro de misericórdia?

São alguns os porquês. Porque Alagoas, governado pelo filho de Renan, e a Prefeitura do Rio, chefiada por um aliado de Cunha, são dois dos maiores interessados no cavalo de pau da renegociação da dívida.

Porque o PMDB quis retaliar a demora de Dilma em sancionar a lei que impediria a criação do PSD, novo partido-ônibus de Gilberto Kassab.

[137] O que querem Cunha e Renan? Edição de 26 de março 2015, p. A2.

> *É nesse câmbio nada republicano que se negocia o ajuste fiscal no Congresso. Se as agências de rating perceberem a tibieza do governo diante do jogo, o país perderá o grau de investimento, a despeito do voto de confiança dado pela Standard & Poor's.*
> *Não que Renan e Cunha se importem. E não que Dilma tenha condições de impedir – já que refém está e não há ninguém para resgatá-la".*

O sociólogo Gabriel Cohn havia alertado, em entrevista ao jornal *Valor*[138], para o risco concreto de o impasse político, na falta de organizações partidárias que dessem vazão às expectativas da sociedade, levar à ascensão de um político aventureiro no ciclo eleitoral de 2018. Para o professor, aquele cenário de agitação social no Brasil, no qual se incluíam as manifestações contra a presidente Dilma Rousseff, demonstrava a dificuldade de articular propostas de fato políticas porque os dois principais partidos, o PT e o PSDB, capazes de operar a passagem das paixões pessoais às propostas coletivas, estavam mais preocupados em brigar entre si. Esse cenário, para Cohn, poderia acabar por gerar um tipo de político semelhante ao ex-premiê italiano Silvio Berlusconi. Professor do Departamento de Ciência Política da Universidade de São Paulo (USP), Cohn mostrou-se pessimista com o momento então vivido pelo País, que interpretou à luz do processo de redemocratização do País, iniciado na década de 1980, e ainda longe da conclusão. Para ele, os anos mais recentes apresentavam uma "freada histórica" no processo, o que provocava frustações[139].

Para o intelectual, aquele momento mostrava o surgimento de um sentimento que reunia ódio, rancor e ressentimento, sem objetivo definido, que não colaborava em nada com a construção de uma verdadeira democracia. A seguir, trechos da entrevista:

[138] Viana, Daniel. "Corremos o risco de uma versão caricata de Berlusconi". Edição de 10/04/15, p. 3.

[139] De fato, como um "coroamento" dos protestos, o Brasil elegeu, em outubro de 2018, um ex-capitão reformado, Jair Bolsonaro, ligado à extrema-direita, com histórico de apoio ao armamentismo e à ditadura militar, fã de um dos maiores torturadores do período, o coronel Carlos Alberto Brilhante Ustra, com perfil ideológico semelhante ao do italiano Berlusconi e ao do presidente americano, Donald Trump, de quem é um ardente admirador.

"Valor: O segundo governo Dilma já começou desgastado e desarticulado, enquanto a sociedade está em ebulição, a economia em queda, os escândalos se acumulando...
Cohn: Tem um acúmulo de problemas e eventualmente uma condensação. Temos sinais de uma freada histórica no processo de redemocratização. Havia algo em andamento. Socialmente, economicamente, politicamente. A saída da era Lula para a era Dilma não é uma continuidade, frustrando expectativas e temores de todos os lados. Há uma fermentação, uma acumulação de problemas objetivos e reações a eles na forma de irritação, ou de palavras-valise, que carregam tudo, como 'corrupção'.
Valor: Nesse contexto, como aparece a série de protestos que o país tem testemunhado?
Cohn: Vejo o contraste entre duas modalidades. De um lado, uma unidade ilusória, em que as pessoas saem de verde e amarelo, falando em defesa da pátria – o que é um equívoco, porque não é isso que está em jogo. Então a saída é concretizar a reivindicação de maneira estreita e abstrata: fora Dilma, antiPT, ou com um tema vago, como a corrupção. Do outro lado, uma fragmentação real, com inúmeras tendências e formas de reivindicação, como temos visto na esquerda. Acontece que em nenhum dos dois lados existe uma aceitação plena e apoio ao governo, porque ele é incapaz de plasmar a confiança de qualquer setor da sociedade. A fermentação social gira no vazio.
Valor: Seria uma fermentação sem decantação?
Cohn: Não se atinge o nível político do debate ou da ação. O que se aprofunda é uma mescla de ressentimento, rancor e ódio, sem objetivo definido. Se não tomarmos cuidado, a deriva conservadora vai se acentuar de uma maneira assustadora. Vejo riscos de um cenário italiano, em que a quebra do sistema partidário abre o caminho para figuras como a de [Silvio] Berlusconi. No Brasil, corremos o risco de caminhar para uma versão caricata de Berlusconi.
Valor: Depois do 15 de Março?
Cohn: Dois dias antes, havia ocorrido uma outra manifestação. Eles responderam a uma só. Sendo que a primeira, com todas as deficiências que possa ter, colocava itens programáticos. Queremos isso, não queremos aquilo. Dá para dialogar. É importante que as pessoas estejam na rua. É incrível como antigos militantes da esquerda ficam assustados quando veem gente na rua".

Pesquisa na época, feita pelo Instituto Datafolha e publicada no jornal *Folha de S. Paulo*, demonstrara que, após os desdobramentos da Operação **Lava Jato**, 63% dos brasileiros ouvidos no estudo queriam o *impeachment* da presidente Dilma Rousseff. Destes, no entanto, somente 37% sabiam quais seriam os desdobramentos desse tipo de processo político: a transferência do cargo ao vice-presidente Michel Temer (PMDB), visto que apenas 12% dos eleitores favoráveis ao processo de *impeachment* contra Dilma tinham consciência de que Temer assumiria o cargo em seu lugar. O Datafolha ouvira 2.843 pessoas em todo o País em 10 de abril de 2015, e a pesquisa foi divulgada no dia seguinte.

Apesar de terem apoiado a abertura, 64% dos entrevistados não acreditavam no afastamento de Dilma. Menos de um terço (29%) considerou que ela seria afastada. O apoio aos protestos contra o governo petista era de 75%. Alto também era o número de pessoas que acreditavam que Dilma sabia da corrupção na Petrobrás (57%) e não fizera nada para impedir. Um total de 26% acreditavam que ela sabia, mas não podia fazer nada.

Pela primeira vez, o tema corrupção apareceu, empatado com saúde, no ranking das maiores preocupações dos brasileiros. Para 23%, saúde era o principal problema do País. Outros 22% acreditavam que a corrupção era o principal problema. O Datafolha também havia apurado que, caso Dilma fosse cassada, com a convocação de novas eleições, o senador Aécio Neves (PSDB) seria eleito, com 33% dos votos. Luiz Inácio Lula da Silva (PT) ficaria com 29%. Ao todo, 2.834 pessoas foram ouvidas, com margem de erro de dois pontos percentuais.

Entre 12 de maio e 31 de agosto de 2016, a então presidente Dilma Rousseff (PT) sofreu *impeachment*, em parte provocado pelo profundo desgaste a que se submeteu a partir das manifestações de 2013. Assumiu o cargo o vice-presidente Michel Temer (PMDB), que já havia rompido com a titular. Ao se tornar presidente, Temer começou a colocar na ordem do dia uma agenda em que suas medidas lembravam as do candidato derrotado à Presidência Aécio Neves (PSDB). A partir da adoção destas medidas, Temer passou a ser tratado como "traidor" pela esquerda. Defendeu-se dizendo que a queda da presidente havia sido uma "decisão constitucional"[140].

[140] Em 2019, Temer, cujo processo voltou a correr com o fim do seu mandato à frente da Presidência, foi detido pela Polícia Federal e ficou preso por dois dias. Posteriormente, foi libertado por força de um *habeas corpus*, mas já era réu em cinco ações em março daquele ano.

1.5.1. O *impeachment* da presidente – com base nas "pedaladas" fiscais

O *impeachment* de Dilma Rousseff tratou-se do segundo da história do Brasil, visto que o primeiro foi o de Fernando Collor, no início da década de 1990. Iniciou-se em 2 de dezembro de 2015, quando o presidente da Câmara, Eduardo Cunha (PMDB-RJ)[141], inimigo declarado da presidente, aceitou um pedido de *impeachment* formulado pelos juristas Hélio Bicudo e Miguel Reale Júnior e pela advogada Janaína Paschoal, sob a acusação de desrespeito à lei orçamentária e improbidade administrativa com as "pedaladas fiscais". Cunha, por sua vez, estava sendo acusado de vários crimes, entre eles corrupção, na Comissão de Ética da Casa e, dias antes, dois deputados do PT que integravam a comissão haviam se negado a votar em sua defesa. A aceitação do pedido foi encarada como uma vingança de Cunha, um profundo conhecedor do regimento da Câmara, contra a petista e seu grupo político[142].

A partir da aceitação, iniciou-se o processo de *impeachment* propriamente dito. O relatório da comissão favorável ao impedimento foi aprovado por 38 votos a 27. Votado no plenário da Casa, foi aprovado com 367 votos favoráveis e 137 contrários. No Senado, por sua vez, 61 senadores votaram favoravelmente ao *impeachment* da presidente Dilma Rousseff e 20 foram contrários. Assim, a presidente perdeu seu cargo, em 31 de agosto de 2016, após um processo de três meses nas duas Casas Legislativas. No entanto, o Senado rejeitou, por 42 votos a 36, a inabilitação de Dilma para exercer qualquer cargo público. Nas eleições de 2018, Dilma tentou se tornar senadora da República por Minas Gerais, sua terra natal. No entanto, apesar de ter liderado durante meses as pesquisas de opinião, ficou em quarto lugar (duas vagas estavam em disputa) com 15% dos votos. Os candidatos Rodrigo Pacheco (DEM) e Celso Viana (PHS) ficaram com as duas vagas. O candidato do PT ao governo, Fernando

141 Eduardo Cunha foi cassado em setembro de 2016 pelo Plenário da Câmara depois que a Comissão de Ética aceitou uma acusação contra ele. Foi cumprir pena em Curitiba, no Complexo Penitenciário de Pinhais, para onde foi mandado pelo juiz Sergio Moro, que o condenou por corrupção e desvio de recursos públicos. Em março de 2020, a juíza Gabriela Hardt, substituta de Moro em Curitiba, concedeu ao ex-deputado prisão domiciliar em razão do risco dele, que tem 61 anos, contrair Covid-19.

142 Mais dados sobre o *impeachment* da presidente Dilma Rousseff podem ser obtidos na Parte IV – Brasil desta obra.

Pimentel, que era o governador e tentava a reeleição, também foi derrotado, sendo eleito Romeu Zema (Novo).

1.5.2. O Poder Judiciário e suas contradições

O Judiciário, com seu esforço, deve ser uma instituição capaz de aperfeiçoar a democracia, desde que o faça com eficiência, sem intimidação nem seja induzido a autocensurar-se em suas decisões. Nas verdadeiras democracias, a neutralidade da Justiça constitui um pressuposto. Dependendo da forma como essas premissas se revelam, para infratores as instituições judiciárias e policiais podem representar tanto um desafio quanto uma oportunidade. Em outros termos, se elas permanecem independentes, têm a capacidade de denunciar e punir aqueles que cometem desde os menores crimes até mesmo os abusos governamentais mais emblemáticos; caso contrário, servirão elas a interesses escusos, que se valerão da proteção contra investigações e processos criminais que possam afastá-los do convívio, seja social, seja político. Imaginemos, no caso de omissão da Justiça, como seria se um presidente infringisse a lei, ameaçasse direitos civis e até violasse a Constituição sem ter de se preocupar com o necessário processo de investigação. O produto disso seria a impunidade[143].

Um caso de repercussão polêmica e contraditória no âmbito das decisões da Justiça brasileira foi quando Michel Temer (PMDB), que assumiu a Presidência após o *impeachment* da então presidente Dilma Rousseff, venceu, em junho de 2017, uma batalha jurídica para permanecer no poder. Com o voto do ministro Gilmar Mendes, presidente do Tribunal Superior Eleitoral (TSE), depois de um debate com o seu colega, ministro Herman Benjamin, que pedia a cassação da chapa da petista e do peemedebista, a tese da absolvição de ambos saiu vitoriosa. Na votação, o TSE não considerou a delação da empreiteira Odebrecht, que culpava tanto Dilma quanto Temer de receberem recursos não contabilizados. A votação estava empatada em 3 a 3 quando Mendes deu o voto de Minerva, desempatando o julgamento em favor do presidente. O julgamento aten-

[143] LEVITSKY, Steven; e ZIBLATT Daniel. *Como as democracias morrem*. Rio de Janeiro: Zahar. 2018, Edição do Kindle.

dia a uma requisição do PSDB que, logo após a eleição, apontou fraude na prestação de contas dos concorrentes, principalmente do PT[144].

Os procuradores da Operação Lava Jato criticaram a decisão do TSE, de absolvição da chapa Dilma-Temer. O procurador Carlos Fernando dos Santos Lima, um dos coordenadores da força-tarefa, escreveu em uma rede social que "o cúmulo do cinismo é a cegueira intencional da maioria dos ministros do TSE em relação à corrupção exposta pelo acordo do MPF com a Odebrecht". Cinismo, escreveu Lima, "é achar que tudo está resolvido porque o PT não está mais no poder". O também procurador da República, e na época coordenador da Lava Jato, Deltan Dallagnol[145],

[144] Em outro julgamento polêmico, O ex-presidente da República Luiz Inácio Lula da Silva foi condenado, em 12 de julho de 2017, pelo juiz federal Sérgio Moro, a 9 anos e seis meses de prisão, além da inabilitação de ocupação de cargos públicos por 19 anos. Lula (PT) era, naquele momento, o mais competitivo dos pré-candidatos à presidência da República, com índices de intenção de voto superiores a todos os candidatos nas eleições que se realizariam em 2018 para a substituição do presidente Michel Temer (PMDB). Na sentença, Moro disse que o petista ficaria "interditado" para cargos públicos pelo dobro da duração da pena. O ex-presidente foi acusado de corrupção passiva e lavagem de dinheiro por, supostamente, ter recebido propina da construtora OAS, envolvida na Operação Lava Jato. *O Estado de S. Paulo*, 13 de julho de 2017, p. A-5 – Política. Moro atribuiu ao ex-presidente e à ex-primeira-dama Marisa Letícia a posse do apartamento 164-A no edifício Solaris na praia de Astúrias, no Guarujá, e as reformas a ele destinadas. "É evidente que o Grupo OAS, dirigido por Aldemário Pinheiro Filho, o Léo Pinheiro, destinou o imóvel, sem cobrar o preço correspondente e absorveu os custos da reforma, tendo presente um benefício destinado ao ex-presidente Luiz Inácio Lula da Silva e sua esposa exclusivamente", escreveu o magistrado na sentença. A defesa de Lula contestou a acusação. Segundo o advogado Cristiano Zanin Martins, o imóvel jamais pertenceu ao ex-presidente e teria, na verdade, sido dado à Caixa Econômica Federal para garantia de um empréstimo solicitado a esse banco pela construtora. Anos depois, o juiz seria alvo de fortes críticas ao receber (e aceitar) o convite para se tornar ministro de Justiça e Segurança Pública do futuro presidente Jair Bolsonaro (eleito pelo PSL), rival ideológico e pessoal do petista. Rumores davam conta, na ocasião, de que ele teria aceitado o encargo com a promessa de ser indicado pelo presidente para uma vaga no STF, possivelmente após a aposentadoria do decano Celso de Mello, em 2021. *Folha de S. Paulo*, 10 jun. 2017, p. A-12.

[145] Deltan Dallagnol, procurador, deixou o comando da força-tarefa da Lava-Jato em Curitiba, no dia 1º de setembro de 2020, por motivos pessoais, ligados à saúde de sua filha, então com 1 ano e 10 meses. Substituído por Alessandro Fernandes Oliveira, sua saída coincide com o momento em que a referida operação vinha passando por desgastes, na verdade, desde o ano passado, após o vazamento de mensagens entre seus integran-

da mesma forma, apoiou a posição de Herman Benjamin no julgamento e criticou seus resultados em rede social: "O ministro expõe na TV incoerência do TSE".

Na reta final da votação, Temer indicou dois dos sete ministros que compõem o TSE. No fim, Gilmar Mendes repetiu que o TSE não poderia ser "um fator de instabilidade política" e arquivou o pedido. Benjamim, por sua vez, assegurou que não seria "coveiro de prova viva. Posso até participar do velório, mas não vou segurar o caixão", disse.

Na época, José Álvaro Moisés, professor do departamento de Ciência Política da Universidade de São Paulo (USP), afirmou que a desconfiança dos brasileiros nas instituições – agravada por fatos como a absolvição da chapa no TSE – poderia criar bases para aventuras antidemocráticas. "A origem da desconfiança nas instituições deslegitima a democracia e cria base para aventuras antidemocráticas. Não é à toa que o deputado (Jair) Bolsonaro tem 15% de votos em outro cenário sem o presidente petista Lula e com o governador tucano Geraldo Alckmin". O especialista também se mostrou preocupado com a absolvição da chapa Dilma-Temer pelo TSE. "Como isso vai recriar a confiança dos eleitores na Justiça?"[146], indagou.

Da mesma forma, o jurista Oscar Vilhena Vieira defendeu, em artigo[147], que a absolvição da chapa Dilma-Temer pelo TSE tinha o potencial de contribuir sensivelmente para a redução da confiança da população no Judiciário. Para ele, o julgamento do TSE foi na direção de diminuir a confiança popular porque, além do resultado do julgamento, os ministros não foram capazes de demonstrar que se submeterem rigorosamente às premissas essenciais à produção de uma decisão legítima. Vieira também lembrou a mudança de posição do ministro Gilmar Mendes – responsá-

tes, e a batalha do ex-coordenador na Justiça para se livrar de processos que respondia no Conselho Nacional do Ministério Público. Os supostos excessos do grupo, liderado por Deltan, passaram também a ser pronunciados pelo procurador-geral da República, Augusto Aras. PERON, Isadora; e MARTINS, Luísa. Sob cerco de Aras, Lava-Jato vê Deltan pedir desligamento. *Valor*, 2 set. 2020, p. A9.

146 *Folha de S. Paulo*, 10 jun. 2017, p. A-12.

147 *Folha de S. Paulo*, 10 jun. 2017, p. B-2.

vel pela sobrevivência do processo –, que acabou votando pela absolvição e desconsiderando provas essenciais do caso.

> *"(...) A confiança no sistema de Justiça brasileiro, conforme mensurada pelo ICJ da FGV Direito SP, tem se mantido em torno de 30% ao longo da última década, o que é pouco, especialmente quando comparado às democracias mais consolidadas. Um dos fatores cruciais para explicar esse baixo grau de confiabilidade é a percepção de que a nossa Justiça, além de tardia, não trata a todos de forma igual. Ou seja, não é imparcial. (..) A crise de legitimidade que devastou nosso sistema político parece agora ter se alojado numa das instâncias do sistema Judiciário. A redução da confiança na Justiça, nesse momento, em nada contribuirá para a superação da crise política que ameaça se agravar".*

Este, resumidamente, foi um quadro crítico do momento vivido pelo Brasil após as Jornadas de Junho de 2013, com reflexos duradouros, que nos levam a refletir sobre o que são as democracias e as razões dos protestos do povo brasileiro, que parece desacreditar nas instituições.

Após situar a história das manifestações, que se iniciaram em 2013, seguindo até 2015, e levaram parte do País a contestar a democracia representativa e até mesmo a Constituição, será analisado, no próximo capítulo, a democracia e seus inimigos, desde a Antiguidade Clássica, passando pelas diferenças entre democracia direta e democracia representativa, e também debatidos os aspectos relevantes da Declaração dos Direitos do Homem e do Cidadão. Adicionalmente, merecerão também destaque temas importantes para conceituar democracia, como República, Direitos Humanos, as várias Constituições brasileiras e o chamado Politicamente Correto. A ideia é fornecer bases teóricas para que possamos entender os capítulos seguintes, em que enfoco temas relacionados às constituições brasileiras, principalmente a Constituição do Brasil de 1988 e seus inúmeros problemas, que têm ocasionado conflitos entre os Poderes, abalos na democracia e interpretações subjetivas da legislação vigente no País.

Capítulo 2
QUAL DEMOCRACIA? A DIRETA OU A REPRESENTATIVA?

2.1. Conceito de democracia – suas aplicações e reflexos no Brasil

A democracia é um regime de governo do povo, pelo povo e para o povo. Há diversos tipos de democracias. Didaticamente, podemos considerar a seguinte divisão, que será oportunamente detalhada em itens específicos neste capítulo:

a) **A democracia direta** – os cidadãos tomam para si todas as decisões, reunidos em assembleia plenária. Ocorreu em Atenas, cidade-Estado da Grécia Clássica. Nos dias de hoje, como instrumentos de democracia direta, ainda ocorrem em muitos países plebiscitos, referendos e a iniciativa popular. Clássico exemplo é o da Suíça.
b) **A democracia representativa** – o povo participa na designação e no controle dos governantes. Os eleitos decidem em nome da população, representando-a (daí o nome representativa), fazendo e aplicando as leis. É um sistema pluralista, mas há críticas a esse regime que predomina na maior parte dos países democráticos da atualidade. É necessário explicitar que os regimes políticos citados apresentam divisões, subdivisões em sua evolução histórica, sofrendo fortes influências ideológicas (liberalismo, socialismo, fascismo, nazismo, comunismo, social-democracia, tecnocracia etc.).

Para se entender o processo evolutivo da democracia, é necessário estudar diversos filósofos, juristas, pensadores, cientistas políticos e historiadores, como Platão, Aristóteles, Cícero, Políbio, Santo Agostinho, Tomás de Aquino, Maquiavel, Jean Bodin, Hobbes, Locke, Montesquieu,

Rousseau, Diderot, Voltaire, Abade Siéyes, Kant, Calvino, David Hume, Edmund Burke, Benjamim Constant, Tocqueville, John Stuart Mill, Karl Marx e Engels, entre vários outros, que citaremos durante a explanação dessas reflexões a seguir. Os pensadores e filósofos têm suas ideias e trajetórias descritas na Parte II desta obra, denominada *Pensadores*.

Sinteticamente, podemos dizer que a democracia, sistema político em essência, caracteriza-se pelos seguintes elementos:

- *soberania do povo*, que se exerce por meio do voto direto, secreto, universal e periódico;
- *limitação dos poderes*, cuja separação de funções deve ser exercida em sua plenitude à luz de uma Constituição escrita e/ou pelos usos e costumes;
- *prevalência da vontade da maioria* sobre a da minoria, que se manifesta conforme instrumentos predeterminados e de conhecimento geral;
- cabedal de *direitos e garantias fundamentais* de supressão ou repressão extremamente difícil, se não impossível;
- *temporalidade da investidura* em funções de poder;
- *primado da lei* sobre a vontade das pessoas; e
- método e mecânica de mudança de normas constitucionais – exceto no que se refere a dispositivos constitucionais pétreos, ou seja, aqueles declarados imutáveis pela própria Constituição[148].

Para Robert A. Dahl, o regime democrático apresenta os seguintes quesitos[149]:

a) dirigentes eleitos – o controle sobre as decisões do governo em matéria de política nacional é constitucionalmente conferido a dirigentes eleitos pelos cidadãos;

[148] Destaque-se que no âmbito nacional as seguintes matérias não se submeterão a proposta de emenda constitucional, tampouco a sua abolição: (i) a forma federativa de Estado, (ii) o voto direto, secreto, universal e periódico, (iii) a separação dos poderes e (iv) os direitos e garantias individuais, constantes dos 77 incisos do art. 5º. *Vide* Farhat, Said. *Dicionário Parlamentar e Político: o processo político e legislativo no Brasil*. São Paulo: Melhoramentos, 1996, p. 293.

[149] Dahl, Robert. *Sobre a democracia*. Brasília: Editora UnB, 1998, p. 320.

b) eleições livres, justas e frequentes – os dirigentes eleitos são escolhidos em eleições frequentes e conduzidas com justiça, em que a coerção é, comparativamente, pouco habitual;

c) liberdade de expressão – os cidadãos têm o direito de se expressar, sem perigo de castigo severo, sobre questões políticas amplamente definidas, incluindo críticas a dirigentes, ao governo, ao regime, à ordem socioeconômica e à ideologia dominante;

d) acesso a fontes alternativas de informação – existem fontes alternativas de informação independentes, que não estão sob o controle do governo ou de qualquer outro grupo político, que tente influenciar as crenças e atitudes políticas públicas;

e) autonomia de associação – os cidadãos têm o direito de formar associações ou organizações relativamente independentes, incluindo partidos políticos independentes e grupos de interesses;

f) cidadania inclusiva – a nenhum cidadão que resida permanentemente no País e que esteja sujeito às suas leis podem ser negados os direitos que estão ao dispor de outros.

Apesar de todas as suas imperfeições, o mesmo Dahl detalha os benefícios dos regimes democráticos, que os tornam como os mais desejáveis dos sistemas políticos[150]. Em síntese:

[150] A expressão "direitos fundamentais", que surgiu com a implantação dos direitos humanos após 1789 e 1946, e suas outras denominações submeteram-se a críticas pela doutrina, mas podemos afirmar que "*Direitos fundamentais* são o conjunto de normas, princípios, prerrogativas, deveres e institutos inerentes à *soberania popular*, que garantem a convivência pacífica, digna, livre e igualitária, independentemente de credo, raça, origem, cor, condição econômica ou *status* social. Os *direitos fundamentais* são conhecidos sob os mais diferentes rótulos, tais como *direitos humanos fundamentais, direitos humanos, direitos do homem, direitos individuais, direitos públicos subjetivos, direitos naturais, liberdades fundamentais, liberdades públicas* etc.". Há quem sugira, também, o uso de "liberdades públicas em sentido amplo" – "conjunto de normas constitucionais que consagram limitações jurídicas aos Poderes Públicos, projetando-se em três dimensões: civil (direitos da pessoa humana), política (direitos de participação na ordem democrática) e econômico-social (direitos econômicos e sociais)". BULOS, Uadi Lammêgo. *Curso de direito constitucional,* cit., p. 401.

a) *a democracia ajuda a impedir o governo de autocratas cruéis e viciosos;*
b) *a democracia garante aos seus cidadãos um conjunto de direitos fundamentais*[151] *que os sistemas não democráticos não garantem nem podem garantir;*
c) *a democracia assegura aos seus cidadãos um espaço mais amplo de liberdade pessoal do que qualquer outra alternativa;*
d) *a democracia ajuda os povos a protegerem os seus direitos fundamentais;*
e) *só um governo democrático pode oferecer uma oportunidade máxima para os indivíduos exercerem a liberdade de autodeterminação, isto é, viver segundo as leis da sua própria escolha;*
f) *só um governo democrático pode encorajar um grau de igualdade político relativamente alto;*
g) *as democracias representativas modernas não fazem guerra umas às outras;*
h) *os países com governos democráticos tendem a ser mais ricos do que os países com governos não democráticos.*

Refira-se, ainda, à particular acuidade e atualidade da observação de Dahl, quando este autor assinala a inexistência de guerras entre as democracias modernas[152]. Com efeito, não só nos últimos anos isso não sucedeu, como de *trinta e quatro guerras internacionais entre 1945 e 1989, nenhuma ocorreu entre países democráticos, mantendo-se esta observação verdadeira antes de 1945*[153].

No século XIX, constatamos, igualmente, que *países com governos representativos e outras instituições democráticas, onde uma parte da população masculina acedera ao direito de voto, não travaram guerras entre si*[154]. E, de fato, os países com governos democráticos tendem a ser mais ricos do que os países com governos autoritários. Convém ainda sublinhar que a dicotomia regimes totalitários *versus* regimes democráticos não esgota o quadro dos regimes políticos, espraiado num amplo leque de soluções, que os circunstancialismos e as necessidades do momento sempre determinam[155].

[151] DAHL, Robert. *Sobre a democracia*, cit., p. 320
[152] Ibidem, p. 320.
[153] Ibidem, p. 320.
[154] Ibidem, p. 320.
[155] Ibidem, p. 320

A característica central de uma democracia é o dever governamental de responder continuamente às preferências de seus cidadãos, tidos como iguais politicamente. O termo "democracia" designaria um sistema político cuja característica é a qualidade de ser completamente, ou quase completamente, atento e ativo frente às necessidades de todos os seus cidadãos[156].

O caráter democrático das poliarquias pode ser relativizado, de forma que não pode ser pensado como regime totalmente democrático. Em outras palavras, poliarquias são regimes que foram liberalizados de forma substancial, isto é, altamente inclusivos e extensivamente abertos à contestação pública[157].

Os processos de democratização constituem processos progressivos de ampliação da competição e da participação políticas. Em outras palavras, processos em que a contestação pública pode livremente se manifestar, para o que são indispensáveis determinadas condições institucionais, como o pluralismo, o multipartidarismo e garantias efetivas para os direitos civis, políticos, econômicos, sociais e culturais.

Regimes não democráticos são denominados "regimes hegemônicos", podendo o grau de hegemonia variar de acordo com as condições de competição e participação públicas e de garantia de direitos que apresentem. Hegemonias fechadas, por conseguinte, são aquelas que apresentam baixa ou nenhuma possibilidade de competição e participação, e ínfima ou nenhuma garantia de direitos. Se o regime se liberaliza, isto é, se se ampliam todas aquelas condições, a hegemonia é diminuída até o ponto de se tornar "oligarquia competitiva" ou, em situações de maior contestação pública, poliarquias. Na hipótese de o regime político tornar-se apenas mais participativo, e não competitivo, faz-se a evolução em direção ao que Dahl denomina "hegemonias inclusivas". Acima da poliarquia está a democracia, entendida como o regime com elevadíssimo e contínuo grau de *responsiveness*, ou seja, algo relacionado a respostas à sociedade por parte dos governantes[158].

[156] Ranieri, Nina. *Teoria geral do Estado*. São Paulo: Manole, 2004, p. 313.
[157] Ibidem, p. 314.
[158] Ibidem, p. 314.

A discussão a respeito da qualidade da democracia não é inédita (Aristóteles foi precursor do debate), mas remete a um estágio avançado do debate teórico, no qual a pesquisa empírica assume importância capital, como demonstra Dahl. Daí por que as instituições e os mecanismos de representação democrática são, hoje, o objeto principal das análises acerca da qualidade da democracia, tendo em vista seu aprimoramento[159].

Aprofundando a abordagem de Dahl, o politólogo italiano Leonardo Morlino[160] usa uma definição mínima de democracia – que supõe, necessariamente, sufrágio adulto universal e eleições livres, justas, competitivas e periódicas, além da existência de mais de um partido e mais de uma fonte de informação – para propor um teste empírico de qualidade, fundado em três diferentes critérios de análise: procedimento, conteúdo e resultado[161].

A *accountability*, ou seja, a prestação de contas periódica, por sua vez, deve ser vertical e horizontal. A vertical se verifica quando os eleitores pedem contas a seus representantes; a horizontal, quando os governantes prestam contas a instituições ou partidos com competências de controle. *Accountability* supõe a supremacia da lei, com as características anteriormente apontadas, assim como alternativas eleitorais genuínas e polarização entre os partidos políticos e imprensa livre. Além dessas condições, é essencial que cidadãos ativos, interessados, educados e informados, que tenham internalizado os valores fundamentais da democracia, estejam envolvidos no processo político. A participação, em última análise, é a chave para a efetiva *accountability*, conclui Morlino. A capacidade de o governo atender às demandas dos governados (*responsiveness*), isto é, a representação *in action*, relaciona-se diretamente com a *accountability*: depende da adequação das políticas públicas ao interesse público; do bom funcionamento dos serviços públicos e da extensão dos bens simbólicos que criam, reforçam ou reproduzem sentimentos de lealdade e apoio da população em relação ao governo[162].

[159] Ibidem, p. 314.

[160] Diamond, Larry; e Morlino, Leonardo (orgs.). Assessing the quality of democracy. In *A journal of Democracy Book*. Baltimore: Johns Hopkins University Press, 2005.

[161] Ranieri, Nina. *Teoria geral do Estado*, cit., p. 315.

[162] Ibidem, p. 315.

Os direitos civis e políticos, assim como os econômicos, sociais e culturais, são elementos de conteúdo que não têm aplicabilidade ou efetividade sem os elementos procedimentais, ainda que sejam mais importantes que estes para o sucesso da democracia. O problema de sua efetivação, porém, reside mais nos custos que os direitos sociais, em particular, impõem à comunidade, do que na existência daquelas condições; além disso, o ideal da equidade nem sempre é compartilhado pelos defensores da democracia[163].

As democracias, nessa metodologia, variam de acordo com a maior ou menor realização das condições apontadas e das combinações que se estabelecem entre elas. Democracias sem qualidade, por outro lado, são as que realizam parcialmente, ou de forma reduzida, ineficiente, irresponsável, desigual ou ilegítima, aquelas condições. A maioria das democracias neste início de século pode ser incluída na última categoria, ainda que em diferentes situações[164].

Ao compararmos os objetivos das pesquisas de Dahl e Morlino – a identificação das causas que levam à democratização de regimes hegemônicos e a identificação dos requisitos e das condições que conferem qualidade aos regimes democráticos, respectivamente –, podemos perceber quão problemáticos e dificultosos são ambos os processos. Quando agregamos a esses processos as atuais desilusão e insatisfação públicas com os regimes democráticos, em virtude da perda de confiança nas instituições democráticas, da crescente alienação política dos cidadãos e da generalizada percepção de que governos democráticos e políticos são corruptos e irresponsáveis, mais complexos se tornam. Nesse cenário, muitos autores falam em crise da democracia[165].

Não podemos perder de vista, contudo, que deles emergem a competição e a participação políticas como instrumentos fundamentais tanto para a transição democrática quanto para a busca contínua da qualidade da democracia. Podemos dizer, portanto, "que se as discussões sobre a representação caracterizaram a democracia nos séculos XIX e XX, no

163 Ibidem, p. 315.

164 Ibidem, p. 316

165 Ibidem, p. 316

final deste e no início do século XXI a participação política do cidadão ativo assume especial relevância"[166].

No que diz respeito à Constituição brasileira, define-se o sistema democrático como o "governo do povo, para o povo e pelo povo". O poder emana do povo, que o exerce diretamente ou por meio de representantes eleitos, nos termos da Carta Magna (art. 1º, parágrafo único). A soberania popular será exercida pelo sufrágio universal e pelo voto direto, periódico e secreto, para o Legislativo e o Executivo, e por meio de plebiscito, referendo e iniciativa popular (CF, art. 14)[167].

Os Estados democráticos são considerados *Estados de direito*, ou seja, "aqueles nos quais o sistema legal, baseado numa Constituição livremente promulgada e aceita, assegura direitos sociais, políticos e econômicos, nela expressos ou dela decorrentes. É a igualdade de oportunidade para todos, conforme os méritos de cada um. O conceito de democracia – essencialmente político, na origem – evoluiu no sentido de abranger, também, a justiça social. Os Estados gostam de rotular-se, agora, *Estados sociais de direito*, para enfatizar a sua preocupação com a igualdade real de todos"[168].

Apesar de o termo "democracia" remontar à época da Grécia clássica, "a disseminação ampla (...), como forma adequada da organização da vida política, tem menos de cem anos. Além disso, enquanto muitos Estados possam ser hoje democráticos, a história de suas instituições políticas revela a fragilidade e a vulnerabilidade das fórmulas democráticas"[169]. Nas democracias a vontade das maiorias prevalece sobre a das minorias, de modo que não haverá nesse regime a possibilidade de unanimidade, mas de controvérsias e diversidades que se expressam pelo voto[170]. Lembrando que também os direitos das minorias devem ser respeitados obrigatoriamente numa democracia.

[166] Ibidem, p. 316.
[167] Ibidem, p. 316.
[168] Ibidem, p. 316.
[169] HELD, David (colab.). "Democracia". In *The Oxford Companion to Politics of the World*. 2.ed. Oxford: Oxford University Press, 2001, apud FARHAT, Said. *Dicionário Parlamentar e Político*, cit., p. 239.
[170] Ibidem, p. 239.

Poucos países no mundo não se dizem uma democracia[171], como se isso configurasse um triunfo incontestável. Na verdade, "a antiga palavra

[171] A definição mais sucinta de democracia, pelo escritor Thomas Cooper, em 1795: "Democracia é o governo do povo e para o povo." Mas como essa definição pode ser proclamada por qualquer tirano, o senador do partido Whig Daniel Webster, pronunciou perante o Senado americano em 1830: "o governo pelo povo, feito pelo povo, para o povo e responsável perante o povo". Em 1850, o abolicionista Theodore Parker assim definiu a democracia: "um governo de todo o povo, exercido por todo o povo, para todo o povo". Em 1863, Abraham Lincoln formulou a definição clássica da democracia: "o governo do povo, pelo povo e para o povo". Segundo o senso comum, na democracia, "o Estado em que reina a vontade do povo ou a vontade da maioria". Não se trata a democracia, exclusivamente, de uma forma de governo, mas de uma ordem de cooperação, ou seja, uma forma de vida, como pensam Friedrich, Sanderson, Dewey, Hobbhouse, Jaures David e Beyerle, entre outros. "Mais do que forma de governo, a democracia é uma filosofia de vida em comum. O governo democrático (...) não existe como um fim em si mesmo, mas como meio para a consecução do bem temporal do homem". Para Burdeau, "a democracia cessou de ser um regime. A Inglaterra é monarquia, porque apresenta um rei; aristocracia, porque apresenta um órgão aristocrático – a Câmara dos Lordes; democracia, finalmente, porque apresenta um órgão preponderantemente popular – a Câmara dos Comuns. Apesar de monarquia, a Inglaterra é mais democrática que muita república, visto que os direitos individuais, por exemplo, encontram sua máxima expressão. "A má compreensão do princípio da liberdade de crença levou a democracia, desde o início, no mundo moderno, a ser encarada apenas como forma de governo e não como filosofia de vida. (...) enquanto a Declaração da Independência, de Thomas Jefferson de 1776, se referiu quatro vezes a Deus, a Constituição dos Estados Unidos, promulgada alguns anos depois, manteve-se sem clara coloração filosófica. Com base na Revolução Francesa de 1789, entretanto, a primeira Constituição que fez referência à democracia foi a de 4 de novembro de 1848 em França, que declara no Preâmbulo: 'A república francesa é democrática, una e indivisível'". A democracia ocidental tem, como base social, o individualismo; como fonte de direito, a vontade geral; como procedimento eleitoral, o sufrágio universal igualitário. As democracias modernas, em oposição às antigas, consolidaram o princípio de que os direitos pessoais são anteriores à própria sociedade. Hoje não se admite que a assembleia soberana possa dispor, através de leis gerais, da vida, da liberdade e dos bens dos cidadãos. Estado democrático, por fim, é o Estado em que o poder de governar depende da confiança dos governados ou pelo menos da maioria deles. Para Duverger, outro fundamento da democracia é, em princípio, idêntico, definindo-se pela eleição dos governantes pelos governados. "Desde que haja eleições livres e sinceras há democracia." Roosevelt defendeu as quatro famosas liberdades: a liberdade de palavra, a liberdade de religião, a libertação das necessidades e a libertação dos temores (liberdades fundamentais). De acordo com Hans Kelsen, nas obras *Allgemeine Staatslehre* e *Vom Wesen und Werte der Demokratie*, a verdadeira essência da

'democracia', tantas vezes empregada no correr dos séculos pelos filósofos para designar teoricamente um modelo de regime político, impôs-se na linguagem sociopolítica, adquirindo, então, não tanto uma conotação nova, como se costuma dizer, mas pelo menos um *status* semântico até então praticamente inédito: a democracia não mais designa apenas um esquema institucional pertencente ao quadro jurídico da política, mas também o fato social que caracteriza a potência ativa do povo no espaço público. Como tal, o conceito de democracia opõe-se às tendências aristocráticas que o processo revolucionário pretendeu enfraquecer ou até eliminar"[172].

As transformações da democracia, desde o século XIX, foram se consolidando e se acelerando, mesmo diante de conflitos e enfrentamentos que derivam das diferentes manifestações ideológicas dos cidadãos. Em outros termos:

> "*É como se, ao realizar as esperanças contidas em seus princípios fundadores, corresse com uma frequência cada vez maior o risco de trair ou de perder sua inspiração originária: paradoxalmente, o alento político que a fez surgir e crescer se enfraquece quando ela se torna um fenômeno social. Portanto, é menos a política democrática moderna que a sociedade democrática que se vê corroída por dificuldades e problemas. Os ímpetos que a animaram engendraram, além de sua inflação, distorções tais que a ênfase que ela abriga provoca, desde o seu interior, sua fragilidade e sua precariedade. A democracia é, pois, forçada a se defender de si mesma*"[173].

democracia é igual à da liberdade. Também para Georges Burdeau, "racionalmente e de fato a democracia está indissoluvelmente ligada à ideia de liberdade". Segundo Kelsen, é o valor da liberdade e não o da igualdade o que define primacialmente a ideia de democracia, diz Kelsen. Em outro trecho da mesma obra reconhece Kelsen ser característica da democracia a síntese de ambos os princípios: a liberdade e a igualdade. *Vide* PAUPÉRIO, Arthur Machado. *Teoria democrática do Estado*, Rio de Janeiro: Forense Universitária, 1997, p. 40-45; 49; 52-55 e 57.

[172] Held, David (colab.). "Democracia". In *The Oxford Companion to Politics of the World*. 2.ed. Oxford: Oxford University Press, 2001, apud Farhat, Said. *Dicionário Parlamentar e Político*, cit., p. 240.

[173] Ibidem, p. 240.

2.1.1. A democracia hoje

Na realidade, existem regimes híbridos que combinam elementos dos regimes totalitários com características dos regimes democráticos, não se reconduzindo, portanto, àquela citada dicotomia[174]. São os chamados regimes de "**democracia controlada**"; vide, na atualidade, a Rússia, que não é um regime verdadeiramente democrático ou, até há bem pouco tempo, o México, não sendo por acaso que os relatórios anuais da Freedom House, sobre a situação das liberdades e da democracia no mundo, dividem os Estados em três grandes categorias: *livres, parcialmente livres e não livres*[175].

Alguns afirmam, por exemplo, que a democracia é uma forma superior de governo, pois maximiza a oportunidade dos cidadãos de participarem eficazmente na tomada de decisões coletivas. Outros dizem que a democracia é boa, pois ela nutre formas de desenvolvimento conscientes da justiça (esse foi um dos argumentos favoritos do estudioso indiano Rajni Kothari[176]); ou vangloriam-se de que ela é melhor do que outros sistemas para estimular o crescimento econômico. Outros alegam que a democracia domestica os tigres da guerra – promove a "paz democrática" – ou reduz as chamadas ameaças "terroristas" à "segurança nacional". Ainda outros, entre eles o decano dos pensadores democráticos norte-americanos, Dahl, sugere que a democracia fomente o "desenvolvimento humano" mais completamente do que qualquer outra alternativa factível[177]. Ele afirma:

[174] Ibidem, p. 240.

[175] Carvalho, Manuel Proença de. *Manual de ciência política e sistemas políticos e constitucionais*. 3.ed. Lisboa: Quid Juris Sociedade Editora, 2010, p. 76.

[176] Rajni Kothari (1928- 2015), cientista político indiano, teórico político, acadêmico e escritor, foi o fundador do Centro para o Estudo das Sociedades em Desenvolvimento (CSDS) em 1963, um instituto de ciências e humanidades de investigação social, sediada em Delhi e Lokayan (Diálogo do Povo), que começou em 1980 como um fórum para interação entre ativistas e intelectuais. Considerado um dos grandes pensadores políticos do século 20, escreveu *Política na Índia* (1970), *Repensando democracia* (2005). Em 1985, Lokayan recebeu o Right Livelihood Award.

[177] Carvalho, Manuel Proença de. *Manual de ciência política e sistemas políticos*, cit., p. 76.

"Para nossos antepassados, toda a ideia de democratizar o ideal da democracia era impossível de ser pensada e muito menos falada. Nenhum democrata, com a cabeça no lugar, teria acusado o ideal da democracia de resoluto, de seguir na direção de um metavocabulário arrogante cujo efeito foi tomar a democracia um dogma, amarrando sua sorte a princípios que dão a impressão de a Democracia ser um Absoluto terreno, uma substituta para Deus. Nunca ocorreu aos democratas do passado que a arrogância de seus princípios estava em aberto desacordo com uma compreensão da democracia que permitia uma diversidade de diferentes justificações da democracia; ou que seus princípios estivessem em desacordo com o fato de que as pessoas, quer morem em sociedades democráticas ou não democráticas, tipicamente vivem de acordo com uma pluralidade de noções conflitantes e com frequência incomensuráveis daquilo que conta como uma boa vida.

A proposta para democratizar o ideal da democracia – interceptar o embuste, ficar a par das mais recentes informações sobre os ideais da democracia monitória – parece à primeira vista fazer pouco ou nenhum sentido no presente. A maioria das pessoas simplesmente não compreende; elas ficam confusas quando se menciona a sugestão de que a democracia necessita nutrir seus talentos para falar de modo diferente sobre si própria. A principal razão para isso é que na era da democracia monitória milhões de pessoas ao redor do mundo passaram a acreditar que a democracia seja a contínua correção pública do poder, um modo de vida que cria espaços para minorias dissidentes e nivela a competição pelo poder entre cidadãos que são iguais. Daí ser difícil à maioria das pessoas apreciarem que, no passado, o ideal da democracia abrigava demônios; proposições filosóficas grandiloquentes, temas metafísicos e sentimentos dogmáticos.

Houve uma época, não faz muito tempo, em que a democracia era uma dominatrix. Ela se apresentava ao mundo em termos imperiosos, sua linguagem tinha conotações estranhamente dominadoras. Considere a era da democracia de assembleia, em que a própria palavra transmitia sugestões poderosas de conquista e controle militar. Embora não houvesse tratados dos democratas em defesa do ideal da democracia, segundo os padrões atuais os discursos atenienses melhor lembrados sobre o assunto – os discursos exatos que a maioria das pessoas, na era da democracia monitória, ainda supõem serem o grau zero do pensamento sobre a democracia – soavam pomposos. Não apenas eles representavam a democracia ateniense como um todo belo, harmonioso, o que certamente ela não era, porém o mais estranho de tudo era o fato de que os amigos ativos da demokratia comumente justificavam a democracia ligando-a a império. Em meados do século 5 a.C. o poder e o empenho para acumulá-lo estavam no centro das vidas, das experiências e das expectativas dos atenienses. Política de poder e imperialismo eram vistas como tipicamente atenienses e como tipicamente democráticas; a reputação de Atenas como uma intrometida no assunto dos outros, envolvida em lutas constantes para adquirir mais poder sobre os outros tornou-se sinônimo da própria democracia. Daí as observações bem conhecidas de Péricles para os enlutados reunidos para honrar soldados mortos: 'Lembrem', disse ele, 'a razão pela qual Atenas tem o maior nome em todo o mundo é porque ela nunca cedeu diante de infortúnios, mas prodigalizou mais vidas e esforços em guerras do que qualquer outra cidade, ganhando assim o maior poder que já existiu na história. A memória de sua grandeza... será deixada para sempre à posteridade'"[178].

Ao que parece, na Inglaterra, nos Estados Unidos e na França – mundo ocidental – a ideia de uma "**democracia liberal**" triunfou, e os respectivos princípios derivaram da filosofia iluminista dos séculos XVII e XVIII. As ideias de liberdade e de igualdade, consagradas pela Declaração de Independência americana de 1776 e pela Declaração dos Direitos do Homem e do Cidadão, solenemente proclamadas na França em 1789, não têm, contudo, um *status* muito claro na doutrina que as define porque, pelo fato de não provirem de uma fonte única e homogênea, não puderam ser formuladas de maneira simples[179].

[178] RANCIÈRE, Jacques. *O ódio à democracia*. São Paulo: Boitempo, 2005, p. 18.

[179] Aplica-se a seguinte definição à filosofia da democracia do século XVIII: "o método democrático é o arranjo institucional para se chegar a decisões políticas que realiza o bem comum fazendo o próprio povo decidir as questões através da eleição de indivíduos que devem reunir-se para realizar a vontade desse povo. (...) o Bem Comum, o farol óbvio da política, (...) é sempre simples de definir e (...) qualquer pessoa normal pode ver através da argumentação racional. (...). Todas as pessoas têm, portanto, de concordar, ao menos em princípio, em que há também um Bem Comum do povo (= vontade de todos os indivíduos razoáveis), exatamente coincidente com o bem, ou interesse, ou bem-estar, ou felicidade comuns. A única coisa, excetuando-se a estupidez ou os interesses sinistros, que possivelmente pode trazer discordância e responder pela presença de uma oposição é uma diferença de opinião quanto à velocidade em que o objetivo, ele mesmo comum a quase todos, deve ser alcançado. Assim, todos os membros da comunidade, conscientes de tal objetivo, (...) tomam parte, ativa e responsavelmente, na ampliação do primeiro e na luta contra o segundo, e todos os membros assumem juntos o controle dos negócios públicos. (...) a administração de alguns desses negócios exige aptidões e técnicas especiais, e portanto deve ser confiada a especialistas que as têm. (...) esses especialistas simplesmente

Logo, "*a democratização dos povos modernos é sua massificação no anonimato. A sociedade está portanto doente de sua massa. Nela pululam tarântulas embriagadas com veneno da igualdade. Os 'modernos têm o espírito da gravidade, ou seja, não têm nenhuma nobreza de espírito, e aliás, nem nobreza nem espírito. Para esses homens sem virilidade, instala-se uma nova escravidão no reino da indiferenciação e do conformismo que, de resto, não passa de 'uma virtuosa bobagem'. A hierarquia aristocrática das origens foi substituída pela mediocridade niveladora e impessoal cuja baixeza só admite o maior desprezo. 'O deserto cresce'. Tudo vacila. A terra treme com a universal desvalorização*"[180].

A democracia é "*a era das massas em que todas as fronteiras são abolidas. Essa massificação é uma condição sem liberdade, que se instala num 'espaço de aparências' inexpressivo e chato em que as identidades singulares são asfixiadas num agregado proteiforme. Nesse universo, tudo acaba se misturando e se confundindo e mais ninguém tem personalidade. A banalização acompanha a massificação. Ela se espalha e, simultaneamente, a ação criativa e inovadora enfraquece e acaba desaparecendo. Os homens democráticos não agem; eles 'são agidos'. A partir daí, a multidão, vítima do que hoje chamaríamos de uma 'clonagem', fica saturada de sua massa repetitiva. Por sua simples presença e pelo que Claude Lefort* (filósofo francês – 1924-2010) *chama de 'a representação da não divisão', mina os quadros institucionais do Estado, embaralha as relações entre o público e o privado, destrói a autoridade do Poder (pois não há autoridade sem ordem hierárquica): avista-se a morte da política*"[181].

Essa tese percorre toda a obra de Hannah Arendt, filósofa política alemã de origem judaica (1906-1975). Já estava nitidamente presente em 1951 na sua obra *Origens do totalitarismo*. O nazismo e o stalinismo, explica ela naquela época, não se originaram "de uma nova ideia" da política, mas sim dos vícios imanentes à democracia e expuseram à luz do dia os miasmas do desmantelamento político de que esses vícios estão prenhes[182].

agem de maneira a realizar a vontade do povo (...). SCHUMPETER, Joseph A. *Capitalismo, socialismo e democracia*. São Paulo: Editora Unesp, 2017, p. 300.

180 PAUPÉRIO, Arthur Machado. *Teoria democrática do Estado*, cit., p. 54.

181 GOYARD-FABRE, Simone. *O que é democracia?* Trad. Claudia Berliner. São Paulo: Martins Fontes, 2003, p. 270.

182 Ibidem, p. 271.

No decorrer dos séculos, as reformas constitucionais propostas à luz do ideal normativo da democracia e de suas esperanças de liberdade, de igualdade e de justiça nunca refutaram as acusações de Platão no sentido de que a anarquia, real ou potencial, ronda em toda democracia. Essa crítica deixou marcas indeléveis. No século XIX, diante da progressão inexorável do "fato democrático", Tocqueville evoca os temores já formulados por Platão: a democracia é habitada por um mal propriamente político cujas raízes estão na mentalidade popular e que corrói até transformar em pó as instituições aparentemente mais promissoras e mais sólidas. Ainda hoje, repete-se: "a democracia é o foco de uma crise endêmica e que, ao secretar por seus próprios avanços a despolitização da política, é vítima dos esforços que sempre fez para se proteger e se consolidar"[183].

A democracia direta e escravista antiga e a moderna têm em comum, ao contrário, "um caráter vertiginoso que as mata: têm a face de Jano[184], que oferece ao mesmo tempo a sombra funesta da anarquia sociopolítica e a claridade viva da autonomia dos cidadãos". Além disso, a democracia "engendra uma miragem que está carregada das ameaças do esmagamento totalitário. No âmbito de seus princípios, a democracia não podia evitar – e a história vem confirmá-lo que se introduzisse em suas instituições a equivocidade de sua natureza". Isso não é suficiente para condenar a ideia. Mas não se pode negligenciar nem os ensinamentos de uma meditação sobre a essencialidade de seus princípios nem o que a experiência ensina: "desde sua emergência, a democracia não conseguiu escapar de aporias[185] essenciais que continuam a miná-la. Portanto, apesar de suas promessas, ela está carregada de ameaças e, nas luzes do progresso da consciência política que ela faz brilhar, espreita uma sombra mortífera"[186].

[183] Ibidem, p. 60.

[184] Jano é a principal deusa do panteão romano. Mulher de Júpiter, é a deusa do matrimônio. Seu nome é lembrado no mês de junho.

[185] Em outros termos, "incerteza, impasse". In *Dicionário Larousse Cultural da Língua Portuguesa*. São Paulo: Nova Cultural, 1990.

[186] Goyard-Fabre, Simone. *O que é democracia?*, cit., p. 60.

Ibidem, p. 61.

A democracia demonstra-se tanto inquietante quanto embriagante. Desde os tempos em que Platão vilipendiava "a sociedade aberta", logo seguido por Aristóteles, que alertava contra um regime cuja Constituição é "desviada", a vontade de promoção política do povo nunca deixou de se ampliar, produzindo, por seu próprio movimento, uma crise que se agrava inexoravelmente e ameaça redundar um dia na negação da política[187].

[187] Com a eleição de Donald Trump nos Estados Unidos (2016) e de Jair Bolsonaro no Brasil (2018), tem ganhado força um negacionismo profundo de fatos históricos, como o Golpe de 1964; geográficos, como a esfericidade da Terra – ganham força os discursos afirmando que a Terra é plana –; e até climáticos, como a recusa de acreditar que as temperaturas médias do planeta têm aumentado, em consequência da ação humana; e científicos, como a descrença na ação das vacinas, vistas como parte de uma "conspiração internacional" para enganar as pessoas. No País, o presidente Bolsonaro declarou, em março de 2019, que o golpe de Estado de 1964 foi "um movimento pacífico que visou evitar que o Brasil se transformasse numa nova Cuba" e propôs que a data de 31 de março fosse "comemorada". A declaração fez com que o governo recebesse fortes críticas de intelectuais e acadêmicos. Qual o efeito desse tipo de comportamento no ânimo do homem comum? Para o historiador Diogo Cunha, os riscos são evidentes: "É um sintoma do estado em que se encontra nossa sociedade em sua relação com a democracia, um discurso ideológico que precisa ser reinserido em dois contextos mais amplos: um político e outro intelectual. O primeiro, político, é o da escalada do conservadorismo no Brasil. Nesse aspecto, o negacionismo é uma necessidade política destinada dar respeitabilidade à extrema direita. Se esta última chegou ao poder, ainda falta um caminho a ser percorrido no que concerne à conquista do campo cultural. O segundo contexto é intelectual e, mais especificamente, historiográfico. Há, em alguns meios negacionistas, uma instrumentalização de pesquisas acadêmicas sérias e necessárias para a compreensão do nosso autoritarismo. Essas pesquisas, desenvolvidas nas últimas duas décadas, revelaram as complexas relações entre a sociedade brasileira e o regime militar, relações estas marcadas por colaborações, acomodações e resistências. Nos meios negacionistas, essas relações, frequentemente ambíguas, que qualquer sociedade tem com seus regimes autoritários, se transformaram simplesmente em "apoio". Segundo essa versão reducionista e falsa, "o povo teria feito um apelo às Forças Armadas para que elas depusessem Goulart". Quais os riscos concretos do negacionismo para a sociedade, sobretudo no caso brasileiro, em que a negação e a falsificação parte daqueles que estão em posições de poder? O negacionismo é um discurso de ódio e, nesse sentido, ele é tão nocivo como o discurso racista, homofóbico e misógino característico do presidente da República e seus seguidores. A negação do crime é consubstancial ao próprio crime. As vítimas da ditadura, e suas famílias, tiveram seus corpos e sua dignidade violados quando elas foram torturadas e perseguidas injustamente; elas são de novo violadas a cada vez que esses crimes são negados. O negação do crime, portanto, é uma perpetuação do próprio crime. É um discurso que conduz à violência e pode influenciar

2.2. A aventura do processo democrático, suas dicotomias e seus "inimigos"

A chamada "sociedade aberta", que Péricles[188], depois dos esforços de Sólon, fez eclodir e institucionalizou em Atenas, tem muitos inimigos. Entre eles, o filósofo Platão ocupa um lugar de destaque. Mas ele não foi o único a bradar veementes protestos contra esse regime de governo. Essas críticas foram-se incrementando ao longo do século V. Formuladas inicialmente por aqueles que poderíamos chamar de os "intelectuais" da época em peças de teatro, cujas peripécias são propícias para a encenação de situações limite, logo ganharam um caráter analítico e reflexivo na filosofia, apoiando-se na factualidade política e na história[189].

"Desde *Górgias*, Platão instaurara um processo contra a retórica dos sofistas que empregavam bajulação e demagogia em abundância para obter as boas graças de um povo incensado em suas paixões. Com efeito, a política é o lugar por excelência da retórica e, particularmente no âmago da democracia, ela se torna 'obradora de persuasão' – de uma persuasão que, em vez de conduzir à certeza pretendida pelo conhecimento, produz no máximo uma crença"[190].

Leo Strauss, filósofo ateu de origem judaica (1899-1973), com trabalhos sobre filosofia política clássica, avalia a retórica dos antigos sofistas

gerações mais jovens. A melhor defesa contra mais essa investida da extrema direita é a mobilização dos historiadores e, de uma forma mais geral, dos profissionais da educação. Os jovens, sobretudo aqueles que são muito jovens para terem vivido a experiência da ditadura militar, precisam aprender que o negacionismo é intrinsecamente ligado ao extremismo e que estes são uma ameaça para a democracia. O ensino da história, e sobretudo o ensino das diversas formas de negacionismo, é o combate mais eficaz". CUNHA, Diogo, artigo publicado no site Carta Maior, disponível em https://www.cartamaior.com.br/?/Editoria/Política/O-negacionismo-como-estrategia-política-e-discurso-de-odio-E-algumas-licoes--da-experiencia-francesa-/4/43903. Acessado em 10 jan. 2020.

188 Péricles (492-429 a.C.) – Vários de seus apoiadores foram processados por má administração das verbas publicas, pela oposição ao seu governo. Alcibíades aconselhou-o a declarar a Guerra do Peloponeso para acobertar a corrupção dos fundos públicos. Durante a peste que assolou Atenas, foi afastado do cargo (429 a.C.) . Em 445 ou 443, Tucídides (oposição política) acusou Péricles de "transformar os atenienses em prostitutas, adornando-os com as rendas do Império".

189 GOYARD-FABRE, Simone. *O que é democracia?*, cit., p. 71.

190 Ibidem, p. 66.

e o historicismo dos modernos positivistas como "a arma pérfida que esvazia a política de qualquer normatividade e que, aparentando corresponder à opinião do povo, arrasa com as estruturas da Cidade-Estado pela mentira dogmática da adulação". A política democrática, seduzida pelos belos discursos, fica sem horizonte. Cede aos "encantadores" que, "hábeis no falar", não se preocupam nem com ordem, nem com justiça, nem com beleza, nem com verdade. Mergulham a política numa farsa tão vergonhosa quanto oca, e a democracia se compraz numa vida debilitada, dominada, na contingência dos acontecimentos, pelo jogo das paixões e dos interesses. As ficções e os engodos da sofística, comenta Strauss, são da ordem da "diversão"; falta-lhe seriedade porque ela é olvido do essencial. Tal queda causa muitos malefícios: Platão compreendeu de forma magnífica que não poderia haver "grandes homens de Estado" num regime democrático[191].

Segundo Platão, o justo só pode resultar da harmonia que se estabelece em cada homem entre as três partes da alma ou que se instaura em cada Cidade-Estado entre as três classes de cidadãos – magistrados, guerreiros e artesãos. Na democracia, por princípio e por definição, essa harmonia está ausente, pois só a classe popular pretende governar, ou seja, ter total ascendência sobre as duas outras. O filósofo, contrariado com a condenação de Sócrates, repudia também o declínio da democracia ateniense. "No livro VIII de *A República*, trata sem nenhuma complacência desse regime, cujos malefícios presenciou em Atenas, e faz uso de uma ironia cruel ao falar do homem democrático. Somando à crítica política a análise psicossociológica, situa a democracia entre 'os regimes políticos defeituosos" que correspondem a "temperamentos sociais pervertidos'"[192].

Conforme será descrito com mais detalhes na Parte II – "Os pensadores da política, do Estado, da Justiça e do direito – uma evolução", o filósofo grego elenca as várias causas de "desregramento da democracia: o amor pela riqueza, a imprudência, a ausência de moderação, o laxismo[193], lado a lado com o medo e a violência, são os mais visíveis; mas, sorratei-

[191] Ibidem, p. 67.

[192] Ibidem, p. 68-69.

[193] Significa permissividade, ou ausência de restrições morais e permissividade. In *Dicionário Larousse Cultural da Língua Portuguesa*. São Paulo: Nova Cultural, 1990, p. 112.

ramente, a proliferação das dívidas, a desonra, o ódio, a inveja, a preguiça e a falta de virtude"[194] também são nocivos à sociedade. "Esse regime 'assemelha-se [então] a uma capa tingida de uma mixórdia de todas as cores'; nesse regime, 'feito de todo tipo de humores', a liberdade democrática torna-se sinônimo das liberdades de cada um, portanto de todos, fazendo crescer as discórdias e as dissensões"[195].

Em *As leis*, Platão proferirá o mesmo veredicto: o regime democrático, paralisado pela desrazão e pela indisciplina, cai na embriaguez das liberdades. Não se trata de um destino que se possa conjurar; é aquele contido numa essência e, como tal, é inelutável. Com efeito, aquilo que se encontra no princípio da democracia, aquilo que constitui sua substância e essência, ou seja, a liberdade do povo somada à igualdade de todos, é uma mentira ontológica. Portanto, não há nada no trajeto democrático das coisas políticas que possa ser considerado um acidente de percurso. Por natureza, "a feira das Constituições" na democracia é uma mistificação. A esperança e o poder de emancipação que os defensores da democracia celebram não passam, aos olhos de Platão, de uma miragem[196].

[194] Goyard-Fabre, Simone. *O que é democracia?*, cit., p. 69.

[195] Ibidem, p. 69.

[196] "Em 1943, em plena guerra, Karl Popper escreveu um livro muito importante para a análise dos problemas políticos: *A sociedade aberta e seus inimigos*. (...) A obra postula que a origem do totalitarismo reside na superstição de determinadas ideologias que partem de duas mentiras interligadas: primeiro, que a história se move numa certa direção de acordo com leis naturais; e segundo, que eles – os ideólogos – conhecem essa direção. A partir dessas certezas, baseadas no determinismo histórico, constrói-se a utopia: de posse dessa tremenda informação, edifica-se um mundo maravilhoso no qual os seres humanos serão felizes porque o modelo de sociedade se adapta milimetricamente ao sentido natural da história. Obviamente, quem se oponha à construção dessa sociedade perfeita, uma sociedade fechada que remete à tribo, pode ser considerado um canalha e deve ser extirpado invocando-se razões morais, como sucedeu em todos os Estados totalitários. Marx era, sem dúvida, um pensador cheio de boas intenções – Popper o trata com luvas de seda –, mas sua leitura da história e sua proposta, como a de todos os utopistas, conduziam à opressão. Popper localiza a origem desse nefasto determinismo histórico na obra de Platão. *A República* é o primeiro grande modelo utópico do Ocidente, e sua influência gravita até nossos dias. Hegel, apoiando-se nos séculos XVIII e XIX, e em seguida Marx são seus herdeiros diretos. Acreditaram ter descoberto não só esse sentido, como também as chaves que explicavam como evoluía o conjunto da humanidade. Acreditaram que a história tinha um sentido e que haviam desentranhado as leis dialéticas, motor da história. Mas tal visão mecanicista

Aos olhos do filósofo, o ideal de união da Cidade-Estado democrática se rompe nas expressões muitas vezes incontroláveis dos desejos e das ambições particulares. Nesse pluralismo desenfreado, reflete-se, de fato, um terror totalmente contrário à calma e ao justo equilíbrio que, de direito, caracteriza a ideia da democracia. Portanto, embora a ideia democrática mereça ser defendida como uma bela causa que sem dúvida nenhuma corresponde à verdadeira justiça de um regime político, o fato democrático – na verdade, a democracia ateniense segundo Atenágoras[197] – instala, contrariando sua ideia pura, uma autoridade quase tirânica que se exerce a um só tempo na Cidade-Estado e nas relações com as outras cidades. Tirania e imperialismo são o destino de fato da democracia[198].

Em consequência, a realidade democrática, contrariando o que implica a idealidade da democracia, cai numa pluralidade de opiniões e de comportamentos tão heterogêneos que ocultam na política qualquer intenção de unidade. O pluralismo, hoje geralmente considerado como uma das virtudes da democracia, é para o historiador grego Tucídides[199] uma tara do regime. Platão só se atinha à "mixórdia" que caracteriza esse

se revelava, claramente, esquemática e elementar demais para estar correta. Frente a essa sociedade fechada que os deterministas defendiam, havia uma outra opção: a sociedade aberta. Os que acreditavam nas virtudes da sociedade aberta não admitiam a cientificidade do determinismo histórico. São as pessoas, utilizando livremente sua racionalidade e seu juízo crítico, que constroem a história, e o fazem em sentidos imprevistos, com marchas e contramarchas, porque tampouco é certo que a humanidade se mova em linha reta". Mendoza, Plínio Apuleyo; Montaner, Carlos Alberto; e Llosa, Álvaro Vargas. *A volta do idiota*. Rio de Janeiro: Odisseia Editorial, 2007, p. 226.

197 Atenágoras de Atenas (133-190 d.C) foi filósofo, teólogo e escritor. Autor da apologia denominada *Petição*, em favor dos cristãos, provavelmente redigida entre os anos de 176 e 180 d.C, este escrito estava endereçado aos imperadores Marco Aurélio e Cômodo. A apologia evidencia a conflituosa relação existente entre os adeptos do cristianismo e o poder imperial. Atenágoras buscou, por meio da literatura, defender os dogmas cristãos e refutar as acusações de ateísmo, incesto e antropofagia, as quais eram imputadas aos cristãos pela sociedade romana. *Vide* Soares, Caroline da Silva. Atenágoras e a "Petição" em favor dos cristãos: identidade e alteridade religiosa no Império Romano (século II d.C). *Revista Mundo Antigo*, v.4 n. 8, dez. 2015, p. 35.

198 Mendoza, Plínio Apuleyo; Montaner, Carlos Alberto; e Llosa, Álvaro Vargas. *A volta do idiota*, cit., p. 226.

199 Tucídides (460 a.C. – 400 a.C.) – Historiador, técnico em retórica, estratego, iniciou a sua obra sobre a guerra em 431 a.C. Em sua história da "Guerra do Peloponeso" analisa

pluralismo; Tucídides o interpreta de maneira totalmente negativa: na democracia, o múltiplo sufoca o um. Em vez de realizar a ideia democrática do autogoverno do povo, a democracia ateniense exprimiu-se como uma **ditadura popular**: as virtudes de um povo unido (demos) foram encobertas pelos ímpetos disparatados da multidão (*pletos*)[200].

Contra a democracia, Tucídides não faz uso do tom da crítica característico do verbo platônico. O historiador não esconde sua admiração por Péricles, mas sublinha que a democracia periclesiana foi grande porque Péricles, "em vez de se deixar dirigir pela [multidão], a dirigia"; em vez de "agradar" ao maior número, procurava manter o povo na via da sabedoria comum e da razão. Os sucessores de Péricles não tiveram a envergadura pessoal necessária para conter a *hybris*[201] popular; então, em vez de dirigir o povo, seguiram seus arroubos naturais. **A democracia tornou-se demagogia**[202].

Diante dos problemas que minaram a democracia grega e acabaram levando-a ao desastre, as críticas provenientes de todos os horizontes multiplicaram-se no século IV. No entanto, apesar da virulência dos argumentos empregados no processo instalado contra o povo e contra a democracia, esse regime também tinha defensores que identificavam nesse modelo de governo altas virtudes políticas, sociais e até mesmo morais. E embora a crítica da democracia, contemporânea de seus primeiros momentos, tenha deixado marcas indeléveis na abordagem doutrinal que os séculos vindouros terão desse regime, a confiança que outros depositavam nas promessas da democracia também atravessou o tempo[203].

Para Aristóteles, o erro de Platão foi ter apostado por tanto tempo em algo que só podia levar ao fracasso. A natureza composta da Cidade-Estado

os conflitos entre Atenas e Esparta. Admirador de Péricles o projeta como um grande estadista na condução de Atenas.

200 Mendoza, Plínio Apuleyo; Montaner, Carlos Alberto; e Llosa, Álvaro Vargas. *A volta do idiota*, cit., p. 226.

201 Termo grego que quer dizer "exagero", "o que passa das medidas". In *Dicionário Larousse Cultural da Língua Portuguesa*, cit., p. 112.

202 Mendoza, Plínio Apuleyo; Montaner, Carlos Alberto; e Llosa, Álvaro Vargas. *A volta do idiota*, cit., p. 227.

203 Ibidem, p. 227.

não pode ser eliminada e se reflete inevitavelmente na política. Sendo a ordem natural das coisas tal que nela se manifestam a desigualdade e a hierarquia qualitativa dos indivíduos, estes precisam uns dos outros e não podem almejar uma igualdade política na qual todos, uniformemente, teriam o poder de comandar: essa forma de democracia extrema é antinatural; desde o princípio, ela é denunciada e condenada[204].

Portanto, Aristóteles não condena categoricamente a democracia. Admite que, quando o povo pretende governar apenas para seu próprio bem, ou seja, considerando os interesses dos pobres, esse regime é ruim porque é um regime de partido, de facção até. Mas se o povo não impõe suas vontades a golpe de decretos visando apenas seus interesses, ou seja, quando leva em conta os interesses de toda a comunidade, ele nada tem de desprezível. Em política, o bem é "o interesse geral" ou "a utilidade comum"[205].

No entanto, a ideia democrática não perdera todo o seu sopro vital, como demonstra, no século XIII, *Le roman de la rose*[206]. O seu autor, o poeta Guilherme de Larris, explica que a autoridade política só encontra legitimidade no mérito. Ora, as virtudes, longe de serem o apanágio dos príncipes eleitos por Deus, são o quinhão de todos aqueles que se esforçam para conquistá-las. Portanto, *Le roman de la rose* é o caminho para um futuro melhor – *iter salutis* –, que as virtudes populares construirão. O debate que, durante séculos, se deu em torno da ideia de democracia foi transposto, no século XIX, para o terreno do fato democrático. A Revolução Francesa não é alheia a essa passagem, mas não se deve exagerar sua influência. Portanto, por si só a democracia não é a estrada da liberdade. Ao fazer o individualismo triunfar, embora abrace o otimismo que envolve a ideia de progresso, e, embora acredite que os homens, obedecendo às leis que fornecem a si mesmos, alcançam a liberdade, ela atola na apatia e no imobilismo.

[204] Ibidem, p. 227.

[205] Ibidem, p. 228.

[206] *Le roman de la rose* (*O romance da rosa*) é um poema medieval francês, cujas primeiras 4.058 linhas foram escritas por Guilherme de Larris, em 1230. Jean de Meun escreveu outras 17.724 linhas. Na primeira parte, é tratado o amor cortês, e na segunda adota-se um tom mais filosófico e mundano.

A corrupção da democracia direta é conhecida há muito tempo, pois Platão e Aristóteles inscreveram seu esquema em suas tipologias das Constituições. A demagogia, que procede, como observa Hannah Arendt, da "ordem igualitária da persuasão", é uma armadilha. A demagogia, antiga ou moderna, é não só o sinal da decadência da democracia, mas, mais profundamente, da decadência da autoridade política e da degradação do poder e da política. Com efeito, do lado dos governantes, ela favorece a multiplicação de aproveitadores corruptos e corruptores, cuja perversidade é ainda mais grave por ser hipócrita e insidiosa[207].

Os governantes demagogos enganam pelo poder das palavras; alguém disse, com razão, que a demagogia é "'um falso falar". "Os demagogos praticam a mentira por meio de antifrases e se arvoram, verbalmente, os campeões de uma liberdade que, tingida de promessas, eles cingem com milagres que são miragens. A demagogia é o reino da mentira zelosamente destilada e dosada; a ausência de probidade de que ela faz uso para adular as paixões provoca tal perversão que a situação resultante não corresponde a nenhum regime político; ela se atola na corrupção; de uma maneira ou de outra, o governo fica tão fragilizado que é, direta ou indiretamente, dominado por uma tirania popular que equivale à decomposição da democracia e, mais além dela, da própria política"[208].

É necessária uma inegável coragem intelectual para denunciar esses desvios que, no horizonte, apontam para a despolitização da política e, simultaneamente, para o embrutecimento do homem. Para esse pensamento crítico, a democracia está prenhe de seu contrário e, em vez de manifestar o progresso da consciência política e do humanismo, ela tem todas as chances de se transformar numa condição social e cultural que reflita um anti-humanismo terrível. Tal foi, a partir do final do século XIX, a tonalidade fúnebre do profetismo nietzscheano[209] que, no final do século XX, ressoou no pensamento político de Strauss e de Arendt[210].

[207] GOYARD-FABRE, Simone. *O que é democracia,* cit., p. 261.

[208] Ibidem, p. 261.

[209] Friedrich Wilhelm Nietzsche (1844-1900) foi um filósofo, filólogo, crítico cultural, poeta e compositor alemão do século XIX. Ele escreveu vários textos críticos sobre religião, moral, cultura contemporânea, filosofia e ciência.

[210] GOYARD-FABRE, Simone. *O que é democracia,* cit., p. 261.

2.3. Democracia direta e escravista ateniense

Naquelas manifestações de junho de 2013, quando o povo foi às ruas para manifestar sua indignação contra o aumento da tarifa de ônibus em São Paulo, e depois com o crescimento exponencial dos atos públicos pelo País, vários grupos de manifestantes começaram, conforme vimos anteriormente, a defender **a democracia direta** como uma solução moderna para resolver os diversos problemas nacionais, compatível com os novos tempos, uma verdadeira panaceia universal. Pediam, também, a derrocada da democracia representativa, por considerá-la ineficaz e corrupta.

A questão da democracia direta, ou seja, o uso de plebiscitos e referendos, além de assembleias populares, para que a população possa decidir, diretamente, temas de importância da cidadania, foi, portanto, uma das principais reivindicações da população, principalmente dos jovens, nas manifestações de junho de 2013, que ficaram conhecidas como "Jornadas de Junho". A democracia direta constava de um pacote de medidas relacionadas a uma proposta de reforma política que foi defendida pelos manifestantes, em meio a muitas outras reivindicações, mas não se concretizou.

Como foi visto em parágrafos anteriores, entre tantas outras reivindicações, misturavam-se à pauta difusa presente nos cartazes brandidos pelos manifestantes temas como: transporte público; combate à corrupção, que deveria se tornar crime hediondo; mais investimentos em saúde e educação; rejeição da PEC 37 (que retirava o poder de investigação do Ministério Público); a má qualidade dos serviços públicos em geral; na seara da reforma política, o fim do voto secreto na cassação de parlamentares e do financiamento privado de campanhas, além de temas correlatos, como a retirada do pastor e deputado Marcos Feliciano (PSC) da Comissão de Direitos Humanos da Câmara Federal; fim dos gastos com a realização da Copa do Mundo de 2014.

Diante desse contexto, cabe uma indagação: a democracia direta, vista pelos manifestantes como algo "moderno", "avançado" e "verdadeiramente democrático", teria mesmo essas características? Lembremos que suas origens estão em Atenas, na Grécia clássica, quando a cidade-Estado rival da militarista Esparta iniciou o processo de fundação de um novo regime, antepondo-se a Esparta e seus reis por "direito divino", no qual a população votava em praça pública, a *Ágora*, os assuntos de seu interesse, exercendo, ao menos em teoria, a administração da cidade pela forma direta, sem um parlamento.

Ocorre que há alguns problemas com essa visão. Em primeiro lugar, não eram todos os atenienses que votavam. A tão propalada "democracia" excluía as mulheres, os escravos, os mestiços e os estrangeiros (metecos). Somente homens, atenienses, filhos e netos de naturais da cidade podiam participar. Portanto, apenas parte da população era autorizada a debater nas assembleias gerais. Mesmo entre os que votavam, a "razão", ou seja, a vitória nos debates, estava sempre com aqueles mais bem preparados para o confronto verbal, mesmo que usando estratégias típicas de sofistas, como as belas palavras, o humor e os sofismas[211], para encantar e enganar seus adversários, com um discurso preparado sob medida. Naturalmente, o povo dito "comum" não tinha condições de votar, em vez disso estava preocupado em sobreviver à dura labuta cotidiana. É desnecessário lembrar que seus interesses não eram, em geral, levados em consideração.

Dessa forma, participavam das assembleias somente oradores preparados por seus professores sofistas (pertencentes à classe dos mais ricos) e alguns poucos cidadãos que podiam despender algum tempo para esse fim. Vale lembrar, também, que como uma nação de comerciantes, Atenas queria, no fundo, de forma imperialista, impor sua forma de governo a toda a Grécia, de forma que as outras cidades-Estados lhe pagassem tributos, o que lhe permitiria manter o bem-estar de sua população, provendo-a de grãos, em um sistema parecido ao atual Bolsa-Família, que poderíamos apelidar de Bolsa-Grãos.

Lembre-se de que a ideia primitiva de democracia estava intimamente ligada a um sentimento imperialista ateniense, relacionado à expansão comercial, conceito e prática bem pouco democráticos na essência, e à noção de populismo, que depois veríamos refletido na história de várias

[211] Em lógica, sofismas são argumentos ou raciocínios concebidos com o objetivo de produzir a ilusão da verdade que, embora simule um acordo com as regras da lógica, apresenta, na realidade, uma estrutura interna inconsistente, incorreta e deliberadamente enganosa, ou seja, trata-se de um argumentação que apresenta verossimilhança, mas que comete incorreções lógicas. Por exemplo: "*Se o amor é cego, e Deus é amor, então Deus é cego*". Fonte: Houaiss, Antonio. *Dicionário Houaiss da língua Portuguesa*. Rio de Janeiro: Objetiva, 2001, p. 102.

nações[212]. No caso de Atenas, saliente-se que era uma cidade com uma população minúscula em comparação às gigantescas metrópoles atuais como São Paulo, Nova York, Cidade do México ou Tóquio. Somente esse detalhe impediria que as questões mais prementes da administração da cidade fossem decididas em praças públicas, a exemplo da antiguidade. Seria de se perguntar, nos dias de hoje, com a vida complexa que levamos, quem teria condições de acompanhar os debates nos parlamentos e, ao mesmo tempo, trabalhar para sobreviver[213].

Nos dias atuais, por exemplo, embora na Suíça[214] ainda haja resquícios de democracia direta, nos demais países vigora a democracia representativa, em que os eleitores elegem seus representantes (por isso representativa) para que estes votem em seu nome, assumindo a responsabilidade por suas ações. A democracia representativa, um sistema que surgiu da democracia direta, tem, claro, suas imperfeições, mas certamente é mais adequado para os dias de hoje. Nas nações em que vicejam sintomas da democracia direta, na verdade, trata-se de um modelo **semidireto**, com a atuação de parlamentos. Na Suíça, em dois cantões, Apenzzell Interior e Glarus, como teremos oportunidade de discutir oportunamente na parte III desta obra, ainda há a votação direta, por mãos levantadas (a *landsgmeinden),* para decidir vários aspectos da vida das cidades.

212 Péricles, orador, estrategista e líder político e militar ateniense, era tido por seus críticos como um político populista, ao oferecer à população pobre da cidade-Estado grãos para que ela sobrevivesse em tempo de guerra contra a Pérsia e contra Esparta, eterna rival. Era o que poderíamos chamar de bolsa-grãos. Sua época, entre 444 a.C e 429 a.C, foi considerada a era de ouro da democracia. No período, Atenas viveu um grande desenvolvimento nas áreas de filosofia, história, arquitetura e política. Péricles aperfeiçou o sistema político implantado pelo legislador Clístenes no século VI a. C.

213 Em 431 A.C. a população de "atenienses puros", ou seja, aptos a participar da *Ekklesia,* a principal assembleia da cidade-Estado, no máximo chegava a 50 mil pessoas, ante 100 mil escravos e 25 mil metecos (estrangeiros que viviam na cidade, mas não tinham cidadania assegurada). Em 2020, a população de São Paulo já passava de 12 milhões de habitantes, enquanto a de Nova York chegava a 8,6 milhões.

214 Resta saþer que democracia é essa na Suíça, onde a mulher somente vai ter direito a voto em 1971; portanto, décadas após todas as nações democráticas do planeta, inclusive o Brasil, onde o direito do sufrágio feminino se iniciou em 1932. Aliás, a mulher suíça perde sua cidadania ao casar-se com um não-suíço, o que não ocorre com os homens, que permanecem cidadãos na mesma situação.

Portanto, demonstrar-se-á que a **democracia direta e escravista** não possui nada de "novo", "moderno" ou "avançado". Trata-se de uma ideia antiga, impraticável em um mundo como o de hoje em que os parlamentos tratam de temas que, por sua complexidade, não integram as preocupações do cidadão comum. Por sua vez, ele não tem a menor condição de acompanhar as discussões parlamentares segundo o modelo adotado pelos antepassados atenienses. A democracia direta, por fim, foi usada, na forma de plebiscitos e referendos, para garantir a vitória "democrática" de personagens tão utilitários da democracia quanto Napoleão Bonaparte, no pós-Revolução Francesa; Benito Mussolini, na Itália fascista; Adolf Hitler, na Alemanha de Weimar, entre outros. Logo, apresenta vícios perigosos que abrem espaço para a demagogia e o populismo.

No período imediatamente posterior à Revolução Francesa, Napoleão Bonaparte, o pequeno general corso que se tornou imperador, venceu por 90% dos votos o plebiscito no qual foram abandonados alguns princípios da Revolução Francesa. Nesse caso, houve um detalhe curioso: somente três em cada cem franceses participaram da consulta popular, o que atesta sua baixa representatividade.

Noutro exemplo, o tirano fascista Mussolini não ficou atrás de seu êmulo alemão: o totalitarismo foi consolidado com a "sensacional" marca de 99,8% dos votos favoráveis – resta saber quem eram os 0,2% desfavoráveis, certamente muito corajosos.

Em 1934, Hitler obteve plenos poderes e o cargo de chanceler na Alemanha, em um plebiscito no qual conseguiu nada menos que 90% dos votos, sem mexer na Constituição de Weimar. Dois anos depois, seria mais ainda. O ditador nazista conseguiu 98,8% de aprovação em uma consulta popular na qual perguntava à população alemã se ela concordava com a militarização da margem oeste do rio Reno, o que contrariava formalmente o Tratado de Versalhes, celebrado no fim da I Guerra Mundial, e que visava desmilitarizar a Alemanha, tida como responsável pelo conflito. Apenas um ano depois, em uma consulta à população austríaca, terra natal de Hitler, o impressionante porcentual de 99,7% dos nacionais daquele país disse sim à unificação com a Alemanha.

Chávez, por sua vez, perpetuou-se no poder em sua Venezuela natal graças a vários plebiscitos que consolidaram seu poder. Em um desses, a pergunta formulada aos eleitores era a seguinte: "Está de acordo a deixar sem efeito o mandato popular outorgado em eleições democráticas ao cidadão Hugo Rafael Chávez Frías?". A questão era enganosa. Talvez devesse questionar se o cidadão concordava que Chávez se perpetuasse no poder. Diante desse cenário, fica difícil, convenhamos, defender a democracia direta, aberta à manipulação e ao populismo[215].

Em outras palavras, esses personagens não precisaram mudar a Constituição para se perpetuarem no poder. Apenas colocaram em prática os referendos e plebiscitos, ao mesmo tempo em que apelavam para o emocional dos seus cidadãos, que o poder supremo lhes foi assegurado. Lembremos que nem sempre o povo acerta em suas opções democráticas. No Brasil, se hoje fosse apresentado, por exemplo, um plebiscito sobre a pena de morte, ressalte-se que boa parte dos cidadãos são simpáticos à sua adoção. E poucos se oporiam ao fim dos impostos, caso essa questão fosse votada nos termos da democracia direta.

O filósofo Luiz Felipe Pondé defendeu que o populismo é uma vocação antiga da democracia. Para ele, as redes sociais são a prova viva de sua assertiva, o que não significa dizer, segundo seu argumento, que defenda regimes antidemocráticos. Na verdade, ao considerar esse drama, ajudará a evitar o fim da democracia.

> *"(...) Essa teoria folk acredita em mitos como crescimento da consciência política mediante a educação. Ou que as pessoas estão interessadas em política. Essa lenda da democracia crê que as pessoas não só estão interessadas em política como se informam para ter mais ciência e política. Não. Elas raramente buscam informação e, quando o fazem, o fazem para reforçar seus próprios pressupostos e não para relativizá-los. As mídias sociais deixam isso muito claro: não existe debate, existe ódio.*
> *(...)*
> *E qual a razão de a democracia ter vocação irresistível ao populismo? Fácil de responder. A busca de conhecimento não é algo evidente em nós. A vida é muito dura para nos darmos a esse luxo. O que buscamos, na maioria das vezes, como diz o filósofo Woody Allen em seu maravilhoso 'Crimes e pecados' são racionalizações que justifiquem nossos desejos.(...) Não há sabedoria alguma no povo. A sabedoria está nos detalhes e a*

[215] *Revista Veja*, edição de 1/11/2014, p. 2, artigo *O plebiscito e a arte de iludir*.

fúria política popular não tem vocação aos detalhes, mas apenas a shows, fogueiras e linchamentos"[216].

A própria Constituição de 1988 prevê, no artigo 14 do Capítulo IV – Dos Direitos Políticos, que a população em geral poderá exercer o direito à democracia direta de três formas, relativamente complementares: por plebiscito, referendo e iniciativa popular. O plebiscito equivale a responder "sim" ou "não" a perguntas feitas pela autoridade de plantão. Se o "sim" for vitorioso, o Congresso redige uma legislação para materializar o veredicto popular. No caso de vitória do "não", nada se modifica. No referendo, o princípio é outro: a lei é elaborada e aprovada pelo Legislativo, mas só entra em vigor se a maioria dos eleitores do País concordar com seus termos; caso contrário, é revogada ou arquivada. O ex-presidente do Supremo Tribunal Federal (STF) e jurista Carlos Ayres Britto resume a questão em uma frase: "No referendo, o povo endossa um cheque do Parlamento. No plebiscito, o povo dá ao Legislativo um cheque em branco". A figura usada por ele, sem dúvida, é bastante adequada à realidade. Já os projetos de inciativa popular são apresentados pela sociedade organizada diretamente à Câmara dos Deputados e precisam do apoio de pelo menos 1% do eleitorado nacional, com votos em cinco Estados, ao menos, com 0,3% dos eleitores em cada um deles.

Historicamente, os ditadores ou os candidatos a sê-lo simpatizam muito com consultas plebiscitárias. Naturalmente, não se trata de apreço à democracia e ao direito de o povo decidir seus destinos. É que **consultas populares** são fáceis de manipular e, muitas vezes, contaminam a democracia que deveriam defender.

Democracia direta na *práxis* brasileira – dentre as três medidas previstas de participação popular na Constituição, somente a iniciativa popular teve o condão de produzir decisões mais acertadas, contando com a participação de parlamentares, portanto de representantes da população. Graças a uma ampla mobilização popular, promovida por entidades como a Ordem dos Advogados do Brasil (OAB), Conferência Nacional dos Bispos do Brasil (CNBB) e Federação Nacional dos Jorna-

[216] Pondé, Luiz Felipe. "A democracia tem uma vocação irresistível ao populismo". São Paulo: *Folha de S. Paulo,* 12 jun. 2017, p. C-6.

listas (Fenaj), entre várias outras reunidas no Movimento de Combate à Corrupção Eleitoral (MCCE), foi aprovada, em 2010, a Lei 135/2010, conhecida como Lei da Ficha Limpa, responsável por afastar da política candidatos reconhecidamente corruptos. Não foi o único caso. Outras três leis de iniciativa popular foram aprovadas. Em todos os casos, como a Câmara Federal afirmou que não teria condições de verificar a validade de milhões de assinaturas, parlamentares tomaram as rédeas dos projetos, tratando-os como seus, o que facilitou sobremaneira a aprovação das propostas.

Em 1994, sob o impacto do assassinato da atriz da Rede Globo Daniella Perez por seu colega Guilherme de Pádua e sua mulher, Paula Thomaz, no período em que ambos os atores estrelavam uma novela de grande audiência da emissora, o crime de homicídio qualificado – como o praticado pelo casal contra a atriz – foi declarado hediondo, a partir de uma lei de iniciativa popular.[217] A mobilização para obter as assinaturas de apoio partiu da diretora da novela, Glória Perez, mãe de Daniella, que conseguiu coletar 1,3 milhão de assinaturas em prol da mudança na legislação. Em 1999, da mesma forma foi aprovada a Lei 9.840/99, que pune com a cassação candidatos que comprarem votos, a partir de mobilização de várias entidades reunidas no guarda-chuva do Movimento de Combate à Corrupção Eleitoral (MCCE). Em 2000, foi a vez da Lei 11.124, que criou o Fundo Nacional de Habitação.

2.4. Os direitos numa democracia e o Estado Providência

A proliferação dos direitos, numa democracia que se tornou "providencial", foi vertiginosa. Os efeitos disso, muitas vezes, são funestos. Por um lado, já que cabe ao Estado-Providência responder à maioria das reivindicações individuais e coletivas, os princípios de autonomia das vontades e da responsabilidade dos sujeitos de direito, sobre os quais repousa a democracia, correm perigo[218].

[217] Pádua cumpriu sete anos de prisão em consequência do crime e foi solto em 1999. Depois disso, tornou-se pastor evangélico na Igreja Batista de Lagoinha, em Belo Horizonte, e abriu um canal no youtube para discutir questões ligadas à vida nas cadeias. Fonte: Metrojornal, edição de 24 de janeiro de 2019, p. B-2.

[218] Goyard-Fabre, Simone. *O que é democracia*, cit., p. 289-290.

"A organização dos direitos por natureza restringe direitos" e isso na exata medida em que a coexistência impõe a compatibilidade das liberdades de ação e a reciprocidade do exercício e do uso dos direitos. Sua dissolução é, em seguida, ontológica, pois o fato de que o ser humano decline de sua responsabilidade pessoal em proveito de uma responsabilidade dita coletiva (ou nacional) engendra a irresponsabilidade. "O que é fundamental no homem e que a democracia pretende proteger deixa de ser reconhecido como algo que vale a pena defender: é uma renúncia. Essa decomposição, enfim, é axiológica: a permissividade total que se encontra no horizonte de uma democracia laxista erigida em um Estado que tudo provê no âmbito social, político e econômico, e que se desenvolveu principalmente na Europa, como em países cujos princípios foram defendidos pela social-democracia, como nos países escandinavos, trata-se do Estado-Providência, Estado de bem-estar social ou Estado social, que instala a superprodução delirante dos direitos que contém as sementes de uma passagem aos extremos na qual o descomedimento e o excesso trazem consigo forças gravitacionais aparentadas com uma torrente niilista"[219].

"Portanto, no Estado democrático, a realização dos direitos do homem depara com uma dificuldade de ser. Foram precisos apenas dois séculos para que o conceito dos direitos do homem, pelos excessos e abusos da institucionalização criada para lhe dar caráter jurídico, se esvaziasse dos sonhos idealistas que, no afã da esperança democrática, fizeram parte de seu advento. É verdade que, ao longo da evolução do espírito democrático, os Estados modernos compreenderam que o valor dos direitos do homem decorre antes de sua eficácia que de sua idealidade e que o importante é transformar seu dever-ser num dever-fazer aplicado e obedecido. Mas o preço a pagar por essa transformação é pesado: o Estado-Providência transforma-se numa sociedade que provê seguridade e é regida pelo 'direito da necessidade'"[220].

Assim, quando o filósofo político "indaga sobre a questão dos direitos do homem nas democracias contemporâneas, não pode manter na sombra o dilema com o qual elas se confrontam no que a isso se refere: o res-

[219] Ibidem, p. 290.
[220] Ibidem, p. 291.

peito pelos direitos do homem tal como hoje são interpretados orienta as democracias para o Estado-Providência, no qual a política se enche de problemas e corre o risco de se anular. Será preciso despolitizar o Estado para garantir o respeito dos direitos? A dificuldade do problema assim criado é ainda maior na medida em que a 'terceira geração' dos direitos do homem, oriundos da Declaração Universal dos Direitos Humanos de 1948, está menos preocupada com sua substância - eles continuam sendo ou individuais ou sociais - que com a abrangência planetária de seu status. Agora, a exigência de solidariedade é levada em consideração pelos Estados membros da comunidade internacional. As instituições internacionais que atualizam o texto declarativo de 1948 - citemos, por exemplo, a Convenção Europeia dos Direitos do Homem, a Corte Europeia dos Direitos do Homem, a Organização Internacional do Trabalho, a Organização Mundial da Saúde - e que, amanhã, irão impor uma legislação supranacional em terrenos tão delicados como a bioética, a eutanásia, a inseminação artificial, nada mais têm a ver com a ideia política de democracia"[221].

2.5. As instituições democráticas

A democracia monitória (ou seja, aquele que adverte ou repreende) é, de longe, o exemplo mais bem desenvolvido de todos os modelos - idealmente se livram do domínio, ou seja, do mandonismo sobre outros que têm pouco ou nenhum meio de desagravo. "Em condições democráticas, ninguém governa no sentido de que aqueles que governam os outros estão constantemente sujeitos ao ideal de castigo público. Os democratas, entre si, são os primeiros a dizer que numa democracia aqueles que exercem o poder devem ser impedidos de intimidar outros, de ameaçá-los pela violência, de moldá-los em formas diferentes, como se eles fossem mera argila nas mãos de ceramistas ou como se (como Aristóteles apreciava dizer) eles fossem meros peões num tabuleiro de xadrez"[222].

A forma como as democracias tratam seus líderes eleitos:

[221] Ibidem, p. 291.

[222] Ranieri, Nina. *Teoria do Estado*: do Estado de direito ao Estado democrático, cit, p. 308.

"Quando funcionam adequadamente, as democracias podem mostrar severidade irreverente para com aqueles que tomam decisões em nome de outros. Os líderes sofrem esse destino em boa medida porque a democracia tem o efeito de romper e destruir a ficção de que há ou poderia haver um corpo político unificado, simbolizado e mantido unido por um líder. Sob condições democráticas, a comunidade política é permanentemente subdividida. Não há 'Corpo Político' e nenhum corpo chamado 'o Povo' que a mantenha unida. Qualquer unidade, desfrutada pelo sistema político, é permanentemente questionável e está constantemente disponível para ser conquistada por qualquer um, simplesmente porque o exercício de poder sobre outros é sempre escrutinado, contestado, dividido, restringido. (...).

A prática das democracias de espicaçar representantes eleitos e não eleitos é estimulada pelo fato de que a democracia floresce nas separações. Nas democracias monitórias, por exemplo, tudo parece desconectado: a sociedade civil do governo, os representantes daqueles que os representam, os executivos das legislaturas, as maiorias das minorias, o poder civil dos poderes militar e policial, os partidos dos eleitores, os peritos dos leigos, os consumidores dos produtores, os jornalistas dos leitores, os jovens dos velhos, os trabalhadores dos capitalistas, os advogados dos clientes, os médicos dos pacientes. Tanto o governo como a sociedade civil são internamente fragmentados. Essas separações múltiplas, cruzadas, são condições necessárias de liberdade igual dos cidadãos em relação às concentrações de poder.

A democracia aponta para a igualização do poder. Ao descartar o regime violento e livrar-se de ficções sobre um corpo político unificado, a democracia luta para controlar os vencedores, por exemplo, estabelecendo limites de tempo para os mandatos e oferecendo incentivos reais aos perdedores. As democracias introduzem um forte elemento de aleatoriedade nos padrões de vitória e perda. Idealmente elas requerem que indivíduos e grupos inteiros sejam algumas vezes vencedores, algumas vezes perdedores. Por isso as democracias florescem na seleção daqueles que decidem assuntos do governo e da sociedade civil por meio de eleições livres, justas e frequentes ou outros meios de recontagem. As democracias monitórias fazem algo mais: elas multiplicam os votos dos cidadãos. Superam o princípio que datava da era da democracia representativa, o princípio segundo o qual 'cada pessoa contará como uma e nenhuma pessoa como mais de urna.

Os controles complexos dos poderes separados têm profundas implicações para o modo como as democracias pensam no assunto da igualdade. Não é preciso dizer que o princípio da igualdade do povo sempre foi fundamental ao ideal democrático. 'Pois, por natureza, nós todos igualmente, tanto bárbaros como gregos, temos uma origem inteiramente similar... pois todos respiramos com a boca e as narinas' dizia um fragmento de papiro do século 5 a.C., atribuído ao pensador e orador ateniense Antífon. O mesmo sentimento em favor da igualdade convenceu Walt Whitman[223] *que o ethos da democracia representativa não podia ser confinado às eleições. O princípio da igualdade continua de importância vital na era da democracia monitória, por exemplo, no valor igual dos votos depositados em muitos cenários diferentes por cidadãos que se consideram uns aos outros como iguais, não apenas durante as eleições, porém, mais geralmente na vida social. Do ponto de vista do ideal de humildade da democracia, um sentido compartilhado de igualdade entre os cidadãos necessita ser visceral. Um voto, um valor precisa ser sincero, sustentado inclusive por um estilo de autocaçoada, do tipo exibido no ataque de Nehru*[224] *às próprias pretensões políticas"*[225].

A era da democracia representativa trouxe novas invenções. Eleições periódicas supervisionadas por comissões eleitorais incorruptas, ao menos em tese; exigências de que os políticos deviam renunciar ou serem sujeitos a *impeachment* quando envolvidos em conflitos de interesse; e leis e mídia independente que garantiam o direito dos cidadãos, publicamente, de questionarem tolices, protestarem em voz alta e organizarem-se contra seus representantes eleitos. Estes procedimentos tentados e testados foram planejados para vigiar e fiscalizar de perto aqueles que saíam da linha ao exercerem poder sobre outros[226].

Com o movimento da democracia monitória chegou a convicção, para milhões de pessoas, de que eleições periódicas, partidos concorrentes e assembleias parlamentares, embora uma herança importante, não eram simplesmente suficientes para lidar com os males do poder que não presta contas a ninguém. Assim, apesar de todos os reveses, desapontamentos e

[223] Walt Whitman (1819-1892) foi um poeta, ensaísta e jornalista norte-americano, considerado por muitos como o "pai do verso livre". Paulo Leminski o considerava o grande poeta da Revolução americana, como Maiakovsky seria o grande poeta da Revolução russa.
[224] Jawaharlal Nehru (1889-1964), também conhecido como Pandit (professor) Nehru ou Pandita Nehru, foi um estadista indiano, que foi o primeiro (e até hoje o de mandato mais longo) primeiro-ministro da Índia, desde 1947 até 1964. Líder da ala socialista no congresso nacional indiano durante e após o esforço da Índia para a independência do império britânico, tornou-se primeiro-ministro da Índia na independência, de 15 de agosto de 1947 até sua morte.
[225] Ranieri, Nina. *Teoria geral do Estado*, cit., p. 322.
[226] Ibidem, p. 322.

problemas irresolvidos, grande atenção foi prestada ao desenvolvimento de métodos inovadores – métodos de vigilância, de monitoração e de advertência –, destinados ao controle dos agentes do poder nas áreas do governo, da sociedade civil e em áreas intermediárias. Resta ver se esses mecanismos de desacordo e negociação da democracia monitória serão fortes o suficiente para impedir rivalidades, desastres e levantes futuros capazes de despedaçar o mundo[227].

Em síntese:

> "A sociedade moderna, pelo acelerado processo civilizacional a que está sujeita, pode bem ser designada como 'sociedade do conflito'. A fuga a toda a proibição, a vontade de anular a regra mais inócua, a convenção mais despercebida ou a mais leve imposição, ao lado da identificação de intencionalidades, da convergência de vontades e da procura dos mesmos objetivos, transformam a sociedade num campo alargado de conflitos. Esta situação é agravada pelas transformações que sucessivamente ocorrem e que colocam os indivíduos perante diferentes escolhas. A existência humana joga-se quotidianamente no espaço situado entre imposições inevitáveis e atividades portadoras de outros sentidos e de outras liberdades. Novos valores povoam os universos simbólicos dos sistemas de relações sociais em que se empenha e se gasta a vida dos homens. Pela ação de um conjunto de fatores de ordem social e cultural, tanto como recusa de limitações como busca de autonomia, o mundo humano está permanentemente sujeito a uma erosão e a uma criação no decurso da sua própria produção. Quando estes conflitos adquirem um determinado volume e uma certa intensidade, qualquer que seja o domínio em que apareçam, facilmente se convertem em questões políticas. A crescente conflitualização das mais diversas atividades humanas conduz, na realidade, à sua politização. Se o contexto social oferece escolhas diferentes, isso faz com que o conflito seja necessariamente conatural e inerente à sociedade, de onde resulta uma politização, cada vez mais extensiva, da totalidade da vida social. É no domínio das relações sociais que se joga o destino da vontade livre, mas é também através dessas relações que se potencia o conflito na sociedade. Se algum dia a unanimidade fosse conseguida,

[227] Ibidem, p. 322.

isso seria indício de que o despotismo totalitário se teria abatido sobre os homens. A democracia não pode ser considerada como um estado, mas antes como uma conquista. Se isso é verdade, ela afirma-se e desenvolve-se num espaço agonístico e conflitual. É necessário ter presente a coexistência da harmonia e da discórdia em toda a vida associada. Os homens são continuamente atirados em sentidos opostos, mesmo quando arrastados por forças predominantemente associativas. De ordinário, a oposição na relação social exprime-se de forma agonística, isto é, em termos de competição, concorrência ou concurso. Este tipo de 'conflito' não é violento, embora dotado frequentemente de uma relativa agressividade. O estado agonístico é característico de um regime democrático em que existe o direito à diferença e onde se recusa a uniformidade geral. Exclui a exigência de uma total harmonia, na medida em que reconhece a heterogeneidade e os movimentos contrários. A consecução da unidade na diversidade permite a realização da justiça e a salvaguarda das autonomias. O conflito apresenta uma maior intensidade, um grau mais elevado de violência, na relação social. Na sua ambivalência, tanto pode ser desintegrador como agregador, umas vezes produz exclusão social, outras gera a aproximação. Nessa medida, desorganiza o estabelecido e abre o caminho ao que é novo. Libertando o futuro, o conflito é essencialmente criador e factor de mudança e de mobilidade social e, assim, apela à liberdade. É na desordem gerada pelo conflito que as sociedades se transformam e se lançam os alicerces da nova ordem[228]".

2.6. É a República a "casa" da democracia?

A palavra república (ou *res publica*, coisa de todos) não pode significar simplesmente o reino da lei igual para todos. República é um termo ambíguo, perseguido pela tensão implicada pela vontade de incluir nas formas instituídas do político o excesso da política. Incluir esse excesso quer dizer duas coisas contraditórias: reconhecê-lo, estabelecendo-o nos textos e nas formas da instituição comunitária, mas também suprimi-lo, identificando as leis do Estado com os costumes de uma sociedade. De um lado, a república moderna identifica-se com o reino de uma lei que emana de uma vontade popular que inclui o excesso do *demos*. Mas, de

[228] Fernandes, Antonio Teixeira. *O estado democrático e a cidadania*. Porto: Edições Afrontamento, 1998, p. 234.

outro, a inclusão desse excesso exige um princípio regulador: a república precisa não somente das leis, mas também dos costumes republicanos. A república é um regime de homogeneidade entre as instituições do Estado e os costumes da sociedade. Remonta propriamente à politeia platônica. Ora, esta não é o reino da igualdade pela lei, da igualdade "aritmética" entre unidades equivalentes. É o reino da igualdade geométrica, que coloca os que valem mais acima dos que valem menos. Seu princípio não é a lei escrita e semelhante para todos, mas a educação que dota cada pessoa e cada classe da virtude própria a seu lugar e a sua função. A república assim entendida não opõe sua unidade à diversidade sociológica[229].

Segundo Kelsen, o valor fundamental da democracia é a liberdade individual e, mais precisamente, a garantia do menor grau possível de não liberdade; daí se segue que o princípio da maioria simples é preferível ao da maioria ou ao da unanimidade, por permitir que a minoria se torne maioria. A soberania popular, por outro lado, é descartada como elemento fundamental essencial à democracia, na medida em que o governo do povo, visto da perspectiva da noção jurídica de povo (isto é, do conjunto dos titulares de direitos políticos, como Kelsen já apontara em sua Teoria Geral do Direito), nada mais designaria senão qualquer sistema jurídico que se apresentasse como ordenação jurídica[230].

Os pontos fundamentais de sua doutrina democrática, portanto, encontram-se focados no problema da contraposição entre autonomia (como aspiração do homem à liberdade) e heteronomia (coerção externa exercida pelo Estado) e entre liberdade e não liberdade. É que a teoria das formas de governo de Kelsen se encontra organizada pelo critério da força, que tanto pode derivar da base da pirâmide social (governo ascendente), como de seu vértice (governo descendente). A democracia é o sistema político pelo qual a ordem social é criada e aplicada pelos que

229 Ibidem, p. 234.

230 Fernandes, Antonio Teixeira. *O estado democrático e a cidadania*, cit., p. 343. Quanto a Hans Kelsen (1881-1973) jurista e filósofo austríaco, um dos mais importantes estudiosos do Direito, destacam-se suas seguintes obras: *A essência e o valor da democracia* (1929), *Teoria pura do direito* (1933), *Teoria geral do direito e do Estado (1945)*, *O problema da justiça (1960)*, *Teoria geral das normas* (1979 – obra póstuma), além de inúmeros ensaios que foram escritos entre 1922 e 1949.

estão sujeitos à ordem, de tal modo que a liberdade política, no sentido de autodeterminação, esteja assegurada. Mas não basta a liberdade política, é necessário que a liberdade e a autonomia intelectuais também estejam asseguradas, de tal forma que a oposição se expresse[231].

Por sua vez, Schumpeter[232] propõe a revisão da teoria clássica da democracia (revisionismo). Na verdade, afirma, nem o romantismo de Rousseau nem o utilitarismo de Mill, ao considerarem que as preferências particulares gravitariam naturalmente em direção ao bem comum, são reais. Nas sociedades do século XX, a democracia nada mais é senão um método de garantir a concorrência na escolha de governos (minimalismo), no âmbito das elites disponíveis, denominado *leadership democracy* ou *competitive elitism*[233]. Logo, qualquer sociedade política em que se processem eleições livres e justas, nas quais todos votam em iguais condições, independentemente de sexo, cor, religião, classe etc., é tão democrática quanto qualquer outra que assim o faça[234].

O minimalismo de Schumpeter não deve ser confundido com o Estado mínimo, preconizado pela corrente da "democracia legal", identificada com as teorias políticas de direita, neoliberais ou neoconservadoras, que retomam o entendimento da doutrina liberal clássica, segundo o qual vida política e vida econômica são assuntos concernentes à liberdade individual. Seus principais teóricos são Robert Nozick e Friedrich Hayek, que, ao preconizarem a redução ao Estado mínimo, pensam na expansão do mercado como uma forma de ampliar as liberdades individuais, limitada pelo poder da burocracia, dos sindicatos e dos grupos de interesses[235].

Podemos notar que, se na teoria democrática liberal, na democracia representativa e no pluralismo clássico os problemas giram em torno da participação e da igualdade, na teoria realista a discussão se dá em torno do problema da representação, assim como ocorre na democracia

[231] Ibidem, p, 234.

[232] Joseph Alois Schumpeter (1883-1950) economista e cientista político austríaco. Foi um dos primeiros economistas a considerar a tecnologia como indutora do desenvolvimento no capitalismo.

[233] SCHUMPETER, Joseph A. *Capitalismo, socialismo e democracia*. São Paulo: Editora Unesp Digital, 2017.

[234] FERNANDES, Antonio Teixeira. *O estado democrático e a cidadania*, cit., p. 235.

[235] Ibidem, p. 235.

legal. Nas duas últimas, os argumentos teóricos decorrem de observações empíricas sobre a distribuição de poder nas diversas sociedades estatais. As visões acerca do pluralismo também variam de umas para as outras. Liberal-democratas e neoliberais entendem que o pluralismo permite aos indivíduos a busca de seus próprios interesses; para os minimalistas, como o âmbito da participação política é reduzidíssimo, o pluralismo restringe-se à competição entre partidos políticos. Em todas, porém, o Estado de Direito é invocado como estrutura essencial; todas apontam, igualmente, a participação e as instituições democráticas como condições essenciais da democracia[236].

De outra parte, vistas a partir dos ângulos da finalidade da participação política e do âmbito da atividade estatal, ou as teorias democráticas se encontram voltadas para a realização política do indivíduo ou para a segurança coletiva dos cidadãos, seja contra o poder estatal, seja para sua proteção mútua. No último caso, a democracia apresenta-se como meio e não como fim; tem caráter instrumental: preserva as liberdades e garante um mínimo de bem-estar, por intermédio do Estado de Direito, do sistema eleitoral e de redes de proteção social. No primeiro caso, a democracia propicia uma espécie de autorrealização, valorizada a participação política como atividade cívica, voltada ao bem comum. Exemplificando, é nesse quadro que se afirma o Estado Democrático de Direito[237].

2.7. Os Direitos Humanos – O objetivo da democracia, principalmente a representativa

E ainda que essas teorias não permitam atribuir um sentido unívoco à democracia, nenhuma delas discrepa do quanto consta do art. 31 da Declaração Universal dos Direitos Humanos[238]:

236 Ibidem, p. 235.

237 Ibidem, p. 235.

238 A Declaração Universal dos Direitos Humanos (DUDH) foi adotada pela Organização das Nações Unidas (ONU) em 1948, logo após o fim da Segunda Guerra Mundial, com vistas a evitar guerras, proteger os direitos humanos e a paz, em consonância com o choque humanitário produzido pelo maior dos conflitos bélicos vivenciados pelo homem. As potências vencedoras da guerra, lideradas pelos Estados Unidos e pela União Soviética, propuseram a criação de uma organização multilateral que promovesse a negociação de

"Art. 31. 1. Toda pessoa tem o direito de tomar parte no governo de seu país, diretamente ou por intermédio de representantes livremente escolhidos.
2. Toda pessoa tem igual direito de acesso ao serviço público do seu país.
3. A vontade do povo será a base da autoridade do governo; essa vontade será expressa em eleições periódicas e legítimas, por sufrágio universal, por voto secreto ou processo equivalente que assegure a liberdade de voto".
Arts. 25 e 26 do Pacto Internacional dos Direitos Civis e Políticos, de 1966:
"Art. 25. Todos os cidadãos gozarão, sem qualquer das distinções mencionadas no art. 2º, e sem restrições indevidas, dos seguintes direitos e oportunidades:
a) Participar na direção dos assuntos públicos, quer diretamente, quer por intermédio de representantes livremente eleitos;
b) Votar e ser eleito em eleições periódicas, autênticas, realizadas por sufrágio universal, por voto secreto que garanta a livre expressão da vontade dos eleitores;
c) Ter acesso, em condições gerais de igualdade, às funções públicas do seu país.
Art. 26. Todas as pessoas são iguais perante a lei e têm direito, sem discriminação, a igual proteção da lei. A esse respeito, a lei proibirá toda discriminação e garantirá a todas as pessoas proteção igual e efetiva contra qualquer discriminação por motivos de raça, cor, sexo, língua, religião, opiniões políticas ou de outras naturezas, origem nacional ou social, posição econômica, nascimento ou qualquer outra condição social".

A consolidação da democracia representativa, enfim, é um fenômeno do século XX, como o comprovam a segunda e terceira ondas de democratização. No início do século XXI, contudo, o que está em questão não é apenas a manifestação da soberania popular ou o bom desempenho dos governos, mas a qualidade da democracia e a confiança que os cidadãos depositam nas instituições democráticas e, em particular, em seus representantes[239].

No início do século XXI, a democracia nas complexas sociedades de massa contemporânea exige cidadãos ativos, capazes de formular e expressar suas preferências a seus concidadãos, governantes e representantes. Exige, também, que os cidadãos tenham suas preferências consideradas por representantes e governantes na determinação de políti-

conflitos internacionais para evitar guerras e promover a paz e a democracia. A ONU substituiu, então, a extinta Liga das Nações, tida como ineficaz.

239 Goyard-Fabre, Simone. *O que é democracia?*, cit., p. 343.

cas públicas e ações governamentais, sem discriminação de conteúdo ou fonte de preferência. Um regime democrático, portanto, é aquele que tem capacidade de responder e de ser responsável pelas preferências de seus cidadãos, todos, sem exceção, considerados politicamente iguais[240].

De fato, a experiência recente tem evidenciado que regimes políticos caracterizados como democracias eleitorais, mesmo assegurando a ampliação dos direitos civis e políticos dos cidadãos, não atendem, necessariamente, a todos os critérios que demonstram o caráter democrático do regime. Tanto a violação do primado da lei ou dos direitos humanos quanto a corrupção e/ou a malversação de recursos públicos em benefício de interesses privados são situações em que não se pode falar em Estado materialmente democrático, porquanto, nesses casos, não há *responsiveness*[241], e muito menos *accountability* por parte dos governos, malgrado a existência da democracia formal. O que está em jogo, na verdade, é a qualidade da democracia, ainda que não existam sinais de preferência por regimes antidemocráticos[242].

2.8. A Democracia Social – uma polêmica

Sempre criticada negativamente principalmente pelos liberais, para o economista brasileiro Roberto Campos a democracia social consiste em

[240] Ibidem, p. 343.

[241] O termo equivale, em português, a capacidade de resposta.

[242] Não tem sido comum, de fato, em nossos dias, uma discussão sobre os princípios básicos da democracia, embora de vez em quando apareça alguém que os conteste. Por exemplo, o deputado federal e filho do presidente da República, Eduardo Bolsonaro (Republicanos-SP), afirmou em 31 de outubro de 2019, em entrevista à jornalista Leda Nagle que, se "a esquerda radicalizasse, seria necessário ao governo reeditar uma espécie de AI-5", o mais duro instrumento da ditadura militar. Ele referia-se a protestos violentos no Chile cujo presidente de direita, Sebastian Piñera, aliado do seu pai, Jair Bolsonaro, foi pressionado pelas manifestações gigantes, que chegaram a reunir um milhão de pessoas nas ruas de Santiago, um quinto da população da capital. Questionado por parlamentares e por membros do STF, Eduardo recuou e pediu desculpas. Até mesmo seu pai disse, em entrevista que quem falasse em AI-5 "estava sonhando". Na sequência, o ministro da Economia, Paulo Guedes, também referiu-se a "um novo AI-5" para combater o ex-presidente Luiz Inácio Lula da Silva que, em suas palavras, desejaria "quebrar" o País, em contestação ao governo que integra. A qualidade da democracia, entretanto, tem sido a principal preocupação de pesquisadores e cientistas políticos.

um modelo institucional de "estado ama-seca". Seus antípodas, os socialistas, por outro lado, chamaram-na "terceira via em-cima-do-muro"[243].

Tudo começou na Revolução Francesa. A trilogia *Liberdade, Igualdade, Fraternidade* resume, conceitualmente, a equação do paradoxo humano. Norberto Bobbio, dissecando o teorema, afirma que a Liberdade é um estar e a Igualdade uma relação[244]. Karl Popper, elucidando a equação[245], estabelece a vinculação da Liberdade com a Individualidade, o Eu (Ego), e a Igualdade com a relação coletiva que se projeta no Nós (Alter-Ego)[246].

Buscando a mesma metodologia utilizada por Platão para abordagem da Sociedade Política justa, em *A República*, poder-se-ia dizer que os sentimentos subjetivos introjetados na alma humana, de egoísmo e altruísmo (aglutinações semânticas das raízes ego e alterego), projetam-se do microcosmos da *psiqué* humana, como arquétipos institucionais fundamentais, plasmando o macrocosmos político, a cidade (*polis*) ou mesmo o Estado. O estar do ego ou a individualidade é o tijolo em que a sua relação com o alter ego (o outro eu) é a argamassa da sociedade[247].

Na Revolução Francesa, a figura formal da trilogia *Liberté, Egalité, Fraternité* foi cindida através da crítica de um protossocialista: Graco Babeuf[248]. O babuvismo[249], por meio da Sociedade dos Iguais, injuriava a revolução, antecipando o conceito de igualdade material formulado por

243 Borja, Sergio. *O projeto democrático*. São Paulo: Ricardo Lenz Editor, 2001, p. 22.

244 Vide Bobbio, Norberto. *A era dos direitos*. Rio de Janeiro: Elsevier, 1992.

245 Vide Popper, Karl. *A Sociedade Aberta e seus Inimigos*. Belo Horizonte: Itatiaia, 2006.

246 Borja, Sergio. *O projeto democrático*, cit., p. 22.

247 Ibidem, p. 22.

248 François-Noël Babeuf (1760-1797), jornalista, participou da Revolução Francesa e criou estratégias políticas que forneceram um modelo para os movimentos de esquerda do século seguinte. Desenvolveu teorias próprias em favor da igualdade e da coletivização das terras e a escrever prolificamente sobre teorias socialistas. Fundou um periódico, *Le Correspondant Picard* (1789), o que motivou sua primeira condenação. Depois, com outro periódico, *Le Tribun du Peuple* (1794), passou a atacar os jacobinos. Com a segunda prisão (1795), formulou suas doutrinas igualitárias, pregando a distribuição de terras e riquezas nos moldes similares ao do estadista romano Graco. Finda a revolução francesa, escreveu artigos políticos, sob a assinatura de Gracchus Babeuf (Graco Babeuf), criando o movimento denominado babovismo. Foi preso em 1796 porque defendeu o retorno da constituição (1793). Acabou sendo condenado à morte na guilhotina e executado em Paris.

249 Doutrina de Babeuf que visava o comunismo igualitário.

Ferdinand Lassale[250]. É atribuída a Babeuf, a seguinte frase, em alusão à desigualdade material: "Na revolução existem alguns mais iguais entre os iguais"[251].

Assim é que a trilogia, formalmente, foi utilizada pela revolução burguesa e moldou o Constitucionalismo Político Liberal. A fórmula institucionalizada do liberalismo em sua constituição foi dual[252]. De um lado, a parte Dogmática das Constituições que balizava, através dos direitos e garantias, uma zona de franquias ou exclusão, delimitando a Sociedade Civil; do outro, a parte orgânica que, através da Separação dos Poderes, da Federação e da República ou da Monarquia Constitucional, institucionalizava o Estado. O Princípio da Estrita Legalidade traçava os limites entre o princípio de coordenação, que regia a área privada, e o da subordinação, que regia a pública. A superestrutura jurídica resumia a infraestrutura econômica de acordo com o modelo de Adam Smith. Um modelo estatal minimalista potencializando o mercado, o contrato e a propriedade privada[253].

Jürgen Habermas, filósofo alemão, considera, num enfoque atualizado, que o sistema jurídico socialdemocrata é tencionado entre a esquerda e a direita. Ele oscila da posição liberal para a socialista. É como se fosse um navio transportador com a carga mal presa. Conforme a inclinação das ondas, a carga adernaria totalmente para um lado ou para o outro, perdendo-se a estabilidade do sistema jurídico / político. A constituição é como se fosse uma quilha estabilizando o barco do estado, onde a carga deve estar bem amarrada juridicamente para que não sofra os embates dos vagalhões da política, notadamente de suas crises. Os orientais, atra-

[250] Ferdinand Lassale (1825 – 1864) – Filósofo, discípulo de Fichte e Hegel, foi um teórico socialista, escritor e político, de origem judaica. É tido como um dos precursores da social-democracia alemã. Fundou o primeiro partido do proletariado na Alemanha (depois do Partido Social Democrata). Divergia das concepções de Marx. Defendeu a união da Alemanha sob o comando da Prússia e o sufrágio universal. Obras: "O sistema dos direitos adquiridos", "A essência da constituição", "O que é uma constituição?" e "Programa dos trabalhadores". Faleceu durante um duelo.

[251] Borja, Sergio. *O projeto democrático*, cit., p. 23.

[252] Vide Bobbio, Norberto, Bovero, Michelângelo. *Sociedade e Estado na Filosofia Política Moderna*. São Paulo: Brasiliense, 1991.

[253] Borja, Sergio. *O projeto democrático*, cit., p. 23.

vés do taoísmo, por exemplo, tinham consciência da necessidade de equilíbrio e conciliação entre as forças opostas do Yin e Yang[254]. Os romanos, que construíram um império milenar, afirmavam que a virtude estava no caminho do meio.

O homem, assim como o estado, deveria pautar seus pensamentos e ações por uma senda que não fosse nem tanto ao céu nem tanto à terra. O brocardo latino *in medio stat virtus (a virtude está no meio)* é a transposição latina de um provérbio grego de ascendência aristotélica. De fato, esse é o princípio que informa toda a *Ética a Nicômaco*, em que, tanto no que se refere à moral quanto ao comportamento, a virtude é o resultado da "mediação" entre tendências – e vícios – de sentidos opostos. Trata-se do caminho harmônico e equilibrado pretendido pela Social Democracia, o equilíbrio do princípio liberal com o socialista.

A história ensina que os extremos sempre necessitam de seu oposto para o equilíbrio. Por exemplo, mesmo tratando de regimes cujos pressupostos colidem entre si, como se dá no capitalismo e no socialismo, à época do *crash* de 1929, ainda que se tratasse o governo de Franklin Delano Roosevelt de um constitucionalismo político liberal, caracterizado pelo absteísmo estatal, diante da crise o presidente americano implantou a política social do *new deal*.

No regime oposto, o soviético Lênin (1870-1924) tentou, inicialmente, com a Revolução Bolchevique de 1917, aplicar o "comunismo de guerra", a estatização total da economia, em que promoveu a distribuição de terra, sob a condição de os camponeses venderem a produção ao Estado a preços baixos. Houve, logo, um desastre na produção industrial e agrícola com o advento desse sistema, por ser radicalmente centralizado na administração da economia, com nacionalização da indústria, monopólio dos grãos e diversos produtos agrícolas, proibição de empresas comerciais,

[254] O taoísmo, também denominado daoísmo, provém da palavra chinesa "tao", que significa "caminho"; príncipio criativo do universo. Os ensinamentos da doutrina constam de um livro intitulado *Tao Te Ching*, supostamente organizado por uma figura lendária, chamada Lao Zi. Por sua vez, Yin Yang são conceitos que representam o equilíbrio e a harmonia durante a vida. Trata-se do princípio das forças naturais e complementares, isto é, que dependem uma da outra e não existem por si só. FUMOTO, Victor. *Taoismo: conheça o princípio por trás do Yin Yang*. Marília: Sociedade Taoísta do Brasil, 2017.

privadas, controle da troca de dinheiro, racionamento de mercadorias essenciais e controles dos trabalhadores com mão de ferro para aumentar a produtividade. Contudo, em julho de 1919, o Partido Operário Social Democrata Russo, representado em sua parcela pelos mencheviques, devido ao resultado pífio na produção, apresentaram um plano para tirar a Rússia da profunda crise política, social e econômica. Esse, digamos, esboço, acabou sendo adotado por Lênin em 1921. Tratou-se da Nova Política Econômica (NEP), admitindo que as pequenas e médias empresas privadas atuassem no mercado local. No campo, foram implantadas as cooperativas agrícolas, com a participação dos camponeses.

Com a formalização da NEP (1921), implementou-se o "capitalismo estatal", que abriu espaço para a volta das empresas privadas regulamentadas pelo Estado. Na prática, os excedentes de grãos poderiam ser vendidos a cooperativas e pessoas, ocorrendo, aliás, arrendamento de empresas menores. As medidas apontaram para uma tímida abertura de mercado, como se fosse apenas um caminho para a implantação futura dos princípios socialistas-marxistas. O rublo, aliás, passou a usar o lastro ouro para estabilizar a moeda. Estava aberto o caminho para o capitalismo de Estado na URSS, conforme será tratado na Parte III, capítulo 8, desta obra.

2.9. A democracia e o politicamente correto

Nas últimas décadas, a partir dos Estados Unidos, surgiu um pensamento político que se autodenominou "politicamente correto", que procura, de alguma forma, utilizar novas palavras nas definições políticas para não ofender minorias ou grupos marginalizados. A moda pegou firme no Brasil, onde foi abraçada por vários grupos, da esquerda à direita, e tem produzido, também, equívocos em grande quantidade. O conceito central do chamado "politicamente correto" é de que setores marginalizados da sociedade, como negros, mulheres e indígenas, poderiam se sentir ofendidos pelo uso de expressões que soariam como ofensivas e haveria o esforço de diminuir sua utilização, de forma a estabelecer uma convivência mais pacífica. É possível discorrer um pouco sobre sua definição:

"Não é fácil definir o politicamente correto com precisão, mas é fácil de reconhecer quando está presente. Ele age em mim como o som, de quando eu era criança, da unha de um professor arranhando a lousa (quadro-negro) porque seu giz era muito pequeno: isso me dava arrepios na espinha. É a tentativa de reformar o pensamento tornando algumas coisas indizíveis: também é a obscena, para não dizer intimidadora, demonstração de virtude (concebida como a adesão pública às visões 'corretas', isto é, 'progressistas') por meio de um vocabulário purificado e de sentimentos humanos abstratos. Contradizer tais sentimentos, ou não usar tal vocabulário, é colocar-se fora do grupo de homens civilizados (ou deveria eu dizer 'pessoas'?)[255]".

De acordo com Beard & Cerf[256], o politicamente correto é um modo de falar que, supostamente, não fere os sentimentos de pessoas pertencentes a grupos marginalizados. Surgiu nos Estados Unidos, um país que tem longa tradição de defesa dos direitos humanos, e, paradoxalmente, longa tradição de preconceitos: o país de Thomas Jefferson é também o da Ku Klux Klan. Durante muito tempo tais preconceitos se expressaram na linguagem: um negro era um "nigger" e um judeu, um "kike". Havia piadas ofensivas contra os irlandeses (bêbados), contra os polacos (pouco inteligentes), contra vários outros grupos étnicos ou nacionais, como mostra a clássica anedota: um americano, um inglês, um francês e um alemão sobreviveram a um naufrágio e foram dar numa ilha da Polinésia. Um ano depois, o alemão tinha organizado os nativos em um exército, o americano estava explorando a mão de obra numa indústria, o francês tinha inaugurado um bordel e o inglês estava sentado na praia, esperando que alguém o apresentasse aos outros[257].

À medida, porém, que tais grupos fizeram valer seus direitos, o vocabulário teve de mudar. A abreviatura Ms. substituiu Mrs. e Miss, para evitar a discriminação entre mulheres solteiras e casadas: uma vitória do bom-senso. Contudo, e como sói acontecer nesses casos, o pêndulo oscilou para o lado oposto, e o que era uma sadia reação ao preconceito tornou-se por vezes caricatural. As universidades são um cenário favorito para batalhas verbais, que por vezes chegam ao tribunal. Muitos estabe-

255 Pondé, Luiz Felipe. *Guia políticamente incorreto da filosofia – um ensaio de ironia.* São Paulo: Texto, 2012, p. 21.

256 Beard, Henry & Cerf, Christopher. *Dicionário do políticamente correto.* São Paulo: L & PM, 2007, p. 9.

257 Ibidem, p 9.

lecimentos de ensino superior têm manuais ensinando não apenas como falar sem ferir suscetibilidades, mas também como proceder em situações potencialmente perigosas[258].

A linguagem, a capacidade de comunicação através das palavras, é o aspecto mais característico da espécie humana. Mas a linguagem não é apenas comunicação. Ela é também um veículo de crenças, de valores, de modelos comportamentais, e como tal tem uma história. A palavra "whore", ou prostituta, torna-se comum no século onze; no século quatorze, o termo ofensivo passou a ser "bitch", cadela; no século dezoito "cow", vaca. Similarmente "darling", querida, é do século oitavo; e "honey", mel, doçura, do século quatorze[259].

Também é preciso lembrar que, por vezes, as palavras podem assumir uma aura mágica, para o bem ou para o mal. Daí a força das pragas, das maldições. As palavras têm um poder próprio, elas fazem coisas acontecer; em sua função primeira, são olhadas como um modo de agir mais do que a expressão de um pensamento[260].

O *Politicamente Correto* corresponde, pois, a um determinado cenário histórico. É, em seu início lá pela década de 1970, a expressão da revolta de grupos marginalizados, entre eles negros e indígenas, em busca do respeito que merecem[261]. No entanto, é necessário lembrar que, em determinados contextos, o politicamente correto produziu o contrário do que esperava. Em vez de tentar estabelecer a igualdade, ajudou a produzir a desigualdade e a polêmica[262].

A linguagem não é um mero espelho da sociedade, e sim a força maior na construção daquilo que percebemos como "realidade". Tendo isso em

258 Ibidem, p 9.

259 Ibidem, p 9.

260 Ibidem, p 9.

261 Ibidem, p 9.

262 No Brasil da década de 2010, por exemplo, produziu o curioso fenômeno do feminicídio, ou seja, o assassinato de mulheres por questões de gênero que, ao contrário do que poderíamos imaginar, cresceu após o início da legislação, sancionada pela então presidente Dilma Rousseff. Matar homens ou mulheres é crime desde o início da humanidade, mas o politicamente correto faz imaginar que mulheres, ao menos nesse caso, valem mais do que homens. Com isso, ficou instituída a desigualdade, em vez de se fomentar a igualdade. É um fenômeno contrário ao que se pretende.

mente, é fácil entender por que tantos reformadores têm se negado a dar atenção a assuntos vistos como "secundários", como a luta por melhores salários, a eliminação do desemprego, da pobreza e da falta de moradia, o protesto contra a influência excessiva dos interesses financeiros no sistema eleitoral e a melhoria do sistema de ensino, tudo para dedicar o melhor de suas energias à correção das injustiças linguísticas essenciais aqui descritas[263]. E que, claro, não são eficazes, como é possível observar.

> *"A defesa do politicamente correto tem a atuação da American Hyphen Society (...) é uma aliança de base comunitária, sem fins lucrativos, dedicada à pesquisa educacional e ao crescimento da conscientização, que tem por objetivo ajudar a fortalecer os grupos de identidade definidos pelas mais amplas características culturais, nacionais, étnicas, religiosas e sexuais, através da extirpação da língua inglesa de toda e qualquer terminologia pouco sensível ao multiculturalismo e de sua substituição por um discurso contra-hegemônico livre de crueldades e parcialidades e, se necessário, até mesmo de conteúdo. O lema da associação é: 'Foi necessário destruir a linguagem para poder salvá-la'. Sua sede está localizada em Wilkes-Barre, na Pensilvânia"*[264].

O politicamente correto é, em sua origem, um "ramo" do pensamento de "esquerda americano". No contexto em que ele nasceu, veremos a ascensão social dos negros americanos no final dos anos 1960. Fenômeno semelhante aos gays a partir dos anos 1980. A semelhança apenas comprova a tese: assim como a ascensão social dos negros nos anos 1960, a ascensão social dos homossexuais nos anos 1980 gerou o que podemos chamar de mal-estar com relação ao "mau" tratamento dado aos gays na vida social comum. Se você encontra negros (ou gays) no mesmo restaurante em que vai jantar, começa a ficar feio dizer piadas desagradáveis diante deles. Antes de tudo, trata-se de um problema de educação doméstica[265]. É possível, entretanto, ironizar a situação.

> *"Mas, pelo fato de ter sido um fenômeno que entrou para a agenda da nova esquerda americana, a necessidade de melhores maneiras no convívio com os negros acabou por*

263 Beard, Henry & Cerf, Christopher. *Dicionário do políticamente correto*, cit., p. 9.
264 Ibidem, p. 9.
265 Ibidem, p. 9.

se transformar num 'programa político de criação de uma nova consciência social'. A diferença entre a velha esquerda e a nova esquerda é que, para a velha, a classe que salvaria o mundo seria o proletariado (os pobres), enquanto, para a nova, é todo tipo de grupos de 'excluídos': mulheres, negros, gays, aborígines, índios, marcianos... E também outra diferença é o caráter revisionista. Isto é, nada de revolução violenta, nada de destruição do capitalismo, mas sim de acomodação do 'status quo' econômico às demandas de inclusão dos grupos de excluídos. Claro que isso implica uma acomodação de duas mãos: o capitalismo aprenderia que pode também incluir em sua 'festa' todas as raças e 'sexos', e os excluídos aprenderiam que o capital é um excelente parceiro na luta pelos direitos. No caso dos gays, o processo é tão evidente quanto a luz do sol. Como os gays são um grupo de grande poder aquisitivo (gente sem filhos, boa formação profissional, alto consumo), fazer a ordem econômica aceitá-los foi muito fácil, muito mais fácil do que aos negros. Por isso, muitos chamam a revolução gay de revolução conservadora, porque tudo que eles querem é andar de mãos dadas no shopping e ir à reunião de pais e mestres na escola do filho. Mas todo mundo com Amex na mão[266].

O politicamente correto, assim, nesse momento, se caracterizará por ser um movimento que busca moldar comportamentos, hábitos, gestos e linguagem para gerar a inclusão social desses grupos e, por tabela, combater comportamentos, hábitos, gestos e linguagem que indiquem uma recusa dessa inclusão. Daí foi um salto para virar ações afirmativas, isto é, leis e políticas públicas que gerassem a realização do processo (cotas de negros, gays, índios nas universidades e nas empresas, por exemplo). Associado a isso, a universidade começou a produzir (sendo a universidade sempre de esquerda) teorias sobre como a ideologia (estamos falando de descendentes diretos de Marx) de ricos, brancos, homens heterossexuais, ocidentais, cristãos criaram mentiras para colocar as vítimas (os grupos de excluídos citados acima) como sendo menos inteligentes, capazes, honestos etc. O próximo passo foi a criação de departamentos nas universidades dedicados à crítica da ideologia dos 'poderosos'[267].

Em que pese o fato de que preconceito de fato existe, e que num bom convívio devemos sim aceitar e respeitar, na medida do possível, as pessoas em suas diferenças (e, portanto, não se trata de reduzir a crítica à praga PC ao 'direito' de contar piadas contra negros, judeus e gays; só alguém de má-fé pensaria isso. O problema com o politicamente correto é que ele acabou por criar uma agenda de mentiras intelectuais (filosóficas, históricas, psicológicas, antropológicas etc.) a serviço do 'bem', gerando censura e

266 PONDÉ, Luiz Felipe. *Guia políticamente incorreto da filosofia*, cit., p. 31.
267 Ibidem, p. 31.

perseguições nas universidades e na mídia para aqueles que ousam pôr em dúvida suas mentiras 'do bem'[268].

Esse contexto econômico, associado a uma teoria política e a uma teoria filosófica sobre a linguagem, cria um Leviatã. O politicamente correto hoje é muito amplo como fenômeno, mas sempre é autoritário na sua essência, porque supõe estar salvando o mundo. No dizer dos autores, constitui hoje "uma praga contemporânea"[269].

> *"Desculpar a falta de força de caráter da maioria se transformou em fato comum numa certa filosofia 'revolucionária' depois da 'politização' da ética na esteira de Rousseau e Marx – ou da ideologização de tudo, como quando se culpa o capitalismo por tudo de mau no mundo. Basicamente, o mundo sempre foi mau e continuará a ser, porque ele é fruto do comportamento humano, que parece ter certos pressupostos naturais*[270].
> *Para os defensores do politicamente correto, tudo é justificado dizendo que você é pobre, gay, negro, índio, ou seja, algumas das vítimas sociais do mundo contemporâneo. Não se trata de dizer que não há sofrimento na história de tais grupos, mas sim dos exageros do politicamente correto em querer fazer deles os proprietários do monopólio do sofrimento e da capacidade de salvar o mundo*[271].

Nota-se que a democracia é um regime que vive entre dois valores essenciais: liberdade e igualdade, segundo Tocqueville. E esse convívio não é fácil. A democracia é vista por grande parte dos pensadores como um regime "menos ruim" do que os demais já experimentados pelo homem. Nela, os homens, que necessitam viver em grupos para sobreviver, fazem concessões aos grupos em troca de segurança. Assim, a democracia tenta institucionalizar as tensões de vida em grupos, distribuindo os vários poderes de maneira menos concentrada do que os antigos reis. No entanto, se há algo que salta aos olhos é a tentativa de chamar qualquer um que critique a democracia de antidemocrático, algo típico do politicamente correto. A sensibilidade democrática é "dolorida". Mesmo

[268] Ibidem, p. 31.
[269] Ibidem, p. 39.
[270] Ibidem, p. 39.
[271] Ibidem, p. 39.

na Bíblia, quando os profetas de Israel criticavam os poderosos, também criticavam o "povo", que nunca foi herói de nada. Aliás, o risco da tirania do "povo" já tinha sido apontado pelo próprio Tocqueville. As duas formas mais evidentes de tirania são a da maioria e a do dinheiro (criador de uma "aristocracia do dinheiro" em lugar da de sangue). Para evitar esse risco, precisamos cuidar dos mecanismos de "pesos e contrapesos" da democracia (suas instituições em conflito, mídia, instâncias de razão pública, como escolas, universidades, a própria mídia, tribunais etc.) e combater "a tendência de reduzir a democracia a um regime da 'vontade popular' ou um regime 'do povo'". Como lembra Pondé:

> *"O povo é sempre opressor. Quando aparece politicamente, é para quebrar coisas. O povo adere fácil e descaradamente (como aderiu nos séculos 19 e 20) a toda forma de totalitarismo. Se der comida, casa e hospital, o povo faz qualquer coisa que você pedir. Confiar no povo como regulador da democracia é confiar nos bons modos de um leão à mesa. Só mentirosos e ignorantes têm orgasmos políticos com o 'povo'"*[272].

Na democracia as pessoas são estimuladas a ter opinião acerca de uma temática variada, e a afirmação de que todos os homens são iguais (quando a igualdade deve ser apenas perante um tribunal) leva as pessoas mais obtusas a imaginar que são capazes de opinar sobre tudo. O exemplo das redes sociais, em que há enorme número de "politólogos", "economistas" e "juristas", sem conhecimento científico algum, mas sempre dispostos a oferecer sua "abalizada" opinião, gerando as *fake news*[273]. Ainda de acordo com Pondé:

> *"Mas talvez a pior coisa da democracia seja o fato de que ela deu aos idiotas a consciência de seu poder numérico, como dizia o sábio Nelson Rodrigues. Em suas colunas de jornais, o Nelson costumava dizer que os idiotas, maioria absoluta da humanidade,*

[272] Ibidem, p. 39.

[273] O filósofo italiano Umberto Eco afirmou, em uma cerimônia na Universidade de Turim, em 2015 , que "as mídias sociais deram o direito à fala a legiões de imbecis que, anteriormente, falavam só no bar, depois de uma taça de vinho, sem causar danos à coletividade. Diziam imediatamente a eles para calar a boca. Agora, eles têm o mesmo direito à fala que um ganhador do Prêmio Nobel". *Revista Época*, Editora Globo, 19 fev. 2016, p. 33.

antes do advento da Revolução Francesa, viviam suas vidas comendo, reproduzindo e babando na gravata. Com a Revolução Francesa e a democracia (que a primeira não criou exatamente porque foi muito mais um regime de terror autoritário), os idiotas perceberam que são em maior número, e de lá para cá todo mundo passou a ter de agradá-los, a fim de ter a possibilidade de existir (principalmente intelectualmente). O nome disso é marketing. Todo mundo que pensa um pouco vive com medo da força democrática (numérica) dos idiotas. O politicamente correto é uma das faces iradas desses idiotas[274]".

Importante exemplo para ilustrar esse tema é que

"o politicamente correto no domínio econômico é normalmente de ***direita****, e o politicamente correto no domínio cultural e ético é de* ***esquerda.*** *O que resulta normalmente numa amálgama a que poderíamos chamar imoralismo ultra-liberal ou ultra-liberalismo imoral. Quando talvez o que fosse necessário, aqui e agora, fosse, ao invés, precisamente uma simultânea e equilibrada preocupação ético-cultural e social. Mas com isto também se não está propondo que pura e simplesmente invertamos as cartilhas, e passemos a adotar os dogmas ideológicos coletivistas em matéria econômica e social, e os preconceitos conservadores em matéria ética e cultural. Até pelo fato de que, paralelamente ao politicamente correto triunfante, há um politicamente correto folclórico. E a sua coexistência faz as vezes do verdadeiro pluralismo.*
Assim, o pensamento único por vezes se desdobra: por vezes quem manda oficialmente é a direita capitalista hiper-pragmática, mas quem determina as consciências é a esquerda intelectualista e utópica. Ambas partilham as opções. Ou inversamente: em certos casos, quem detém o poder político é a esquerda folclórica, que (contra a sua própria tradição) multiplica as medidas de diversão e desmantela os valores, mas quem continua a deter o poder efetivo é o grande capital, o qual também já não tem mais valores que o puro ter. E assim parece sempre um tanto paradoxal que o ramo do Direito mais dependente do não-direito ou do ainda-não-direito seja aquele que pretende impor a sua razão (ratio) a todos os demais inclusivamente através do chamado paradoxo da democracia, pelo qual a Constituição, qual Ulisses temendo as sereias, se ataria a si própria e à sociedade. Todavia, tal situação é perfeitamente explicável precisamente pela sua vinculação política profunda e ainda muito à flor da pele. Teremos decerto

[274] Ibidem, p. 39.

que um dia reconhecer que essa constitucionalização (substancial ou formal) de todos os demais ramos, essa verdadeira colonização constitucionalizante, não será mais que a continuação da política por outros meios. E, neste caso, a utilização do braço jurídico da política para impor a politização do Direito, sobretudo daquele que, mais sedimentado, mais tradicional, ou mais esquivo, pudesse furtar-se às inovações sempre ofegantes da motorização ou inflação legislativas ditadas pela política imediata"[275].

2.9.1. Medidas socioafirmativas – prós e contras – uma cópia dos Estados Unidos da América

Se as medidas socioafirmativas, também chamadas de "discriminação positiva", evitassem injustiças, "fazendo os eternos párias romper o cerco dos hereditários privilegiados", elas seriam aplaudidas.

Na verdade, em vez de remediar, a discriminação positiva contém em si mais males, visto que "não logra os fins que visa, e possui isso a que agora se chama, com algum sabor, efeitos perversos". Em suma, "discriminar positivamente o indivíduo A ou B implica sempre discriminar negativamente os demais C, D, ou E... Criando sempre, de algum modo (e contra o constitucional princípio da igualdade), várias classes de cidadãos: de primeira classe, quando as discriminações positivas todas totalmente operam; de segunda classe, se o indivíduo em causa apenas cabe em alguma ou algumas dessas casas da sorte no novo Jogo da Glória[276]; ou de terceira (ou enésima ...) classe, quando, analisadas todas as possibilidades de bônus o sujeito considerado não possui nenhuma, logo, é o mais discriminado (negativamente)"[277].

Observa-se que a preocupação em discriminar positivamente não é mais que o ressurgimento do avatar dirigista e estadualista numa socie-

[275] Cunha, Paulo Ferreira da. *Miragens do direito – o direito, as instituições e o politicamente correto*. Campinas: Milenium, 2002, p. XII.

[276] O Jogo da Glória era um clássico em jogos de tabuleiro nas décadas de 1970 e 1980. Sob o conceito primitivo de uma espiral com 63 casas, que remonta ao período medieval, cada uma delas oferecia prêmios e castigos. Além disso, continha simbologias, por exemplo, conceitos como Inferno e Purgatório e outros obstáculos que deviam ser superados para se atingir a "Glória". Há fontes que sugerem o surgimento do jogo à época da Alemanha medieval, tendo sido popularizado depois na França do século XVI.

[277] Cunha, Paulo Ferreira da. *Miragens do* direito, cit., p. 127.

dade e numa cosmovisão que se pretendem pluralistas, e até, por vezes, liberais[278].

Numa situação de discriminação positiva há duas hipóteses:

> "A primeira, e mais extremista, seria inverter completamente a situação, passando, isso sim, a uma discriminação ativa dos anteriormente privilegiados (por exemplo, se proibissem os graduados universitários de assumir empregos de chefia, ou se afastassem todos os filhos de burgueses das universidades). Como esta situação seria uma revolução profundíssima, nem os regimes mais acerrimamente igualitaristas a têm posto totalmente em prática (embora alguns tenham feito notáveis esforços). E ela constitui um paradoxo, porque a ideia da discriminação positiva seria, na sua gênese e intenção, precisamente dar a todos iguais oportunidades. Ora, afirmar que para que uma maioria tenha direitos é preciso confiscá-los desde logo a uma determinada minoria parece (mesmo sabendo-se que a minoria, em princípio, se defenderá sempre) muito longe das ideias de igualdade: por definição, a igualdade tem de ser para todos... embora saibamos que, nestas matérias, a aritmética deixe de contar"[279].

Aponta-se outra solução: "manter a situação normal de desigualdade, enxertando no sistema desvios capazes de o corrigir. Não tanto afastando quem, de entre os privilegiados, sempre acaba por conseguir os seus objetivos, mas procurando compensar isso com a forçada atribuição aos demais (segregados) de bens, serviços, meios, lugares etc., normalmente reservados aos chamados os mesmos ou os nossos"[280].

A ideia em discussão, que parece ótima e até comedida, "nem se proclama ir-se tirar nada a ninguém. Apenas dar a quem tem sido privado. Obviamente que, perante os ares dos tempos, o que mais evidentemente ressalta da comparação entre os marginalizados é a sua raça, sexo, língua, cultura, religião, condição social etc. Por isso as Constituições, como as nossas, logo se apressam a declarar que estes elementos e outros afins não podem ser motivo para discriminação. Estamos obviamente perante um

278 Ibidem, p. 127.

279 Ibidem, p. 128.

280 Ibidem, p. 129.

desses casos em que bem se pode afirmar: boas leis, maus costumes. Pois não é evidente que são precisamente esses os fatores de segregação?"[281].

Convém indicar o velho exemplo religioso: "se estabelecem quotas para mulheres em cargos políticos sendo elas maioria numa sociedade, por que não há quotas para os crentes da religião X, também maioritários, nessa mesma sociedade, e igualmente sub-representados ao nível político? Parece que o sexo vale realmente muito mais que a religião. Seja como for, a forma geralmente encontrada foi a de criar quotas, destacamentos, enfim, seções de um universo de beneficiários de algo (normalmente lugares), atribuídos (e reservados ou não) a certos potencialmente tidos como segregados, pelo fato de pertencerem a esse grupo"[282].

O grupo continua a ser segregado, na medida em que as quotas são sempre irrisórias. Aqueles que se beneficiam, usufruem pessoalmente, e não o grupo propriamente dito. Nessa linha de entendimento, "os que se beneficiam são membros de uma casta dentro da minoria e, as mais das vezes, participando efetivamente de uma cultura cosmopolita e internacionalista, racionalista e desenraizada, não a compreendem bem; e por isso não a podem verdadeiramente representar"[283].

No exemplo das quotas das mulheres na política, beneficiam-se "as militantes dos partidos que nunca chegariam a lugares elegíveis pelo seu mérito, não as mulheres em geral, nem potenciais mulheres de mérito, que não se sentirão bem numa política que as trata de forma protecionista"[284].

Quanto às quotas de esportistas nas universidades, desfrutam aqueles "rapazes simpáticos, mas nem sempre muito dados aos estudos, a quem cai uma prenda que não mereceram: porque praticar esporte não é nem condição de segregado, nem indica competência para estudos ... além da educação física e desporto, evidentemente..."[285].

Há ainda quem afirme, por exemplo, que as cotas raciais agravem o preconceito, pois acabam por segregar os indivíduos durante o período

[281] Ibidem, p. 129.
[282] Ibidem, p. 131.
[283] Ibidem, p. 131.
[284] Ibidem, p. 131.
[285] Ibidem, p. 131.

em que estiveram na universidade e quando concorrerem a uma vaga no mercado de trabalho, pois sua condição de cotista poderá passar a ideia de que foram tratados com indulgência desde o início da vida acadêmica[286].

Mas tem de perguntar-se também quem perde. Porque há quem perca. O caso de DeFunis[287] é esclarecedor. Atentemos por um instante

[286] Ibidem, p. 131.

[287] DeFunis, um judeu, foi impedido de entrar na Faculdade de Direito da Universidade de Washington, em 1971. Mas "teria sido admitido se não fosse judeu (e os judeus são, nos EUA, apesar da sua influência, uma minoria numérica), mas se pertencesse a uma das minorias favorecidas ou, como se deveria dizer, positivamente discriminadas: negros, filipinos, índios norte-americanos etc. Podia até ocorrer que DeFunis entrasse se não aplicassem os efeitos da discriminação positiva aos candidatos das minorias referidas. No sistema português de acesso ao ensino superior isso acontece com clareza: há pessoas que se queixam de terem sido preteridas porque (embora essa causalidade seja transversal) entraram filhos de imigrantes, ou estudantes de países africanos de expressão portuguesa, ou desportistas etc. Ou pior: não entraram, e entretanto as vagas reservadas a esses grupos não foram sequer preenchidas. (...) O candidato judeu invocou a Décima Quarta Emenda (aditamento) da Constituição dos Estados Unidos (...): 'São cidadãos dos Estados Unidos e do Estado onde residem todas as pessoas nascidas ou naturalizadas nos Estados Unidos e sujeitas à sua jurisdição. É vedado aos Estados fazer ou executar leis que restrinjam as prerrogativas e garantias dos cidadãos dos Estados Unidos, privar alguma pessoa da vida, liberdade ou propriedade sem observância dos trâmites legais ou recusar a qualquer pessoa de sua jurisdição a igualdade perante a lei'. Perante esta disposição constitucional, afigura-se-nos muito plausível a existência de um direito da maioria e das minorias não beneficiadas à não discriminação positiva em favor de outras minorias, derivado de direitos mais gerais de igualdade e não discriminação com base na raça. Um tribunal de primeira instância daria razão a DeFunnis, e, com base nessa decisão, a universidade comprometeu-se a deixá-lo entrar e concluir os seus estudos, independentemente da sorte do processo em sede de recurso. Mas no Supremo Tribunal o melindre da questão certamente não permitiu que se chegasse a uma conclusão sobre o problema principal, embora um juiz houvesse vqtado contra, pondo-se ao lado de DeFunnis quanto à matéria substancial de direito e de princípio. O que não deixaria de ser um sinal. Cabe recordar que os diferentes grupos defensores dos direitos se dividiram neste caso, como seria de esperar. Hoje, a discriminação positiva invade tudo (passou a ser tida como o normal, o progressivo, o correto), e é sintomático que o argumento prevalente seja o da engenharia social, com outras roupagens, mas sempre o mesmo. Ronald Dworkin, comentando precisamente este caso, não hesita em afirmar que os critérios de entrada na universidade devem ser os de uma prática social útil, e despreza o critério da inteligência. A argumentação que aduz funcionaliza a inteligência de tal modo que a minimiza: afinal, pretendem-se candidatos inteligentes à faculdade de Direito apenas porque se crê que será socialmente útil vir a

numa hipótese corretora alternativa. Por que é que, em vez das quotas por grupos supostamente marginalizados, não há antes quotas para os simples e reconhecidamente pobres, de acordo com as reais dificuldades econômicas (que sabemos geradoras imediatas de segregações), e em níveis devidamente estudados? Com essas quotas, se moderadamente introduzidas, poderíamos concordar, desde que, dentro de cada classe de rendimentos nelas estabelecidas, a preferência fosse sempre dada aos melhores, evidentemente[288].

Considerando a clareza da mensagem contida na Declaração Universal dos Direitos do Homem, a iniciativa de se admitir que as desigualdades grupais instituídas nos recordam o *slogan* que imortalizou a fábula de George Orwell, *Animal farm* (*Revolução dos bichos*), isso não seria um ato demagógico, pois, afinal, todos os animais são iguais, mas há alguns mais iguais que outros[289].

Certamente, a "introdução desses desvios, muitas vezes generosos, bem intencionados, nas regras da igualdade de oportunidades, tem como consequência não apenas que se verifique uma seleção ao invés. Mais grave ainda, elas influem sobre a própria substância e sentido das instituições visadas"[290].

Os preconceitos multiculturalistas levam a que os docentes não corrijam a má ortografia, porque tal seria traumatizante, e, evidentemente, a boa ortografia é privativa dos privilegiados. Com estas teses é evidente que a escola deixa de servir para ensinar o que quer que seja. E apenas uma instituição de caridade, *rectius*, de serviço social, onde não é raro

ter advogados inteligentes ... Donde deveremos nós concluir que, se conseguirem outras mais-valias sociais à custa da discriminação dos candidatos inteligentes, estes deverão ficar de fora, para entrarem os néscios. O problema é muito agudo. O que está em causa é, afinal, toda uma concepção de sociedade e da função da universidade: se é um meio de ascensão social para pessoas de grupos menos favorecidos, ou se é um laboratório de criação de elites, independentemente de onde provenham, mas, normalmente, reproduzindo a estrutura social dada". CUNHA, Paulo Ferreira da. *Miragens do direito*, cit., p. 132.

288 CUNHA, Paulo Ferreira da. *Miragens do direito*, cit., p. 137.

289 Ibidem, p. 137.

290 Ibidem, p. 141.

ouvir docentes explicarem a inflação das aprovações por motivos sociais ou de comiseração pessoal[291].

Se os anúncios de empregos universitários anglo-saxônicos estão cheios de convites a mulheres e portadores de deficiências, membros de minorias e afins (embora em tantos lugares, até públicos, se discriminem negativamente, por vezes, os fumantes, é preciso sempre haver bodes expiatórios), um colégio católico defendeu-se com um edital, redigido em termos análogos aos usuais, que terminava assim:

Dá-se preferência ao preenchimento de fichas de emprego por minorias, mulheres e jesuítas *(Applications form minorities, women, and jesuits are encouraged)*.

Afinal, os jesuítas também são minoria... e provavelmente segregada.

Poder-se-ia pensar que este outro vai ainda mais longe:

Dedicação a ensino e aconselhamento conforme a tradição católica franciscana é indispensável na avaliação (*A commitment to teaching and advising in the Catholic Franciscan Tradition is essential for consideration)*.

Mas tratando-se de entidades privadas, e confessionais, essas exigências são perfeitamente admissíveis. Não podem é ser nunca consideradas como ação afirmativa.

O problema é ainda de saber se entidades públicas se podem permitir fazer acepção de pessoas com anúncios de teor semelhante. E, nesse caso, a nossa resposta é que tal viola o princípio da igualdade. Também as entidades privadas estão vinculadas a esse princípio, mas, obviamente, atenta à natureza das coisas, não sendo, por exemplo, exigível que um colégio de uma dada confissão religiosa admita lecionar teologia, contra sua vontade, alguém que não professe esse mesmo credo, ainda que haja obtido graus em teologia, e até em teologia específica dessa religião[292].

E em contrapartida não nos parece admissível que uma escola pública exclua nem ignore alguém possuidor dos devidos títulos, experiência docente e obra numa determinada matéria, vindo a colocar em seu lugar quem os não tenha. Não só há o dever de, num concurso, determinar condições não discriminatórias, como ainda há o dever de abrir concurso, e não limitar os ingressos ao círculo de pessoas conhecidas. Se os convites

[291] Ibidem, p. 141.
[292] Ibidem, p. 141.

se costumam legitimar pela alegada genialidade ou alto valor dos convidados (o que nem sempre colherá unanimidade na comunidade científica local e internacional), a verdade é que a simples proximidade, conhecimento, ou mesmo notoriedade pública não esgotam as possibilidades. Pode haver, se não gênios, pelo menos alguns valores relativamente discretos ou escondidos, ou, pelo menos, que não frequentem os mesmos círculos de quem tem o poder, mesmo legal, para convidar[293].

Ainda sobre os desvalidos:

"Há quem tenha já observado que esse afã em discriminar positivamente os mais desprotegidos para funções educativas e outros postos de reprodução ideológica não visa de modo algum destruir o conservadorismo das instituições, mas, pelo contrário, assegurar a perpetuação de um *status quo*, que mais dificilmente será posto em causa por gentes oriundas de estratos sociais habituados a respeitar a autoridade. É, pelo menos, uma hipótese revolucionária, e explicaria realmente o comportamento acrítico, não reivindicativo, verdadeiramente conformista (para o que é realmente importante), de cada vez mais estudantes e docentes"[294].

Os direitos e os deveres constitucionais estendem-se universalmente a todos, sem exceção. Por exemplo, de acordo com o art. 12 da Constituição portuguesa, "1. Todos os cidadãos gozam dos direitos e estão sujeitos aos deveres consignados na Constituição. 2. As pessoas colectivas gozam dos direitos e estão sujeitas aos deveres compatíveis com a sua natureza" (princípio da universalidade). Em complemento, nos termos do art. 13: "1. Todos os cidadãos têm a mesma dignidade social e são iguais perante a lei. 2. Ninguém pode ser privilegiado, beneficiado, prejudicado, privado de qualquer direito ou isento de qualquer dever em razão de ascendência, sexo, raça, língua, território de origem, religião, convicções políticas ou ideológicas, instrução, situação económica, condição social ou orientação sexual" (princípio da igualdade)[295].

Outros fatores concorrem para esse fenômeno. Um deles é a imunização aparente dos Estados Unidos ao marxismo, sobretudo ao movimento comunista (leninismo, estalinismo, trotskismo), que teve na ambígua e

[293] Ibidem, p. 143.
[294] Ibidem, p. 143.
[295] Ibidem, p. 143.

triste saga do macarthismo um cume de loucura. Mesmo depois dessa fase, não podendo ser comunistas (ou podendo sê-lo apenas de forma muito residual e marginal), parece que os americanos mais inclinados para a contestação social inventaram fórmulas tortuosas, sinuosas, de esquerdismo, mesclados com a cultura própria da terra das oportunidades, onde, segundo já Tocqueville, inexiste filosofia: assim, à densidade ideológica da política europeia ali se foi contrapondo não só o pragmatismo ao nível dos partidos, num plano político relativamente moderado, como o extremismo vivencial das diversas gerações perdidas, desde os *hippies* aos *yuppies*[296].

No ensaio *Esquerdismo – doença infantil do comunismo,* de autoria de Lênin, ele "não só adotou a designação liberal para as ideias contrapostas ao conservadorismo e ao liberalismo clássico europeu, gerando simpatias e boas-vontades por captação semântica, como principalmente, decerto sob o impacto de uma história de discriminação (e uma guerra civil que assentou, ao menos miticamente, sobre o problema do escravagismo) e de uma cosmovisão de individualismo possessivo (com raízes protestantes: eu e a minha Bíblia, além das origens do capitalismo weberianas), propenso à desagregação dos laços sociais (desde logo no imaginário), deslocou o debate do terreno econômico e institucional para o terreno social"[297]. Nesse âmbito, dirigiu-se para questões de gênero (promovendo os feminismos radicais, cuja falência foi já bem denunciada por Danielle Crittenden[298] e Janne Matlary[299], de orientação sexual (apoiando revoluções morais e institucionais no apoio a formas de convivência antes consideradas contrárias aos bons costumes), de raça e de cultura (fazendo reemergir conflitos que a clássica luta pela igualdade de direitos não faria decerto suspeitar) etc.[300].

[296] Cunha, Paulo Ferreira da. *Miragens do direito*, cit., p. 148.

[297] Ibidem, p. 148.

[298] Crittenden, Danielle. *What our mothers didn't tell us.* United Kingdom: Simon and Shuster, 1999.

[299] Matláry Janne Haaland. *Il tempo della floritura – per un nuovo femminismo*, Mondadori, Milano, 1999.

[300] Cunha, Paulo Ferreira da. *Miragens do direito*, cit., p. 149.

Essas problemáticas vieram a reproduzir-se exponencialmente com a tomada do poder universitário em muitas instituições pelos antigos *hippies* e outros contestatários, como explica Allan Bloom[301]. Mas a decadência educativa nos EUA já começara antes, desde os anos trinta do século XX, quando se começou a professar nas universidades um amoralismo perigoso e um ceticismo desolador. Já em 1940 ele escrevia contra o declínio na educação, de um sistema que estava a formar gerações de estudantes eticamente analfabetos e idiotas morais, despreparados para lidar com os problemas da vida corrente[302].

Registre-se o movimento de ataque aos que se destacam nas diversas áreas do saber humanista. "Assinalam-lhes parcialidade, identificando-os com interesses, perspectivas e valores da casta dominante (ou miticamente dominante, porque decerto as coisas estarão a mudar, em ao menos alguns círculos) na América do Norte: criticam-se os grandes autores e as suas obras imortais, por serem produto de pessoas do sexo masculino, brancos, europeus ou de origem europeia, heterossexuais e burgueses ou aristocratas. Mas ter apenas um destes requisitos já parece ser motivo para desconfiança, e a presença simultânea de dois será quase sempre razão para o anátema do novo dogma, da nova ortodoxia"[303].

No mesmo sentido, "A chamada de atenção para os excluídos dos circuitos culturais é corretíssima. Todavia, ela peca por um particularismo exótico quando faz residir a discriminação nas desinências que, depois, procura elevar a razões de mérito. Tal como sucede nas teorias acadêmicas que defendem a existência de quotas de entrada nas universidades para desportistas, membros de associações de estudantes, membros de minorias étnicas etc., e nas teorias políticas que querem ver nos parlamentos, e até nos primeiros lugares das listas (...) quotas para mulheres, toma-se neste caso uma categoria arbitrariamente, elege-se um corte na sociedade, e discriminando-se positivamente uns – os ex-alegadamente segregados, tornados eleitos, discriminam-se negativamente todos os restantes. Por que não deverá haver, então, representação religiosa nos parlamentos? Ou laboral? Ou dos deficientes? Ou dos gordos? Ou, já

[301] Bloom, Allan. *Gigantes e anões*. São Paulo: Best Seller, 1990.

[302] Cunha, Paulo Ferreira da. *Miragens do direito*, cit., p. 149.

[303] Ibidem, p. 150.

agora, representação por estados civis, ou pelas tão estimadas preferências sexuais[304]?".

Difícil entender a questão das quotas e, ao mesmo tempo, a que envolve a recusa dos cânones, ou seja, "há nessas teorias uma cegueira para a capacidade natural de qualquer político de boa vontade transcender a sua circunstância social e ambiental e a sua limitação idiossincrática pessoal, podendo ser um representante de todos, e não da sua minoria (e pertencemos todos a várias minorias e maiorias), capaz, portanto, de fazer leis ou de governar, julgar ou administrar de acordo com o Bem Comum e não segundo os seus interesses e preconceitos de classe, raça, sexo etc. (...) também não compreendem os anticânones que um homem de talento ou de gênio é igualmente capaz de espelhar na sua obra de arte ou de cultura os dramas humanos gerais, dos demais homens de todas as cores, raças, línguas, credos, sexos etc."[305].

Essa desconfiança leva a um total atomismo, a uma desagregação social, a uma verdadeira guerra social de todos contra todos. Mas ainda se encontra resistência, pois há quem seja "fiel aos clássicos, ao que é perene e universal", sendo apegado "ao essencial e contra um caminho de degradação: (...) voltemos ao essencial na escola; ensinemos o que é fundamental"[306].

Essa luta – que soa improdutiva – parece ser "solidária da luta contra a coesão social, contra a ideia de beleza e valor em arte e em cultura, radicando no absurdíssimo preconceito de que tudo se equivale (ou então que o feito pelos selecionados grupos de explorados, segregados etc., é que é bom), que é uma fratura social muito mais grave que a própria luta de classes marxista-leninista. Próxima da luta contra os cânones, e dela se fazendo eco, ao menos em parte, está a devastadora deseducação obrigatória, que abastarda o ensino, frustra as expectativas de todos, dá diplomas sem dar saber e sem educar, e pretende subverter o mundo policiando os professores, fazendo-os avaliar por todos: pseudo-sábios ao serviço dos poderes, estudantes sob o preconceito do ressentimento, pais obcecados com o êxito dos filhos, autoridades locais e parceiros empresa-

304 Ibidem, p. 150.
305 Ibidem, p. 151.
306 Ibidem, p. 153.

riais profundamente ignorantes e indiferentes à cultura, que visam mais votos ou mais lucros"[307].

Diante do cenário em que o conhecimento parece estar sendo posto de lado, o homem sofre numa sociedade robotizada, consumista e alienada, às vezes sem sentido, por isso a necessidade de rever o caminho que está sendo seguido, e incentivar a valorização dos livros, da ciência e das artes, que tanto têm a nos apresentar com seu conhecimento.

2.10. Críticas à democracia, segundo alguns pensadores

Nietzsche[308] – O filósofo Nietzsche, em relação à igualdade, acusa Rousseau de ter fabricado "a peçonha mais venenosa que existe: a doutrina do igualitarismo, essa lengalenga", adotada por Fichte[309], Saint-Simon[310], Auguste Comte[311] e outros, que provoca "a obtusa jubilação das massas". Mas essa doutrina, toda impregnada das "lições de moral" que correm nas veias judaico-cristãs, é a doutrina da decadência: anuncia a agonia, a morte e os funerais da humanidade[312].

> *"A crítica nietzschiana não incide apenas sobre os desvios passionais, partidários e demagógicos da democracia. Fazendo uso, como sempre, de um pensamento radicalizante, Nietzsche, com seu olhar visionário, remexe nas profundezas 'abissais' da democracia. Não descobre nela apenas uma vasta enganação política, mas, sobretudo, uma*

[307] Ibidem, p. 153.

[308] Friedrich Wilhelm Nietzsche (Röcken, Lützen, Alemanha, 15 de outubro de 1844 – Weimar, Alemanha, 25 de agosto de 1900) foi um filósofo, filólogo, crítico cultural, poeta e compositor prussiano do século XIX, nascido na atual Alemanha. Escreveu vários textos criticando a religião, a moral, a cultura contemporânea, filosofia e ciência, exibindo uma predileção por metáfora, ironia e aforismo.

[309] Johann Gottlieb Fichte (1762 –1814) foi um filósofo alemão e um dos criadores do idealismo alemão, sob influência de Immanuel Kant, tanto que, na linha também de Descartes, interessou-se pelo problema da subjetividade e da consciência.

[310] Claude-Henri de Rouvroy, Conde de Saint-Simon (1760 – 1825), foi um filósofo e economista francês, um dos fundadores do socialismo moderno e teórico do socialismo utópico.

[311] Comte, Auguste – Isidore Auguste Marie François Xavier Comte (1798 – 1857) foi um filósofo francês, fundador da Sociologia e do Positivismo, que trabalhou, sem cessar, na criação de uma filosofia positiva.

[312] Fabre, Simone Goyard, *O que é democracia*, cit., 2003, p. 264-265.

mentira metafísica em relação à vida e à vontade de potência que a anima. Ao anunciar: 'Não sou um homem, sou dinamite', ele sem dúvida preveniu seu leitor antes de mergulhar nas trevas da loucura. Denunciando a civilização ocidental, coloca-se contra Deus, contra o homem, contra a metafísica, contra a história, contra a democracia, contra tudo. Sua crítica veemente do nivelamento democrático, no qual vê o rebaixamento da humanidade culminar em seu aniquilamento, é a denúncia da deriva ontológica e axiológica dessa estranha modernidade que, segundo ele, começou com Sócrates: ela tem algo de desesperado e de desesperador. A era democrática é o indicador de um cataclismo iminente"[313].

Além disso, *"A hostilidade contra a ontologia niilista que a onda democrática traz consigo não ficou sem repercussão e, apesar da equivocidade de um pensamento perturbador que dá lugar a interpretações divergentes, a crítica nietzschiana extrapolou seu tempo. O Estado de Direito vem sendo discutido, e o jurista se pergunta sobre as formas institucionais da democracia, podendo responder de maneira precisa. Os critérios jurídicos de um regime democrático são numerosos e aparentemente claros. No entanto, não estão destituídos de problematicidade*[314]*"*.

[313] Ibidem, p. 265.

[314] "Pois bem, a tal ponto se dilatou em nossos dias a concepção do direito à divergência que muitos consideram legítimo exercê-lo até mesmo para sacrificar os próprios valores democráticos, que dão suporte a esse direito, desde que, perdoe-se a ironia, a sua morte se opere democraticamente – desde que se observe o devido processo legal, dirá o jurista –, como se viu em passado recente, quando fascistas e nazistas, ascendendo ao poder pelos caminhos que as instituições democráticas lhes franquearam, prontamente se puseram a desacreditar essas coisas pequeno-burguesas e atentar contra os direitos individuais e as liberdades públicas, em cumprimento, talvez, ao destino trágico do Estado de Direito, que, por amor da estrita coerência com os seus princípios, é obrigado a admitir a autodestruição, se essa for a vontade do povo, a quem não se pode impor que viva em liberdade se livremente ele se decidir a perdê-la. É o que nos diz o clássico *Legaz y Lacambra*, para quem, sob essa perspectiva de coerência suicida, o valor do Estado de Direito será o da sua tragédia: suprimir-se a si próprio, nisso consistindo a sua grandeza e também a sua miséria. Para o bem ou para o mal, essa atitude demissionária das democracias ocidentais acabou levando ao paroxismo os seus algozes e desencadeando um conflito de dimensões nunca vistas, sobre cujos escombros emergiram as chamadas democracias combatentes, no seio das quais, fruto dessa amarga experiência, veio a consolidar-se a ideia de que se o certo e o errado, o justo e o injusto não podem depender de algum tipo de teoria eleitoral da verdade, então parece não contradizer os ideais democráticos engendrarem-se mecanismos destinados a defender esses mesmos valores nos momentos de insensatez

O regime da democracia política repousa hoje sobre uma organização constitucional em que as autoridades e as instâncias políticas estão, elas mesmas, submetidas ao direito: dessa concepção da democracia, o estado de direito é a forma jurídica acabada, apoiando-se na ideia da soberania do povo e, correlativamente – já que a democracia direta é impossível no mundo moderno –, no axioma da representação que faz com que os governantes falem em nome dos cidadãos, o estado democrático apoia-se

majoritária. Afinal, se a Liberdade é que dá à Democracia o seu, esse substancial, se é ela que constitui a suma e o compêndio de todas as intenções democráticas, então parece curial que, sob ameaça de morte, a democracia se defenda e ataque os liberticidas, não se deixando imolar sob uma compreensão equivocada de si mesma, que a tanto equivaleria quedar-se passiva diante do perigo, aguardar o seu sacrifício ou, resignadamente, caminhar para o patíbulo com as próprias pernas só porque, num momento de eclipse da razão coletiva, uma turbamulta logrou empolgar o poder e sacrificar as liberdades públicas. Não! 'A democracia perfeita defende-se contra os seus inimigos'. Descrevendo essa nova atitude, na perspectiva das constituições promulgadas no segundo pós-guerra, Boris Mirkine-Guetzévitch observa que os seus autores, impressionados pela tragédia das democracias entre as duas guerras mundiais, procuraram fórmulas que conciliassem o reconhecimento dos direitos humanos e a salvaguarda geral dos regimes, uma questão que, embora tenha surgido antes de 1939, no decurso dos anos em que os países democráticos da Europa tiveram de lutar contra a preparação legal da derrubada de seus regimes, só se tornou particularmente crítica à época do nazismo, cujos horrores despertaram os dirigentes e pensadores políticos verdadeiramente democratas para o fato de que, 'se a maioria é fraca, se é frouxa, se escorrega para o totalitarismo, é preciso defendê-la contra a própria maioria', porque a democracia não é apenas um sistema de governo, assentado no princípio majoritário, mas também, ou, antes de tudo, 'uma filosofia, um modo de viver, uma religião e, quase acessoriamente, uma forma de governo', que tem no pluralismo efetivo um dos seus valores fundamentais. Porque, enfim, se por definição a autocracia é unívoca, a democracia, por natureza, é multívoca. Posta a questão nesses termos, outra indagação de muito maior profundidade coloca-se diante de nós, desafiando-nos a revelar qual o critério de verdade que legitima a imposição de crenças particulares à obediência geral, corno acontece na seara dos direitos humanos, cujas declarações, embora autodenominadas universais, são vistas pelos seus críticos como textos simplesmente ocidentais e, por isso mesmo, carentes de normatividade para quem vive do outro lado do mundo e ali se conduz em conformidade com valores diversos". ZAGREBELSKY, Gustavo. *A crucificação e a democracia*. São Paulo: Saraiva, 2016, p. 9.

no sufrágio universal, subentendendo-se que o princípio majoritário é a regra da representação parlamentar[315].

[315] "A representação política se apresenta na literatura científica como um conceito de difícil definição. Esta decorre principalmente de várias posições com relação ao papel do representante, muito mais do que do representado. Nesta construção, buscamos privilegiar autores que examinam e exploram, em primeiro lugar, as especificidades da representação política nos cargos elegíveis do legislativo e do executivo e, em segundo lugar, a discussão propriamente dita da forma e da amplitude desta representação. Representar é sempre atuar no lugar de alguém ou de algo que está ausente. A representação de algo ou de alguém traz para o cenário aquilo que o autor faria naquela situação. Desempenhar um papel é trazer para o público espectador ou oponente (no sentido daquele com quem o ator contracena, e não necessariamente àquele que se opõe) as palavras e as ações que seriam usadas pelo ausente, se presente estivesse. Ao conferir ao outro a possibilidade da representação, o ausente estabelece um contrato, em que serão definidos quais são os limites e a forma desta representação, mesmo que esta representação seja uma representação teatral. Ao transferir seu poder de representação para o outro, ele estabelece como, quando, onde e por quanto tempo o representante agirá em seu nome. Esta limitação estabelece o grau de autoridade que está sendo transferida ao representante e, sobretudo, aplica-se aos casos em que o representado tem consciência, ainda que presumida, do objeto da representação. Aqui nos interessa mais especificamente os casos em que o representante atua nas tomadas de decisão e proposições que determinarão as limitações do cotidiano do ausente, sobre as quais ele não tem conhecimento. A representação política democrática requer um conjunto de normatizações, com o propósito de garantir tanto a democracia quanto a legitimidade de seus representantes. A discussão em torno da presença do representado foi levantada por Hobbes, em sua obra o Leviatã, em que divide as pessoas, quanto ao poder de decisão, em naturais ou artificiais. Ele inicia o capítulo XVI denominado Das pessoas, Autores e Coisas Personificadas assim: 'uma pessoa é aquele cujas palavras ou ações são consideradas quer como suas próprias, quer como representando as palavras ou ações de outro homem, ou de qualquer outra coisa a que sejam atribuídas, seja com verdade ou por ficção. Quando elas são consideradas como suas próprias ele se chama uma pessoa natural. Quando são consideradas como representando as palavras e ações de um outro, chama-se-lhe uma pessoa fictícia ou artificial' (Hobbes, 1997, p. 135 – grifos do autor). Embora saibamos que na evolução do pensamento hobbesiano há o argumento que confere poderes praticamente ilimitados ao soberano, o que nos interessa aqui é ressaltar a questão de que o representante está limitado às palavras e ações do representado, devendo, portanto, estabelecer com este uma forma de conhecer suas posições. Mas na representação política um representante eleito através do sufrágio representa muitos eleitores. Mesmo que fosse possível conhecer as ideias de todos os representados, a questão que se nos apresenta é outra. Para explicar a autoridade, vamos recorrer novamente ao conceito de Hobbes, conforme segue: 'E tal como o direito de posse se chama domínio, assim também o direito de fazer qualquer ação se chama autoridade. De

A representação, que pressupõe a concordância entre os atos dos representantes e a opinião dos representados, é, portanto, produtora da legitimidade dos governantes; nela, fala a "vontade geral" de que a lei é a expressão. O regime democrático implica também a existência de órgãos políticos distintos, cujas funções específicas consistem em elaborar as leis, fazer executá-las, controlar sua constitucionalidade e a legalidade das decisões que emanam das diversas autoridades estatais, punir a falta de observância das regras de direito. O respeito pela hierarquia das normas jurídicas encontra-se, pois, no princípio da ordem pública na medida em que se supõe que esses órgãos governamentais agem em nome de todos os cidadãos e em uníssono com os interesses deles[316].

Considerado em termos filosóficos, esse esquema jurídico organizador da democracia repousa sobre três pressupostos: o assentimento que o povo dá ao poder, a igual liberdade de todos os cidadãos e a garantia da legalidade pela organização constitucional dos poderes. Assim instituída, a democracia encontra sua inspiração na reivindicação política do liberalismo: é preciso proteger as liberdades individuais contra toda forma de arbitrariedade estatal. Recorre, portanto, aos instrumentos da técnica jurídica que, apresentados como o antídoto do Estado autoritário em seu repúdio liberal do absolutismo, são capazes de salvaguardar as liberdades. Citemos, por exemplo, em diferentes planos: a divisão dos poderes, a independência dos tribunais, a legalidade das práticas administrativas, a proteção jurídica dos direitos fundamentais. Na simbólica democrática, o vetor mais poderoso é a exigência da igual liberdade de cidadãos que são também homens. Na "cidade das consciências autônomas", a democracia é "o governo da liberdade". Esta é, com certeza, a definição ideal e

modo que por autoridade se entende sempre o direito de praticar qualquer ação, e feito por autoridade significa sempre feito por comissão ou licença daquele a quem pertence o direito' (Hobbes, 1997, p 135-136). A legitimidade do voto confere ao representante a autoridade para atuar em nome de seus representados. E ainda que o processo de conhecimento se realize pela identificação do pensamento, as questões em que o representante usará seu poder de decisão não são conhecidas previamente". Arretche, Zaira Maria. *A ideia da representação nas teorias democráticas elitista*, cit., p. 17.

[316] Ibidem, p. 43.

pura das democracias modernas que, com razão, podem ser qualificadas de democracias liberais[317].

Max Weber[318] – Em relação à legitimidade carismática[319], esta se afirma principalmente, segundo Weber, em períodos de mutação, de revolução até; por isso não pode durar muito tempo. Em contrapartida, a legitimidade tradicional e a legitimidade racional condicionam a estabilidade dos regimes, embora isso se dê por caminhos diferentes que são, por um lado, a contribuição da experiência e, por outro, a regulação jurídica. A legitimidade democrática poderia ter tomado uma ou outra destas duas últimas vias. No entanto, desde o século XVIII, a vida política, fortemente intelectualizada, deu um caráter jurídico à própria ideia de democracia[320].

Quando Weber designou, em suas obras, "São Burocratius" como o auxiliar do poder democrático, ele sem dúvida teve uma visão profética de que o século XX confirmou. No entanto, embora também tenha percebido que a relação da legitimidade com a legalidade não é, nos fatos, nem um pouco clara e unívoca – o que explica o caráter ambivalente e movediço da política –, apenas entreviu a problematicidade intrínseca da legitimação do poder. Com efeito, a história moderna mostra que o fenômeno da revolução, que instala um governo fora dos procedimentos constitucionais, traz sempre em si a potência de uma restauração possível, o que põe em evidência a instabilidade, até mesmo a incerteza da relação entre legitimidade e legalidade. A equivocidade dessa relação é a fonte das crises de legitimação que, em nossa época, a quase totalidade das democracias vive de maneira endêmica[321].

317 Ibidem, p. 43.

318 Maximilian Karl Emil Weber (1864 – 1920) foi um intelectual, jurista e economista alemão considerado um dos fundadores da Sociologia.

319 A forma de legitimidade carismática assenta-se na crença das qualidades excepcionais do governante, a ponto de evocar lealdade e devoção. A legitimação tradicional se fundamenta na força operante dos costumes, tradições e/ou prerrogativas hierárquicas dos governantes. Outra forma é a legitimidade legal, que tem por base a lei e os seus procedimentos, nomeadamente a escolha dos representantes por sufrágio universal.

320 Arretche, Zaira Maria. *A ideia da representação nas teorias democráticas elitista*, cit., p. 20.

321 Ibidem, p. 20.

Ricoeur[322] – Admitindo-se que a força de uma legitimação depende da capacidade de fundação e de justificação que ela contém, ou seja, do tipo de razões que ela é capaz de produzir, constata-se que hoje se abre uma brecha entre o crédito que o Poder reclama e as justificações que dá das exigências impostas por ele aos cidadãos. Essa falha, que o grande filósofo francês Paul Ricoeur chama de "brecha de legitimação", significa que o Poder que se diz democrático está habitado por uma crise fundamental, que nada mais é que uma crise de identidade: o povo soberano não se reconhece mais no aparelho do Estado que o governa[323].

Dizer que no fim do século XX surgiu em todos os domínios um fenômeno de crise é uma banalidade; a dúvida surge diante dos múltiplos comportamentos sociopolíticos das instâncias governamentais. Ela leva a desconfiar dos procedimentos racionais de legitimação teoricamente em funcionamento numa política democrática. Ao mesmo tempo, pesa uma suspeita sobre a existência de valores suficientemente compartilhados para que possa se estabelecer um consenso com base neles. Por conseguinte, a crise provém do fato de que, no sistema democrático estabelecido, os imperativos estruturais internos são abalados por outros imperativos, dificilmente conciliáveis com os primeiros. Não se trata de uma dificuldade de ordem lógica, mas de um mal-estar concreto e vivenciado, como demonstra a inflação contestatária cuja expressão mais corrente são as manifestações de rua. Pode até chegar a acontecer que, sob a pressão de certos grupos – políticos, sindicais, profissionais –, os protestos desemboquem numa explosão violenta. Este não é um fenômeno de revolução, mesmo considerando as manipulações ideológicas que nunca deixam de aproveitar a ocasião para se exercerem; as manifestações de rua exprimem o descontentamento das massas populares e os desacordos da opinião pública. As instâncias do Poder, que os cidadãos acreditavam ter instalado democraticamente, estão, sob o peso da crítica, em via de

322 Paul Ricoeur (Drôme, França, 1913 – Châtenay-Malabry, França, 2005) foi um dos grandes filósofos e pensadores franceses do período pós-guerra. Participou de debates sobre linguística, psicanálise, estruturalismo e hermenêutica.

323 ARRETCHE, Zaira Maria. *A ideia da representação nas teorias democráticas elitista*, cit., p. 20.

perder sua identidade. A opinião não lhes confere mais o certificado de conformidade que a legitimidade deles exige[324].

Habermas[325] – Importante intelectual contemporâneo, o filósofo e sociólogo alemão Jürgen Habermas, a partir de 1973, analisou o fenômeno de crise nas sociedades ocidentais "avançadas", e vê nessa situação "um problema de regulação". A opinião pública, abalada em suas crenças mais firmes, não dá mais sua adesão às regulações que o direito constitucional ou, mais amplamente, o direito positivo do Estado formaliza. Os indivíduos e os grupos não reconhecem mais suas aspirações e suas motivações nas instâncias que criaram e na legislação que, pensavam eles, deveria ser a expressão de sua vontade. Pelo fato de o sistema de regras estabelecidas lhes parecer degradado, exigem regras novas; é como se no povo – ou, mais precisamente, no espírito do povo e pela ação suscitada por uma revolta mais ou menos aguda – se produzisse um "deslocamento" da regulação[326]. É importante lembrar:

> *"Podem apresentar-se, então, duas situações: ou a opinião pública, num movimento de emancipação, recorre a um trabalho inventivo que, impulsionado por líderes e pelo efeito da propaganda, pode chegar até a uma revolução; ou então a opinião pública, num gesto de retraimento, vai buscar na tradição o que não encontra nas regras do momento e se refugia num conservantismo que adota a forma de reação ou de restauração. Uma terceira atitude é possível: o refúgio num torpor apático ou no sonambulismo. Esse comportamento, comprovado pela existência inegável das 'maiorias silenciosas', é evidentemente uma renúncia política. Embora seja interessante do ponto de vista sociológico, não o é na perspectiva de uma reflexão de filosofia política. Seja como for, interpretar a crise de legitimação vivida pela maioria das democracias contemporâneas como o deslocamento da legitimidade de um aparelho de Estado para um outro aparelho de Estado é insuficiente. Na verdade, o bloqueio das instituições vigentes é mais significativo que o 'deslocamento' dos fatores de legitimação, muitas vezes apresentado,*

[324] Ibidem, p. 21.

[325] Jürgen Habermas (1929 –) é um filósofo e sociólogo alemão que participa da tradição da teoria crítica e do pragmatismo, sendo membro da Escola de Frankfurt. Dedicou sua vida ao estudo da democracia, especialmente por meio de suas teorias do agir comunicativo, da política deliberativa e da esfera pública.

[326] ARRETCHE, Zaira Maria. *A ideia da representação nas teorias democráticas elitista*, cit., p. 21.

aliás, como uma 'superação' da situação presente. Ele indica que as estruturas normativas que as instituições representam não são mais congruentes com as necessidades e os ideais da sociedade civil – o que serve de pretexto para muitos autores insistirem sobre a diferença entre 'Estado' e 'sociedade civil'.

O ***mundo democrático*** *começou a claudicar. Sua busca de uma legitimação renovada ameaça-o, desde o período entre as duas guerras mundiais, de pulverização. Embora seja verdade que uma força legitimante necessita não de um consenso forçado – evidentemente antidemocrático –, mas da adesão livre da maioria dos cidadãos a regras comuns, pode-se avaliar o quanto o processo de legitimação é difícil e precário, pois a opinião pública que, sem cessar, recoloca em questão sua adesão às regras do Poder é, em sua labilidade, passionalmente exigente. É certo que 'a democracia é a institucionalização do direito à crítica'. Mas a questão da legitimidade democrática faz surgir, hoje mais que nunca, um dilema doloroso: abriu-se uma brecha entre o princípio que funda racionalmente a democracia na vontade geral legisladora do povo soberano e o processo de legitimação das instâncias de decisão por uma opinião pública tão versátil quanto ruidosa. O dilema que a distância entre esses dois modos de legitimação manifesta – o apelo à vontade geral do povo e a capitulação diante da opinião pública – tem um caráter agonístico. Isso indica claramente a gravidade da crise que corrói, até seu princípio fundador, as democracias contemporâneas"*[327].

Rivero[328] – Os chamados direitos do homem de "primeira dimensão" certamente não fazem parte de uma profissão de fé democrática[329] deli-

[327] Ibidem, p. 21.

[328] Jean Rivero (1910 – 2001) foi um jurista e professor de direito público francês. Escrevia principalmente sobre direito constitucional, direitos humanos, e liberdades públicas.

[329] "A democracia, como todas as outras boas ideias, também pode afogar-se em verbalismo. A avalanche de palavras que já emitiram os apologistas norte-americanos da democracia dá motivo para suspeita. Se, de fato, acreditássemos na democracia tão profundamente quanto insistimos em proclamar, não seria necessário apregoar tanto suas virtudes. Quem faz muito empenho em alardear esta, em geral, procurando esconder alguma coisa. No que diz respeito à democracia, estou convencido de que muitos de seus arautos contemporâneos falam tão alto por saberem que seu modo de agir não está de acordo com o que pregam. Temos exemplos na Alemanha. Boa parte da República de Weimar se resumia em palavras, discursos, debates e pronunciamentos; nenhuma ação. Como exemplo da políticapolítica confusa da República de Weimar temos o fato de que, durante a sua vigência, ninguém cuidou de cercear a ação dos juízes e funcionários da monarquia, dos professores reacionários que pregavam contra a liberdade e

beradamente proclamada. Exprimem, no entanto, na forma da lei civil, expressão da vontade geral, a liberdade inviolável que a dignidade de todo cidadão implica. Pressentindo a necessidade que logo surgiria de transpor as exigências éticas dos direitos naturais do homem para o registro constitucional, a Declaração de Direitos oriunda da Revolução Francesa abria caminho para a elaboração do quadro jurídico-político no qual viriam a se inscrever os "direitos do homem e do cidadão". Esses direitos, que o professor de direito público francês Jean Rivero chamou de "direitos-liberdades", não designam a independência individual; eram, para todos os cidadãos, a possibilidade, juridicamente garantida, de fazer o que as leis permitiam[330].

No próximo capítulo, serão discutidas questões relacionadas ao papel da **Constituição no Brasil e no mundo**. A proposta é, a partir das visões de alguns dos principais constitucionalistas brasileiros e internacionais,

a democracia, nem da casta militar. Nem foi a República de Weimar capaz de integrar a sociedade germânica, aproximar os vários grupos e proporcionar-lhe sentimento de unidade. A concepção corrente de Democracia não pode remediar a desintegração e a inação. Baseia-se ela sobre os métodos democráticos do século XVIII: assembleia representativa, constituição e partidos políticos. À luz dos últimos acontecimentos, as esperanças exageradas que em tais métodos se depositava, não parecem ter sido justificadas. Pois aquilo a que chamamos democracia apresenta certas fraquezas fundamentais que os ditadores, com certa razão, apontam desdenhosamente. Tende a tornar-se negativa, a desintegrar-se, confiando excessivamente nos controles e compensações, no regime de dois partidos, protestos e acordos. Fundamental à nossa estrutura governamental é a tradicional fé no processo de controles e compensações, isto é, que se chega a uma boa sociedade impedindo que cada partido aja mal. Por terem decorrido em período de desbravamento os cento e cinquenta anos em que a nossa democracia se desenvolveu, as qualidades negativas do governo não se mostraram muito serias. Os empreendimentos positivos compensaram a negatividade do governo e a impropriedade da ideologia democrática. Os erros, a ineficiência e os desperdícios foram absorvidos durante o processo de exploração e desenvolvimento de um continente riquíssimo. Agora, a situação é outra. O período de desbravamento já passou. Os problemas a serem resolvidos tornaram-se mais complexos. As coisas positivas a cargo da sociedade, englobadamente, e não de partidos que se contrapõem a uns aos outros, são agora mais numerosas e importantes". Huszar, George B. *Aplicações práticas da democracia*. Trad. J. L. Melo. Rio de Janeiro: Record, 1965, p. 35-36.

330 Arretche, Zaira Maria. *A ideia da representação nas teorias democráticas elitista*, cit., p. 25.

discutir os vários tipos de Constituições existentes no mundo hoje, com especial interesse pela brasileira, destacando suas diferenças quanto à forma, à unidade, à origem, à extensão e ao fundamento, entre outras diferenciações.

Capítulo 3
CONSTITUIÇÃO E CONSTITUCIONALISMO – DAS REVOLUÇÕES LIBERAIS AO PÓS-POSITIVISMO

3.1. Constituição – acepções da terminologia e evolução

Na linguagem comum o termo "Constituição" designa vários sentidos; por exemplo, estudar a constituição de alguma coisa é apurar "de que elementos tal coisa se compõe e de que modo esses elementos estão organizados para formar uma unidade". Por sua vez, o sentido jurídico de Constituição, a ser tratado adiante, corresponde, em linhas gerais, a um "conjunto de normas jurídicas que está expresso num documento escrito, que fundamenta (dá sustentação, 'ilumina') todo o direito da sociedade, sendo dotado de superioridade"[331].

Nenhum Estado prescinde de uma Constituição, impondo-se, dessa maneira, o respectivo conceito material, substancial ou naturalístico: "corresponde aos assuntos mais importantes de uma sociedade, sendo, por isso mesmo, o regramento jurídico que institui (constitui) essa sociedade". Por outro lado, quanto ao aspecto formal de Constituição, este se relaciona "ao modo diferenciado como as normas constitucionais se apresentam (com evidência), são produzidas (com intenção e solenidade) e podem ser alteradas (com complexidade)"[332].

No plano jurídico, diante das inúmeras definições de "constituição", podemos considerar a de José Horácio Meirelles Teixeira, professor de Direito e jurista: "*Conjunto de normas fundamentais, constante de documento escrito, solene e inalterável por lei ordinária, reguladoras da própria existência do*

[331] DALLARI, Dalmo de Abreu. *A constituição na vida dos povos*. 2.ed. São Paulo: Saraiva, 2012, p. 17.
[332] Ibidem, p. 17.

Estado, de sua estrutura, órgãos e funções, do modo do exercício e limites da soberania, dos seus fins e interesses fundamentais, das liberdades públicas, direitos e deveres dos cidadãos"[333].

Ao recorrermos à definição doutrinária de Constituição segundo Giuseppe de Vergottini, trata-se do "*conjunto de princípios que se situam no vértice de qualquer sistema normativo, relativos a um número variado de entes, tais como os Estados, as organizações internacionais, a comunidade internacional*". Aliás, qualquer ser, seja público, seja privado, dispõe de princípios básicos indispensáveis e, por isso, uma constituição própria. No entanto, somente os seres chamados originários ou autolegitimados "se consideram portadores de uma Constituição, que vale e opera também para todos os seres derivados que se justificam por ela, estando diversamente vinculados ao ordenamento do ser originário e dependendo dele. Isto vale especialmente para os entes públicos abrangidos pelo ordenamento estatal[334].

As constituições evoluíram, *grosso modo*, de acordo com a seguinte cronologia:

A Magna Carta, prenúncio das ditas constituições modernas, surgiu da necessidade de se governar o Estado por uma constituição política, o que se concretizou em junho de 1215, quando os barões impuseram ao então rei da Inglaterra (João sem Terra), por meio da carta constitucional, a fixação de direitos aos cidadãos e a criação de "processos de controle das finanças públicas por quem as provia de recursos"[335].

A influência do contratualismo, ou seja, de um pacto ou acordo entre os indivíduos ou entre estes e o governo para fundar e justificar a sociedade política, modelou a noção moderna de Constituição, tendo como precursores Thomas Hobbes e John Locke – Inglaterra (século XVII) e Jean-Jacques Rousseau – França (século XVIII).

333 Apud Pinho, Ruy Rebello; e Nascimento, Amauri Mascaro. *Instituições de direito público e privado*. 25. ed. São Paulo: Atlas, 2004, apud Farhat, Said. *Dicionário parlamentar e político*, cit., p. 180-181.

334 Vergottini, Giuseppe de. Constituição. In Bobbio, Norberto. *Dicionário de Política – A-K*. 13. ed. Brasília: Unb, 2007, p. 259.

335 Farhat, Said. *Dicionário parlamentar e político*, cit., p. 180. Pouco resta da Magna Carla de 1215 em vigor, e outra não se fez na Grã-Bretanha. Por isso, diz-se apropriadamente que o Reino Unido não tem constituição escrita.

Advirta-se que inúmeras normas jurídicas desempenharam o papel de "protoconstituições", e somente com o advento da citada Magna Carta inglesa, do constitucionalismo do Iluminismo (a partir do século XVIII), do *Instrument of Government* de Oliver Cromwell[336] (Inglaterra, 1653), da Constituição dos Estados Unidos da América (17-9-1787), da Declaração Universal dos Direitos do Homem e do Cidadão e da Revolução Francesa (26-8-1789) é que se conformou a noção moderna de constituição[337].

Como resultado das Revoluções Americana (1776) e Francesa (1789), foi que de fato surgiram constituições escritas no formato que hoje conhecemos, respectivamente em 1787 e 1791. Como consequência das declarações de direitos oriundas das revoluções, que apenas propagavam os direitos inerentes aos seres humanos, buscou-se também garantir tais direitos, insculpindo-os no ordenamento jurídico por intermédio dos textos constitucionais. Por óbvio, como consequência do momento histórico em que surgiram, os primeiros direitos inseridos nas Constituições diziam respeito à liberdade, em consonância com o iluminismo e liberalismo vigentes na época, sendo denominados direitos de "primeira dimensão" exatamente por terem sido os primeiros a serem protegidos.

Na França, "a República foi vítima da tensão que ela cria entre Revolução, que sugere mudança, e Constituição, que implica permanência e continuidade". O direito teria sido vítima de um sacrifício no plano político. Pelo fato de o direito ter sido sacrificado "em favor do político", sendo incorporado ao novo sistema, teria conferido à Constituição "o papel de instrumento de expressão da vontade e dos interesses da corrente política predominante"[338]. Como a Revolução ainda estava em andamento, o resultado foi enorme instabilidade constitucional naquele país, com o surgimento de várias Constituições em curto espaço de tempo.

Em que pesem a declaração de direitos e a fixação de normas jurídicas na Carta daquela nação, o texto constitucional passou a submeter-

336 Oliver Cromwell (1599 –1658) foi um militar e líder político inglês extremamente religioso, que promoveu a chamada Revolução Gloriosa.

337 Dallari, Dalmo. *A constituição na vida dos povos*, cit., p. 23.

338 Ibidem, p. 24.

-se a "uma espécie de manifesto político, que se substitui e se modifica segundo as conveniências de quem detiver o poder superior"[339].

Em estágios seguintes, houve alterações na Constituição, como textos de emendas para "atender aos interesses dos governantes". Ante o sacrifício de muitos direitos e a predominância da concepção política da Constituição, constata-se que os direitos deixam de constituir uma prioridade. Exemplo disso é a redação do preâmbulo da primeira Constituição francesa, de 3 de setembro de 1791: "representantes do povo francês" atenderiam às reclamações dos cidadãos, considerando-se "a manutenção da Constituição". E segundo o decreto da Convenção Nacional, de 21 de setembro de 1792, "não pode haver Constituição que não seja aquela aceita pelo povo"[340].

A questão política acabou motivando, ao longo de 13 anos, a edição de 6 (seis) novas Constituições, como as de 1791 a 1804 (1791, 1793, 1795, 1799, 1802 e 1804). Pergunta-se se nesse período e a cada mudança o povo teria tido, de fato, oportunidade para aceitar a Constituição, haja vista o curto lapso temporal entre os textos constitucionais. Por certo não, "pois a consagração dos direitos fundamentais pelo povo exige continuidade num período prolongado de tempo"[341].

Depreende-se que nos sistemas democráticos de governo a principal característica é a limitação dos poderes dos governantes, mas ressalte-se que no âmbito de um país a Constituição também impõe limites aos "poderes do Estado em relação à cidadania e às relações interpessoais e interinstitucionais"[342].

3.1.1. Modelos constitucionais no século XX – diversidade

Merecem ser tratadas as experiências constitucionais no âmbito dos Estados comumente definidos como "de democracia clássica, inspirados

[339] Ibidem, p. 24.
[340] Ibidem, p. 24.
[341] Ibidem, p. 24.
[342] Ibidem, p. 24.

nos princípios da democracia liberal, dos Estados socialistas, dos Estados autoritários e, finalmente, dos Estados de independência recente"[343].

Encerrado o primeiro conflito de abrangência mundial, em 1918, iniciaram-se as divergências em relação ao modelo constitucional clássico, à luz das primeiras Constituições do século XVIII, a francesa e a americana, ambas fruto de movimentos sociais, sob influência do movimento constitucional britânico. Nesse estágio, observa-se que muitos ordenamentos tentavam adequar, mediante ampla inovação e racionalização, os textos constitucionais às novas exigências políticas e sociais, mas outros enveredavam pelas experiências constitucionais do Estado autoritário e socialista. No caso das Constituições democráticas, estas elaboradas e sancionadas na Europa depois de 1918, acabaram se adaptando às necessidades peculiares as experiências do Parlamento britânico e francês, dando algumas preferências à assembleia, outras ao governo, em especial ao chefe do Estado[344].

Nos países da Europa destacam-se as seguintes constituições: alemã, de 1919 (Constituição de Weimar); a austríaca e tchecoslovaca, de 1920; e, mais tarde, a Constituição republicana espanhola, de 1931, que ofereciam tanto uma disposição "racionalizada" da organização constitucional quanto, ao lado dos tradicionais direitos à liberdade, os chamados direitos sociais[345]. Como se poderia esperar, essas cartas constitucionais acabaram convertendo-se em paradigmas para as demais.

Finda a guerra, uma nova série de Constituições de muitos ordenamentos filiou-se ao conceito liberal-democrático do Estado, tendo como propósito ampliar as garantias sociais e as das autonomias territoriais. Exemplos: Constituições francesa de 1946, italiana de 1947 e a alemã de 1949. Mais tarde, na França, a Constituição gaulista de 1958 fundia a forma de governo parlamentar com a presidencial. Isso proporcionou um

[343] TAVARES, André Ramos. Controle judicial de constitucionalidade (História no Brasil). In DIMOULIS, Dimitri. *Dicionário Brasileiro de Direito Constitucional*. 2.ed. São Paulo: Saraiva, 2012, p. 23.

[344] Ibidem, p. 23.

[345] Ibidem, p. 23.

revigoramento do Executivo[346], com o consequente enfraquecimento do Legislativo.

Em relação aos chamados Estados socialistas, pode-se exemplificar por meio da vivência constitucional da Rússia soviética. Verifica-se que houve nítido afastamento da corrente do constitucionalismo clássico com o advento do texto de 1918 e, em particular, com o Texto Federal de 1924 e os de 1936 e 1977, tendentes a estabelecer os pressupostos necessários à realização dos princípios do socialismo, que, em teoria, pretendiam conformar a sociedade dita comunista. No caso da Constituição stalinista de 1936, especialmente depois de uma primeira fase caracterizada por textos constitucionais provisórios, num período que vai de 1945 a 1948, e viu sobreviver precariamente institutos próprios de ordenamentos precedentes, tornou-se o modelo das Constituições adotadas pelos países da Europa oriental pertencentes à esfera de influência russa[347]. No caso, constata-se a supremacia da questão política sobre a jurídica, visto que a ex-URSS dominava os demais países. Sua Constituição, portanto, exercia forte domínio sobre as demais.

A Tchecoslováquia, no entanto, na Constituição de 1948, não se filiava aos preceitos constitucionais soviéticos; entre 1947 e 1954 Bulgária, Hungria, Polônia, Alemanha Oriental e Romênia, membros mais fiéis do Pacto de Varsóvia, incorporaram, quase *ipsis litteris*, o modelo russo de 1936 ao seu sistema político-jurídico, ao passo que no período pós-stalinano “surgiam novos textos a adaptar os princípios do socialismo às exigências nacionais”[348].

O caso da Iugoslávia[349] tratou-se de uma experiência particular, pois, desde 1946, esse país vinha atualizando suas Constituições de forma

[346] Ibidem, p. 23.

[347] Ibidem, p. 23.

[348] Ibidem, p. 23.

[349] Liderada por Josip Broz Tito (1892-1980), que foi chefe dos partisans, guerrilheiros que enfrentaram e derrotaram as tropas do Eixo e dos nazi-fascistas croatas e sérvios, a Iugoslávia desenvolveu um modelo próprio, que se converteu no movimento Não Alinhado, que propunha a independência da Otan e do Pacto de Varsóvia. Após sua morte, o país se desintegrou e entrou em um processo de esfacelamento que degenerou em conflitos internacionais como o de Kosovo, na década de 1990. Apesar de comandar uma nação socialista, Tito jamais se alinhou à ex-URSS e, muito menos, aos EUA e seus aliados.

reiterada, segundo o contexto da política interna. Por sua vez, a China, após a lei orgânica do Governo popular de 1949 e a Constituição de 1954, muito próxima do modelo russo de 1936, acolheu, em 1975 e 1978, novas Constituições[350].

A atual Constituição chinesa, de 1982, quarta Constituição após a Revolução, submeteu-se a revisões em 1988, 1993, 1999 e 2004, com o intuito de compatibilizar o modelo socialista à economia de mercado[351].

Se, por um lado, as Constituições socialistas se opuseram claramente ao constitucionalismo clássico, tanto aos princípios quanto às soluções organizativas, por outro, o mesmo não se pode afirmar invariavelmente das Cartas dos Estados autoritários, bem como dos textos constitucionais dos Estados há pouco independentes[352].

As experiências constitucionais da Itália fascista e da Alemanha nacional-socialista são encaradas como típicas do Estado autoritário, tal como as dos Estados da Península Ibérica, Espanha e Portugal, e as de mais alguns Estados europeus anteriores ou contemporâneas ao segundo conflito mundial[353]. Estas experiências representaram uma forma de reação à temida democratização dos ordenamentos liberais, e pretendiam opor-se à instauração de ordenamentos socialistas, por isso defendiam o partido único, portador da ideologia oficial, única legal. Encontraram sua orgânica sistematização num único texto constitucional, na Constituição portuguesa de 1933[354].

Portanto, a Constituição de sua pátria refletia o pensamento dele e da classe dirigente do país, que propunha a neutralidade entre os dois extremos ideológicos.

[350] Tavares, André Ramos. Controle judicial de constitucionalidade (História no Brasil). In Dimoulis, Dimitri. *Dicionário Brasileiro de Direito Constitucional*, cit., p. 23.

[351] Coelho, Diva Julia Sousa da Cunha Safe; Coelho, Saulo de Oliveira Pinto; Diniz, Ricardo Martins Spindola. Constituição, constitucionalismo e efetividade na China: ilações entre cultura tradicional, práxis política e discurso constitucionalista no contexto chinês. *Revista da Faculdade de Direito UFPR*, Curitiba, PR, Brasil, v. 62, n. 3, p. 187-220, set./dez. 2017. ISSN 2236-7284.

[352] Dimoulis, Dimitri. *Dicionário Brasileiro de Direito Constitucional*, cit., p. 23.

[353] Ibidem, p. 23.

[354] Ibidem, p. 23. Essa Carta vigorou entre 1933 e 1976, data da Revolução dos Cravos, comandada pelo ditador Antônio de Oliveira Salazar, que encarregou um grupo de juristas para redigi-la.

É importante constatar que nos Estados do chamado Terceiro Mundo, nos quais o processo de independência foi recente, as medidas autoritárias imperaram. Nesse contexto, "as numerosíssimas Constituições (...) estão, muitas vezes, inspiradas (...) também na ideologia liberal ou socialista; mas as soluções orgânicas previstas dão vantagem ao critério da concentração do poder num líder nacional, que é ao mesmo tempo chefe do executivo e do partido único, imposto quase por toda a parte". Por sua vez, as formas de garantia da autonomia individual e coletiva, quando previstas, destinam-se a manter-se meramente nominais[355]. O que predomina é a palavra do "chefe".

3.2. Princípios constitucionais

"Princípio", substantivo masculino, significa, entre outras acepções do dicionário, "o que serve de base a alguma coisa; causa primeira, raiz, razão; proposição elementar e fundamental que serve de base a uma ordem de conhecimentos"[356].

Os princípios constitucionais constituem a essência de uma parte da Constituição, norteando os fundamentos que lhe dão sustentabilidade e compreensão. Isso se encontra evidente até na hipótese de não existir Constituição escrita, como ocorre no caso de constituições costumeiras, a exemplo das cartas constitucionais da Grã-Bretanha e de Israel, e também "quando nos apercebemos da não correspondência entre os princípios formais preexistentes e a realidade constitucional subjacente – como no caso do último período de vigência do ordenamento estatutário italiano, após a consolidação do fascismo"[357], ou seja, quando a Carta não corresponde à realidade concreta. Em outros países, no que se refere a princípios, as Constituições contemporâneas revelam-se preocupadas com a justiça social: "a repartição da renda nacional; os direitos próprios do trabalho; a organização da economia e o papel que nela deve ter o

[355] Ibidem, p. 23.

[356] Houaiss, Antonio, *Dicionário Houaiss da Língua Portuguesa*, cit., verbete "princípio".

[357] Vergottini, Giuseppe de. Constituição. In Bobbio, Norberto. *Dicionário de Política* – A-K, cit., p. 267.

Estado; a educação; e a seguridade social, que incorpora a previdência, a saúde e a assistência etc."[358].

No plano jurídico principiológico, a Constituição se circunscreve ao "vértice da hierarquia" e ao "ponto de referência de todo o sistema legal", de forma que as leis e "todos os demais instrumentos de ação estatal" devem modelar-se em razão da Carta, o que justifica a concepção de que o texto constitucional se trata de um sistema sobre cujo pilar os demais assentam, apoiam-se e legitimam-se. Lembre-se de que, sendo adotada por maioria, a constituição deve ser um texto duradouro, que a todos obrigue[359]. Deve, portanto, caber todos no corpo da Constituição.

No plano internacional, principalmente em face da discussão no âmbito do direito internacional que postula a viabilidade de uma Constituição supraestatal, ou seja, de uma carta para além dos Estados e de suas soberanias, sob a premissa de que a noção de Constituição deve "relacionar-se a uma comunidade política (e a uma realidade cultural) que transcende a dos Estados; o protótipo aqui é da União Europeia[360] e seu projeto de Constituição (2004)"[361]. No âmbito do continente sul-americano, entretanto, não se aventou essa possibilidade, visto que o Mercosul, órgão supraestatal de que o Brasil participa, trata-se de uma união aduaneira, e não de uma comunidade política como a União Europeia.

Por sinal, a Carta brasileira de 1988 apresenta-nos a definição de princípios e meios como:

358 Dallari, Dalmo de Abreu. *A constituição na vida dos povos*, cit., p. 21.

359 Ibidem, p. 21.

360 A União Europeia (UE) é uma união econômica e política de 28 Estados-membros independentes situados principalmente na Europa. A UE tem as suas origens na Comunidade Europeia do Carvão e do Aço (CECA) e na Comunidade Econômica Europeia (CEE), formadas por seis países em 1957. Nos anos que se seguiram, o território da UE foi aumentando de dimensão ante a adesão de novos Estados-membros, ao mesmo tempo em que aumentava a sua esfera de influência por meio da inclusão de novas competências políticas. O Tratado de Maastricht instituiu a União Europeia com o nome atual em 1993. A última revisão significativa aos princípios constitucionais da UE, o Tratado de Lisboa, entrou em vigor em 2009. Bruxelas é a capital de fato da União Europeia.

361 Dallari, Dalmo de Abreu. *A constituição na vida dos povos*, cit., p. 23.

"– direitos da cidadania – extensão e condições de uso das liberdades essenciais, caracterizadoras do regime político adotado;
– organização do Estado e dos poderes que o integram – limitação dos poderes dos órgãos estatais e forma do seu exercício; instrumentos de defesa do Estado democrático;
– organização da Justiça e formas que assegurem aos cidadãos os meios de efetivá-la;
– afirmação e instrumentação da soberania popular como única fonte de legitimidade do exercício do poder, seja diretamente, seja através de representantes eleitos;
– forma, extensão e limites do exercício do poder de tributar;
– orçamento, ordenação e controle da aplicação do produto das receitas públicas;
– parâmetros principais da ordem econômica;
– funções e obrigações do Estado em face da cidadania e do bem-estar social"[362].

3.3. O constitucionalismo – evolução no tempo e no espaço

Historicamente, os primeiros registros do constitucionalismo ocidental datam da experiência romana, quando o desenvolvimento do direito como instrumento de coesão e garantia da existência do Estado possibilitaram o aparecimento de um império, sob a autoridade de Roma. Nessa tarefa, o direito contou com apoio militar, capaz de conferir ao império e a seus governantes a tarefa de expandirem seu domínio por toda a Europa, atingindo, ainda, parte do Oriente e da África. Com a expansão europeia do século XIV, cujo êxito se deveu às grandes viagens marítimas, o modelo econômico, político e social, no contexto mundial, transformou-se radicalmente, de forma que tiveram de ser reformuladas as normas jurídicas das nações europeias – e, assim, a estrutura do exercício do poder do Estado. Nesse sentido, também as sociedades conquistadas pelas potências coloniais da Europa viram-se obrigadas a reorganizar a estrutura de poder nas novas e distantes possessões, além de, com grande frequência, promover ataques e planos de defesa mútuos. É nesse complexo contexto

[362] Ibidem, p. 23.

da realidade que as ideias se desenvolvem e proporcionam, com o direito, os instrumentos de sobrevivência de cada um dos Estados, de acordo com as necessidades e desafios de cada época[363].

O constitucionalismo, portanto, vincula-se à noção de elemento garantidor do Estado absoluto, este representando a modernidade contra o feudalismo, que se desintegrava naquele período. O esfacelamento da autoridade – isto é, do próprio feudalismo – impossibilitava a qualquer organização social avanços econômicos, políticos e tecnológicos mais ousados, por isso a transferência de poder das mãos de muitos para o governo de um só monarca tornava o Estado capaz de consolidar-se no cenário internacional e, desta maneira, defender os próprios interesses e de seu povo. Esse momento de organização do Estado pode ser assim sintetizado: "corresponde à elaboração da principal corrente do pensamento político e constitucional, a se denominar 'realismo político', sobressaindo, até hoje, Nicolau Maquiavel e Thomas Hobbes. Retomado pelo filósofo alemão Georg W. F. Hegel[364], no início do século XIX, o realismo político enxerga na existência da 'estatalidade' não somente a garantia do Estado, mas igualmente a única forma de manter a paz, a segurança e o desenvolvimento de seu povo, uma vez que somente o poder do Estado é o elemento a dispor das condições de anular os interesses privados antagônicos internos, e defender o Estado e seu povo no plano internacional"[365].

À época do Iluminismo, a investigação filosófica central deslocou-se das questões teológicas para as questões concretas ou cotidianas do homem. Logo, a "Declaração dos Direitos do Homem e do Cidadão[366]"

[363] Araujo, Cícero Romão Resende de. *A forma da república da constituição mista ao Estado.* São Paulo: Martins Fontes, 2013, p. 19.

[364] Georg Wilhelm Friedrich Hegel (Stuttgart, 27 de agosto de 1770 – Berlim, 14 de novembro de 1831), filósofo alemão, trata-se de um dos mais importantes e influentes filósofos da história, podendo ser incluído naquilo que se chamou de idealismo alemão, movimento filosófico este marcado por intensas discussões filosóficas entre pensadores de cultura alemã (Prússia) do final do século XVIII e início do XIX.

[365] Araujo, Cícero Romão Resende de. *A forma da república da constituição mista ao Estado*, cit., p. 20.

[366] Com o advento das filosofias de Hugo Grócio, Pufendorf, Jean-Jacques Rousseau, John Locke, Hobbes, Spinoza e Montesquieu, entre outros, partindo-se de um conceito de pacto

passou a exigir não somente uma constituição escrita, mas conduziu, no caso da França, a um processo revolucionário sem precedentes, caracte-

ou contrato, de uma "Vontade Geral", como dizia Rousseau, consolida-se no pensamento universal a crença nos direitos humanos, que vão projetar-se nas modernas Declarações de Direito, a francesa e a americana. Assim é que o Estado Moderno Absolutista, que na realidade era a projeção estamental das várias ordens – nobreza, clero e burguesia –, mediante ruptura revolucionária, vai quebrar o seu conceito de feixe de estados (*status*) para, democraticamente, num salto qualitativo, por meio da revogação dos privilégios estamentais, construir e imbuir, no conceito de Estado Democrático de Direito, um conteúdo generalizante de liberdade e de igualdade, próprio a todas as classes sociais que representa o início do Constitucionalismo. Nessa linha de evolução constatam-se as primeiras declarações: a *Magna Charta Libertatum*, de 1215, outorgada em 15 de junho por João Sem Terra, sendo a primeira precursora e antecedente direta de todas as Declarações de Direito. Em acréscimo, as declarações inglesas seguintes: Petição de Direitos de 7 de junho de 1628 e a Declaração de Direitos de 13 de fevereiro de 1689. Por sua vez, até o começo do século XX o modelo liberal dominante produzirá um fenômeno de globalização mundial que chega em 1913 ao seu apogeu, e o livre mercado, tão apregoado por Adam Smith, irá produzir, por intermédio do seu *laissez faire, laissez alter*, com sua mão invisível de mercado, um desequilíbrio violento na estrutura da sociedade, causando com essas perversões sociais um clamor social que, como caldo de cultura e acelerado pela Primeira Guerra Mundial, causaram a eclosão de várias revoluções mundiais, como na Rússia czarista, na Alemanha e no México. Concomitantemente ao processo de construção dos direitos sociais, ou chamados direitos de segunda geração (direitos do trabalho e econômicos), gera-se por meio da primeira guerra uma primitiva consciência da necessidade de que os direitos não fossem garantidos somente pelas constituições nacionais, mas que transbordassem para o âmbito do Direito Internacional Público, em razão das atrocidades cometidas nas guerras de trincheiras pela utilização sem limite de gazes tóxicos. No pós-guerra solidifica-se no mundo um tripé de modelos jurídicos: o Constitucionalismo Político Liberal, representado da melhor forma pela Inglaterra e EUA; o constitucionalismo social, pela República de Weimar (prelúdio para o surgimento do nacional-socialismo nazista), e, ainda, o modelo da revolução mexicana, que erigem o modelo Constitucional Social; e o Socialismo Constitucional, que substitui a propriedade privada e o capital pelo valor trabalho ante a "Declaração do Povo Explorado e Oprimido" da revolução bolchevique russa, agora consolidada na constituição de 1917, que cria a União das Repúblicas Socialistas Soviéticas. Em 26 de junho de 1945, ao se aprovar a Carta das Nações Unidas, havia a consciência de que, se também não houvesse garantias aos homens, a seus direitos individuais e fundamentais, da mesma forma, não existiriam garantias sociais genéricas disseminadas no planeta. Assim, no ano de 1946 iniciou-se o trabalho de elaboração do documento que, afinal, foi aprovado na terceira sessão ordinária da Assembleia Geral das Nações Unidas a 10 de dezembro de 1948, recebendo o nome de Declaração Universal dos Direitos do Homem, rizado pelo fim do absolutismo e o nascimento de um novo constitucionalismo, de cunho democrático. No entanto, também trouxe a violência desmedida do período do Terror, que adotou princípios da democracia direta na condução do Estado. Além de corrigir os abusos da nobreza e do clero, o constitucionalismo pós-revolucionário francês inovou ao introduzir "no discurso das constituições e das leis" a exigência da igualdade de todos perante a lei. Segundo os iluministas, a democracia reivindicava a ampla participação do povo nos processos decisórios, o que ainda permanece atual para o constitucionalismo, na forma da chamada democracia direta. No caso das revoluções e revoltas ocorridas nas Américas durante as guerras de independência, estas vivenciaram enormes dificuldades quanto à questão da igualdade. *Vide* exemplos de Brasil e

que é o início de um processo de generalização em que o direito interno do capítulo dogmático das cartas constitucionais ultrapassa o limite nacional e torna-se, assim, um direito internacional, somando aos direitos de primeira geração do Constitucionalismo Político Liberal (os direitos civis e políticos formais) os direitos de segunda geração do Constitucionalismo Social e Socialista (direitos do trabalho e econômicos), agregando, ainda, por meio de protocolos subsequentes, direitos de terceira, quarta e quinta geração, como querem alguns autores, ou seja, direitos relativos ao consumidor, ao meio ambiente, à mulher, aos menores, à igualdade de cor (contra o *apartheid*), à bioética, à biodiversidade etc. Assim, além da Declaração de 1948, criaram-se, *v.g.*, a Convenção da ONU sobre a Eliminação de Todas as Formas de Discriminação Racial, de 1965, que seguiu à existente de 1963; a Convenção sobre a Eliminação de Todas as Formas de Discriminação contra a Mulher, de 1979; a Convenção sobre a Eliminação e a Punição do Crime de "Apartheid", de 1973; a Convenção contra a Tortura e Outros Tratamentos ou Penas Cruéis, Desumanos ou Degradantes, de 1984, visto que estes, tratados de nível geral, coexistiam com outros de nível regional, v.g., Convenção Europeia de Direitos Humanos, de 1950; Convenção Americana sobre os Direitos Humanos, de 1969, subsequente à Declaração Americana sobre Direitos Humanos e Deveres do Homem, de 1948; e a outros que haveriam de se complementar mutuamente. Em paralelo aos tratados de direitos humanos "gerais" e "especializados", conceberam-se, por exemplo: Resolução 1503 do ECOSOC, de 1970-71; o sistema de decisão 3.3 do Conselho Executivo da Unesco, de 1978; o sistema de operação da Comissão Interamericana de Direitos Humanos, que foram paulatinamente fazendo com que houvesse a superação da objeção de "competência nacional exclusiva" mediante a cristalização da capacidade processual internacional dos indivíduos, com a consequente atribuição ou asserção da capacidade de agir dos órgãos internacionais. BORJA, Sergio. *O projeto democrático*, cit., p. 88-90.

Estados Unidos, países nos quais encontramos casos de constitucionalismo escravocrata[367].

No período seguinte, findas as revoluções do século XIX e a Revolução Russa de 1917, o pensamento constitucional buscava resolver a questão da distribuição da riqueza e do poder do Estado com todas as classes sociais. Nessa ocasião, surge o constitucionalismo dirigente e social, com a Constituição Mexicana de 1917 e a Constituição de Weimar[368], na Alemanha, em 1919. O período de instabilidade entre guerras revelou o desprestígio do modelo liberal e não intervencionista de constituição, por isso o constitucionalismo "decisionista", centrado no poder do Estado ao Chefe do Executivo, nas lições de Carl Schmitt, obteve relevância. Toda essa influência, aliás, encontrou espaço no Brasil, materializando-se na

[367] Araujo, Cícero Romão Resende de. *A forma da república – da constituição mista ao Estado*, cit., p. 21.

[368] Na Alemanha, o trauma da derrota militar, agravado pelas condições iníquas e vexatórias impostas pelas potências vencedoras com o Tratado de Versalhes, levou a uma reviravolta constitucional. Em consequência, a monarquia imperial perdeu o poder após o fim da guerra, sendo sucedida por uma república presidencial, a república de Weimar, que tem como fundamento jurídico a constituição homônima, por ter sido elaborada na pequena cidade goethiana da Turíngia. A constituição de Weimar de 1919 é um documento de grande importância não apenas por seus conteúdos, mas pelo valor inovador das discussões que acompanharam sua origem e aplicação nos catorze anos de sua vigência, até o advento do nacional-socialismo de Hitler em 1933. O protagonista de sua redação foi o jurista Hugo Preuss (1860-1925), que em seus escritos constitucionalistas expressara críticas motivadas ao regime autoritário da Alemanha pós-bismarckiana, na qual o governo mantivera algumas prerrogativas tradicionais do absolutismo, suficientes para se impor diante do Parlamento. Em lugar do Estado autoritário *(Obrigkeitsstaat)*, Preuss almejava o advento de um Estado autenticamente democrático, baseado na vontade popular *(Volksstaat)*. A nova constituição confiava a soberania do Estado, de um lado, ao Parlamento eleito por sufrágio universal *(Bundestag)*, do qual o governo dirigido pelo chanceler dependia através do voto de confiança (art. 54); de outro, ao presidente da República, também ele eleito por sufrágio universal, ao qual eram reservados poderes excepcionais para os casos de emergência (art. 48). A estrutura central do Estado era equilibrada com aquela reconhecida às regiões *(Uinder)*, representadas em uma Câmara própria *(Bundesrat)* e tornadas menos desiguais com o redimensionamento do peso da Prússia. O regime de Weimar era, portanto, em seu núcleo unitário, um regime parlamentar-presidencialista, no qual os partidos políticos haviam adquirido um peso cada vez maior. SCHIOPPA, Antonio Padoa. *História do direito na Europa*. São Paulo: Martins Fontes, 2014, p. 420-421.

Constituição de 10 de novembro de 1937, redigida pelo jurista Francisco Campos[369]. Ambos os juristas, por sinal, tinham enormes pendores nazifascistas. A Carta outorgada surgiu no período ditatorial do Estado Novo.

Ao término da Segunda Guerra, o constitucionalismo dirigente, intervencionista e social, de matriz democrática, estabelece-se como opção de quase todas as constituições ocidentais. Na América Latina, no entanto, passou-se antes por regimes autoritários e só a partir da década de 1980 é que se retoma a democracia. No Brasil, esse constitucionalismo é recepcionado pela Constituição Federal de 1988, sendo o centro de seus debates a efetivação das previsões normativas da Constituição, incluindo o **protagonismo do Poder Judiciário** em relação aos demais poderes do Estado[370].

Concluídas as referidas digressões, o "constitucionalismo" remete-nos à "técnica da liberdade", isto é, ao conjunto de procedimentos jurídicos que asseguram aos cidadãos o exercício dos seus direitos individuais e, ao mesmo tempo, impedem o Estado de violá-los. Ainda que a referida "técnica da liberdade" varie ao longo da linha do tempo e em função das tradições de cada país, ressalte-se que em função da preordenação e organização de determinadas técnicas, "o ideal das liberdades do cidadão" mantém-se como o principal objetivo. Dentre as referidas técnicas a serem postas em prática que poderiam garantir o exercício dos direitos individuais do cidadão, podemos, de um lado, mencionar que o Constitucionalismo guarda sentido com a divisão do poder, esta também apta a impedir qualquer arbítrio. Na hipótese de a aversão ao arbítrio constituir o fim último do Constitucionalismo, lembre-se que os modos de "divisão do poder" parecem, no entanto, não ser apenas historicamente diversos, como também seguir lógicas bem distantes, uma vez que se deve levar em conta a divisão do poder horizontal, a famosa separação dos poderes, e a divisão vertical, o federalismo[371].

[369] Lima, Martonio Mont'Alverne Barreto. *Constitucionalismo*. In Dimoulis, Dimitri. *Dicionário Brasileiro de Direito Constitucional*, cit., p. 89.

[370] Ibidem, p. 90.

[371] Araujo, Cicero Romão Resende de. *A forma da república – da constituição mista ao estado*, cit., p. 23.

Saliente-se que o Constitucionalismo também representa o "Governo das leis e não dos homens, da racionalidade do direito e não do mero poder", ante a aplicação de diversas soluções históricas de "limitação do poder". Assim, para definir primeiro o termo, precisamos "aceitar o valor que nele se acha implícito, um valor que poderemos resumir na defesa dos direitos da pessoa, do indivíduo, do cidadão". Segundo, "é preciso definir tipologicamente, com base na história, as diversas soluções que, na qualidade de meios, têm sido oferecidas para alcançar tal fim e foram formalizadas mediante conceitos outros que não o de Constitucionalismo, como o de separação dos poderes, garantia, Estado de direito ou Rechtsstaat[372] e *Rule of law*[373]". Resta confirmar se, em que pesem as experiências do passado, o Constitucionalismo tem um significado particular e específico[374].

Nessa linha de raciocínio, há um precedente respeitável, a Declaração dos Direitos do Homem e do Cidadão de 1789, segundo o qual, tão grande influência havia de ter nas mudanças constitucionais da Europa no século XIX, preceituava no artigo 16: "Toda sociedade, em que não for assegurada a garantia dos direitos e determinada a separação dos poderes não tem Constituição". Segundo essa definição, ainda hoje é habitual, na ciência jurídica como política, identificar o Constitucionalismo com a separação dos poderes, com o sistema de freios e contrapesos e com a balança dos diversos órgãos[375]. Não por acaso, Montesquieu afirmava: "Tudo estaria perdido se uma só pessoa, ou um só corpo de notáveis, de nobres ou de povo, exercesse estes três poderes: o de fazer as leis, o de executar as decisões públicas e o de punir os delitos ou contendas entre

[372] *Rechtsstaat* é uma doutrina, na Europa continental, de pensamento jurídico, originário da jurisprudência alemã, que pode ser traduzido como "estado legal", "estado de direito", "estado de justiça", "estado de direito", ou "estado baseado na justiça e integridade".

[373] O Estado de Direito é o princípio legal de que a lei deve governar uma nação, ao contrário de ser regido por decisões arbitrárias individuais dos funcionários do governo. Refere-se principalmente à influência e autoridade da lei no seio da sociedade, especialmente como um constrangimento sobre o comportamento, incluindo o comportamento dos funcionários do governo.

[374] Araujo, Cicero Romão Resende de. *A forma da república – da constituição mista ao estado*, cit., p. 24.

[375] Ibidem, p. 24.

os particulares"[376]. Era uma condenação clara à concentração de poderes e ao autoritarismo.

3.4. Características das constituições

As Constituições Contemporâneas apresentam as seguintes características:

1) Conteúdo

A matéria constitucional tende a referir-se aos valores mais estimados pela comunidade, daí o conteúdo axiológico fundamental. No caso das Constituições de 1824, 1937, 1967 e da reforma imposta pela EC n. 1/1969, não foram elas Cartas democráticas ou livremente votadas e promulgadas por Assembleias Constituintes. Em outras palavras, surgiram de atos ilegítimos de outorga, diferentemente das Constituições de 1891, 1934, 1946 e 1988, estas sim de viés mais democrático em função de sua correspondência aos anseios populares[377].

2) Finalidades

A Constituição tem a função negativa de contenção do Poder Público, mas antes tem a função positiva, de *promoção dos direitos humanos,* e hoje direitos fundamentais. Por exemplo, a Carta do Império (1824), apesar de instituir a forma unitária de Estado, em que privilegiava a centralização político-administrativa e a forma monárquica de governo, previa um extenso rol de liberdades públicas, convertidas numa Declaração de Direitos Civis (Título 8º), sendo, portanto, nesse caso, influenciada pelas Revoluções Americana, de 1776, e Francesa, de 1789.

3) Caráter Jurídico

A Constituição é a representação jurídica (para o direito) dos assuntos mais importantes para o Estado. O sentido jurídico de Constituição surge na Inglaterra, na segunda metade da Idade Média. Nesse período, diante de conflitos entre poderosos, invoca-se que os costumes antigos teriam força de lei, não se podendo questionar esse postulado. Em face

[376] Ibidem, p. 25.

[377] Bulos, Uadi Lammêgo. *Curso de direito constitucional.* São Paulo: Saraiva, 2007, p. 370.

da evolução da sociedade humana e do repertório dinâmico e evolutivo de "conflitos de interesses e de pontos de vista", isso culminou com "o reconhecimento da existência de costumes antigos, assim como a possibilidade do estabelecimento de novos costumes" que, apesar de suscitarem dúvidas, inevitavelmente "forçaram a tomada de decisões". Nesse cenário, observou-se que em algumas circunstâncias o grupo social com mais poder soube impor a sua vontade, em detrimento da do governante. A partir desse momento, além de se notar a força do poder político ou social superior, um novo fator começa a sobrepor ao poder material ou à autoridade pessoal dos governantes, "que é a preocupação com o conhecimento dos costumes antigos e a busca de legitimação das regras de organização da sociedade e do governo nas práticas sociais consagradas"[378].

Logo, a constituição jurídica conformou-se dessa forma, a partir de um modelo praticamente costumeiro. Esse *status* de Constituição requereu certa estabilidade social e política, pois, caso contrário, "não haveria regras duradouras e seria inútil invocar o passado". Nesse contexto, as normas constitucionais começam a ser reconhecidas "como um padrão jurídico que deveria ser respeitado"[379].

É importante lembrar que "as regras fundamentais sobre determinados aspectos da vida social", a partir do século XVI, foram insculpidas na forma de leis e pactos formais, à semelhança das antigas legislações, sob "inspiração na realidade social, e não apenas na vontade e nos interesses dos governantes e dos grupos mais poderosos", bem como o governo, "geralmente reproduzindo regras já consagradas pelo uso e acrescentando outras, derivadas de preceitos morais ou inspiradas em objetivos desejados". Abria-se, desse modo, caminho para a Constituição escrita, que se concretizaria no século XVIII[380].

Depreende-se que a origem histórica da Constituição em sentido jurídico se alicerçou na realidade social, mas não em uma doutrina política ou proposta teórica, por isso a evidência de que "as crenças, o apego a determinados valores e os ideais, bem como as considerações racionais do povo e dos governantes, fatores que levaram à consolidação de certos

[378] DALLARI, Dalmo de Abreu. *A constituição na vida dos povos*, cit., p. 30.

[379] Ibidem, p. 31.

[380] Ibidem, p. 32.

costumes e à adoção reiterada de determinadas orientações na decisão dos conflitos" integram essa realidade[381].

Conclui-se, portanto, que:

> "A Constituição autêntica em sentido jurídico não foi em sua origem nem deve ser em qualquer circunstância o produto exclusivo de decisões racionais, nem de comportamentos sociais espontâneos, materialmente determinados, nem apenas de opções de caráter moral, nem ainda de decretos governamentais arbitrários. Todos esses elementos, componentes da realidade social, exerceram e podem exercer certa influência, que foi e será maior ou menor em cada circunstância. Além disso, o conhecimento da origem histórica deixa claro que a constituição de fato está nos fundamentos da Constituição em sentido jurídico"[382].

Justamente quando a Constituição detinha a força de se opor à suposta "legitimidade" do monarca absolutista, tentou-se atribuir caráter constitucional aos poderes do rei, sob a justificativa de que esse fundamento se basearia "numa constituição antiga estabelecida por Deus". O então "direito divino dos reis" disporia de um inerente "caráter de exercício de um direito", desvinculado de qualquer "imposição política ou armada", e previsto "na base da própria constituição do grupo social"[383].

Numa conjuntura em que se reconheciam os direitos naturais do indivíduo sob uma perspectiva de direito teleológico, esses direitos, concedidos por Deus, conferiam ao governante o direito divino de governar, conferindo-lhe, portanto, legitimidade[384].

O século XVIII destacou-se pelo início do desenvolvimento da ideia jurídica de Constituição, num período em que se manteve "a convicção da existência de direitos naturais". Ocorre que num estágio seguinte, quando há oposição à "interferência política da Igreja Católica", o poder espiritual manteve-se equidistante do temporal. Sustentou-se então que "os direitos naturais não dependiam de uma doação de Deus, mas

381 Ibidem, p. 32.

382 Ibidem, p. 32.

383 Ibidem, p. 33.

384 Ibidem, p. 33.

eram inerentes à própria natureza humana e poderiam ser reconhecidos e explicados pela razão". Observa-se que esse movimento acenava para a recrudescência do antiabsolutismo e do individualismo. No mesmo passo, observa-se que o racionalismo se faz presente no pensador holandês Hugo Grócio[385], ao afirmar que "ainda que Deus não existisse, o homem teria direitos naturais". Para esse pensador, a lei natural consiste em "um ditame da reta razão" cuja imutabilidade não poderia ser transposta nem por Deus[386].

Como se nota, "a concepção racionalista dos direitos do homem" contribuiu para a noção de que "por meio da razão seria possível estabelecer os valores fundamentais da pessoa humana, equivalentes a direitos naturais. A partir desse passo, deveriam também ser definidos por meio da razão "os objetivos da organização social, bem como a forma e os limites do governo da sociedade, de modo adequado para a preservação dos direitos naturais". Avalia-se que isso promoveu "o desenvolvimento do sentido jurídico da Constituição, bem como a criação da Constituição escrita", sem deixar de levar em conta que "as circunstâncias políticas e sociais favoreceram essa evolução, mas a contribuição das novas concepções filosófico-políticas foi decisiva"[387].

"Em primeiro lugar, afastava-se a ideia de que a constituição da sociedade deveria ser necessária e exclusivamente o produto de costumes longamente reiterados, pois se passou a dar maior importância aos valores fundamentais, relacionados com os direitos naturais. A par disso, procurou-se a fixação racional desses valores e direitos, a partir da consideração do homem abstrato e universal, pois, sendo naturais, esses direitos e valores eram de todos os homens, e não deveriam ficar dependentes do reconhecimento pelos costumes"[388].

385 Hugo Grócio du Grotius (1583 – 1645) – Diplomata holandês, jurisconsulto, autor "Do direito da guerra e da paz". Foi preso por questões religiosas na Holanda (1619) e fugiu para França (1621). Inaugurou o direito internacional. Defendeu o Direito Natural, esboçou os princípios que serão defendidos futuramente na "declaração dos direitos do homem", tendo influenciado Locke e Rousseau.

386 DALLARI, Dalmo de Abreu. *A constituição na vida dos povos*, cit., p. 35.

387 Ibidem, p. 35.

388 Ibidem, p. 35.

No que diz respeito à elaboração da Constituição norte-americana de 1787, cuja aprovação foi conduzida pelos representantes do povo das antigas colônias inglesas, diante do cenário político e das principais teorias filosófico-políticas, observa-se que houve influência da concepção racionalista de direito natural e, também, "a preocupação, de ordem prática, com o estabelecimento de um mecanismo de governo que impedisse tentativas absolutistas e desse garantia aos direitos, na sociedade de novo tipo que estava sendo criada". Saliente-se que apesar de a maioria daqueles que integravam a nova sociedade americana proviesse das tradições inglesas, ao mesmo tempo se tratava de uma camada de pessoas comuns, alheias a títulos de nobreza, tradições de família, muito menos detentoras de vasto patrimônio. Elas estavam habituadas a um ambiente de liberdade que não haviam conhecido na Inglaterra. Nesse contexto, diante das circunstâncias naturais e sociais, estava surgindo novo tipo de sociedade, cujos padrões de convivência se distanciavam dos costumes antigos, visto que não era possível identificar um direito costumeiro que pudesse ser a referência para solucionar conflitos de interesses[389].

Ao se formular a Constituição escrita, sabia-se da importância de firmar "um conjunto de preceitos fundamentais, dotados de força jurídica, para a garantia da liberdade", e julgava-se que o conteúdo das novas regras jurídicas deveria limitar-se àquele novo ambiente político e aos conflitos de interesses[390].

À luz dos ensinamentos de Aristóteles, Maquiavel, Locke e Montesquieu, entre outros, a competência de elaborar novas regras foi atribuída a pessoas e instituições diferentes, de um lado, e, de outro, a de "efetuar ou garantir a aplicação das regras jurídicas estabelecidas". Isso explica a matéria constitucional afeta à separação tripartida dos Poderes, "então reconhecida como indispensável para que a ordem política e as relações sociais ficassem subordinadas ao Direito"[391].

Em que pese a proposição da referida teoria da separação tripartida dos Poderes, lembre-se de que, conforme exposto na Parte IV – Brasil, Capítulo 5 – A Constituição de 1824 e a ordem jurídica imperial, a "Cons-

389 Ibidem, p. 37.
390 Ibidem, p. 37.
391 Ibidem, p. 38.

tituição Política do Imperio do Brazil", *jurada* em 25 de março de 1824, influenciada pelas ideias de Clermont Tonerre[392] e Benjamin Constant, baseou-se principalmente na estruturação de um quarto poder, o Moderador, que foi uma forma de o Imperador perpetuar-se no trono. Aliás, a máxima de Constant se fez valer no artigo 98 da Carta Imperial: "O Poder Moderador é a chave de toda a organização política".

Por sua vez, sob influência da doutrina de Montesquieu, as Constituições de 1891, 1934, 1946, 1967 e 1988, ao adotarem no Brasil a República como forma de governo, previram a organização tripartite das funções do Poder (legislativa, executiva e judiciária). No entanto, quanto à Constituição de 1937, chamada de polaca, visto que o então presidente Getúlio Vargas, descrente da democracia e inspirado na Carta ditatorial da Polônia de 1934, descaracterizou a autonomia das entidades federadas e, fortalecido com a referida Carta, detinha o poder (art. 73 – "autoridade suprema do Estado"[393]) de influenciar diretamente as decisões do Judiciário e de submeter ao Parlamento Nacional qualquer lei declarada inconstitucional pelo Judiciário; afinal, se essa declaração de inconstitucionalidade, reexaminada pelo Legislativo, viesse a ser confirmada pelo

[392] Stanilas de Clermont Tonnerre (1757-1792), por meio de sua obra *Analyse raisonnée de la Constituition Française* (1791), sugeriu para resolver problemas de soberania a criação de um poder diverso da trilogia clássica. A expressão seria, no entanto, consolidada e vulgarizada por Henri-Benjamin Constant de Rebecque (1767-1830), o qual introduziu a ideia da separação entre Poder Moderador e Executivo, considerando-os poderes com atribuições constitucionais distintas entre si. Tudo indica, mesmo devido às modificações que sofreu, que a teoria do Poder Real (Moderador), construída por Benjamin Constant, apoiou-se na teoria política de Stanilas de Clermont-Tonnerre. Bastos, Aurélio Wander. Notas sobre a Evolução Política e Institucional da Revolução Francesa/Introdução. In: Constant, Benjamin. *Princípios políticos constitucionais: princípios políticos aplicáveis a todos os governos representativos e particularmente à Constituição atual da França* (1814). Rio de Janeiro: Freitas Bastos Editora, 2014 [1815], apud Carvalho, Eder Aparecido de; e Gileno, Carlos Henrique. Reflexões sobre o Poder Moderador nas instituições políticas brasileiras: o pretérito e o presente. Universidade Federal de São Carlos. *Revista Em Tese,* v. 15, n. 1 (parte II), p.10-32, mar./abr., 2018.

[393] "Art 73. O Presidente da República, autoridade suprema do Estado, coordena a atividade dos órgãos representativos, de grau superior, dirige a política interna e externa, promove ou orienta a política legislativa de interesse nacional, e superintende a administração do País."

voto de dois terços de ambas as Casas, a decisão do Tribunal ficaria sem efeito[394].

Logo, de forma genérica, a Constituição em sentido jurídico conformou-se nesse panorama, sem deixar de conter também um sentido político que já era possível identificar nas Constituições costumeiras anteriores, ainda que sem a clareza e a eficácia obtidas com a criação da Constituição escrita, cujo aparecimento inaugural definiu-se como padrão jurídico superior[395].

Em outro momento, já no início do século XIX, após a concretização da Constituição escrita, surgem as reflexões sobre uma Teoria Constitucional, apta a delimitar as características distintas de Constituição em sentido material e em sentido formal. Com isso, as normas constitucionais adquirirão maior clareza, mas, por contraditório que pareça, implicará a edição de falsas Constituições. Frise-se que a referida diferenciação admite "que o direito não pode ignorar que a base da Constituição está nas relações sociais, que devem ser o suporte das construções jurídicas"[396].

As referidas distinções resultaram numa "exagerada sofisticação teórica", e incitaram as "manipulações de má-fé" e o "pedantismo dos juristas". Isso acabou sufocando "a busca de compreensão da essência da Constituição e de efetivação de suas normas", haja vista as "intermináveis e rebuscadas discussões de caráter teórico, prejudiciais à prática do constitucionalismo"[397].

Foi no século XX, com o normativismo e a hierarquia das leis propostos por Hans Kelsen, que finalmente o caráter jurídico da Constituição ganhou sua magnitude, sobrepondo-se em definitivo sobre os aspectos sociológico e político, que tiveram como autores que se destacaram em sua defesa Ferdinand Lassale e Carl Schmitt, respectivamente.

Mas no Brasil, a edição da Emenda Constitucional n. 1/1969 à Constituição de 1967, imposta por uma junta militar em 17 de outubro de 1969,

[394] Bulos, Uadi Lammêgo. *Curso de direito constitucional*, cit., p. 372.

[395] Dallari, Dalmo de Abreu. *A constituição na vida dos povos*, cit., p. 38.

[396] Ibidem, p. 38-39.

[397] Loewenstein, Karl. *Teoría de la Constitución*. Barcelona: Ariel, 1965, apud Dallari, Dalmo de Abreu. *A constituição na vida dos povos*, cit., p. 39.

em que os ministros da Marinha de Guerra, do Exército e da Aeronáutica Militar deram nova redação à Carta de 1967, desprezaram, por completo, a Teoria Constitucional, impondo a censura e repressão às liberdades individuais, além dos vários atos institucionais e complementares[398].

4) Escritura, sistematicidade e rigidez

Predominam hoje as constituições escritas, sendo considerado solene e mais complexo o seu processo de elaboração e de reforma em relação a outras normas jurídicas. Logo, "isso agrega solidez à importância material das normas constitucionais, conferindo superioridade (formal e material) à Constituição. O tipo de norma jurídica estruturante e naturalmente disposto a traduzir os valores mais importantes de uma comunidade são os princípios, por isso encontram sede natural na Constituição"[399].

Registre-se a tendência de se adotarem Constituições escritas, e que o conteúdo do texto constitucional exprime um teor diverso da legislação comum, sendo, como se comprova peculiar, a sua elaboração da incumbência de órgãos dotados do poder constituinte. Além disso, observa-se que "a tendência a uma particular formalização dos preceitos constitucionais não significa que estes se limitem necessariamente aos que se acham inseridos num texto *ad hoc*, nem que os formalmente enunciados mantenham sempre sua importância original. Sem dúvida, o recurso a formas mais solenes pode fazer supor que elas encerram conteúdo de princípios realmente essenciais em um determinado ordenamento"[400].

A forma escrita impôs-se claramente, apesar da permanência de Constituições predominantemente consuetudinárias, como a inglesa, e a presença de costumes constitucionais em todo o tipo de ordenamento, e isso se justifica pelo seguinte motivo: "responde a evidentes razões de técnica organizativa dos ordenamentos políticos, na medida em que tende a assegurar a estabilização das estruturas, embora ainda hoje sofra os efeitos do aspecto de fiança que lhe imprimiram as teorias do constitucionalismo,

[398] BULOS, Uadi Lammêgo. *Curso de direito constitucional*, cit., p. 376-377.

[399] ARAUJO, Cícero Romão Resende de. *A forma da república – da constituição mista ao Estado*, cit., p. 17.

[400] VERGOTTINI, Giuseppe de. Constituição. In BOBBIO, NORBERTO. *Dicionário de Política* – A-K., cit., p. 259.

no que respeita à estabilidade e conservação dos valores ideológicos e políticos e dos interesses individuais e coletivos"[401].

Ainda em relação à forma escrita, aponta-se que: "parece ter sempre um significado mais ou menos instrumental para as ideologias que um ordenamento traz consigo, quer no caso das chamadas Constituições-balanço, nas quais, em confronto com o passado, se definem os resultados obtidos sob o aspecto político, quer, sobretudo, no caso das chamadas Constituições-programa, que exprimem, de modo particularmente explícito, um sistema orgânico de diretrizes a cumprir a breve, médio e longo prazos"[402].

Esse apontamento tem resvalado em uma "progressiva ponderação dos textos constitucionais, especialmente os que ampliaram as disposições em matéria econômica e social, indo mais além das simples disposições organizativas respeitantes à distribuição e uso do poder político (contraposição entre Constituições longas e Constituições breves)"[403].

5) Legitimidade democrática

Significa que a Constituição provém de um anseio popular, devendo corresponder a essa expectativa[404].

[401] Ibidem, p. 18.

[402] Denomina-se constituição-balanço aquela que descreve e registra a organização política estabelecida, ou seja, prevê um estágio das relações de poder e, conforme essas relações se modificam ou evoluem, efetua-se um balanço, uma análise da nova situação política para então, com fundamento na referida avaliação, adotar uma nova constituição adaptada à nova realidade. Este tipo de Carta Magna foi adotado pelos países europeus enquanto socialistas. A constituição-programa ou dirigente é a que estabelece um plano de direção objetivando uma evolução política. Traça diretrizes para a utilização do poder e progresso social, econômico e política a serem seguidas pelos órgãos estatais. Possui normas programáticas que, via de regra, quando não cumpridas ensejam a inconstitucionalidade por omissão. Podemos afirmar que a atual Constituição Federal de 1988 é uma constituição também *dirigente*, visto que possui normas programáticas e estabelece diretrizes a serem cumpridas pelo Poder Público visando a evolução política. Lenza, Pedro. *Direito Constitucional Esquematizado*. 13. ed. rev. atual. e ampl. São Paulo: Saraiva, 2009, p. 112.

[403] Vergottini, Giuseppe de. Constituição. In Bobbio, Norberto. *Dicionário de Política – A-K.*, cit., p. 260.

[404] Ibidem, p. 19.

6) Efetividade

Essa característica diz respeito ao "apelo prático da Constituição", isto é, a Carta deve ser aplicada de forma efetiva[405].

Lembre-se de que a Constituição, por constituir uma **unidade jurídica**, deve integrar ou promover "a pluralidade de interesses que congrega"[406]. Naturalmente, isso não é fácil, já que há muitos interesses envolvidos.

Nesse passo, não se cogita a hipótese de uma constituição que "se preste à ilusão ideológica (de representar no papel o que não é para acontecer na realidade) nem à utopia (devaneios que jamais conseguiriam ser realizados)". Ao contrário, aspira-se a que "ela se concretize, tenha efetividade, e sirva à emancipação e à plena realização do ser humano"[407].

No plano da efetividade, a ideia de Constituição como garantidora das liberdades fundamentais tinha razão de ser, ao passo que o modelo dos ordenamentos políticos estava, sobretudo, replicado na "concepção própria do Estado liberal, primeiro em sua versão oligárquico-censitária e, depois, na versão democrática"[408].

Acrescente-se que outras funções da Constituição se consolidaram, e foram impostas outras funções da Carta, todas estas já presentes nas próprias Constituições liberais. Por exemplo, a função propriamente "constitutiva" do documento constitucional, segundo a qual "a Constituição atesta, dentro da comunidade internacional, o surgir de um novo componente, que se afirma como um dos seus membros de pleno direito". Reflexo disso, depois da independência, foi a apresentação açodada pelos novos Estados de uma Constituição própria, cuja função constitutiva se vincula à "estabilização e racionalização de um determinado sistema de poder". Registre-se, portanto, a Constituição como "uma base coerente e

[405] Ibidem, p. 19.

[406] Ibidem, p. 20.

[407] ROTHENBURG, Walter Claudius. Constituição (definição). In DIMOULIS, Dimitri. *Dicionário Brasileiro de Direito Constitucional*, cit., p. 97.

[408] VERGOTTINI, Giuseppe de. Constituição. In BOBBIO, NORBERTO. *Dicionário de Política* – A-K., cit., p. 261.

racional para os titulares do poder político, que visam, mediante ela, dar estabilidade e continuidade à sua concepção da vida associada"[409].

No mesmo contexto da função constitutiva legitimadora de um novo Estado, lembre-se de que a Constituição pode ter a função mais limitada da legitimação de um novo titular do poder político. Em paralelo, isso explica que, especialmente nos Estados novos, a cada reviravolta interna, decorrente, por exemplo, de um golpe de Estado, suceda a adoção de nova Constituição, nem sempre com conteúdos profundamente diversos da Constituição anterior[410].

Nas Constituições em que sobressai elevado conteúdo ideológico, a Carta possui função de propaganda e de educação política. Por exemplo, as francesas da Revolução, as socialistas e as das repúblicas islâmicas, em que se verificam, além das disposições de conteúdo organizativo, princípios de orientação e estímulos de ativação das massas[411].

3.5. Classificação das constituições

Segundo a doutrina, classificam-se as constituições:

1) *Quanto à natureza ou conteúdo das normas*: Constituição em sentido material (composto de normas materialmente constitucionais) e Constituição em sentido formal (composto de normas formalmente constitucionais)[412].

Constituição material – "corresponde a uma ideia intuitiva de Constituição enquanto conjunto de normas jurídicas sobre os assuntos mais importantes de uma sociedade". O conteúdo historicamente determinado (critério material) assume maior importância. Logo, até mesmo em sociedades minimamente organizadas, nas quais há normas que as definem e reconhecem direitos de pessoas e instituições (estas ainda que

[409] Ibidem, p. 258.
[410] Ibidem, p. 258.
[411] Ibidem, p. 258.
[412] Rothenburg, Walter Claudius. Constituição (definição). In Dimoulis, Dimitri. *Dicionário Brasileiro de Direito Constitucional*, cit., p. 91.

elementares), pode-se identificar uma Constituição rudimentar em sentido material[413].

Constituição formal – o conceito compreende o "reconhecimento das normas constitucionais (e, por meio delas, do conteúdo de determinada Constituição). Logo, independentemente do assunto, tudo o que estiver contido na Carta é constitucional, até mesmo aqueles temas que não sejam tradicionalmente constitucionais, como o tombamento dos documentos e sítios "detentores de reminiscências históricas dos antigos quilombos" (art. 216, § 5°) e a manutenção do Colégio Pedro II, localizado na cidade do Rio de Janeiro, na órbita federal (art. 242, §2º), integram a Constituição em sentido formal[414].

Há três critérios definidores da Constituição formal: a forma (por exemplo, normas escritas); um órgão específico (que edita ou tem o poder de revisar as normas constitucionais); ou um procedimento particular de edição ou revisão.

Em outras palavras, vale destacar que as Constituições escritas devem estar acompanhadas de intencionalidade e solenidade; o órgão específico, vinculado à atividade legislativa, detém, em certo momento, o poder constituinte, podendo "produzir ordinariamente outras normas jurídicas além das constitucionais (com o que não seria um órgão específico), e talvez possa produzir normas não escritas"; finalmente, "se é certo que as normas formalmente constitucionais têm uma forma específica de edição (mas não tanto um procedimento específico), não precisam, porém, ter um procedimento específico de revisão: esta é característica das Constituições rígidas"[415].

2) *Quanto à forma de expressão das normas*: Constituição não escrita (histórica, costumeira ou consuetudinária) e Constituição escrita (dogmática)[416].

Constituições não escritas – compreendem a manifestação do direito consuetudinário, ou seja, dos costumes (tradição), usos e das conven-

[413] Ibidem, p. 91.
[414] Ibidem, p. 92.
[415] Ibidem, p. 92.
[416] Ibidem, p. 92.

ções, adotados e impostos. Lembre-se dos Estados de tradição costumeira, como Inglaterra, Nova Zelândia e Israel; no entanto, adotam diversos textos de valor constitucional, tais como a Magna Carta e o *Act of Settlement*[417]. Finalmente, havendo eventual redução a escrito (compilação de textos) das normas de uma Constituição consuetudinária, isso não implica a modificação desta, contanto que seja mantido o caráter costumeiro[418].

Constituições escritas (ou dogmáticas) – são aquelas transcritas por meio de um ou mais textos, obedecendo a uma sistematização[419].

3) *Quanto à origem (de quem parte a iniciativa)*: Constituição outorgada (incluída a cesarista), Constituição pactuada e Constituição promulgada (popular, democrática, votada).

Constituição outorgada – trata-se daquela que nasce de um ato unilateral do(s) detentor(es) do poder político no Estado e pode ter sido imposta ou ter nascido de uma reivindicação de grupos ou da maioria da população. As Constituições brasileiras de 1824 (outorgada pelo imperador D. Pedro I) e de 1937 (pelo presidente Getúlio Vargas) são exemplos. Em relação à Constituição de 1967, apesar de o Congresso Nacional ter sido chamado para aprová-la, devido ao exíguo prazo estabelecido para as deliberações praticamente não houve debates no parlamento em relação ao texto apresentado, sendo uma das razões pela qual a quase totalidade dos juristas a consideram como outorgada. Ademais, a cassação do mandato dos oposicionistas era recorrente no período.

[417] O *Act of Settlement*, ou Ato de Estabelecimento, de 12 de junho de 1701, foi criado para garantir a sucessão protestante do trono inglês e o poder do parlamento. Citado como um dos antecedentes históricos dos direitos humanos, em essência, o referido documento reafirmou o princípio da legalidade ao dispor que os governantes também se submeteriam às leis, garantiu a independência e a autonomia dos órgãos jurisdicionais, colocando-os acima da vontade livre da Coroa, e levantou a possibilidade de responsabilização política dos agentes públicos, prevendo até mesmo a possibilidade do *impeachment*. Moraes, Alexandre de. *Direitos humanos fundamentais*. 11.ed. São Paulo: Atlas, 2016.

[418] Rothenburg, Walter Claudius. Constituição (definição). In Dimoulis, Dimitri. *Dicionário Brasileiro de Direito Constitucional*, cit., p. 93.

[419] Ibidem, p. 93.

Também não deixa de haver imposição (portanto, outorga) quando Estados colonialistas ou vencedores da guerra estabelecem a Constituição dos Estados vencidos (como, no primeiro caso, a Constituição da África do Sul, de 1909, outorgada pelo parlamento britânico, e, no segundo, a Constituição do Japão, de 1945, outorgada sob dominação dos Estados Unidos)[420].

Modalidade mais sofisticada de Constituição outorgada é a Constituição cesarista, ou seja, aquela em que o detentor despótico do poder (monarca, ditador, grupo hegemônico) submete a Constituição a referendo popular, manipulando e induzindo a opinião pública para sua validação. Citem-se a Constituição francesa de 1852, de Luís Napoleão Bonaparte[421] (Napoleão III), e a Constituição chilena, sob o general Pinochet[422]. Já a Constituição brasileira de 1937 tinha a previsão de um plebiscito para sua validação, mas jamais foi convocado pelo presidente Getúlio Vargas.

Constituição pactuada – a que se origina de um acordo (pacto) ou uma composição de forças entre (normalmente) dois grupos hegemônicos, quando não é viável a imposição de um desses grupos. O exemplo clássico é da Magna Carta, que resultou de um pacto entre a nobreza (os barões) e o enfraquecido rei João Sem-Terra[423]. Normalmente tal compromisso é instável e o equilíbrio precário, tendo em vista que um grupo sempre acaba por se sobrepor ao outro.

[420] Ibidem, p. 93.

[421] Napoleão III (1808 – 1873) foi o 1º presidente da Segunda República Francesa e, depois, imperador dos franceses do Segundo Império. Era sobrinho e herdeiro de Napoleão Bonaparte. Foi o primeiro presidente francês eleito por voto direto. Entretanto, foi impedido de concorrer a um segundo mandato pela constituição e parlamento, organizando um golpe em 1851 e assumindo o trono como imperador no final do ano seguinte.

[422] Augusto José Ramón Pinochet Ugarte (1915 – 2006) foi um general do exército chileno, ditador do Chile após um golpe militar em 11 de setembro de 1973, pelo Decreto-Lei nº 806 editado pela junta militar (Conselho do Chile), que foi estabelecida para governar o Chile após a deposição e suicídio de Salvador Allende, e posteriormente tornado senador vitalício de seu país, cargo que foi criado exclusivamente para ele, por ter sido um ex-governante. Governou o Chile entre 1973 e 1990, depois de liderar o golpe militar que derrubou o governo democraticamente eleito do presidente Salvador Allende.

[423] Rothenburg, Walter Claudius. Constituição (definição). In Dimoulis, Dimitri. *Dicionário Brasileiro de Direito Constitucional*, cit., p. 94.

Constituição promulgada – aquela que nasce da representação popular, normalmente produzida por representantes eleitos, seja para esse fim específico (convenção constituinte), seja também para a representação política ordinária (assembleia constituinte), e eventualmente submetida diretamente à população (via referendo ou até plebiscito)[424].

4) *Quanto à extensão (tamanho)*: Constituição sintética (concisa) e Constituição analítica (extensa, prolixa).

Constituição sintética – tem poucos artigos, é curta, resume-se a alguns princípios e regras básicos, que ditam apenas o essencial referente à organização do Estado. A Constituição dos Estados Unidos da América, cuja origem remonta a 1787, é o grande exemplo atual.

Constituição analítica – compreende muitos artigos, que versam sobre diversos temas, de conteúdo não apenas materialmente constitucional (pensamos que uma Constituição analítica seja necessariamente formal, quer dizer, não contém apenas normas materialmente constitucionais). Por exemplo, a Constituição portuguesa de 1976 tinha, inicialmente, 312 artigos (o número diminuiu um pouco, após sucessivas revisões, ao contrário da Constituição brasileira de 1988); a Constituição espanhola de 1978 tem 167 artigos, mais algumas disposições adicionais, transitórias e derrogatórias. O constitucionalista Paulo Bonavides aponta as seguintes causas das Constituições prolixas (analíticas): a preocupação em conferir proteção eficaz a certos institutos; o sentimento de que o arbítrio da autoridade é contido pela rigidez constitucional; a pretensão de conferir estabilidade legislativa a determinadas matérias; e a conveniência de conceder ao Estado, por meio da Constituição, as condições para manutenção da paz social[425]. A tendência das constituições atuais é terem essa característica.

5) *Quanto ao fundamento (sua base)*: Constituição simples e Constituição complexa (compromissória, eclética).

Constituição simples – seriam as Constituições assentadas em poucos fundamentos (princípios); uma **Constituição monocrática**. Seria o caso,

424 Ibidem, p. 93.
425 Ibidem, p. 93.

principalmente, de Constituições de regimes absolutistas (por exemplo, centradas na figura superpotente do monarca ou ditador, representante da unidade da nação) ou de sociedades extremamente singelas[426].

Constituição complexa – hoje, em sociedades heterogêneas (pluralismo político e multiculturalismo), as Constituições possuem diversos fundamentos, sendo por esse motivo denominadas complexas. Estabelecem pactos de compromisso entre os diversos segmentos sociais (compromissórias) e podem contemplar interesses contraditórios e conflitantes (ecléticas)[427].

6) *Quanto à rigidez (estabilidade, reforma, mudança)*: Constituição flexível, Constituição rígida (incluída a super-rígida), Constituição semirrígida e outras variações.

Constituição flexível – trata-se da Constituição cujas normas podem ser alteradas do mesmo modo que as outras normas jurídicas. Exemplos: Constituição alemã de Weimar (1919); Estatuto Albertino[428] (1848-1948), o qual viria a ser a primeira Constituição da Itália; e as Constituições neozelandesa e israelita[429].

Hipótese, digamos, de uma constituição flexível no Brasil seria o caso de a Carta prever que apenas brasileiros natos poderiam ser juízes de direito, e uma lei especial dispor que estrangeiros residentes no país há mais de oito anos também poderiam ter esse direito. Na prática, a referida lei estaria modificando a norma constitucional, pois a maneira de

[426] Ibidem, p. 94.

[427] Ibidem, p. 94. Frise-se a natureza "eclética" da Constituição de 1988, pois, sob o prisma ideológico, assim se revela em razão do "torvelinho de ideologias diversas e interesses antagônicos, que se conciliaram ao término dos trabalhos constituintes". Bulos, Uadi Lammêgo. *Curso de direito constitucional*, cit., p. 45.

[428] O Estatuto Fundamental da monarquia de Savóia, de 4 de março de 1848 (Statuto Albertino) foi assinado em 4 de março de 1848 por Carlos Alberto de Saboya e descreve-se como a "lei fundamental, perpétua e irrevogável da Monarquia" da Sabóia. Em 1948 o Estatuto foi substituído pela Constituição da República italiana.

[429] Rothenburg, Walter Claudius. Constituição (definição). In Dimoulis, Dimitri. *Dicionário Brasileiro de Direito Constitucional*, cit., p. 94.

reformar a Constituição não se diferenciaria da produção normativa ordinária[430].

Cabe a advertência, porém, de que qualquer norma inferior deve submeter-se ao procedimento de elaboração previsto na própria Constituição. Logo, se a Carta prevê que somente o Congresso Nacional pode aprovar leis e segundo o *quorum* de maioria absoluta, torna-se inadmissível e inconstitucional, vamos supor, que o STJ assuma a função legiferante ou que uma lei seja aprovada pelo Congresso ante o *quorum* de maioria simples (a menos que uma lei qualquer preceituasse que leis poderiam ser feitas pelo STJ ou aprovadas por maioria simples). Em resumo: "num ambiente de Constituição flexível, a falta de rigidez impede o controle de constitucionalidade sob o aspecto material (não há inconstitucionalidade material), mas não o controle de constitucionalidade sob o aspecto formal (pode haver inconstitucionalidade formal)"[431].

As Constituições consuetudinárias, para muitos, também seriam flexíveis, visto que sua transformação se daria como a das demais normas jurídicas de um ambiente de direito costumeiro[432].

Saliente-se que no âmbito da Constituição costumeira, ainda que os costumes, os usos e as convenções sejam capazes de produzir/modificar o direito em geral, "este supõe um ambiente cultural de forte estabilidade, que se reflete com mais intensidade nas normas constitucionais, estando estas a exigir uma alteração muito relevante (conquanto não necessariamente demorada) dos costumes, dos usos e das convenções; prova é que as Constituições consideradas costumeiras (o caso da Inglaterra) são muito estáveis, dificilmente sendo modificadas"[433].

Constituição rígida – as respectivas normas somente podem ser modificadas mediante um procedimento de reforma mais complexo (especial) e previsto pela própria Constituição. A intitulada rigidez decorre de uma supremacia formal; logo, considerar-se-ão inconstitucionais as normas que não se submeterem a esse rigor. A rigidez é uma característica das constituições adotadas por estados federais, mas não só destes.

[430] Ibidem, p. 95.
[431] Ibidem, p. 95.
[432] Ibidem, p. 95.
[433] Ibidem, p. 95.

Constituição super-rígida – nestas, além de haver um procedimento qualificado de reforma (estabelecimento de um procedimento mais moroso, mais árduo do que aquele de elaboração das leis ordinárias; a exigência de uma deliberação especial para a aprovação das emendas constitucionais), existe um núcleo temático (por vezes expressamente designados) que não pode ser fundamentalmente alterado. São as denominadas "cláusulas pétreas", cuja disposição se encontra no art. 60, § 4º, da CF[434]. Por esta última característica alguns autores, como Alexandre de Moraes[435], classificam a Carta brasileira como sendo super-rígida, mas a esmagadora maioria dos autores a entendem como sendo apenas rígida.

Constituição semirrígida e demais variações – os graus de rigidez/flexibilidade e os modos (procedimentos) de reforma da Constituição variam muito. Por exemplo, a primeira Constituição brasileira (a imperial de 1824) apresentava um núcleo rígido de matérias (correspondente à Constituição em sentido material) e um restante flexível: "Art. 178. É só constitucional o que diz respeito aos limites e atribuições respectivas dos poderes políticos, e aos direitos políticos e individuais dos cidadãos; tudo o que não é constitucional pode ser alterado sem as formalidades referidas, pelas legislaturas ordinárias"[436].

Por último, podemos apresentar a *Constituição fixa* e a *Constituição imutável*. Na primeira, dá-se a mudança somente por intermédio de uma assembleia constituinte, capaz de elaborar nova Constituição, supondo-

[434] Ibidem, p. 95.

[435] Ministro do Supremo Tribunal Federal (03/2017- atual), Ministro da Justiça e Segurança Pública (05/2016 - 02/2017), Secretário de Segurança Pública do Estado de São Paulo (01/2015 - 05/2016), Advogado e Consultor Jurídico. Graduado pela Faculdade de Direito da USP, possui doutorado em Direito do Estado (2000) e Livre-docência em Direito Constitucional (2001) pela Universidade de São Paulo; professor associado da Faculdade de Direito da Universidade de São Paulo e professor Pleno da Universidade Presbiteriana Mackenzie, além de professor titular da Escola Superior do Ministério Público de São Paulo e da Escola Paulista da Magistratura. Foi Promotor de Justiça em São Paulo (1991-2002), Secretário de Estado da Justiça e Defesa da Cidadania (2002-2005), Membro do Conselho Nacional de Justiça (2005-2007), Secretário Municipal de Transportes de São Paulo, Presidente da SPTrans e da CET (2007-2009) e Secretário Municipal de Serviços de São Paulo (2009-2010).

[436] Rothenburg, Walter Claudius. Constituição (definição). In Dimoulis, Dimitri. *Dicionário Brasileiro de Direito Constitucional*, cit., p. 95.

-se que a constituição anterior não admitia a hipótese de reforma constitucional. Exemplos: as Constituições francesas de 1799 (Ano VIII), 1814 e 1830. Na segunda espécie de constituição, nenhuma reforma é possível, pois se acredita que a manifestação do poder constituinte é única. Exemplo "romântico" é o Código de Hamurabi, em que os preceitos estavam gravados em pedra sob a seguinte determinação: "para todo o sempre, o governante que estiver no País observará as palavras de justiça que estão escritas sobre meu obelisco". Lembre-se de que na Grécia antiga, as leis de Esparta, dadas por Licurgo, sob o juramento dos concidadãos, deveriam manter-se inalteradas enquanto o líder fosse consultar a opinião do oráculo de Delfos, tendo Licurgo se suicidado após obter do deus Apolo a certificação de que as leis eram perfeitas[437].

7) *Quanto à estatalidade (soberania)*: Constituição estatal (nacional) e Constituição supraestatal (supranacional).

Constituição estatal – representa, por tradição, a Carta Suprema de um país em que se manifesta a soberania de determinado Estado.

Constituição supraestatal – dado o avanço do direito internacional, principalmente no plano do direito comunitário europeu, idealiza-se uma Constituição de Estados, supranacional, talvez apta a conviver com as constituições específicas de cada Estado e até sobrepor-se às respectivas soberanias. Vide o caso da Constituição da União Europeia de 2004, tentativa esta que pretendeu instituir a primeira Constituição para a Europa unificada, assinada no dia 29 de outubro de 2004, em Roma, mas que resultou em fracasso por não ter sido ratificada em todos os países-membros, como França e Holanda, onde os plebiscitos se opuseram à proposta[438].

8) *Quanto à efetividade ou conformação à realidade (classificação ontológica)*: Constituição semântica, Constituição nominal e Constituição normativa.

[437] Ibidem, p. 96.
[438] Ibidem, p. 96.

Essa classificação, proposta por Karl Loewenstein[439], ressalta a concordância das normas constitucionais com a realidade do processo de poder e não consegue ser realizada somente a partir do texto, pois a Constituição deve estar integrada à realidade social, deve ter efetividade[440].

Constituição semântica – aquela cujas normas simplesmente retratam a situação de poder (autoritário) em uma sociedade, chancelando-o. Logo, se a Constituição formal não existisse, o processo de poder não seria muito diferente[441].

Constituição nominal – seria uma Constituição mais perfeita que a realidade, estando à frente de seu tempo, mas tem condições, com a evolução da sociedade, de vir a ser aplicada. Segundo Loewenstein, a Constituição nominal detém função educativa e visa converter-se numa Constituição normativa e conformar o poder social, em vez de submeter-se a ele[442].

Constituição normativa – aplica-se à realidade, conformando-a e adequando-se a ela, pois o poder submete-se às normas constitucionais[443].

9) *Quanto à finalidade (ideologia)*: Constituição garantia (liberal), Constituição-balanço (social) e Constituição dirigente (programática, diretiva ou prospectiva).

Constituição garantia – a noção de Constituição encerra uma perspectiva finalista, um objetivo orientado pela ideologia prevalecente. Sob esse viés, apresentam-se as Constituições liberais, que têm em vista estabelecer um quadro normativo de garantia do liberalismo político-econômico, sem maiores disposições de conteúdo socioeconômico no sentido da intervenção do Poder Público para corrigir excessos capitalistas e promo-

[439] Karl Loewenstein (1891 –1973), foi um filósofo e político germânico. Destacou-se como uma das personalidades mais significativas para o Constitucionalismo no século XX em razão de suas pesquisas e investigações aprofundadas sobre a tipologia de diferentes constituições.

[440] ROTHENBURG, Walter Claudius. Constituição (definição). In DIMOULIS, Dimitri. *Dicionário Brasileiro de Direito Constitucional*, cit., p. 96.

[441] Ibidem, p. 96.

[442] Ibidem, p. 96.

[443] Ibidem, p. 97.

ver a emancipação das classes menos favorecidas; trata-se de uma perspectiva conservadora (negativa)[444].

Constituição balanço – os socialistas sempre conceberam a constituição como um reflexo da realidade. Na antiga União Soviética a constituição veio a ser concebida como um balanço, o registro do alcançado numa etapa. Por isso, a cada fase deve corresponder uma Constituição.

Constituição dirigente – Constituição de tendência social, intervencionista e promocional, que estabelece programas (metas) e orienta (dirige) a sociedade em determinados rumos de transformação, também sendo chamada de Constituição programática. É o caso de diversas Constituições contemporâneas e especialmente das analíticas, que, sem deixar de serem garantistas (quer dizer, incorporando conquistas alcançadas, especialmente no domínio das liberdades), apresentam tendência prospectiva (positiva)[445].

3.6. Considerações sobre o movimento liberal, estado de bem-estar e direito econômico nas Constituições

Sem dúvida, o cenário constitucional contemporâneo conta com as contribuições do passado, e o panorama futuro também não fugirá dessa lógica. Estudiosos, principalmente a partir da repercussão envolvendo os métodos do Direito Público na época da Constituição de Weimar, discutem acerca das funções e do escopo do Direito Constitucional, da natureza do Direito Público e das funções dos representantes do povo[446].

Temas como "Estado mínimo", "liberalismo", "funções e tarefas do Estado na ordem social" e "o papel do setor econômico privado na consecução do bem comum" são exemplos recorrentes de discussão até os tempos atuais[447].

Uma resposta específica a essas questões dependerá da peculiaridade da ordem constitucional, do regime político e da conjuntura histórica do

[444] Ibidem, p. 97.

[445] Ibidem, p. 97.

[446] MORAES, Ricardo Quartim de. A evolução histórica do Estado Liberal ao Estado Democrático de Direito e sua relação com o constitucionalismo dirigente. *Revista de Informação Legislativa*, Brasília, ano 51, n. 204, p. 269-285, out./dez. 2014.

[447] Ibidem, p. 272.

período em referência. Ressalte-se que as particularidades do modelo constitucional de hoje, por natural, receberam uma atenção maior do que as experiências anteriores[448].

Logo, para contextualizar o "atual Estado Democrático de Direito", antes é necessário discorrer, segundo um plano evolutivo histórico, sobre a sua formação iniciada com o Estado Liberal, que surgiu no século XVIII, passando pelo Estado Social e as aspirações democráticas do fim século XIX e início do século XX[449].

No que se refere ao "liberalismo", sua formação e maturação como doutrina econômica e ideologia social desenvolveu-se ao longo dos séculos XVII a XX, período este de "alta ebulição social, política e econômica", que presenciou o surgimento do Estado Nação, a ascensão da burguesia, o surgimento e a predominância do mercado como principal instituição política e econômica e a progressiva internacionalização da economia e do comércio[450].

Quanto à acepção econômica de liberalismo, cabe realçar suas virtudes como "mercado natural autorregulado contra os males da intervenção estatal e aquilo que Matteuci denomina liberalismo jurídico, cujo foco está na concepção de um Estado que garanta os direitos dos indivíduos contra o uso arbitrário do poder pelos governantes"[451].

Atribui-se à Revolução Francesa a origem da formatação das linhas mestras da política e da ideologia liberal do século XIX e o respectivo modelo de Estado[452].

[448] Ibidem, p. 272.

[449] Ibidem, p. 272.

[450] Polanyi, Karl. *The Great Transformation*. Boston: Beacon Press, 1957, p. 163, apud Moraes, Ricardo Quartim de. A evolução histórica do Estado Liberal ao Estado Democrático de Direito e sua relação com o constitucionalismo dirigente, cit., p. 271.

[451] Matteuci, Nicola. Liberalismo. In: Bobbio, Norberto et al (Org.). *Dicionário de política*. Brasília: UNB, 1983, p. 687.

[452] Saliente-se que os rumos da Revolução Francesa tomaram corpo principalmente devido à ação dos camponeses pobres e então aliados à nascente burguesia (Terceiro Estado). Apesar disso, no início, somente os burgueses, ou comerciantes, e proprietários de terras desfrutaram dos resultados da Revolução, pois "viam no Estado de Polícia pré-revolucionário uma restrição completamente engessante da máxima realização de seus interesses". Moraes, Ricardo Quartim de. A evolução histórica do Estado Liberal ao Estado Democrático de Direito e sua relação com o constitucionalismo dirigente, cit., p. 271.

Na prática, com o advento da Revolução, os burgueses pretenderam que "seus efeitos se restringissem a satisfazer seus anseios, mas não fossem a ponto de realizar o tipo de justiça social almejado pelo campesinato e pelos *sans-culottes*". Como as promessas que a sociedade liberal lhes havia feito de segurança, legalidade e solidariedade não se concretizaram, a pauperização das massas era marcante na primeira metade do século XIX[453].

O Estado Liberal propunha "um mercado natural" em que todos os participantes estariam aptos, e sem impedimentos, a realizar seus próprios interesses, substituindo, nesse sentido, "um mercado artificial", que impunha restrições à produção no âmbito das corporações de ofício, visto que essa insegurança provinha do supremo poder do soberano[454].

Durante o período de "liberalização econômica" criaram-se institutos como o negócio jurídico e o contrato. Em consequência, observa-se crescente liberdade na forma de contratar. Em suma, "a igualdade estritamente formal das partes asseguraria o equilíbrio entre os contratantes; o contrato de trabalho era regido exclusivamente pela vontade das partes, sem as limitações das corporações de ofício ou os laços feudais de mútuo auxílio e subserviência"[455].

Na seara econômica, o Direito abstinha-se de regular a economia, a não ser, é claro, quanto aos contratos e à propriedade, mas sem pertinência econômica. As categorias propriamente ditas econômicas, como "empresário", "empregado", "concorrência" e "trabalho", à margem do Direito, e "as disposições do Direito Civil a respeito dos contratos valiam para quaisquer ajustes, independentemente de sua natureza"[456].

Sem guardar qualquer vínculo com o Direito, a economia ou, melhor dizendo, "as instituições jurídicas de cunho econômico" não eram reco-

[453] Comparato, Fábio Konder. *A afirmação histórica dos direitos humanos*. 2.ed. São Paulo: Saraiva, 2001, p. 51.

[454] Moreira, Vital. *A ordem jurídica do capitalismo*. Coimbra: Centelha, 1973, p. 74, apud Moraes, Ricardo Quartim de. A evolução histórica do Estado Liberal ao Estado Democrático de Direito e sua relação com o constitucionalismo dirigente, cit., p. 271.

[455] Ibidem, p. 271.

[456] Ibidem, p. 271.

nhecidas dessa forma, uma vez que integravam o plano do Direito Privado, sendo diluídas nas relações entre os particulares[457].

O modelo de Estado Liberal impingiu limitações à forma de o soberano governar, na medida em que ao fim da Revolução Francesa prevaleceu o objetivo de criar "um mercado autorregulado imune a interferências estatais de qualquer gênero"[458].

Logo, coube a esse Estado Liberal, sob o manto da noção de lei "geral e abstrata" que dispõe sobre uma "igualdade estritamente formal" e o "abstencionismo econômico", assegurar segurança jurídica às trocas mercantis num mercado de trabalho repleto de mão de obra barata que garantiu à iniciativa privada tornar qualquer atividade potencialmente lucrativa[459].

Dada a natureza abstencionista de ação do Estado Liberal, tornou-se *sine qua non* o critério de necessariedade para agir, quando o fizesse necessário e somente para preservar a segurança individual dos cidadãos[460].

Na medida em que a Revolução Francesa foi idealizada e realizada a favor da burguesia, pode-se afirmar que a essência do referido Estado é burguês, fundado na escolha pela liberdade segundo os moldes burgueses, ou seja, pela liberdade contratual, de propriedade, de comércio e de indústria[461].

Como reflexo desse *desiteratum* em todas as constituições liberais, nelas se identificam as seguintes características, segundo Carl Schmitt: "(i) o princípio da distribuição, segundo o qual a liberdade do indivíduo é um dado anterior ao Estado, e, em princípio, ilimitada (ao revés, o poder do Estado de invadir a esfera de liberdades individuais está, em princí-

[457] Ibidem, p. 271.

[458] Ibidem, p. 271.

[459] POLANYI, Karl. *The Great Transformation*. Boston: Beacon Press, 1957, p. 73, apud MORAES, Ricardo Quartim de. A evolução histórica do Estado Liberal ao Estado Democrático de Direito e sua relação com o constitucionalismo dirigente, cit., p. 272.

[460] SANTOS, Wanderley Guilherme dos Santos. *Paradoxos do liberalismo teoria e história*. São Paulo: Co-Edição Vértice e IUPERJ, 1988, p. 19, apud MORAES, Ricardo Quartim de. A evolução histórica do Estado Liberal ao Estado Democrático de Direito e sua relação com o constitucionalismo dirigente, cit., p. 273.

[461] MORAES, Ricardo Quartim de. A evolução histórica do Estado Liberal ao Estado Democrático de Direito e sua relação com o constitucionalismo dirigente, cit., p. 273.

pio, limitado – direitos fundamentais de liberdade); e (ii) o princípio da organização, cuja finalidade é pôr em prática o princípio da distribuição, de modo que o poder do Estado se divida em feixes de competência atribuídos a órgãos diferentes (separação de poderes)"[462].

O Estado Burguês de Direito repudia mudança, pois almeja sua própria autocontenção, a não ser que haja alguma ameaça à segurança individual. Enfim, descarta-se qualquer ação política que contrarie esse pressuposto, por sinal, fundado em base legal instituída[463].

Mas essa forma de Estado de Direito compactua com uma série de injustiças à luz da lei, em que vige a "majestosa igualdade das leis, que proíbe tanto o rico como o pobre de dormir sob as pontes, de mendigar nas ruas e de roubar pão e permite que ambos se hospedem no Ritz"[464].

Em linhas gerais, essa tendência norteará os rumos do Estado Liberal durante todo o século XIX, principalmente durante seu apogeu pós-1848, ocasião em que o nível alcançado de riquezas possibilitou "algumas concessões sociais que acalmaram as massas"[465].

Ocorre que, a partir de 1880, o espírito liberal é criticado e depois afetado pela Primeira Guerra Mundial, fase em que se iniciam os primeiros defensores do Estado do Bem-Estar, com postura avessa ao movimento liberal[466].

462 Ibidem, p. 273.

463 Ibidem, p. 273.

464 France, Anatole, *Lírio vermelho*,1906, p. 118, apud Moraes, Ricardo Quartim de. A evolução histórica do Estado Liberal ao Estado Democrático de Direito e sua relação com o constitucionalismo dirigente, cit., p. 271.

465 Hobsbaw, Eric J. *A era do capital*. 3. ed. Rio de Janeiro: Paz e Terra, 1982, apud Moraes, Ricardo Quartim de. A evolução histórica do Estado Liberal ao Estado Democrático de Direito e sua relação com o constitucionalismo dirigente, cit., p. 273.

466 Se até a Primeira Guerra Mundial o liberalismo prevalecia entre os europeus, a não ser entre os adeptos ao marxismo e ao socialismo, por sua vez o movimento descendente do liberalismo decorreu devido ao controle quase total dos bens de produção e das riquezas em geral pela burguesia, visto que pouco se destinava ao proletariado para garantir sua subsistência. Explica-se, também, o abandono do liberalismo dogmático devido a uma "transformação da estrutura econômica", que fomentou o crescimento da dimensão das empresas – que remonta ao processo de concentração do capital e ao progresso técnico – e uma mudança na estrutura social, uma vez que as massas passavam a reivindicar com veemência direitos trabalhistas, previdenciários e sociais em geral. Laski, Harold J. *O*

Diante do novo contexto econômico-social, para acompanhá-lo houve mudança nos instrumentos jurídicos, tendo em vista que a propriedade individual cedeu lugar à sociedade por ações e a liberdade contratual limitou-se em face do que o contrato de trabalho passou a dispor nesse novo cenário[467].

Enquanto isso, nos Estados Unidos, em fins do século XIX, surge a legislação antitruste, "que proíbe os acordos de domínio de mercado numa tentativa de tentar manter o modelo natural de mercado propugnado pelo liberalismo clássico. Inegável que tal legislação é um reconhecimento de que a ordem econômica do Estado Liberal não era, ao fim e ao cabo, naturalmente autorregulável"[468].

A própria tentativa de manter o modelo liberal clássico demonstrou que essa iniciativa se tratava de uma necessária intervenção/regulação da economia pelo Estado, o que "ampliou os contornos da ordem liberal e deu margem, em um momento de ruptura, à passagem para um modelo de Estado que intervém na ordem social e econômica. A crise do modelo liberal foi engendrada dentro dele e, pior, foi uma tentativa de perpetuá-lo", num cenário em que diante do fortalecimento das organizações operárias, a questão dos direitos sociais elevou-se, lembrando que no século XVIII já existiam as primeiras ações no sentido de promover assistencialismo estatal, como na Áustria, na Alemanha, na Rússia, na Espanha e na Inglaterra[469].

No caso da Alemanha, considera-se a primeira intervenção estatal em benefício do proletariado a aprovação de leis entre 1883 e 1889, que instituíram seguro obrigatório na eventualidade de acidentes no trabalho. Pretendeu-se, com essa medida, atenuar as tensões sociais entre a classe trabalhadora e refrear a ascensão dos movimentos socialistas, decorrente

liberalismo europeu. São Paulo: Mestre Jou, 1973, p. 172, apud MORAES, Ricardo Quartim de. A evolução histórica do Estado Liberal ao Estado Democrático de Direito e sua relação com o constitucionalismo dirigente, cit., p. 273.

467 MORAES, Ricardo Quartim de. A evolução histórica do Estado Liberal ao Estado Democrático de Direito e sua relação com o constitucionalismo dirigente, cit., p. 274.

468 Ibidem, p. 274.

469 Ibidem, p. 274.

da crise industrial. *Grosso modo,* as medidas assistencialistas visaram desviar a atenção do povo das mazelas sociais da época:

> "(...) os liberais das épocas anteriores à Revolução Francesa tinham apenas uma teoria negativa do Estado; para eles, por razões muito compreensíveis, era de uma tirania que procuravam escapar. Após sua vitória, viram-na como um meio para proteger-se da invasão de baixo ou como, um pouco mais tarde, uma técnica para distribuir concessões tais àqueles que desafiavam sua supremacia que os habilitassem a mantê-la inalterada em seus princípios gerais. Assim, às exigências de justiça responderam com a oferta de caridade"[470].

Durante a Primeira Guerra Mundial (1914-1918), para conduzir a economia, o Estado controlou-a diretamente para atender a suas necessidades bélicas. É nessa fase que surge um "método" e novo "ramo do Direito", o Direito Econômico, que compreende o "conjunto das técnicas jurídicas de que lança mão o Estado contemporâneo na realização de sua política econômica"[471].

Na verdade, a Primeira Guerra Mundial exigiu enorme planejamento da economia e mobilização ativa de mão de obra, o que fortaleceu o poder do trabalhismo organizado[472].

Antes do advento da Grande Guerra, conflitos anteriores não mereciam a exclusiva atenção do Estado, uma vez que se limitavam à atuação de um específico grupo social bélico. Mas no caso da Primeira Guerra Mundial, todo o Estado e a população inteira envolveram-se no conflito. Dessa forma, surge uma economia de guerra, principalmente direcio-

[470] Laski, Harold J. *O liberalismo europeu*, cit., p. 186, apud Moraes, Ricardo Quartim de. A evolução histórica do Estado Liberal ao Estado Democrático de Direito e sua relação com o constitucionalismo dirigente, cit., p. 274.

[471] Bercovici, Gilberto. O ainda indispensável direito econômico. In: Benevides, Maria Victoria de Mesquita et al. (Org.). *Direitos humanos, democracia e república* : homenagem a Fábio Konder Comparato. São Paulo: Quartier Latin, 2009, apud MORAES, Ricardo Quartim de. A evolução histórica do Estado Liberal ao Estado Democrático de Direito e sua relação com o constitucionalismo dirigente, cit., p. 275.

[472] Hobsbawm, Eric J. *A era dos extremos*: o breve século XX. 2. ed. São Paulo: Companhia das Letras: 1997, p. 51.

nada para a produção de aço, para o funcionamento das usinas e, também: "outros fatores de produção que, doravante, precisavam ser dirigidos a um objetivo previamente estabelecido pelo Estado, objetivo esse que mobilizava a sociedade como um todo. E as guerras do século XX, pode-se afirmar, consumiram e destruíram quantidades até então inimagináveis de bens"[473].

Nesse contexto, diferentemente do que se possa supor, se no Estado Liberal o lado de dentro das portas de uma fábrica não lhe concerniam, agora com o Direito este se insere "em todas as relações que lá ocorrem: a relação entre empregador e empregados, a relação dos empregados entre si (Direito Sindical), assim como as relações de organização e administração da empresa e as relações entre empresas"[474].

Ante a aparente simplicidade da interveniência do Direito nas relações entre empresas e sindicatos, por trás dela repousa um panorama complexo: "o Estado de Bem-Estar surge como uma nova adaptação do capitalismo à sociedade e, assim sendo, surge como uma necessidade do capital, que não mais podia sobreviver dentro do esquema de outrora"[475].

Se, por um lado, o processo de acumulação do capital está condicionado à extensão das funções do Estado, por outro, tal extensão, além de garantir o desenvolvimento econômico, deve incorporar o requisito do desenvolvimento social, pois: "Por mais insinceras que as promessas inseridas nos textos constitucionais na forma de normas programáticas tenham sido, o progresso não só do Estado Social como do atual Estado Democrático de Direito repousa largamente na efetivação de tais promessas centradas na promoção democrática da igualdade material. A isso remontam os debates doutrinários a respeito da aplicabilidade e efetividade das normas constitucionais, das políticas públicas, da reserva do possível, do ativismo judicial e da separação de poderes"[476].

[473] Comparato, Fábio Konder. O indispensável direito econômico. In: Tepedino, Gustavo José Mendes; Fachin, Luiz Edson (Org.). *Doutrinas Essenciais*: obrigações e contratos. São Paulo: RT, 2011., p. 15, v. 1; Hobsbawm, Eric J. *A era dos extremos*: o breve século XX. 2. ed. Companhia das Letras: 1997, p. 51.

[474] Moraes, Ricardo Quartim de. A evolução histórica do Estado Liberal ao Estado Democrático de Direito e sua relação com o constitucionalismo dirigente, cit., p. 276.

[475] Ibidem, p. 276.

[476] Ibidem, p. 276.

Há três modelos ou padrões de Estado de Bem-Estar a serem apontados: "(i) o modelo residual, no qual a política social intervém *ex-post*, quando os meios 'naturais' de aferição de renda para satisfação das necessidades falham; (ii) o modelo meritocrático-particularista, baseado na premissa de que todos devem estar aptos a prover suas próprias necessidades, por seu próprio mérito (neste modelo a política social intervém apenas para corrigir as ações do mercado, de modo que o sistema de bem-estar é simplesmente complementar às instituições econômicas); e (iii) o modelo institucional redistributivo, no qual o sistema de bem-estar é parte integrante da sociedade e volta-se à distribuição de bens 'extramercado', garantindo a todos acesso a esses bens nos critérios mais universalistas"[477].

Os referidos modelos de Estado situam-se no plano das ideias, visto que as diferentes realidades impõem uma específica conformação, de acordo com a multifacetada realidade de cada Estado[478].

Pode-se sintetizar a conformação do moderno Estado Social, pois, de antemão, não se desvinculou das conquistas do Estado Liberal em face do "arbítrio que motivou a Revolução Francesa", configurando-se num Estado Social de Direito de segunda fase do constitucionalismo moderno que, além de absorver a primeira, acabou por adicionar o componente social: "o cerne da questão é articular os direitos e as liberdades individuais com os direitos sociais", de modo a "articular igualdade 'jurídica'

[477] DRAIBE, Sônia Miriam. O 'Welfare State' no Brasil: características e perspectivas. *Ciências Sociais Hoje,* 1989. São Paulo: ANPOCS e Vértice, 1989, p. 25.

[478] No Brasil, segundo prevê, por exemplo, o art. 203, inciso V, da Constituição Federal, a assistência social caberá a quem dela necessitar, independentemente de contribuição, mas enquanto o indivíduo não possuir meios de prover a própria manutenção ou de tê-la provida por sua família (arts. 20, *caput,* e 21, *caput,* da Lei 8.742/93). No caso, refere-se a uma política emergencial, não redistributiva, o que configura um modelo residual de Estado de Bem-Estar. Por sua vez, quanto aos serviços públicos, estes marcados pela universalidade e pela gratuidade, como a saúde (art. 196 da Constituição Federal) e a educação (arts. 208 e 213, § 1º, da Constituição Federal), pertencem ao campo institucional-redistributivo. MORAES, Ricardo Quartim de. A evolução histórica do Estado Liberal ao Estado Democrático de Direito e sua relação com o constitucionalismo dirigente, cit., p. 276.

(à partida) com igualdade social (à chegada) e segurança jurídica com segurança social"[479].

Há duas concepções diversas sobre o Estado de Direito: a dos lógico-formalistas; e a dos que buscam a investigação de seu conteúdo[480]. Para os primeiros, o Estado de Direito é todo aquele que se submeta ao império da lei. Quanto aos segundos, Estado de Direito é o Estado oriundo das conquistas do liberalismo, este centrado na limitação do poder pela lei, a expressão perfeita da vontade geral do povo. Conforme exposto, no Estado Liberal de Direito propõe-se uma "limitação do poder estatal em favor da liberdade e segurança necessárias para o florescimento do capitalismo moderno. A democracia não é um componente necessário do desenvolvimento do capitalismo, como bem demonstrou o período ditatorial pelo qual passou nosso País de 1964 a 1985"[481].

Importante aprofundar o conceito de lei no Estado Democrático de Direito. Para Canotilho, "a lei, no estado de direito Democrático-Constitucional, não é um acto livre dentro da constituição; é um acto, positiva e negativamente, determinado pela lei fundamental"[482].

Essa conclusão apresenta o seguinte pressuposto: "parte de uma crítica à aplicação da chamada teoria dos limites ao Direito Constitucional. Tal teoria foi desenvolvida especificamente para o Direito Administrativo e postula ser a lei um limite externo à atividade estatal. No espectro da lei, a Administração teria uma ampla liberdade dentro de sua atividade

[479] MIRANDA, Jorge. *Manual de Direito Constitucional*. 6. ed. Coimbra: Coimbra Editora, 1997, p. 96, t. I, apud MORAES, Ricardo Quartim de. A evolução histórica do Estado Liberal ao Estado Democrático de Direito e sua relação com o constitucionalismo dirigente, cit., p. 277.

[480] FERREIRA, Pinto. *Comentários à constituição brasileira*. São Paulo: Saraiva, 1989. v. 1, p. 32, apud MORAES, Ricardo Quartim de. A evolução histórica do Estado Liberal ao Estado Democrático de Direito e sua relação com o constitucionalismo dirigente, cit., p. 278.

[481] GRAU, Eros Roberto. *O direito posto e o direito pressuposto*, cit., p. 119, apud MORAES, Ricardo Quartim de. A evolução histórica do Estado Liberal ao Estado Democrático de Direito e sua relação com o constitucionalismo dirigente, cit., p. 278.

[482] CANOTILHO, José Joaquim Gomes. *Constituição dirigente e vinculação do legislador: contributo para a compreensão das normas constitucionais programáticas*. 2. ed. Coimbra: Coimbra Editora, 2001, p. 243, apud MORAES, Ricardo Quartim de. A evolução histórica do Estado Liberal ao Estado Democrático de Direito e sua relação com o constitucionalismo dirigente, cit., p. 279.

discricionária. Posta nesses termos, a teoria dos limites seria inaceitável como fundamento analítico ao estudo do Direito Constitucional e suas normas"[483].

No campo da relação entre lei e Constituição, conclui-se que, embora a lei não seja um "simples ato de execução da Constituição (ao contrário dos atos administrativos que são mera explicitação ou regulamentação da lei), a última está, por meio de determinantes heterônomas, materialmente vinculada à Constituição"[484].

Logo, nem a própria Constituição tem o poder de efetuar mudança social e de erradicar a pobreza, na medida em que "O fenômeno da mudança social está intrinsecamente relacionado às forças sociais e aos grupos de poder presentes na sociedade e necessita da ação e vontade desta última e de seus representantes para se concretizar"[485].

Na verdade, há de se reconhecer o importante papel da Constituição no processo de superação das desigualdades sociais e do subdesenvolvimento econômico, apesar de ela não ser o único elemento a ser considerado como relevante. Conforme apontado, "a consciência política da necessidade de mudança, a atuação e manifestação da sociedade e o funcionamento correto dos canais de representação política e de todo o conjunto da administração pública são igualmente fundamentais"[486].

3.7. Estado liberal, estado de direito e estado social

O Estado Liberal revela-se um ente estático, conservador, cabendo-lhe produzir direito mediante a edição de leis, mas seu campo de ação é limitado por mecanismos de freios e contrapesos, impedindo-o de ameaçar as liberdades e garantias individuais, bem como de empreender políticas ou programas de ação a longo prazo, revelando, assim, "a inadequação estrutural dos poderes públicos nesse tipo de Estado"[487].

[483] MORAES, Ricardo Quartim de. A evolução histórica do Estado Liberal ao Estado Democrático de Direito e sua relação com o constitucionalismo dirigente, cit., p. 279.
[484] Ibidem, p. 280.
[485] Ibidem, p. 280.
[486] Ibidem, p. 280.
[487] COMPARATO, Fábio Konder. Um Quadro Institucional para o Desenvolvimento Democrático. In JAGUARIBE, Hélio; IGLÉSIAS, Francisco; SANTOS, Wanderley Guilherme dos; CHACON, Vamiré. *Brasil, sociedade democrática*. 2. ed. Rio de Janeiro: José Olympio, 1986,

O Estado Social, que surgiu de aspirações das massas e em decorrência das respectivas circunstâncias econômicas do século XX, revela-se um Estado Social Material, ou seja, "modelo de Estado historicamente determinado pelo fim da Segunda Guerra Mundial e que veio superar o neutralismo e o formalismo do Estado Liberal. O adjetivo 'social', dessa maneira, refere-se 'à correção do individualismo clássico liberal pela afirmação dos chamados direitos sociais e realização de objetivos de justiça social'"[488].

Sob determinado ponto de vista, afirma-se que a concessão de direitos sociais à massa da população deveu-se à necessidade de pacificá-la a fim de que o mercado pudesse funcionar normalmente[489].

Com a superação do Estado de Direito formal pelo Estado Social de Direito há mudança salutar. Atribui-se, sob um caráter ideológico, suposta antinomia entre Estado de Direito e Estado Social, no sentido de que "a reestruturação democrático-social não pode ser feita por meio do Estado de Direito, refletindo a ideia de que a Constituição representa uma limitação do poder estrutural, devendo os fins político-sociais ser relegados para a administração, sendo o Estado Social, consequentemente, contrário às liberdades individuais"[490].

Para o jurista conservador alemão Ernst Forsthoff[491], são incompatíveis na mesma Constituição o Estado de Direito e o Estado Social, isto

p. 400 e 407, apud Bercovici, Gilberto. A problemática da constituição dirigente: algumas considerações sobre o caso brasileiro. Brasília: *Revista de Informação Legislativa*, a. 36, n. 142, abr./jun. 1999, p. 37.

488 Silva, José Afonso da. *Curso de direito constitucional positivo*. 16. ed. São Paulo: Malheiros, 1999, p. 119.

489 Grau, Eros Roberto. *O direito posto e o direito pressuposto*. 4. ed. São Paulo: Malheiros, 2002, p. 28.

490 Bercovici, Gilberto. A problemática da constituição dirigente: algumas considerações sobre o caso brasileiro, cit., p. 36.

491 Ernst Forsthoff (1902-1974), jurista alemão, discípulo de Carl Schmitt, filiado em 1937 ao Partido Nacional Socialista dos Trabalhadores Alemães (Partido Nazista),defendeu o método jurídico ou hermenêutico clássico, segundo o qual a Constituição deve ser interpretada da mesma forma que as leis em geral, empregando-se os elementos da hermenêutica tradicional de Savigny: a) filológico, gramatical ou literal, que analisa o texto da norma em sua literalidade, esclarecendo ou significado das palavras e seu valor semântico; b) sistemático, que analisa a relação da norma com o restante da Constituição, levando

porque o Estado Social "deve limitar-se ao âmbito administrativo", e não ocupar categoria constitucional. A tese é de que a Constituição não é lei social, devendo, também, ser breve. O Estado Social de Direito, para o pensador, restringe-se a um conceito jurídico, e dele não podem ser deduzidos direitos e deveres concretos nem instituições jurídicas[492].

Quanto ao Estado de Direito, cumpre acrescentar:

> *"as regras jurídicas estabelecem padrões de conduta ou comportamento e garantem também uma distanciação e diferenciação do indivíduo, por meio do Direito, perante*

em conta a conexão interna que une as regras, princípios e institutos daquele sistema normativo uno e harmônico; c) lógico, que também analisa a relação da norma com o restante da Constituição, focando na harmonia lógica entre as diversas partes que estruturam aquele conjunto normativo; d) histórico: analisa a ideologia vigente e o contexto social no momento de criação da norma, buscando examinar a vontade do legislador ao editar a norma; e e) teleológico ou sociológico, que interpreta a norma conforme a sua finalidade. Esse método é considerado insuficiente para fornecer soluções adequadas às peculiaridades das normas constitucionais, especialmente diante dos chamados hard cases (casos difíceis). SOUZA, Marcio Scarpim de. *Métodos jurídico, tópico e integrativo de interpretação constitucional.* Conteúdo Jurídico, Brasilia-DF: 7 maio 2020. Disponível em: https://conteudojuridico.com.br/consulta/Artigos/47212/metodos-juridico-topico-e-integrativo-de-interpretacao-constitucional. Acesso em: 07 maio 2020.

492 Esses argumentos se assemelham aos daqueles que defendem a desconstitucionalização de inúmeras matérias da Constituição brasileira, pois, além de esta ser "detalhista em excesso", resulta em muitos artigos. Luís Roberto Barroso, ao comparar o texto mais enxuto da Constituição norte-americana, alega que este é resultado de condições conjunturais e históricas únicas. Além disso, embora o referido texto constitucional tenha permanecido praticamente inalterado (com exceção das Emendas), houve inúmeras mudanças constitucionais à luz da jurisprudência. Por sua vez, segundo Paulo Bonavides, a grande extensão da nossa Constituição deveu-se à preocupação de criar "certos institutos de proteção mais eficaz", que pudessem oferecer "maior estabilidade a determinadas matérias e à conveniência de atribuir ao Estado, por meio do texto constitucional, encargos considerados pelo constituinte como indispensáveis à manutenção da paz social". FORSTHOFF, Ernst. Concepto y Esencia del Estado Social de Derecho. In ABENDROTH, Wolfgang, FORSTHOFF, Ernst & DOEHRING, Karl. *El Estado Social*, Madrid: Centro de Estudios Constitucionales, 1986, p. 78-81 e 88; e BARROSO, Luís Roberto. *O direito constitucional e a efetividade de suas normas: limites e possibilidades da constituição brasileira.* 3. ed. Rio de Janeiro: Renovar, 1996, p. 62; e BONAVIDES, Paulo. *Curso de direito constitucional*, cit., p. 74, apud BERCOVICI, Gilberto. A problemática da constituição dirigente: algumas considerações sobre o caso brasileiro, cit., p. 36.

os órgãos públicos, assegurando-lhe um estatuto subjetivo essencialmente caracterizado pelos direitos e garantias individuais. Isso não significa hoje oposição entre o Direito e o Estado. A função do Direito num Estado de Direito moderno não é apenas negativa ou defensiva, mas positiva: deve assegurar, positivamente, o desenvolvimento da personalidade, intervindo na vida social, econômica e cultural. O Estado de Direito atual não se concebe mais como antiestatal"[493].

Com as novas tarefas do Estado, o apego à propriedade contra a intervenção estatal não define o livre desenvolvimento da personalidade, mas se funda nas próprias prestações estatais. Contra o arbítrio dos poderes públicos há a reserva da lei e o princípio democrático, característicos do Estado de Direito. As melhorias sociais e econômicas dispensam o sacrifício das garantias jurídico-formais do Estado de Direito. Afinal, "a liberdade é inconcebível sem a solidariedade, e a igualdade e o progresso socioeconômicos devem fundar-se no respeito à legalidade democrática"[494].

O ato de governar passou a compreender, também, o planejamento do futuro, mediante a fixação de políticas a médio e longo prazo. Com o Estado Social, o *government by policies* substitui o *government by law* do liberalismo, e a execução de políticas públicas, tarefa primordial do Estado Social, com a consequente exigência de racionalização técnica para a consecução dessas mesmas políticas, revelando-se incompatível com as instituições clássicas do Estado Liberal[495].

O Estado Social fundamenta-se em igualdade, na liberdade e garantia do exercício dessa liberdade. Além de promover a igualdade formal e a igualdade jurídica, o Estado também se incumbe de promover a igualdade material, na acepção de fazê-lo "por meio da lei", e não mais "perante a

[493] Heller, Hermann. *Teoría del Estado.* México, Fondo de Cultura Económica, 1992, pp. 229-234, apud Bercovici, Gilberto. A problemática da constituição dirigente: algumas considerações sobre o caso brasileiro, cit., p. 37.

[494] Ibidem, p. 37.

[495] Comparato, Fábio Konder. *Um Quadro Institucional*, cit., p. 397-399, apud Bercovici, Alberto. A problemática da constituição dirigente: algumas considerações sobre o caso brasileiro, cit., p. 37.

lei". Nesse passo, o que o Estado garante é "a igualdade de oportunidades, o que implica a liberdade, justificando a intervenção estatal"[496].

Há um debate constitucional acirrado entre aqueles que consideram a Constituição "um simples instrumento de governo", definidor de competências e regulador de procedimentos, e os que defendem a tese de que a Constituição deve transformar-se num "plano global que determina tarefas, estabelece programas e define fins para o Estado e para a sociedade". Vejamos.

Na primeira linha de pensamento, uma lei fundamental corresponde a uma norma jurídica superior, "abstraindo-se dos problemas de legitimação e domínio da sociedade", desprovido de qualquer conteúdo social ou econômico. Nesse sentido, a Constituição dispõe sobre competências, "preocupando-se com o procedimento, não com o conteúdo das decisões, com o objetivo de criar uma ordem estável". Nesse bojo, o liberalismo encontra espaço com a concepção de "separação absoluta entre o Estado e a sociedade, com a defesa do Estado mínimo, competente apenas para organizar o procedimento de tomada de decisões políticas"[497].

Entende-se que reduzir a Constituição a mero instrumento de governo trata-se de uma teoria insuficiente, pois hoje "organizar e racionalizar os poderes pressupõe alguma medida material para o exercício desses poderes". A fundamentação substantiva para os atos dos poderes públicos tornou-se uma exigência. A referida fundamentação material encontra-se, em essência, nos direitos fundamentais, que pode limitar-se a princípios, estes denominados por Canotilho "princípios materiais estruturantes" (Estado de Direito, Democracia, República), ou "estender-se à imposição de tarefas e programas que os poderes públicos devem concretizar", que é a outra linha de entendimento acerca da natureza da Constituição[498].

[496] Doehring, Karl. Estado Social, Estado de Derecho y Orden Democratico, *in* Abendroth, Wolfgang, Forsthoff, Ernst & Doehring, Karl. *El Estado Social*, cit., p. 161-168, apud Bercovici, Gilberto. A problemática da constituição dirigente: algumas considerações sobre o caso brasileiro, cit., p. 37.

[497] Canotilho, José Joaquim Gomes, *Direito Constitucional e teoria da constituição*, cit., p. 79-82, apud Bercovici, Gilberto. A problemática da constituição dirigente: algumas considerações sobre o caso brasileiro, cit., p. 37.

[498] Canotilho, José Joaquim Gomes. *Direito constitucional e teoria da constituição*, cit., p. 73-79 e 84-86 e Canotilho, José Joaquim Gomes. *Constituição dirigente*, cit., p. 12, 14

A "constitucionalização de tarefas" enaltece a importância da legitimação material, ainda que não seja capaz de substituir (e nem deveria) a luta política. O problema de legitimação resulta na "dinamização da Constituição", que se expressa na "consagração de linhas de direção, na tendência para sujeitar os órgãos de direção política à execução de imposições constitucionais e na constitucionalização dos direitos econômicos e sociais". A Constituição deixa de ser instrumento de governo, definidor de formas e competências para o exercício do poder, insistindo-se na programática (tarefas e fins do Estado)[499].

As tarefas e os fins do Estado, ambos previstos na Constituição, bem como os princípios constitucionais, derivam de propostas de "legitimação material da Constituição de um país; logo, sob esse ponto de vista, a compreensão dos fins e das tarefas constitucionais torna-se indispensável"[500]. E tal fato solidifica-se em regimes democráticos, mais propensos a terem uma constituição de caráter normativo, em conformidade com a classificação quanto à efetividade proposta por Karl Loewenstein.

3.8. A democracia nas constituições

Atualmente, temos que a democracia é o regime de vida pública de uma região, na qual[501]:

- a justiça deve em todas as circunstâncias prevalecer sobre a razão de Estado, o que implica que a administração da justiça tem que ser independente do poder político;
- só poderão ser concedidos privilégios de defesa em justiça às crianças, aos adolescentes menores, aos incapazes, às advogadas e advogados em exercício. Nenhuma outra pessoa os poderá invocar;

e 18-21, apud Bercovici, Gilberto. A problemática da constituição dirigente: algumas considerações sobre o caso brasileiro, cit., p. 38.

499 Ibidem, p. 38.

500 Canotilho, José Joaquim Gomes. *Constituição* dirigente, cit., p. 21-24 e Rocha, Cármen Lúcia Antunes. *Constituição e constitucionalidade*. Belo Horizonte: Ed. Lê, 1991, p. 34-36, apud Bercovici, Gilberto. A problemática da constituição dirigente: algumas considerações sobre o caso brasileiro, cit., p. 38.

501 Pignero, Jean. *As constituições democráticas do terceiro milênio*. Porto: Edições Enfrentamento, 1990, p. 29.

- "é de regra a mais livre, a mais franca e a mais completa discussão em todas as questões que interessam antes de mais ao público. A esse respeito, não pode haver qualquer compromisso"[502];
- o pluralismo dos pensamentos e das ações é obrigatoriamente praticado: pluralismo das línguas e dialetos, das religiões, das opiniões, da mídia, dos partidos políticos, das associações, dos sindicatos. Isso impõe a votação e a aplicação de sanções e de penas contra todas as pessoas e todos os grupos de pessoas (organismos de qualquer natureza, governantes) que impeçam a realização do pluralismo. Nenhum presidente de região ou de governo pode pretender representar o seu povo se só um único partido político for autorizado; se um único sindicato representar os sindicalizados, quer ao nível político, quer ao nível das empresas; se a liberdade de expressão for proibida ou condicionada; se a prática das religiões ou do livre pensamento for regulamentada ou entravada, se as associações forem controladas; se a mídia estiver sujeita ao poder público ou a outros poderes, aberta ou secretamente, direta ou indiretamente; se o "chefe" se arrogar o direito de decidir em virtude de segredos que ele impuser ou aceitar;
- a supremacia dos indivíduos sobre os seus representantes é reconhecida e defendida: o Estado está ao serviço dos indivíduos, os representantes eleitos devem limitar o Estado, mantê-lo no seu domínio mais restrito possível: "Menos Estado" é a regra da vida das democracias; os parlamentares são os gansos do Capitólio democrático: devem proteger os cidadãos das intromissões do Estado;
- os dirigentes do poder político, os parlamentares, o pessoal da justiça, os "decisores" e os "comendadores" dos poderes mascarados devem dar o exemplo das virtudes que exigem do povo e das restrições que lhe impõem;
- são reconhecidos os direitos sociais dos indivíduos: livre circulação entre as regiões; idade mínima de entrada no trabalho e de acesso à previdência; liberdade de escolha do trabalho e do seu exercício; equivalências dos diplomas e das qualificações; mesmas condições de

502 Prefácio de H. Me Landress ao livro Galbraith, J. K. *A Paz indesejável? Relatório sobre a utilidade das guerras*. Paris: Calmann-Lévy edit., 1968.

vida para os trabalhadores efetivos, temporários, sazonais, fronteiriços etc.; igualdade dos salários, das vantagens profissionais sociais e fiscais entre homens e mulheres, entre trabalhadores efetivos e temporários; salário mínimo compatível, que tenha em conta a situação familiar, sem retenções, nem apreensões, nem cedências; fixação das durações semanais máximas de trabalho conforme as circunstâncias; trabalho diurno, noturno, subterrâneo, marítimo, submarino, temporário, sazonal etc.; duração, periodicidade e pagamento das férias; proteção igual da saúde e da segurança no trabalho; proteção, inserção, readaptação dos deficientes; contratação gratuita; liberdade sindical; negociações coletivas e conciliações; informação e formação profissionais e universitárias; rendimento mínimo de reforma; o pagamento de todas as remunerações está exclusivamente a cargo dos empregadores principais; direitos sociais iguais reconhecidos aos desempregados, às pessoas em situação precária, aos excluídos[503];

[503] Falar em direitos sociais do trabalho, tal como concebidos à época da Constituição de 1988, tornou-se hoje algo etéreo diante da reforma trabalhista a partir de 2017 no governo de Michel Temer e da previdenciária no governo de Jair Bolsonaro, impostas sob justificativa de crise econômica do País, a qual depois restou agravada em 2020 pelos efeitos da Covid-19 (Coronavírus). A intenção de recuperar a economia por meio das aludidas reformas fracassaram. Em maio de 2019 registrou-se déficit das contas públicas de R$ 14,7 bilhões. "Pode ser visto a olho nu nas ruas das grandes cidades, com o elevado aumento do número de pessoas em situação de rua, os diversos anúncios de fechamento de lojas e de fábricas e o enorme crescimento do número de consultas nos hospitais públicos, retroalimentando, inclusive, os custos com a saúde pública e interferindo, negativamente, na produtividade das empresas em razão do absenteísmo". Em 24 de abril de 2020, o Instituto Brasileiro de Economia da Fundação Getúlio Vargas (Ibre/FGV) anunciou que no referido ano o Brasil terá uma taxa média de desemprego de 17,8%. Em 2019, a taxa média de desemprego foi de 11,9%. "E quais as atitudes do governo diante desse quadro? Reduzir e flexibilizar as normas de segurança no ambiente de trabalho e acusar a multa de 40% sobre o FGTS como a culpada pelo desemprego". Noticiou-se em agosto de 2019 que, no Brasil, desde o segundo trimestre de 2015, o que se verifica é um processo constante de concentração de renda. O lucro do Banco Itaú atingiu R$ 23,35 bilhões de reais, acompanhado, em segundo lugar, pelo Bradesco, com lucro de R$17,18 bilhões, e, em terceiro, pelo Banco do Brasil, com R$14,39 bilhões". (...) "Com essa toda política econômica favorecendo as grandes empresas, destruindo direitos sociais, reduzindo ganhos dos trabalhadores, gerando acidentes e adoecimento

– os responsáveis da mídia recusarão para estes todas as vantagens materiais que o Estado lhes ofereça para lhes comprar a cumplicidade; recusarão dar a conhecer qualquer acontecimento cuja veracidade não tenham verificado, e não se prestarão a abafar as notícias embaraçosas para os poderes públicos e para os poderes públicos, para públicos e privados estabelecidos, recusando-se assim submeter-se à censura ou praticar a autocensura ou a censura *a posteriori*;

e inviabilizando, com isso, as políticas públicas sociais, a constatação inevitável que se chega, em agosto de 2019, é a de que o dinheiro do Estado acabou. No entanto, em vez de se olhar para os dados históricos e fazer um 'mea culpa', o que se faz, obviamente, é culpar alguém. Então, a culpa recai sobre os servidores e sobre os trabalhadores em geral que insistem em querer ter bons salários, estabilidade no emprego, se aposentar e auferir direitos sociais como contraprestação pelo trabalho prestado em prol da organização do Estado e do mercado e da produção da riqueza".
(...) no final de agosto de 2019, foi concluída, em tempo recorde, a aprovação da Lei da Liberdade Econômica, que inviabiliza a atuação da inspeção do trabalho, dificulta a responsabilização dos sócios por dívida da empresa e cria o cartão de ponto por exceção e exclui a obrigatoriedade da realização de qualquer cartão de ponto para empregadores com menos de 20 empregados, o que equivale a mais de 90% dos empregadores brasileiros. Tudo para facilitar a realização de horas extras sem o devido pagamento, alimentando uma lógica novamente recessiva, porque quanto mais se explora o trabalho para além da jornada de oito horas e sem sequer o pagamento do custo adicional, menos vagas de trabalho se abrem, mais acidentes do trabalho se contabilizam, mais elevado é o custo social e maior é a acumulação da riqueza produzida. (...) mesmo com a ferida exposta, ainda se tenta, sem o menor respeito à inteligência e à vida alheias, argumentar que o que falta ao Brasil é uma 'modernização das relações de trabalho' baseada, por óbvio, na mesma linha da ladainha da necessidade de redução de direitos e eliminação da ação sindical. (...) Vale verificar que sem expectativas econômicas razoáveis, diante dos números de um processo nítido de autêntico desmantelamento do mercado de trabalho nacional, do rebaixamento generalizado da cidadania, do esfacelamento da democracia, do desprezo assumido aos Direitos Humanos e ao meio ambiente, operou-se no Brasil, no último mês de agosto [2019], a maior fuga, em 23 anos, de capital estrangeiro da bolsa, no montante de cerca de R$ 10,79 bilhões (líquidos). Isso demostra, claramente, o que já se sabia desde a criação da OIT, em 1919, qual seja, que a exploração sem limites não interessa nem mesmo ao capital. Maior, Jorge Luiz Souto. Sobre "modernização das relações de trabalho", "altos estudos", "pacotes" e o percurso consciente em direção à barbárie. Disponível em https://www.jorgesoutomaior.com/blog/sobre-modernizacao-das-relacoes-de-trabalho-altos-estudos-pacotes-e-o-percurso-consciente-em-direcao-a-barbarie#_edn97. Acessado em 7 maio 2020.

por ocasião de acontecimentos que possam pôr em causa a consciência dos seus leitores, ouvintes ou espectadores, obrigar-se-ão a si mesmos a apresentar a estes opiniões diversas de modo a permitir-lhes avaliar o respectivo valor de modo contraditório;

- "Os e as jornalistas, advogadas e advogados, juízes instrutores e juízas, instrutores e instrutoras de justiça, mediadoras e mediadores de justiça, os juízes e as juízas, as e os militantes, homens ou mulheres, dos movimentos ecologistas, pacifistas e de defesa dos direitos humanos recusarão toda e qualquer condecoração ou vantagem pessoal oferecida por qualquer pessoa ou grupo de pessoas (dirigentes de poderes públicos ou poderes mascarados, nacionais ou estrangeiros), porque essas condecorações ou vantagens influenciam ou são susceptíveis de influenciar a expressão do seu pensamento ou a independência da sua missão. Tomando consciência da independência do seu pensamento e da sua expressão, devolverão publicamente aos doadores as condecorações que tiverem recebido ou declararão publicamente que as haviam solicitado; declaram publicamente a sua recusa das vantagens especiais de que beneficiem ou declaram publicamente tê-las aceito"[504].
- "As Constituições Democráticas do Terceiro Milênio reconhecem o uso das liberdades por todos os cidadãos, salvo se sujeitos a obrigações legais (serviço militar obrigatório, funções públicas, nomeadamente judiciais, por exemplo). As liberdades correspondem a direitos individuais e direitos coletivos (cujas contrapartidas são deveres individuais e deveres coletivos). O uso dos direitos individuais prevalece em democracia sobre os direitos coletivos. As liberdades consagram o direito de ser ou de não ser, de ter ou de não ter, de agir ou de recusar agir. O uso das liberdades por um indivíduo só pode ser limitado pelo uso dos direitos por um outro indivíduo ou pela lei; a lei limita o uso dos direitos pelos indivíduos e pelos grupos de indivíduos quando esses direitos negam os da maioria dos indivíduos. Se os governos não fizerem respeitar a lei em todas as circunstâncias, estarão a infringir a democracia"[505].

[504] PIGNERO, Jean. *As constituições democráticas do terceiro milênio*, cit., p. 42.
[505] Ibidem, p. 42.

- Não há igualdade, dignidade e fraternidade sem justiça[506]. A democracia sem uma justiça igual, rápida, gratuita e eficaz para todos é uma burla.
- Os homens vivem de ar, água, pão e de justiça, sem Estado ou com ele. "O sentimento de justiça que a administração da Justiça deverá satisfazer existe em todos os tempos, em todos os lugares, para todos os seres humanos; os juízes e os políticos devem respeitar-se mutuamente, mas, em caso de conflito, os juízes devem ser os primeiros a ser ouvidos, pois são eles somente que proferem a justiça. A Constituição deve reconhecer e garantir a independência da justiça"[507].

3.9. Pós-positivismo ou neoconstitucionalismo

3.9.1. Conceito

O neoconstitucionalismo defende a ampliação do papel normativo dos Princípios do Ordenamento Constitucional, contrariando regras, fortalecendo o poder do Judiciário, aplicando o método da ponderação em vez da subjunção em favor das decisões justas para caso individual ao invés de generalizações legais[508]. Considera os princípios em detrimento das regras, limita a atuação do Legislativo e Executivo, opõe-se ao positivismo jurídico. Aplicam-se os princípios a casos concretos, mas isso pode criar insegurança jurídica devido à subjetividade das interpretações. Aumenta as atribuições do Judiciário no processo hermenêutico. Há resistências a essa concepção (ou corrente) em diversos países, tais como Itália, Espanha, Portugal e Brasil, porque os magistrados tem uma formação diversificada e cultural, além de não terem a investidura democrática, abrindo as portas para o "achismo" e, até, para uma ditadura do órgão julgador.

[506] No âmbito da justiça, "o Brasil adota, atualmente, um sistema misto-combinado de controle de constitucionalidade, produto, com certas variantes, de uma experimentação dos sistemas norte-americano (*judicial review*) e austríaco-kelseniano (tribunal constitucional)". Tavares, André Ramos. Controle judicial de constitucionalidade (História no Brasil). In Dimoulis, Dimitri. *Dicionário Brasileiro de Direito Constitucional*, cit., p. 106.

[507] Ibidem, p. 106.

[508] Dimoulis, Dimitri. *Dicionário Brasileiro de Direito Constitucional*, cit., p. 20.

Saliente-se que à época do jusnaturalismo[509], entre os séculos XVII e o XVIII, prevaleceu a noção de que o conteúdo das normas da Constituição sustentavam a legitimidade da Carta, mas hoje, com a "redução do direito a mera prescrição", a referida legitimidade do Texto Constitucional encontra respaldo na manifestação popular, cujos mandatários foram incumbidos de supostamente desempenhar a atividade legiferante, intrínseca ao escopo de uma Assembleia Constituinte[510].

A Constituição moderna, assim deveria ser, "possui um caráter rígido e inelástico, no sentido de que suas normas não podem ser nem modificadas nem interpretadas pela vontade legislativa normal, uma vez que são hierarquicamente superiores às normas ordinárias, porquanto o poder constituinte é superior ao Legislativo". Logo, qualquer alteração do Texto Constitucional submeter-se-á a um procedimento específico, sujeito à aprovação por uma maioria qualificada. Outra característica salutar, e de maior importância, é a que concede a uma corte judiciária superior de "dirimir os eventuais conflitos entre os diversos órgãos do Estado", zelando pela justiça das leis e contra qualquer ameaça de violação à Constituição por parte do "governo-maioria, afora o direito abstrato à revolução ou uma hipotética possibilidade de recorrer à força"[511].

3.9.2. Considerações gerais sobre o neoconstitucionalismo – a judicialização e o ativismo judicial

O Constitucionalismo, segundo definição mais atual, "não muito frequente na nossa literatura política", apoia-se na "oposição entre direito

509 Jusnaturalismo é o **Direito Natural**, ou seja, todos os princípios, normas e direitos que se têm como **ideia universal e imutável de justiça** e independente da vontade humana. De acordo com a Teoria do Jusnaturalismo, o direito é algo natural e anterior ao ser humano, devendo seguir sempre aquilo que condiz aos valores da humanidade (direito à vida, à liberdade, à dignidade, etc.) e ao ideal de justiça. Desta forma, as leis que compõem o jusnaturalismo são tidas como imutáveis, universais, atemporais e invioláveis, pois estão presentes na natureza do ser humano. Em suma, o Direito Natural está **baseado no bom senso**, sendo este pautado nos princípios da moral, ética, equidade entre todos os indivíduos e liberdade. In *Dicionário Houaiss da Língua Portuguesa.*

510 Bobbio, Norberto et alii. *Dicionário de política.* 13.ed. Brasília: Editora Universidade de Brasília, p. 255, v. 1.

511 Ibidem, p. 255.

e poder, racionalidade e força". E distingue Constituição de governo: "A Constituição, por ser anterior e superior ao governo, pode limitar o poder do segundo; quando violada a Carta, o governo torna-se anticonstitucional, arbitrário, ilegítimo. O conceito de governo limitado é diferente do da separação dos poderes. O princípio da separação dos poderes se reduz hoje a simples normas de procedimento como meio legítimo de expressão do poder da maioria. Mas sempre que as regras são respeitadas e existe concordância entre os vários órgãos do Estado, a vontade da maioria do Parlamento é onipotente e não há leis que a possam limitar"[512].

Logo, "em um sistema político **representativo,** que realize o princípio do governo limitado, a função judiciária acabará por adquirir um peso bastante maior no equilíbrio constitucional do que em um sistema baseado na mera separação dos poderes. Voltamos assim ao outro grande tema de Montesquieu, que acompanha o da divisão do poder político entre os Estados do reino: o da independência da magistratura. Esta só poderá ser verdadeiramente efetiva em um governo limitado; isso porque o primado do direito ou da *jurisdictio* sobre o poder exige o robustecimento da função que visa justamente à defesa do mesmo direito"[513].

Em outras palavras, ao se transpor o referido equilíbrio constitucional do legislativo para o judiciário, entende-se que essa nova "relação entre o poder e o direito" ou "ruptura" não é ainda plenamente clara para a nossa cultura política. Se, no passado, "os corpos representativos que controlavam o poder" conseguiam opor-se ao poder arbitrário, hoje, ao contrário, "os corpos representativos exercem uma função de controle bastante mais reduzida, porque é através dos deputados que o povo escolhe o governo: as assembleias são assim parte integrante do próprio governo". Logo, de acordo com a corrente neoconstitucionalista, "para se encontrar uma nova garantia contra o poder arbitrário, para tutelar os direitos dos cidadãos, é mister, portanto, recorrer à função judiciária, a única capaz de tornar efetiva a supremacia da lei sobre o governo"[514].

No entanto, registre-se um óbice à afirmação categórica da corrente neoconstitucionalista, no sentido de que a "função judiciária" seria "a

[512] Ibidem, p. 256.
[513] Ibidem, p. 256.
[514] Ibidem, p. 256.

única capaz de tornar efetiva a supremacia da lei sobre governo". Para outra corrente, o órgão julgador no Brasil, à luz dos postulados neoconstitucionalistas, tem colaborado para o conflito e confronto entre os demais Poderes da República. Vejamos.

Uma das consequências do neoconstitucionalismo é: "a judicialização da política e das relações sociais e ativismo judicial. A descrença nos espaços e práticas da política e a crença na Constituição são tão grandes que a 'doutrina brasileira da efetividade' considera o direito (normatividade, instituições e atores jurídicos) como o caminho para o progresso do país. E mais: a fé é tamanha que se chega ao ponto da proposição de uma pretensiosa 'dogmática constitucional transformadora', uma evidente contradição em termos – nos sentidos lógico e empírico. (...).

Com o deslocamento das decisões de natureza política, econômica e social dos espaços democráticos do Parlamento e do Executivo para o do Judiciário, especialmente o Supremo Tribunal Federal, a agenda institucional do Brasil passou a ser formulada em ambientes sem transparência e por agentes públicos sem investidura por voto popular, sem mandato, nem controle político e social.

(...) Paulatinamente, a judicialização se expandiu no âmbito do controle concentrado e abstrato de constitucionalidade, chegando o Supremo Tribunal Federal a criar hipótese de perda de mandato parlamentar não prevista expressamente no texto da Constituição de 1988 (artigo 55). Em outro momento, a judicialização passou a abarcar o controle judicial de políticas públicas, no qual magistrados (não eleitos) se substituem a legisladores (eleitos) e administradores públicos (eleitos, nomeados ou técnicos) ao se (auto)invocarem legitimidade para adentrarem a esfera de discricionariedade e proferirem decisões com feições de leis ou medidas administrativas.

Nesse sentido, a magistratura brasileira tem utilizado como justificativa alguns elementos pra lá de subjetivos que são centrais na 'doutrina brasileira da efetividade', tais como 'dignidade da pessoa humana', 'proporcionalidade', 'razoabilidade' e a própria 'efetividade', manejados através de técnicas de ponderação de interesses que se revelam uma verdadeira caixa preta repleta de subjetivismos (...).

Outra consequência prática da crença na Constituição como ato de fé se revelou como uma outra faceta da primeira (judicialização). Ativismo judicial (*Judicial Activism*) é expressão oriunda do constitucionalismo estadunidense e tem como oposto a Contenção judicial (*Judicial Restraint*). Enquanto a primeira denota posicionamentos adotados por magistrados que exacerbam sua esfera de atuação jurisdicional enquanto intérpretes da constituição e da legislação infraconstitucional, a segunda revela uma postura de deferência da magistratura às decisões do Parlamento e do Executivo por terem sido formuladas em espaços de representação democrática. Nos EUA, o ativismo judicial funciona como uma faca de dois gumes, pois se manifesta em decisões 'progressistas' e 'conservadoras', em temas da moral, economia e política. Já no Brasil, para variar, sua recepção foi distorcida, tendo a 'doutrina brasileira da efetividade' entendido o ativismo judicial como algo positivo, como caminho transformador e canal de posições progressistas. Todavia, na prática, o ativismo judicial no Brasil, especialmente no âmbito do Supremo Tribunal Federal, consiste em exacerbação do poder judicial e viabiliza retrocessos em termos de direitos e garantias fundamentais (...).

Eis o canto da sereia: a propagação de um fetichismo constitucional através de uma visão da constituição como tábua de salvação do país e um sentimento de crença na constituição como 'religião civil', o que não ocorreu na prática e nos faz adotar postura de ateísmo quando olhamos para as consequências concretas disso no plano da materialidade da vida social"[515].

Discute-se e questiona-se quais fundamentos confeririam legitimidade e autoridade à Constituição, capazes de colocá-la "no ápice do sistema jurídico e dando-lhe ainda a condição de padrão de avaliação do caráter democrático da sociedade e do governo". À luz das concepções do neoconstitucionalismo, sem levar em conta os acalorados debates sobre o tema, destacam-se os seguintes[516]:

> *"Um dado de grande importância quanto aos fundamentos da Constituição, no novo constitucionalismo, é que não se cuida apenas da legitimidade quanto ao esta-*

515 Bello, Engo; Bercovici, Gilberto; e Lima, Martonio Mont'Alverne Barreto. O fim das ilusões constitucionais de 1988? Rio de Janeiro: *Revista Direito e Praxis*, v. 10, n. 03, p. 1769-1811, 2019, p. 1778-1780.

516 Ibidem, p. 299.

belecimento das normas constitucionais, ou seja, a legitimidade do poder constituinte, que é de importância óbvia, mas pode ser apenas um ponto de partida, com pouca ou nenhuma força para influir sobre a interpretação e a aplicação das disposições constitucionais. Cuida-se também da garantia de relações sociais justas[517] *no caso concreto,*

[517] "A distribuição da riqueza, como Hume indica, é um assunto repleto de dificuldades. A liberdade do cidadão, para Mill, exige a proteção de cada pessoa, e uma forma possível de dano é o dano infligido à propriedade: roubo, fraude ou prejuízo. Mas segundo este filósofo, não temos direito a ser protegidos dos efeitos de um mercado a funcionar normalmente, nem direito a ser protegidos da concorrência econômica. Mill aprova o capitalismo *laissez-faire* – pelo menos enquanto os indivíduos se encontrarem no seu estado presente de imperfeição moral (num trabalho posterior, sugere que o socialismo seria uma forma mais apropriada de organização econômica para os seres moralmente aperfeiçoados do futuro.) Mill supõe igualmente que o indivíduo tem o dever de pagar a sua quota-parte das despesas decorrentes do funcionamento do Estado e deve igualmente ser tributado para apoiar quem é incapaz de se sustentar a si próprio (ou que não está disposto a isso). Ao defender as suas opiniões acerca da justiça distributiva, Mill faz um apelo bastante direto ao utilitarismo. Outros filósofos, como Locke, pensaram que, ao definir um sistema justo de riqueza, devemos apelar aos direitos naturais de propriedade. E outros ainda atribuíram um papel mais importante à ideia de igualdade. Consideremos, brevemente, se a aceitação do valor da liberdade tem consequências para a questão da justiça distributiva. Uma tradição, na esteira de Locke, supõe que a valorização da liberdade exige o reconhecimento de fortíssimos direitos naturais de propriedade. No desenvolvimento libertário desta perspectiva – cuja apresentação mais eloquente se encontra em *Anarquia, estado e utopia*, publicado em 1974 por Robert Nozick, filósofo de Harvard – estes direitos são tão poderosos que o estado não tem nada que interferir com eles. No 'estado mínimo' de Nozick, o Estado tem o dever de fazer observar os direitos da propriedade individual, mas não pode tributar o indivíduo além do nível exigido à defesa de cada cidadão em relação aos outros e relativamente a agressores externos. Em especial, segundo esta perspectiva, o Estado viola os direitos individuais de propriedade se tentar transferir bens de alguns indivíduos (ricos) para outros (pobres). A distribuição tem de ser deixada ao mercado livre, às ofertas e aos donativos da caridade voluntária. O libertário, então, tenta defender a via do valor da liberdade do indivíduo até uma forma muito pura de capitalismo. Com efeito, isto coloca a propriedade individual na sua 'esfera protegida' de direitos, onde ninguém – estado ou indivíduo – pode interferir sem o seu consentimento. Uma perspectiva oposta observa que o anarquismo conduzirá inevitavelmente a grandes desigualdades de riqueza que, por seu lado, terão um efeito prejudicial sobre as liberdades – ou, pelo menos, as oportunidades – dos pobres. Esta corrente – o liberalismo social – afirma que a propriedade tem de ser redistribuída, tirando dos ricos para dar aos menos afortunados, de forma a assegurar liberdade igual para todos. A propriedade permanece fora da esfera protegida do indivíduo, e o estado tem o dever de supervisionar e intervir sempre que necessário

tendo como pressuposto a supremacia da dignidade da pessoa humana. Numa abrangência muito mais ampla, o novo constitucionalismo preocupa-se com a legitimação na

(em conformidade com as leis do país) para proteger a liberdade e a justiça. A variante mais importante do liberalismo social está contida na obra *Uma teoria da justiça*, publicada em 1971 (três anos antes do livro de Nozick), da autoria do colega de Nozick, também de Harvard, John Rawls. Na verdade, grande parte da filosofia política contemporânea foi inspirada na obra de Rawls, quer em sua defesa, quer - como é o caso de Nozick - em oposição a ela. Desta forma, Nozick e Rawls fornecem respostas diferentes à questão da justiça distributiva. Uma perspectiva completa exige resposta a um sem-número de perguntas. Há direitos naturais de propriedade? Qual é o lugar do mercado livre? Devemos tolerar grandes desigualdades de riqueza? Qual deverá ser o papel do Estado? Não faltam respostas a estas questões. Mas que resposta é a correta? Uma forma de afirmar que a sociedade é justa, apesar das suas desigualdades, seria demonstrar que os indivíduos dessa sociedade que possuem propriedade têm direitos morais sobre ela. Pode tal teoria dos direitos de propriedade ser construída? Segundo Nozick, uma teoria dos direitos de propriedade exige três princípios diferentes: 'justiça na aquisição inicial', 'justiça na transferência' e 'justiça na retificação'. John Locke abordou, sobretudo, a primeira questão nos seus escritos sobre propriedade: como pode um indivíduo adquirir o direito à propriedade apropriada a partir do seu estado natural? Esta é uma questão intrigante. Todo o objeto agora possuído por alguém, outrora, ou não era de pessoa alguma ou foi feito de algo que não era de pessoa alguma. A maior parte do papel é feito de madeira. As árvores, de onde é extraída a madeira, podem ter sido deliberadamente plantadas com esse fim, mas os seus rebentos vieram de sementes que, por sua vez, caíram de árvores que, em tempos, não eram de pessoa alguma. Assim, em determinada altura, um objeto - seja ele árvore ou semente - que não pertencia a pessoa alguma passou a ser propriedade privada de alguém. Como foi isso? Como pôde alguém arrogar-se o direito de excluir os outros da utilização desse objeto? Esta questão é ainda mais premente no caso da terra. Todos podem utilizar a terra que não tem proprietário. Mas, mal esta se torna propriedade privada, ninguém a pode utilizar sem autorização do dono. Como pode alguém conseguir o direito de excluir os outros desta forma? Para responder a estas questões é preciso considerar a justiça da aquisição inicial. O Segundo Tratado de Locke inclui um capítulo sobre propriedade e, neste, vários argumentos que visam demonstrar a possibilidade da aquisição inicial justificada. Locke toma como dado adquirido que o proprietário legítimo da propriedade detém vários direitos sobre essa propriedade: não só a pode utilizar, como também a pode transferir para outrem, através de venda ou doação. E isto inclui deixá-la em herança aos herdeiros. Assim, Locke procura justificar os direitos de propriedade, em termos gerais, tal como os compreendemos na sociedade contemporânea. Não há ainda um consenso acadêmico em relação à forma como devemos interpretar os argumentos de Locke. Nem o próprio Locke pode ter pensado que estes estavam formulados claramente. Já não há dúvida de que, para Locke, o trabalho é essencial para a apropriação de propriedade. Numa

origem, mas ligando esse aspecto às circunstâncias da elaboração da Constituição, que devem incluir a participação popular efetiva e não apenas uma representação formal ou a avaliação teórica e indireta da vontade e dos interesses do povo"[518].

A Constituição, na perspectiva neoconstitucionalista, contém fundamentos éticos, jurídicos e sociais que se encontram em todas as sociedades e em todos os seres humanos. E diante da diversidade de condições materiais e de características culturais, a perspectiva de uma "Constituição-padrão", independentemente do contexto temporal e geográfico, seria algo inconcebível; portanto, argumenta-se que "em cada circunstância o constitucionalismo leve em conta o conjunto das peculiaridades éticas, jurídicas e sociais do povo, sem perder de vista e sem afrontar tudo o que é essencial à pessoa humana para preservação de sua dignidade"[519].

O neoconstitucionalismo enfatizou a aplicabilidade dos princípios, sejam aqueles reconhecidos como explícitos ou implícitos, igualando-os, "em termos de eficácia e imediata exigibilidade, às normas constitucionais". Enfim, a referida corrente preconizou que até mesmo os princípios inseridos no preâmbulo da Constituição ou no início de um capítulo ou artigo referente à Declaração de Direitos, passaram a ser reconhecidos como normas jurídicas[520].

No contexto da exegese neoconstitucionalista sobre os princípios constitucionais, acrescente-se que o conceito de Constituição apresentou variações ao longo da história em função do contexto político e social de cada época. O mesmo se diga em relação "à autoridade da Constituição e a sua condição de norma jurídica superior". Apesar de o constitucionalismo também ter se submetido a transformações devido a "fatores de influência emanados da realidade social e política", no entanto, a premissa que prevaleceu foi "a utilização de normas constitucionais como obstáculo a qualquer espécie de poder absoluto e antidemocrático, poder

leitura do texto, é possível discernir pelo menos quatro linhas de argumentação na defesa da apropriação inicial da propriedade apresentada por Locke". *Vide* WOLFF, Jonathan. *Introdução à filosofia política*. São Paulo: Madras, 2010, p.193-196, 200-207, 209-219, 222-229.

518 DALLARI, Dalmo de Abreu. *A constituição na vida dos povos*, cit., p. 305.

519 Ibidem, p. 309.

520 Ibidem, p. 323.

que se pretenda exercer arbitrariamente em prejuízo da pessoa humana, de sua dignidade e de seus direitos fundamentais. Embora nem sempre essa restrição ao poder arbitrário tenha significado proteção igual e efetiva para todos os indivíduos ou para todos os segmentos da sociedade, esse foi um ponto de partida de extrema relevância, que deu condições para a reivindicação da liberdade em situações concretas e da igualdade de direitos"[521].

Percebeu-se, essencialmente, que: "a Constituição escrita era uma forma prática e eficiente de dar efetividade a proposições teóricas que exaltavam a liberdade como direito natural dos indivíduos e de dar segurança aos segmentos sociais componentes da burguesia, que, embora dotados de maior poder econômico e financeiro, poderiam ser vítimas de abusos de quem detivesse o poder político"[522].

Então, a primeira Carta que atendeu a esse propósito foi a Constituição Social do México, de 1917, e depois a Constituição alemã de Weimar, de 1919, pois, dado o seu conteúdo, passaram a ser apontadas como expressões de um constitucionalismo social. A par disso, no mesmo período surge a teoria de Hans Kelsen, que confere à Constituição o caráter de norma jurídica superior, conjugando-se o conteúdo social e a eficácia jurídica para o estabelecimento de um novo patamar na evolução do constitucionalismo[523].

Há posições que se opõem a determinados postulados da teoria neoconstitucionalista, principalmente ao modo particular de os intérpretes (juízes) justificarem suas decisões:

> "(...) afastei-me do neoconstitucionalismo porque ele aposta em elementos não democráticos, como a ponderação e a discricionariedade judicial. Ou seja, a grande pergunta não é respondida pelas teses neoconstitucionalistas: quem controla aquele que controla ou diz por último o que a lei (ou a Constituição) é? A pergunta que acrescento é anterior: no caso da ponderação, quem escolhe os princípios a serem ponderados? E quais os pesos a

521 Ibidem, p. 349.
522 Ibidem, p. 352.
523 Ibidem, p. 353.

serem conferidos a cada um dos princípios para a construção da regra de ponderação?"[524].

"Continuo dizendo: direito possui DNA; os julgamentos não devem ser feitos a partir das apreciações subjetivas (valorativas, ideológicas, etc.) dos julgadores. (...) eis também porque abandonei o neoconstitucionalismo, porque ele contribuiu para o estado de fragmentação das decisões em *terrae brasilis*. Não é por nada que o próprio *establishment* decidiu colocar barreiras contra si mesmo, mediante a criação de súmulas vinculantes, repercussão geral e jurisprudência defensiva. Numa palavra: aquilo que hoje lhe agrada, amanhã pode lhe desagradar. Daí minha pergunta que não quer calar: é melhor confiar no direito (naquilo que venho explicitando de há muito, não uma simples estrutura formal, é claro) ou no subjetivismo dos julgadores?"[525].

Outras críticas ao neoconstitucionalismo:

"(...) numa democracia, é essencial que as decisões políticas mais importantes sejam tomadas pelo próprio povo ou por seus representantes eleitos e não por sábios ou tecnocratas de toga. É verdade que a maior parte dos teóricos contemporâneos da democracia reconhece que ela não se esgota no respeito ao princípio majoritário, pressupondo antes o acatamento das regras do jogo democrático, que incluem a garantia dos direitos básicos, visando a viabilizar a participação igualitária do cidadão na esfera pública, bem como alguma proteção às minorias"[526].

Em suma, as objeções à referida corrente doutrinária baseiam-se, em essência: no argumento de que o neoconstitucionalismo empodera o Judiciário em detrimento dos outros poderes, por isso a alegação de que

[524] STRECK, Lenio Luiz. Contra o neoconstitucionalismo. Constituição, Economia e Desenvolvimento: *Revista da Academia Brasileira de Direito Constitucional.* Curitiba, 2011, n. 4, jan./ jun.,p. 9-27.

[525] STRECK, Lenio Luiz. Eis porque abandonei o "neoconstitucionalismo". Consultor Jurídico, 13 mar. 2014. Disponível em https://www.conjur.com.br/2014-mar-13/senso-incomum-eis-porque-abandonei-neoconstitucionalismo#_ftn4_4781. Acessado em 15 abr. 2020.

[526] SARMENTO, Daniel. Interpretação Constitucional, Pré-Compreensão e Capacidades Institucionais do Intérprete, p. 13. In SOUZA NETO, Claudio Pereira de; BINEMBOJN, Daniel Sarmento e Gustavo (orgs.). Rio de Janeiro: Lumen Juris, 2009.

se trata de uma doutrina antidemocrática; na tese de que a recorrência constante a princípios, como o da ponderação, é perigosa, "principalmente em países como o Brasil com forte tradição de não diferenciar com exatidão o público do privado"[527].

3.10. O Direito Constitucional

O Direito Constitucional, restrito a uma sucinta definição, não é um Direito como os demais. É o estatuto jurídico do político, ou seja, a Constituição (objeto de estudo do Direito Constitucional) não é só política nem é só jurídica. Mas é direito fortemente condicionado pela política, que procura, todavia, de algum modo, disciplinar, regular, ou, de forma metafórica, em alusão ao dique holandês, deter capacidade de contenção[528]. Acrescente-se que:

> *"A Constituição, estatuto jurídico do político, vive nesse drama (por vezes inconsciente, sobretudo em tempos de relativa paz constitucional) de ser irradiante norma das normas e direito do Direito (único direito substantivo ou novo Direito Comum) para muitos, e, todavia, depender sempre de uma ordem constitucional que primariamente depende da boa vontade dos detentores do poder e da força, 'a fortiori', dos senhores das armas.*
>
> *Uma ordem constitucional, qualquer que seja, depende pelo menos da passividade de quem detém em suas mãos o poder de inverter o 'statu quo' simbólico e os rostos dos atores da cena política. Um simples pronunciamento, um golpe palaciano, um 'coup d'etat', para não falar de uma insurreição, de um levantamento, de uma revolução, sempre valerão muito mais, no plano dos fatos (e o breve trecho, normalmente, no do próprio Direito, ao menos do direito positivo) que bibliotecas inteiras de saber jurídico"*[529].

Aceita-se a ideia de que cada Constituição se direciona à legitimação verbal, discursiva, ideológica, mítica, de uma alteração da correlação de forças. Nesse sentido, "constituiria elemento superestrutural não só doa-

[527] VIEIRA JÚNIOR, Dicesar Beches. Neoconstitucionalismo: definição, crítica e concretização dos direitos fundamentais. Universidade Federal do Rio Grande do Norte: *Revista Digital Constituição e Garantia de Direitos*, v. 6, n.2, 2013.

[528] CUNHA, Paulo Ferreira da. *Miragens do direito*, cit., p. 106.

[529] Ibidem, p. 106.

dor de sentido como narrativa das origens à re-fundação da Pólis, como também ponto de apoio normativo para a sucessiva produção normativa e legitimação dos atos do novo poder"[530].

Quanto à função mítica, simbólica e legitimadora das Constituições, "parece tanto mais exercer-se quanto menos se vê, e quanto menos delas se fale. Ao ponto de poder parecer algum sacrilégio a alguns que este tipo de abordagem venha perturbar o ático equilíbrio e tranquilidade do olimpo constitucional. Felizmente, os ventos ditos pós-modernos instalaram no discurso intelectual geral (e até no conservadoríssimo Direito; e conservadoríssimo em muitos sentidos, e de muitas coisas...) um tal à vontade e uma tal sem-cerimônia que hoje em dia já não é possível ignorar nem sequer desprezar a dimensão mítica, utópica, simbólica, ritualística e legitimadora da Constituição"[531].

3.10.1. O Direito Constitucional no ambiente democrático

É salutar trazer algumas considerações no âmbito da democracia, sistema político que tradicionalmente mais respeita o texto constitucional: "A nação democrática não constituiu, precisamente, uma 'casta', na medida em que a sua soberania se confunde com a do povo, esta com a do homem, e esta com a de uma humanidade irredutível a uma comunidade, a um gênero ao qual os homens pertenceriam do mesmo modo que pertencem a diversas comunidades. Por isso todas as Constituições democráticas afirmam, ao mesmo tempo, por um lado, que a lei tem origem na vontade do povo, que todos os poderes emanam da Nação, mas, também, por outro, que é o homem (uma humanidade abstraída de todas as suas personificações nacionais) que está na origem da lei e de todos os poderes. Será isto dizer que, no seio das democracias fundadas no princípio de igualdade das condições, a ideia da Nação se confunde, efetivamente, com a do povo e esta com a do homem abstrato?"[532].

E quanto à discussão sobre a eficácia ou acerca do papel da democracia direta, cumpre apontar algumas digressões:

[530] Ibidem, p. 106.

[531] Ibidem, p. 106.

[532] LEGROS, Robert. *O advento da democracia*. Lisboa: Instituto Piaget, 2001, p. 83.

"Pretender que a democracia seria efetivamente democrática se o povo-nação fosse efetivamente soberano, que o povo-nação seria efetivamente soberano se exercesse direta e efetivamente todos os poderes, o de legislar ou o de julgar, em suma, sustentar que a democracia realizada, plenamente democrática, seria uma democracia direta, é conceber o povo-nação como um derradeiro referente e, assim, aniquilar a ideia democrática da Nação ou do povo como conjunto dos cidadãos enquanto homens. Se é verdade que todos os membros adultos da Nação democrática são, por princípio, cidadãos enquanto homens, se, por consequência, é verdade que os seus representantes, os eleitos da Nação, são representantes de cidadãos que são cidadãos enquanto homens e, por isso, representantes da humanidade e, por isso, eleitos que devem também se preocupar com a salvaguarda da essência do homem, a saber, o direito que cada qual traz, ao nascer, à liberdade, então, também é verdade que uma Nação não pode impor-se em democracia como um referente derradeiro, nem o povo como um soberano que apenas estaria submetido à sua própria vontade autônoma e particular. Quer se exerça através de referendo, de plebiscito ou dos tribunais populares, a democracia direta arrisca-se a fazer esquecer o significado dos princípios geradores da democracia, pois, inevitavelmente, sugere que a ideia do homem como fonte da lei e origem dos poderes se reduz afinal à ideia do povo soberano e, por isso mesmo, tende a elevar este, o povo-nação, a uma 'casta' cuja soberania seria indissociável do seu arbitrário. Em que medida é que a autonomia democrática pode, ao mesmo tempo, indissociavelmente, ser a autonomia de um povo-nação e a do homem? Em que sentido é que os poderes democráticos emanam, simultaneamente, inseparavelmente, de um povo-nação e do homem? Noutros termos: em que sentido é que o homem que está em cada um dos cidadãos, em cada um dos membros adultos da Nação, é representado pelos representantes do povo, pelos eleitos da Nação? Haverá que compreender que o princípio de autonomia humana que está na base da democracia implica a pretensão a elevar o homem – a humanidade liberta do princípio de heteronomia – a sujeito soberano?"[533].

Aceita-se a noção de que a divisão da humanidade em nações é uma condição da vida democrática; portanto "longe de ser um obstáculo à

[533] Ibidem, p. 84.

democratização". Os argumentos são os seguintes: "(...) qualquer discussão (qualquer discussão entre homens que se considerem iguais enquanto homens) acerca do sentido da coexistência, dos fins da ação, da gestão dos assuntos comuns, da organização da vida em sociedade, não supõe apenas uma mesma compreensão do mundo, a saber, uma compreensão democrática do mundo, também supõe certas premissas particulares, acordos tácitos, referências implícitas, lugares comuns, uma memória comum, um futuro comum, o apego ao mesmo passado. Quando os eleitos do povo são cidadãos enquanto homens, não podem representar a humanidade (visar a salvaguarda dos direitos do homem) se não pertencerem à mesma Nação. É a razão pela qual, 'em todos os casos que conhecemos, a perda dos direitos nacionais, como Hannah Arendt o escreveu, acarretou a dos direitos do homem'"[534].

Efetivamente, é este o paradoxo que surge quando a democracia advém, quando os poderes democráticos ganham forma. A constituição que os rege "afirma, simultaneamente, a ideia da soberania do povo, a da identidade da Nação, a da independência do indivíduo e a do homem". Essas ideias são, com certeza, divergentes. Tratar-se-á de ideias incompatíveis simultaneamente afirmadas[535]?

Na democracia os homens sentem-se, *a priori*, semelhantes uns aos outros, "experimentam a sua humanidade comum e, precisamente por essa via, são levados a ter a experiência de uma dissociação de um mundo quotidiano e do além e, no seio do mundo quotidiano (de um mundo quotidiano separado do além, desdivinizado), a experiência de uma dissociação da tradição e do normativo, da natureza e da tradição, da natureza e do normativo". A primeira fonte das normas da vida em sociedade, portanto, "já não pode ser procurada nem na religião nem na natureza, nem na tradição. Tão só o homem aparece como fonte das normas. Não cada um dos homens empíricos, mas, isso sim, a humanidade sentida em cada qual". Uma humanidade infigurável, pois nada tem de substancial, não transparece nas maneiras habituais de uma humanidade particular, por ser comum a todos os homens. Pergunta-se: "Em que sentido é que a humanidade ressentida em cada qual pode ser sentida como uma ori-

[534] Ibidem, p. 86.
[535] Ibidem, p. 87.

gem das normas? Em que medida é que a experiência democrática do semelhante está na origem de uma experiência nova do além, da natureza, da tradição e da fonte das normas?" Cumpre enaltecer alguns traços principais da experiência democrática da nossa humanidade e do mundo. Em outras palavras: "Limitemo-nos a deitar luz sobre aquilo que a diferencia profundamente da experiência aristocrática do mundo e da nossa humanidade"[536].

A democracia substitui o sentimento de uma pertença[537] essencial e natural a comunidades pelo sentimento de uma ligação essencial à humanidade. Todavia, através desta substituição, o próprio significado do termo "pertencer" modificou-se. O homem que emerge do seio da democracia não sente que está vinculado à humanidade da mesma maneira que o homem aristocrático sente que pertence essencialmente a comunidades, nem da mesma maneira que sente que faz parte da espécie humana. Isto porque, em democracia, a vinculação a uma humanidade essencial é ressentida, como as ligações a uma classe ou posição em aristocracia, mas, em vez destas, já não é ressentida como uma pertença no sentido de inclusão. Com efeito, a humanidade, de que os membros de uma democracia se sentem só membros, não é, para eles, nem uma comunidade que seria como as outras, na exceção de ser universal, nem uma espécie que seria como as outras espécies animais, na exceção de ser humana. Não é nem uma comunidade nem uma espécie, porque não confere qualquer identidade substancial. Claro, pertencer à humanidade é sempre pertencer a uma espécie animal (a espécie humana), a um sexo, a comunidades, a uma família, a um grupo linguístico, a uma tradição, a um modo de vida em sociedade, a uma cultura, a uma época. Todavia, em democracia, quando os cidadãos se sentem essencialmente semelhantes enquanto homens, o sentimento de pertencer a uma mesma humanidade essen-

[536] Ibidem, p. 87.

[537] Pertença – oriundo de pertencer, do latim *pertinere* (fazer parte de). No plural "pertenças" exprime "as coisas acessórias", que pertencem ou fazem parte de outra coisa, ou seja, complementa. É usada, também, no sentido de acessões, ou seja, acresce a coisa. Por exemplo, o trator em uma fazenda, a cama, a mesa ou os armários de uma casa são pertenças ou bens acessórios que não seguem o destino do principal, salvo se o contrário resultar da lei, da manifestação de vontade, ou das circunstâncias do caso.

cial confunde-se com a experiência de uma perda ou de uma suspensão de todas as pertenças como vinculações englobantes. As pertenças ressentidas como não essenciais não podem ser consideradas englobantes: a própria essência daqueles que identificam lhes escapa. Em que sentido é que a ligação de todos os homens a uma mesma humanidade, a única pertença que, em democracia, ainda é ressentida como essencial, pode não ser ressentida como englobante? Em que sentido é que a experiência democrática da nossa humanidade é a experiência de uma suspensão de todas as pertenças enquanto pertenças englobantes?[538]

Quando os usos se democratizam, o pertencimento à humanidade faz-se sentir como normativa. Implica um dever-ser no sentido em que todo o ser humano que ressinta a sua humanidade universal como essencial se sente forçado a tratar a "humanidade" tanto "na sua pessoa" quanto "na pessoa de qualquer outro", para o dizer como Kant, "ao mesmo tempo, sempre como um fim, nunca, simplesmente, como um meio". A exigência de tratar a humanidade em cada um de nós como um fim, nunca simplesmente como um meio, supõe uma democratização dos usos, visto que proíbe qualquer relação humana que se pretenda, baseada no princípio hierárquico, num princípio de heteronomia ou no princípio de uma dependência natural de uns relativamente a outros[539].

3.11. Reflexos dos princípios analisados nas Constituições brasileiras – a luta por um ideal democrático e o cenário político e econômico como pano de fundo

As Constituições de 1824 e 1891 inauguraram o primeiro ciclo referente ao Constitucionalismo Político dito Liberal. A partir da revolução de 1930, as constituições seguintes submeteram-se ao Constitucionalismo Social, não tendo conhecido o Socialismo Constitucional. Por ocasião da Revolução de 1930, Getúlio Vargas, um dos artífices do movimento, disse: "Somos a meia-estação entre o capitalismo e o socialismo"[540].

[538] Legros, Robert. *O advento da democracia*, cit., p. 213.
[539] Ibidem, p. 213.
[540] Ibidem, p. 213.

Após a revolução getulista, as constituições de 1934, 1937, 1946, 1967, 1969 e, finalmente, a Constituição de 1988, todas elas, entre acertos e desacertos, conservaram e melhoraram as garantias sociais constitucionais[541].

O tenentismo, movimento que auxiliou Getúlio Vargas a chegar ao poder em 1930, incrementou a doutrina de segurança nacional que equilibrava, por motivos estratégicos, as tensões divergentes acerca da liberdade e da igualdade. No sistema, coexistiam dois campos de ideias/ação: o liberalismo e o socialismo[542].

Mais adiante, com o advento da Revolução de 1964 e do regime militar, revelou-se um modelo estatal marcado pela continuidade da perspectiva de desenvolvimentismo nacional e pelas noções de milagre econômico e de Brasil potência, visando "crescer o mercado interno, com diversificação produtiva e ativismo estatal"[543]. Observou-se uma potencialização do crescimento do País, seja por meio de sua urbanização, da industrialização, da expansão de sua infraestrutura de base, da construção de suas comunicações, da interiorização, seja do desenvolvimento do eixo noroeste (Planalto-Central/ Amazônia e fronteiras Rondônia/Acre e Roraima/Amapá)[544].

Se o regime militar, marcado pela ditadura e por afrontas às liberdades, promoveu algumas reformas para alavancar a acumulação de capital, nos anos 1980 o País vivenciou as mobilizações sociais, que pretendiam democratizar o cenário político, o que acabou resultando na Constituição de 1988.

A Carta de 1988, elaborada por uma Assembleia Nacional Constituinte após um período de ditadura militar que durou de 1964 até 1985, expressou um novo constitucionalismo. Por exemplo, no preâmbulo, revela-se uma constituição dirigente que ressalta os valores éticos como direitos e que um dos objetivos da Constituição é dar-lhes efetividade. Em acréscimo, ainda segundo o preâmbulo, a Assembleia Nacional

541 Ibidem, p. 213.

542 Ibidem, p. 213.

543 Barbosa, Alexandre de Freitas; e Koury, Ana Paula. Rômulo Almeida e o Brasil desenvolvimentista (1946-1964): ensaio de reinterpretação. *Revista Economia e Sociedade*. Campinas, v. 21, Número Especial, p. 1108, dez. 2012.

544 Ibidem, p. 1108.

Constituinte foi reunida "para instituir um Estado Democrático, destinado a assegurar o exercício dos direitos sociais e individuais, a liberdade, a segurança, o bem-estar, o desenvolvimento, a igualdade e a justiça como valores supremos de uma sociedade fraterna"[545].

O Título I da Carta de 1988 é uma verdadeira constituição da constituição, pois, através de normas principiológicas, de forma teleológica, estabelece os objetivos sociais-democratas do constitucionalismo pátrio. Legislativo, Executivo e Judiciário estariam vinculados em suas funções e competências aos parâmetros colocados neste verdadeiro colimador institucional como refere Canotilho, citando Vemo Crisafulli. Ali, em justa medida, estão equilibrados o capital e o trabalho, a iniciativa individual e a social, o público e o privado. A soberania é relativizada, permitindo a construção, para futuro, de um sistema de integração econômica, social, cultural e política com os países latino-americanos. Os direitos fundamentais inauguram a Carta em seu art. 5º, na forma de direitos individuais e coletivos, que são potencializados através da soma dos direitos de primeira dimensão (formais), políticos e civis, aos de segunda dimensão (materiais), sociais e econômicos, e aos direitos das demais gerações, como os bioéticos, os ambientais, dos consumidores, as proteções contra a automação etc. Pela primeira vez, no constitucionalismo pátrio e mesmo no mundo, erige-se a parte dogmática dos direitos, no início, e a parte orgânica, em sequência, afirmando o axioma de o homem ser o fim e o estado o meio, contrariando assim a formulação tradicional das Constituições, pois elas sempre colocaram a parte orgânica em primeiro lugar assim como as razões de estado[546].

Após a edição da nova Carta, principalmente a partir de 1990, o Brasil viveu a "febre da abertura". Fora anunciado um novo tempo, em que a nova ordem deveria desfazer-se de qualquer reminiscência daquele passado "desenvolvimentista", pois o processo de globalização batia à porta[547].

Depois do governo José Sarney (1985-1990), gestão em que o País se encontrava em severa crise econômica, num cenário de inflação galo-

[545] Dallari, Dalmo de Abreu. *A constituição na vida dos povos*, cit., p. 326.
[546] Borja, Sergio. *O projeto democrático*, cit., p. 264.
[547] Ibidem, p. 264.

pante e de dívida externa comprometedora, o País alardeou-se em comemorar nos governos Itamar Franco (1992-1995)[548] e Fernando Henrique o Plano Real, iniciado em 1994, um plano de estabilização econômica com reformas de base ao avesso, notabilizado por um mercado interno ressurgente, "afoito como um trem desgovernado"[549].

Lula (2003-2011), um ex-operário que assume a presidência sob a promessa de manter a estabilidade econômica advinda dos governos anteriores de Fernando Henrique Cardoso e Itamar Franco, defendeu no campo social as bandeiras do bolsa-família, na seara jurídica propiciou a "Reforma do Judiciário" (Emenda Constitucional n. 45/2004) e incentivou a realização de eventos esportivos de repercussão mundial e benefícios um tanto quanto duvidosos, como a realização dos Jogos Pan-Americanos de 2007, e apoiou a iniciativa de escolha do Brasil como sede da Copa do Mundo FIFA de 2014 e dos Jogos Olímpicos de 2016, o que se concretizou no governo seguinte, o de Dilma Roussefff (2011-2016), presidente esta que sofreu *impeachment* no segundo mandato.

Se à época do Plano Real o mercado interno revelava-se "afoito como um trem desgovernado", em 2013 a locomotiva comportava-se da seguinte maneira:

"(...) o trem-fantasma de Dilma Roussefff circulava a todo o vapor, ganhando intensidade e velocidade estonteantes. Ficara difícil acompanhar o ritmo frenético da presidente e de seus ministros da área econômica, que, quase toda semana, anunciavam uma nova medida para tentar estancar a inflação ou impulsionar o crescimento"[550].

Michel Temer (31-8-2016 a 31-12-2018), o vice de Dilma Roussefff, conduziu a nação num cenário de crise política e judicial sem trégua. Por duas vezes enfrentou votação na Câmara dos Deputados para que fosse autorizada a instalação de processo criminal no STF contra ele, fato que o afastaria de suas funções, mas nas duas vezes saiu vitorioso. No campo econômico conseguiu conter a inflação, mas sua opção, assim como a de

[548] Itamar Franco (vice-presidente) sucedeu Fernando Collor de Mello (15-3-1990 a 29-12-1992) em razão da renúncia e do processo de impeachment a que este se submeteu.

[549] Borja, Sergio. *O projeto democrático*, cit., p. 264.

[550] Bolle, Monica Baumgarten de. *Como matar a borboleta-azul: uma crônica da era Dilma*. Rio de Janeiro: Intrínseca, 2016, posição 1640 (livro digital).

seu sucessor, Jair Bolsonaro, foi pela diminuição de direitos sociais e econômicos, como os trabalhistas e previdenciários, afetando, de vez, a qualidade de vida da população e desfazendo os sonhos futuros.

O próximo capítulo versa sobre a teoria da Constituição Dirigente, tema este de extrema importância para compreendermos a atual conformação da Constituição brasileira de 1988. Analisaremos também, dentre outros temas correlatos, as reflexões do constitucionalista português José Joaquim Gomes Canotilho, cuja tese original pretendia definir "a estrutura e a função que uma Constituição deve dispor para almejar a direção político-social de uma determinada sociedade". A Constituição brasileira de 1988, lembremos, submeteu-se a forte influência da referida teoria e da própria Constituição portuguesa de 1976, promulgada após a Revolução dos Cravos de 1974.

Capítulo 4
A CONSTITUIÇÃO DE 1988 – DIVERSAS TENDÊNCIAS – E TAMBÉM UMA CONSTITUIÇÃO DIRIGENTE

4.1. Origens

A noção de constituição dirigente exprime "a força diretiva e a natureza política" do direito constitucional. Inicialmente formulada por Peter Lerche[551], este jurista pretendia acrescentar uma nova ordem, divergente das comumente manifestadas nas Constituições, com fundamento em imposições permanentes ao legislador[552].

Na época da promulgação da Constituição alemã de 1949, Lerche investigou os limites de atuação do legislador perante as imposições constitucionais da Carta e o caráter normativo desses preceitos. Seu trabalho investigativo não avançou no campo da teoria das normas programáticas, o que seria conduzido por José Joaquim Gomes Canotilho em sua tese de doutoramento[553], cujo pilar de estudo foi a Constituição portuguesa de 1976.

A partir dos estudos de Lerche, Canotilho propõe uma Constituição Dirigente mais "extensiva" e "profunda", e formula uma teoria material da constituição desenvolvida como teoria social, que resulta em 1982 na obra *Constituição dirigente e vinculação do legislador*, cuja tese defende que as normas constitucionais programáticas, diferentemente do que assinalava a doutrina tradicional, não consistem em promessas, programas ou meros preceitos políticos desprovidos de vinculação. Segundo o profes-

[551] Peter Lerche (1928- 2016) foi um jurista alemão, tendo ocupado, entre 1964 e 1996, uma cadeira de direito constitucional na Universidade Ludwig Maximilian de Munique.

[552] Scholze, Victor. Emprego da teoria da constituição dirigente adequada à realidade brasileira. Teresina: *Revista Jus Navigandi*, ano 19, n. 4129, 21 out. 2014.

[553] Ibidem, ano 19, n. 4129.

sor português, estas normas apresentam valor jurídico idêntico ao das outras que estão previstas no texto constitucional[554].

Enfim, Canotilho prega a superação da ideia de normas programáticas, postas no texto constitucional, desprovidas de caráter vinculante, mas ressalta a importância dos princípios e da materialidade da Constituição[555].

Na verdade, as constituições dirigentes surgiram num contexto histórico, político e social peculiar. Lembre-se de que após períodos autoritários, como os vividos por Portugal, Espanha e Brasil nas décadas de 1970 e 1980, um "movimento de retorno ao direito" visou restaurar a legitimidade da ordem jurídica, uma vez que os regimes militares frustraram a democracia, ferindo direitos fundamentais e o estado de direito[556].

Como a sociedade vislumbrava participar dos processos políticos decisórios e buscar novas vias de interlocução na esfera pública, da mesma forma o estado democrático de direito precisava "ultrapassar os entraves do formalismo excessivo e do autoritarismo instrumental"[557].

Enfim, concebeu-se o dirigismo constitucional com o intuito de "reavivar a intenção atuante do Direito Constitucional" e alcançar a justiça social. No Brasil, os objetivos assinalados na Constituição de 1988, como o de construir uma "sociedade democrática e igualitária", visam esse propósito[558].

Nessa esteira, as constituições dirigentes firmaram-se como "projeto de um Estado, de uma sociedade e de uma ordem jurídica afinados com os objetivos de aprofundar a democracia e de promover a justiça social. Portanto, a constituição dirigente consagra um modelo de desenvolvimento e serve de meio à concretização desse paradigma"[559]. Isso explica a

[554] Ibidem, ano 19, n. 4129.

[555] Ibidem, ano 19, n. 4129.

[556] Cittadino, Gisele. *Pluralismo, direito e justiça distributiva: Elementos de filosofia constitucional contemporânea.* 2. ed. Rio de Janeiro, 2000, p. 7-8, apud Carvalho, Claudia Paiva. Desafios democráticos para a constituição dirigente: entre vinculação e abertura constitucional. Brasília: *Revista Jurídica da Presidência,* v. 14, n. 103, jun./set. 2012, p. 360.

[557] Carvalho, Claudia Paiva. Desafios democráticos para a constituição dirigente: entre vinculação e abertura constitucional, cit., p. 360.

[558] Ibidem, p. 360.

[559] Ibidem, p. 360.

feição invasiva da constituição, que traz em seu bojo matérias de diversos ramos do Direito, abrangendo desde políticas públicas até planejamento estatal. Esse é o fenômeno de constitucionalização do direito[560].

4.2. A questão da Constituição Dirigente e os estudos de Canotilho

Antes de adentrar na teoria, propriamente dita, da constituição dirigente, cumpre salientar que o Estado constitucional democrático identifica-se também com o Estado de Direito formal, e a pretensão de legitimar-se como Estado Social resulta no problema da Constituição dirigente, circunscrito ao ponto da "legitimação além dos limites formais do Estado de Direito, baseando-se também na transformação social, na distribuição de renda e na direção pública do processo econômico. A Constituição deixa de ser apenas do Estado, para ser também da sociedade"[561].

As discussões em torno da Constituição são marcadas pela seguinte dualidade: ideia de sociedade civil e liberdade (mercado) em contraposição à ideia de sociedade e igualdade (Estado). Como esses pontos não são absolutos, deve-se considerar que o problema da Constituição dirigente é um problema de "transformação da realidade". Na discussão envolvendo a Constituição dirigente e sua matriz programática, "opõe-se sempre a Constituição-garantia, instrumento de governo". O cerne da questão diz respeito a como conformar a realidade: "se essa adequação deve estar explícita ou não no texto constitucional". Na verdade, "todas as constituições pretendem, implícita ou explicitamente, conformar globalmente o domínio político mediante a sua atuação", pois hoje se abandona o ordenamento majoritariamente repressivo e afirmam-se novas funções do Direito, de condução e incentivo do processo social"[562].

[560] Carvalho, Claudia Paiva. Desafios democráticos para a constituição dirigente: entre vinculação e abertura constitucional, cit., p. 361.

[561] Canotilho, José Joaquim Gomes. *Constituição* dirigente, cit., p. 21-24 e Rocha, Cármen Lúcia Antunes. *Constituição e constitucionalidade*. Belo Horizonte: Ed. Lê, 1991, p. 34-36, apud Bercovici, Gilberto. A problemática da constituição dirigente: algumas considerações sobre o caso brasileiro, cit., p. 38.

[562] Canotilho, José Joaquim Gomes. *Constituição dirigente*, cit., p. 27-30 e 69-71, apud Bercovici, Gilberto. A problemática da constituição dirigente: algumas considerações sobre o caso brasileiro, cit., p. 38.

Para alguns, a constituição dirigente "amarraria" a política, substituindo o processo de decisão política pelas imposições constitucionais. A esse "dirigismo constitucional" imputou-se a responsabilidade maior pela "ingovernabilidade". Para esses críticos, somente os dispositivos constitucionais relativos a políticas públicas e direitos sociais "engessam" a política, retirando a liberdade de atuação do legislador. Na verdade, linha geral, esses mesmos críticos da constituição dirigente defendem as políticas de estabilização e de supremacia do orçamento monetário sobre as despesas sociais, de forma que a imposição, pela via da reforma constitucional e da legislação infraconstitucional, das políticas ortodoxas de ajuste fiscal e de isolamento da constituição financeira relativamente à constituição econômica, em nenhuma hipótese "amarraria" os futuros governos a uma única política possível[563].

Isso significa dizer que: "a constituição dirigente das políticas públicas e dos direitos sociais é entendida como prejudicial aos interesses do país, causadora última das crises econômicas, do déficit público e da 'ingovernabilidade'; a constituição dirigente invertida, isto é, a constituição dirigente das políticas neoliberais de ajuste fiscal é vista como algo positivo para a credibilidade e a confiança do país junto ao sistema financeiro internacional. Esta, a constituição dirigente invertida, é a verdadeira constituição dirigente, que vincula toda a política do Estado brasileiro à tutela estatal da renda financeira do capital, à garantia da acumulação de riqueza privada"[564].

Lembre-se de que em relação aos debates acerca da Constituição de Weimar, entre 1919-1933, autores conservadores já criticavam esse embrião da constituição dirigente por entenderem que nela havia inúmeras "contradições" e vários "compromissos dilatórios". Em sua *Teoria da Constituição (Verfassungslehre)*, de 1928, para Carl Schmitt, "a constituição alemã de Weimar, embora contivesse decisões políticas fundamentais sobre a forma de existência política concreta do povo alemão, possuía em

563 BERCOVICI, Gilberto; MASSONETTO, Luís Fernando. A constituição dirigente invertida: a blindagem da Constituição Financeira e a agonia da Constituição Econômica. Coimbra: Faculdade de Direito da Universidade de Coimbra, *Boletim de Ciências Económicas*, v. XLIX, 2006, p. 72.

564 Ibidem, p. 83.

seu texto inúmeros compromissos e obscuridades que não representavam decisão alguma, mas, pelo contrário, cuja decisão havia sido adiada". Tais compromissos, entendidos como "dilatórios", representavam "apenas uma vitória tática obtida por uma coalizão de partidos em um momento favorável", cujo objetivo era "preservar seus interesses particulares contra as variáveis maiorias parlamentares". Os "compromissos dilatórios" representariam os direitos fundamentais, "cuja garantia seria debilitada com a inscrição de programas de reforma social de interesse de certos partidos políticos entre os direitos propriamente ditos"[565].

Vezio Crisafulli desenvolveu a noção de "normas programáticas" a partir dos debates envolvendo a constituição italiana de 1947, ao afirmar que os dispositivos sociais da Constituição eram também normas jurídicas; portanto, poderiam ser aplicadas pelos tribunais nos casos concretos. Apesar da enorme repercussão e sucesso das ideias de Crisafulli, sua aplicação prática na Itália e no Brasil foi uma decepção, pois "norma programática passou a ser sinônimo de norma que não tem qualquer valor concreto, contrariando as intenções de seus divulgadores". O próprio Crisafulli destacou que toda norma incômoda passou a ser classificada como "programática", bloqueando, na prática, a efetividade da constituição e, especialmente, da constituição econômica e dos direitos sociais[566].

Valendo-se dos estudos de Konrad Hesse, de Peter Lerche[567] e da literatura jurídica alemã em geral, o jurista português J. J. Gomes Canotilho desenvolveu a sua teoria da Constituição Dirigente, estabelecendo qual

[565] Ibidem, p. 83.

[566] NETO, Cláudio P. S. e SARMENTO, Daniel. *Direito constitucional – teoria, história e métodos de trabalho*. Belo Horizonte: Fórum, 2012, p. 168.

[567] "Ao compor o termo Constituição Dirigente, Peter Lerche possuía como objetivo acrescentar uma nova ordem, divergente das comumente manifestadas nas Constituições, com fundamento em imposições permanentes ao legislador. No contexto da promulgação da Constituição Alemã de 1949 (A Carta de Bonn), Lerche investigou os limites de vinculação do legislador a imposições constitucionais que estabeleciam deveres legislativos e, por conseguinte, analisou o caráter normativo destes preceitos constitucionais. Entretanto, não desenvolveu sua argumentação a um aporte teórico relacionado a normas programáticas. Posteriormente, esse aspecto veio a ser abordado por Canotilho em sua tese de doutoramento. Canotilho, a partir da construção do pensamento de Lerche, propugna a ideia de uma Constituição Dirigente mais extensiva e aprofundada, inserida no âmbito de reconstrução da Teoria da Constituição, mediante uma teoria material da Constituição

a "estrutura e função que uma Constituição deve dispor para almejar a direção político-social de uma determinada sociedade". Desse modo, como a Constituição brasileira se submeteu a forte influência da referida teoria e da própria Constituição portuguesa de 1976, torna-se indispensável a compreensão desses pressupostos jusfilosóficos[568].

Na obra inaugural, *Constituição dirigente e vinculação do legislador,* em que o autor pretende expor de que forma o texto constitucional pode (se é que pode) servir de fundamento normativo para o alargamento das tarefas estatais e para a incorporação de fins econômico-sociais, positivamente vinculantes das instâncias de regulação jurídica, "*Canotilho tenta articular uma concepção de Constituição que assuma uma posição comprometida com a realização da justiça social, apontando para a necessária manutenção, nos textos constitucionais, de disposições normativas, principalmente em países como o Brasil, que se mantenham como normas a consagrar um projeto de modernidade para a sociedade, contendo propostas de emancipação social que tenham como escopo a igualdade substantiva dos indivíduos e a concretização de uma democracia real e plural*"[569].

Segundo o pensador português, além do que se encontra nas Constituições-garantia, que são típicas do Estado liberal, a Constituição Dirigente baseia-se em um conteúdo programático-constitucional que estabelece "não apenas a distribuição de competências entre os órgãos do Estado e a proteção dos direitos individuais de liberdade, mas também atribui ao Estado a realização de fins e a consecução de tarefas", devendo a Carta deixar de ser apenas "o tema da política para tornar-se sua premissa fundamental, encarregando-se de conformá-la sob pena de prejuízo de sua legitimidade". Anseia-se, portanto, que o Estado Democrático de Direito se legitime, principalmente por intermédio de suas instâncias políticas, como um Estado de justiça social. Para tanto, a Constituição dirigente é

desenvolvida como teoria social." SCHOLZE, Victor. Emprego da teoria da constituição dirigente adequada à realidade brasileira, cit., p. 8.

[568] SOUZA, Ítalo Roberto Fuhrmann e. O princípio da proibição do retrocesso social como categoria autônoma no direito constitucional brasileiro: Conceito, fundamentação e alcance normativo frente a atual dogmática dos direito fundamentais. *Revista Brasileira de Estudos Constitucionais.* Belo Horizonte, v. 6, n. 23, jul./set. 2012, p. 18.

[569] Ibidem, p. 18.

reconhecida quando "há normas que estabelecem um programa constitucional de direção para o futuro, *i.e.*, deve definir fins e tarefas ao Estado, prescrevendo normas de direitos prestacionais, imposições constitucionais e a consagração de mecanismos jurídicos que garantam oportunidades iguais a todos os cidadãos"[570].

Acrescente-se que na referida obra pretende-se examinar "o que é possibilitado a uma Constituição dispor acerca da atuação dos órgãos cuja função é legislar", assim como quais as atribuições do legislador para o cumprimento efetivo das imposições constitucionais[571].

Mas o autor alerta para o fato de que a ideia da Constituição como um programa ou como uma linha de direção para o futuro que tenha como tarefa precípua a vinculação do legislador às suas determinações, não pode e nem deve se traduzir em Constituição plano, no sentido de estabelecer uma planificação constitucional como instrumento mais importante da racionalidade conformadora. A lei não pode ser entendida como mero ato de execução da Constituição, porquanto deve atentar para a indispensável liberdade de conformação do legislador, que impõe certa relativização quanto à vinculação deste às normas constitucionais. Nas palavras de Canotilho:

> "*a vinculação constitucional da atividade legiferante dificilmente se pode conceber em termos semelhantes aos da vinculação do ato administrativo em relação à lei. A liberdade de conformação do legislador não é o correlato, a nível legislativo, do poder discricionário, a nível administrativo. A literatura teorético-constitucional realça sobretudo dois aspectos: (1) o legislador é um órgão político ao qual se deve reconhecer um espaço de conformação relativamente amplo; (2) a programaticidade da Constituição nem sempre é sinal de 'firmeza dirigente' dado que o 2º grau de concretização (o primeiro será o da própria norma constitucional) se situa a nível político-legislativo, daí*

570 Souza, Ítalo Roberto Fuhrmann e. *Princípio da proibição do retrocesso social e constitucionalismo dirigente*, cit., p. 19.

571 Scholze, Victor. Emprego da teoria da constituição dirigente adequada à realidade brasileira. *Revista Jus Navigandi*, ISSN 1518-4862, Teresina, ano 19, n. 4129, 21 out. 2014. Disponível em: https://jus.com.br/artigos/30277. Acesso em: 15 jan. 2020.

resultando os perigos da passagem da constitucionalidade das leis para a legalidade da Constituição"[572].

Canotilho preocupa-se com a indevida substituição integral do processo da luta política por uma "linha de caminho de ferro" constitucional, capaz de neutralizar os caminhos plurais da democracia e da cidadania. Ainda que a Constituição se mantenha como "fonte fornecedora das linhas de direção política", a atividade legislativa vincula-se à lei fundamental, em certos casos, de forma menos intensa, principalmente em relação às normas programáticas. Em decorrência, o legislador ordinário dispõe de uma margem de atuação relativamente ampla, apto a ponderar os fins estabelecidos na Constituição, realizar escolhas, selecionar os meios que entender mais adequados para a consecução das tarefas e para a realização dos fins, além de deliberar sobre qual ou quais finalidades devem prevalecer no momento em que a lei é elaborada. A Constituição dirigente, portanto, em vez de impor uma linha única que possa substituir a política, estabelece um fundamento constitucional para a atividade legislativa, conferindo-lhe a possibilidade de movimentar-se, desde que nos moldes do programa constitucional[573].

A teoria da Constituição dirigente opõe-se à ideia da Constituição como instrumento de governo cuja estrutura se esgota em normas determinadoras de competências, de processo e organização e nas garantias de direitos fundamentais, para dar lugar à ideia de uma lei fundamental programática, baseada em diretivas jurídico-constitucionais, princípios jurídicos politicamente conformadores, imposições legiferantes e na fixação de fins à atuação estatal[574].

A ordem jurídico-constitucional, segundo Canotilho, "*passa a ser compreendida como um esboço de uma vida, de algo desejado e não apenas como um estatuto jurídico confirmante ou garantidor do existente. A Constituição-garantia, subjacente à noção do Estado liberal e da sua concepção equivocada de separação absoluta entre Estado e sociedade e da não menos equivocada defesa intransigente*

[572] SOUZA, Ítalo Roberto Fhurmann e. *Princípio da proibição do retrocesso social e constitucionalismo dirigente*, cit., p. 19.
[573] Ibidem, p. 20.
[574] Ibidem, p. 20.

do Estado mínimo, aponta para uma Constituição entendida como uma norma jurídica superior, desvinculada da problemática da legitimação e da direção político-jurídica da sociedade, transformando, em consequência, as leis fundamentais em simples instrumentos de garantia do 'status quo'"[575].

Argumenta-se, também, que a "*constituição dirigente se caracteriza como uma constituição invasiva que define políticas públicas e estabelece um programa constitucional composto por princípios, tarefas e fins que devem orientar a atuação do Estado e da sociedade. (...) em razão de seu caráter programático, a constituição dirigente é criticada por ameaçar a democracia ao retirar a tomada de decisões do âmbito da soberania popular e cristalizar as opções políticas das futuras gerações. (...) A constituição dirigente e a democracia não devem ser tratados como opostos, mas complementares, desde que a constituição esteja inserida em sua temporalidade e se conserve aberta à atualização de suas normas, e a democracia respeite as exigências constitucionais mínimas e as diretrizes fixadas no momento constituinte, diferenciado como o mais elevado exercício da soberania popular*"[576].

Indaga-se até que ponto o caráter invasivo da constituição é benéfico ao desenvolvimento e prejudicial ao "jogo democrático". Sob o prisma do Estado do bem-estar social, em que se impõe "uma atuação estatal mais intrusiva nos campos econômico e social", acredita-se que a regulação do mercado é premente para garantir a estabilidade e o desenvolvimento da economia. E a regulação social atende "aos problemas crônicos e emergenciais que afligiam a sociedade, visando garantir, pela via da atuação estatal, condições de vida digna para todos"[577].

Acrescente-se à Constituição Dirigente outro elemento caracterizador: trata-se de uma filosofia de ação, ou seja, "um acionalismo que se dirige à produção, reprodução e alteração da sociedade". No caso da Constituição portuguesa de 1976 e da Constituição brasileira de 1988, por exemplo, isso se denomina "cláusula de transformação", cuja filosofia

[575] Ibidem, p. 20.

[576] CARVALHO, Cláudia Paiva. Desafios democráticos para a constituição dirigente: entre vinculação e abertura constitucional. Brasília: *Revista Jurídica da Presidência*, v. 14, n. 103, jun./set. 2012, p. 357-381.

[577] Ibidem, p. 367.

de ação é a de "permear as expectativas das sociedades e o *ethos* de seus representantes", por isso preenche um viés democrático[578].

Não se confunde a noção de Constituição Dirigente com Carta Magna exclusivamente socialista, a exemplo do que ocorreu à época da conformação da Carta portuguesa de 1976, esta advinda de um cenário revolucionário. Uma Constituição Dirigente pode trazer no bojo desde fins de cunho socialista, capitalista ou até fascista. Logo, "não se deve cometer o descuido de transpor dois planos diferentes, o da Constituição Dirigente e o da ideologia constitucional, esta última retirada do conjunto dos princípios, fins e normas programáticas que caracterizam uma determinada Constituição"[579].

Na verdade, como a Teoria da Constituição Dirigente nasceu da necessidade de compreender dispositivos constitucionais que preveem "um caráter dirigente e sistemático às Constituições", sob atribuição estatal por meio de normas constitucionais que se imponham ao legislador, reitere-se que a ideia central de Constituição Dirigente, conforme o pensamento de Canotilho, parte da compreensão de um programa de ação para a mudança social, no sentido de se conferir força jurídica para a alteração da sociedade[580].

Canotilho não pretendeu minorar os direitos estabelecidos no texto constitucional, sobretudo os de ordem fundamental, a meras súplicas ao legislador, mas, principalmente, pensou-os como determinações constitucionais impositivas aos órgãos legiferantes. Dessa forma, a emissão de leis necessárias à efetivação desses direitos mostra-se como imposição constitucional cuja inércia enseja a inconstitucionalidade por omissão[581].

A conformação do Estado Democrático de Direito segundo a Carta de 1988 e seu elemento de transformação do *status quo* é a fonte da imposição de maior igualdade e desenvolvimento social, não a Constituição

[578] Canotilho, José Joaquim Gomes. *Constituição dirigente e vinculação do legislador: contributo para a compreensão das normas constitucionais programáticas*, cit., p. 458.
[579] Moraes, Ricardo Quartim de. A evolução histórica do Estado Liberal ao Estado Democrático de Direito e sua relação com o constitucionalismo dirigente, cit., p. 281. GRAU, Eros, *O direito posto e o direito pressuposto*, cit., p. 208.
[580] Scholze, Victor. Emprego da teoria da constituição dirigente adequada à realidade brasileira, cit., acesso em: 15 jan. 2020.
[581] Ibidem.

Dirigente de forma isolada. No Brasil, por exemplo, a legitimidade da Constituição deriva do fato de ser ela uma Constituição Dirigente cujos fins positivamente previstos "denotam uma ideologia, vinculante para o intérprete, de mudança social". Porém, tal junção de conceitos não é necessária nem indestrinchável. Uma determinada constituição pode ser dirigente, independentemente de as imposições constitucionais a ela relacionadas se relacionarem com um Estado Democrático de Direito[582].

Conforme se demonstrou, a teoria da constituição dirigente de Canotilho se alicerça na temática da "*vinculação do legislador como consequência do caráter projetante para o futuro e que põe a realidade como tarefa a partir da sistemática da Constituição portuguesa de 1976, analisando as formas de direção, o desvio do Poder Legislativo, a natureza da função legislativa e amplitude da liberdade de conformação, que não se confundiria com a discricionariedade, pois a atividade legiferante não apenas se destina a executar a constituição, podendo atuar na qualificação do interesse público, sendo festejado pela maioria da doutrina constitucionalista e expandindo as suas concepções teóricas e dogmáticas além das fronteiras lusitanas*"[583].

Vale destacar, portanto, o texto da redação original do artigo 2º da Constituição portuguesa de 1976 sobre o Estado democrático e a transposição para o socialismo:

> "*ARTIGO 2°*
> *(Estado democrático e transição para o socialismo)*
> *A República Portuguesa é um Estado democrático, baseado na soberania popular, no respeito e na garantia dos direitos e liberdades fundamentais e no pluralismo de expressão e organização política democráticas, que tem por objetivo assegurar a transição para o socialismo mediante a criação de condições para o exercício democrático do poder pelas classes trabalhadoras*".

Diante dessa visão acerca da teoria da Constituição dirigente, cumpre destacar que o constitucionalismo dirigente se efetiva de forma permanente e progressiva por intermédio de um projeto de justiça social, o que

[582] GRAU, Eros, *O direito posto e o direito pressuposto*, cit., p. 208.
[583] SCHOLZE, Victor. Emprego da teoria da constituição dirigente adequada à realidade brasileira, cit., acesso em: 15 jan. 2020.

pressupõe a proteção e preservação do que já foi anteriormente efetivado nesse plano[584].

Saliente-se que desde o advento da Revolução dos Cravos de 25 de abril de 1974, e da consequente promulgação da revolucionária Constituição portuguesa de 1976, Portugal, Brasil e o mundo submeteram-se a transformações de ordem política, cultural, social e econômica que exigiram modificações e atualizações das teorias jurídicas segundo o contexto da época[585].

Aliás, Portugal, por exemplo, bem antes de integrar a Comunidade Europeia, era um país pobre, agrícola, vinícola e dedicava-se à extração de cortiça, de pedra e à atividade pesqueira, e na década de 1970 e 1980 vivenciava forte êxodo demográfico. Durante a ditadura de Antonio de Oliveira Salazar, este fundador e mentor do Estado Novo (1933-1974), a nação carecia da falta de investimento em infraestruturas e indústrias, ainda que dispusesse de grandes reservas de ouro, obtidas graças à exploração das antigas colônias. Com a Revolução dos Cravos, a história portuguesa passou a transformar-se, cujo ponto de partida constituiu-se em três principais ações: democratizar, descolonizar e desenvolver[586].

As primeiras eleições democráticas realizaram-se em 25 de abril de 1975, e a formação da Assembleia Constituinte visou elaborar nova constituição, que seria promulgada em 2 de abril de 1976. De lá para cá, a democracia política consolidou-se, ao mesmo tempo em que o viés revolucionário da Carta foi se descaracterizando devido a sucessivas reformas constitucionais; no âmbito cultural, surgiu o fenômeno da internet e da proliferação dos meios de comunicação de massa num contexto de revolução tecnológica; e, ainda, destaque-se que na economia houve o fenômeno da globalização, favorecendo o livre mercado, em face da queda do muro de Berlim e da derrocada do socialismo. Esses fatores exigiram uma atualização da teoria de Canotilho, conforme será descrita a seguir, pois, diferentemente dos tempos de outrora, Portugal está inserido em uma realidade social, econômica e política bem diferente. As atividades tradi-

[584] Souza, Ítalo Roberto Fhurmann e. *Princípio da proibição do retrocesso social e constitucionalismo dirigente*, cit., p. 21.

[585] Ibidem, p. 21

[586] Ibidem, p. 21.

cionais foram modernizadas, e o país detém uma das taxas mais baixas de desemprego da União Europeia[587].

4.2.1. Irrealidade da Constituição Dirigente – autocrítica de Canotilho acerca de sua teoria

Canotilho reviu sua posição sobre a Constituição dirigente ao publicar *Rever ou romper com a constituição dirigente? Defesa de um constitucionalismo moralmente reflexivo*, e ao apresentar o prefácio da 2º edição de seu livro *Constituição dirigente e vinculação do legislador* (2001). Nessas novas reflexões, o jusfilósofo mostra-se influenciado pelo direito reflexivo de Gunther Teubner e pelo direito autopoiético de Niklas Luhmann e, em certa medida, pelo procedimentalismo constitucional de John Hart Ely e Jürgen Habermas[588].

Na 2ª edição de *Constituição dirigente e vinculação do Legislador* (2001), Canotilho afirmou, como retomarei o assunto no próximo subitem, que a Constituição Dirigente está morta se o dirigismo constitucional for entendido como normativismo constitucional revolucionário capaz de, só por si, operar transformações emancipatórias. Numa época de cidadanias múltiplas e de múltiplos de cidadania seria prejudicial aos próprios cidadãos o fecho da Constituição, erguendo-se à categoria de "linha Maginot" contra invasões agressivas dos direitos fundamentais[589].

Além disso, Canotilho afirma que o conteúdo revolucionário das Constituições dirigentes passaram a assumir um papel coercitivo e voluntarista, abrindo caminho para uma possível ditadura partidária e esvaziamento do pluralismo político[590].

Segundo o pensador português, as constituições de viés dirigente (a exemplo da portuguesa de 1976 e a brasileira de 1988) deixaram de acompanhar as transformações da sociedade, passando a não mais exercerem uma função diretiva, mas "meramente supervisora", haja vista que as demandas sociais se tornaram mais complexas e, como resultado, as constituições passariam a ser consideradas "constituições simbólicas", ou

[587] Ibidem, p. 21.
[588] Ibidem, p. 21.
[589] Ibidem, p. 22.
[590] Ibidem, p. 22.

seja, aquelas que deixam de produzir efeitos jurídicos, mas encontram respaldo político-eleitoral por terem meramente obedecido a uma ritualística legislativa[591].

Como se depreende do texto da própria lavra do doutrinador português:

> *"A Constituição dirigente, ou melhor, os textos constitucionais carregados de programaticidade – desde a velha constituição mexicana de 1917, até a Constituição brasileira de 1988, passando pela magna carta portuguesa de 1976 – estão num 'fosso' sob o olhar implacável de muitos escárneos e mal-dizeres. (...) Os olhares políticos, doutrinários e teoréticos de vários quadrantes – desde o pensamento liberal da Constituição aberta, até ao sistemismo autopoiético, passado por algumas insinuações da chamada sociologia crítica – não se cansam de proclamar a falência dos 'Códigos dirigentes' num mundo caracterizado pela conjuntura, a circularidade, os particularismos e os riscos"*[592].

Em relação à tese originária do pensador português, a segunda edição da referida obra trouxe, em síntese, as seguintes modificações:

a) se antes as constituições dirigentes apresentavam conteúdo revolucionário, agora assumiram papel coercitivo e voluntarista, materializado na pretensão de regular domínios que lhe são estranhos, abrindo caminho para uma possível ditadura partidária e o correlato esvaziamento do pluralismo político;
b) como as Constituições dirigentes, especialmente as de Portugal e a do Brasil, foram forjadas em circunstâncias muito similares – ainda que distinto o grau de dirigismo adotado – nas quais se verificou o declínio de regimes ditatoriais, momento propício ao constituinte redigir textos constitucionais narrativamente emancipatórios, a crença na transformação social da realidade, que no caso da Constituição portuguesa adquiria dimensões socializantes, estaria hoje em descompasso com as cada vez mais complexas exigências dos

591 Neves, Marcelo. *A constituição simbólica.* São Paulo: Ed. Acadêmica, 1994, p. 42.

592 Canotilho, José Joaquim Gomes. Rever ou romper com a constituição dirigente? Defesa de um Constitucionalismo moralmente reflexivo. *Revista do Processo.* São Paulo: Revista dos Tribunais, abr.-jun. 2000, p. 3.

múltiplos segmentos da sociedade, pois, consolidadas as instituições democráticas e ultrapassada a fase revolucionária, torna-se prejudicial a positivação, em termos constitucionais, de um normativismo revolucionário que atribua ao Estado toda a responsabilidade pela conduta da vida social;

c) Canotilho desiludiu-se com as "fórmulas utópicas, unitárias, imbuídas de um espírito revolucionário prometedor da felicidade geral e que continham normativamente todas as tarefas do Estado", daí a questão acerca da sobrevivência ou não da Constituição dirigente para além de seu conteúdo revolucionário. O próprio autor vislumbrou que algumas dimensões importantes da programaticidade constitucional sobreviveram, "em especial a que limita o poder de questionar do legislador", visto que este deve ater-se às disposições que integram o programa constitucional. Em síntese, "o normativismo constitucional revolucionário e a programaticidade constitucional (vinculação do legislador) não estão no mesmo plano, sequencialmente, mas superpostos, de modo que a exclusão do primeiro não significa qualquer necessária amputação na ideia de Constituição Dirigente. Ainda que o primeiro seja ultrapassado, há de verificar a vinculação do legislador como condição indispensável à conservação da República"[593].

d) o normativismo constitucional revolucionário português deixou de fazer parte da exigência histórica da realidade social portuguesa, e sujeitos históricos, como a classe trabalhadora e o movimento das forças armadas, são incompatíveis com o atual cenário político-social de Portugal;

e) "a ideia do autismo patriótico e nacionalista que passa a Constituição dirigente (...) deve ser fortemente criticada ao ponto de ceder espaço aos sistemas jurídicos alienígenas". Em suma, em detrimento da ordem jurídica interna, hoje se deslocou o comando normativo das Constituições nacionais para os tratados e documentos jurídicos supranacionais. Explica-se essa mudança de posição de Canotilho devido ao fato de Portugal ter aderido à Comunidade

[593] COUTINHO, Jacinto Nelson de Miranda (Org.). *Canotilho e a Constituição*. 2. ed. Rio de Janeiro: Renovar, 2005, p. 15.

Europeia, obrigando o país a adotar uma Constituição "que se desprenda de um conceito rígido de soberania que não se encaixa num contexto transnacional de cooperação e interdependência". Para Canotilho, "as Constituições nacionais contemporâneas estão em rede, elas vêm conversando com outras Constituições, num sentido de inter-organizatividade e com esquemas organizativos supranacionais"[594].

f) a tese original de Canotilho referia-se à Constituição portuguesa, cujo texto visava a construção do chamado *Welfare State*, de caráter socialista, em que o exercício do poder político seria exercido pela classe trabalhadora. Por sua vez, no caso da Constituição brasileira, apesar de incorporar significativo rol de direitos relacionados a uma melhora substantiva das condições econômicas e sociais do povo brasileiro, e dos significativos avanços na construção de uma ordem jurídica compatível com um Estado Democrático e Social de Direito, a Carta nacional não prevê expressamente o viés ideológico socializante da Constituição portuguesa[595].

Aliás, escreve o próprio autor:

"*Mesmo que as constituições continuem a ser simbolicamente a magna carta da identidade nacional, a sua força normativa terá parcialmente de ceder perante novos fenotipos político-organizatórios, e adequar-se, no plano político e no plano normativo, aos esquemas regulativos das novas 'associações abertas de estados nacionais abertos'.*

(...) *Para além disso, a Constituição arrogar-se-ia ao papel de alavanca de Arquimedes com força para transformar o mundo, mas sem atender ao facto de ela estar cercada por outros mundos.*

(...) *o dirigismo normativo-constitucional repousa no dogma 'Estado-soberano', constituindo a 'soberania constitucional' um corolário lógico desse mesmo dogma. Deve reconhecer-se o fundamento desta crítica. Como programar normativamente a*

594 Há de se reconhecer a diferença de envergadura entre a força jurídica vinculativa exercida pela União Europeia e aquela presente nas relações entre os países do Mercosul. Streck, Lenio Luiz. *Jurisdição constitucional e hermenêutica* – uma nova crítica do direito. Porto Alegre: Livraria do Advogado, 2002, p. 26.

595 Ibidem, p. 26.

transição para o 'socialismo' num país só – como se afirmava no texto originário da Constituição portuguesa – quando os contextos 'envolventes' internacionais europeus e transnacionais apontavam para uma interdependência e cooperação crescente entre os Estados? Como insistir num 'sistema vaidoso de socialismo e planejamento nacional' (R. Dahrendorf) quando as 'precondições constitucionais da política' se situavam também e até decisivamente em espaços outros diferentes do espaço autárquico nacional e estatal? Qualquer 'patriotismo constitucional' será aqui um sentimento débil, pois com a recusa e rejeição, por parte dos Estados, a uma 'soberania nacional' e a um 'poder soberano exclusivo', também a magna carta de um país perde uma parte do seu simbolismo, da sua força normativa e do seu papel identificador. A 'internacionalização' e a 'europeização' no caso português e a internacionalização e a 'mercosualização' no contexto do Brasil tornam evidente a transformação das ordens jurídicas nacionais em ordens jurídicas parciais, nas quais as constituições são relegadas para um plano mais modesto de 'leis fundamentais regionais'"[596].

Finalmente, quando se avalia a possibilidade ou não da sobrevivência da Constituição dirigente para além de seu conteúdo revolucionário, o autor responde de forma afirmativa, pois algumas dimensões importantes da programaticidade constitucional sobreviveram, em especial a que limita o poder de questionar do legislador. O legislador não tem liberdade absoluta de conformação, antes tem de mover-se dentro do enquadramento constitucional.

Em conclusão, segundo o pensador português, por meio da teoria do direito reflexivo, o Estado e seus instrumentos jurídico-normativos encontram-se impossibilitados de regular a complexidade da sociedade contemporânea. O Direito, de acordo com esta teoria, é visto a partir da adoção de uma democracia organizacional em contraponto a uma democracia representativa. Delega-se, portanto, às entidades privadas as tarefas que outrora se destinavam à função estatal[597].

596 CANOTILHO, José Joaquim Gomes. Rever ou romper com a constituição dirigente? Defesa de um Constitucionalismo moralmente reflexivo. *Revista do Processo*. São Paulo: Revista dos Tribunais, abr.-jun. 2000, p. 4.

597 STRECK, Lenio Luiz. *Jurisdição constitucional e hermenêutica* – uma nova crítica do direito, cit., p. 24.

4.2.2. Visão doutrinária sobre a teoria da Constituição também Dirigente – morte ou evolução da teoria de Canotilho?

À luz da premissa de que uma Constituição também dirigente, como é também o caso da Carta de nosso país, apresenta-se como Constituição compromissória, que nasceu de um contexto pluralista e agregador de todas as tendências políticas e sociais refletidas numa assembleia nacional constituinte, emergem inúmeras questões quanto à pertinência ou não da referida teoria no plano interno atual.

A começar, indaga-se se a teoria da Constituição dirigente estaria pretendendo substituir o processo de decisão política, ante um modelo intervencionista de Estado. Dito de outra forma, discute-se se o intitulado "dirigismo constitucional" interfere na atuação do legislador democrático e, por conseguinte, "se os esquemas sociais, os esquemas programáticos que delineamos numa Constituição e em que acreditamos em certa altura devem ou não ser positivados numa Constituição"[598]. Portanto, "*o caminho do desenvolvimento institucional só estará aberto quando as fórmulas impositivas de políticas públicas forem varridas da Constituição, abrindo espaço para que se possa praticar uma autêntica democracia de escolhas de como queremos ser governados e não apenas de escolha de quem queremos que nos governe*"[599].

Nesse contexto, há aqueles que defendem, no plano jurídico, a "desconstitucionalização" e a "desregulamentação" de determinadas matérias. Sobre essa questão, em 1982, Canotilho escrevera que, em nome de uma "desestadualização" e "desregulamentação", a pretensão de retirar do texto constitucional (desconstitucionalização) determinadas matérias resulta a primeira (a desestadualização) na "substituição da normatividade constitucional pela 'economicização da política'" e na "vinculação jurídica do sistema político pelas 'leis econômicas', ao passo que a segunda (a desregulamentação) redunda em "minimização da vinculação jurídica dos fins políticos", tornando mais frágeis certas conquistas, então conti-

[598] Moraes, Alexandre de (coord.). *Os 20 anos da Constituição da República Federativa do Brasil.* São Paulo: Atlas, 2009, p. 77.

[599] Moreira Neto, Diogo de Figueiredo. Desafios Institucionais Brasileiros. *In* Martins, Ives Gandra (org.), *Desafios do Século XXI*, São Paulo: Pioneira/Academia Internacional de Direito e Economia, 1997, p. 195.

das na Carta, como "direitos dos trabalhadores, medidas sociais, garantias de qualidade de vida"[600].

Para ilustrar, alguns exemplos:

Justifica-se a organização e estruturação de um serviço nacional de saúde, conforme previsto na Carta Magna, ou conviria implementar outras políticas para concretizar o direito à saúde, ampliando, nesse sentido, a atuação do legislador democrático?[601].

A Constituição assegura o acesso amplo ao ensino, no sentido de sua gratuidade, mas até que ponto isso seria justo, na medida em que as classes mais privilegiadas é que preenchem, em sua maioria, as vagas das universidades? Não caberia deixar a matéria fora da Constituição e atribuir ao legislador a incumbência de "modelar" as disposições sobre ensino gratuito?[602].

Em relação ao tema segurança, caberia a opção por modelos privados, talvez mais eficientes, que pudessem atender aos mesmos anseios da população, pois, tal como está disposto na Constituição, que prevê, genericamente, a existência de um serviço público de segurança social, não se está limitando o legislador democrático?[603].

Lembre-se de que em Portugal reafirma-se que as políticas públicas devem ser abertas, "porque as políticas públicas hoje são plurais, devem responder aos programas políticos dos vários governos possíveis"[604].

Enfim, argumenta-se que "a sujeição dos parâmetros normativos das políticas públicas à decisão do legislador democrático, por outro lado, permite que grupos ou partidos possam submeter ao eleitorado propostas diferentes de atuação em tais setores". E pluralizam-se, portanto, os instrumentos de realização dos chamados direitos sociais, como conviria a um genuíno Estado prestacional[605].

[600] Canotilho, José Joaquim Gomes. *Constituição dirigente*, cit., p. 471, apud Bercovici, Gilberto. A problemática da constituição dirigente: algumas considerações sobre o caso brasileiro, cit., p. 40.

[601] Moraes, Alexandre de (coord.). *Os 20 anos da Constituição da República Federativa do Brasil*. São Paulo: Atlas, 2009, p. 83.

[602] Ibidem, p. 81.

[603] Ibidem, p. 81.

[604] Ibidem, p. 82.

[605] Ibidem, p. 82.

Mas segundo outra linha de argumentação, a constituição dirigente não substitui a política, a ponto de reduzir seu alcance, pois, ao contrário, fixaria "um fundamento constitucional para a política", justamente "no âmbito do programa constitucional", na medida em que, como o poder estatal revela-se "um poder com fundamento na Constituição", os respectivos atos desse poder "devem ser considerados constitucionalmente determinados". Aliás, como nenhuma constituição é capaz de conter em seu bojo "inúmeras questões", somente a discussão política será capaz de solucioná-las[606].

Significa dizer que, na defesa da teoria de Canotilho, o programa constitucional não tolhe a liberdade de conformação do legislador ou a discricionariedade do governo, nem impede a renovação da direção política e a confrontação partidária. Essa atividade de definição de linhas de direção política tornou-se o cumprimento dos fins que uma República democrática constitucional fixou em si mesma. Cabe ao governo selecionar e especificar a sua situação a partir dos fins constitucionais, indicando os meios ou instrumentos adequados para a sua realização"[607].

Ainda sobre a questão da decisão política no plano da Teoria da Constituição Dirigente, ressalte-se que esta é uma Teoria "autocentrada em si mesma" ou, mais do que isso, uma Teoria "autossuficiente" da Constituição", pois ao criar-se uma Teoria da Constituição tão poderosa, acreditou-se que a Carta resolveria todos os problemas, como mudar a sociedade ou transformar a realidade apenas com os dispositivos constitucionais. Em consequência, ignora-se o Estado e a política, e a Teoria da Constituição Dirigente configura-se uma Teoria da Constituição sem Teoria do Estado e sem política. Logo, destoando da visão de Canotilho, segundo o qual entende que "a crise da Teoria da Constituição é fruto da crise do Estado soberano", pode-se afirmar que somente por meio da política e do Estado é que a Constituição vai ser concretizada[608].

606 Bercovici, Gilberto. A problemática da constituição dirigente: algumas considerações sobre o caso brasileiro. Brasília: *Revista de Informação Legislativa*, ano 36, n. 142 abr./jun. 1999, p. 40.

607 Ibidem, p. 40.

608 Bercovici, Gilberto. A constituição dirigente e a constitucionalização de tudo (ou do nada). *Apud:* Souza Neto, Cláudio Pereira de: Sarmento, Daniel (Coords.). *A cons-*

Entende-se que a "desvinculação da Teoria da Constituição em relação ao Estado" ocorre devido à crise de representatividade e dos partidos políticos. Após o advento da Segunda Guerra Mundial, eram os partidos políticos que garantiam a unidade política estatal e desempenhavam o papel de grandes atores da democracia constitucional, com a tarefa de desenvolver a constituição e seu conteúdo. Mas com a crise dos partidos políticos e de seu papel de destaque na política constitucional, o cenário foi ocupado por outro poder, que assume o protagonismo do debate e da prática constitucionais: o tribunal. Em conclusão, os juízes, e não mais a política partidário-parlamentar, atribuem a si a tarefa de concretizar a constituição[609].

Em outras palavras:

> *"A doutrina constitucional conseguiu criar (...) todo um aparato técnico no domínio do estritamente jurídico, ao custo de renunciar aos componentes políticos. A política foi reduzida ao poder constituinte e, este, relegado a segundo plano. A jurisdição constitucional foi alçada a garantidora da correta aplicação da normatividade, a única referência de legitimidade do sistema, refugiando-se a doutrina na exegese das interpretações dos tribunais constitucionais. A supremacia dos tribunais constitucionais sobre os demais poderes caracteriza-se pelo fato de os tribunais pretenderem ser o 'cume da soberania', da qual disporiam pela sua competência para decidir em última instância com caráter vinculante. Desta forma, o tribunal constitucional transforma-se em substituto do poder constituinte soberano. No entanto, com o 'positivismo jurisprudencial', o constitucionalismo continua incapacitado de sair do discurso do 'dever ser', com a jurisdição constitucional (...) assumindo a ambiciosa pretensão de reduzir e concentrar nela toda a problemática da teoria constitucional, abandonando questões essenciais, como, por exemplo, a democracia ou o poder constituinte"*[610].

Com o afastamento da constituição em relação ao Estado e à política, que resulta na hegemonia dos tribunais constitucionais e de uma teoria constitucional sem preocupações com o Estado, observa-se o aban-

titucionalização do direito: fundamentos teóricos e aplicações específicas. Rio de Janeiro: Lumen Juris, 2007, p. 175.

609 Ibidem, p. 175.

610 Ibidem, p. 175.

dono, pela política democrática e partidária, da esfera da constituição. Na prática, se a constituição se liberta da política, ao mesmo tempo a política também acaba se desvinculando dos fins e tarefas previstos no texto constitucional. Em suma, "ao constitucionalizar tudo, tornando o tribunal constitucional o grande ator da concretização e da interpretação do texto constitucional, o risco é de que isto represente, como reação, a constitucionalização do nada, com a atividade político-partidária cada vez menos vinculada, na prática, às determinações constitucionais"[611].

Nessa conjuntura, pergunta-se se ainda haveria sentido falar em constituição dirigente. Para alguns, "o sentido da constituição dirigente no Brasil está vinculado (...) à concepção da constituição como um projeto de construção nacional [ou projeto de integração nacional]". E seria preciso identificar se os Estados, de maneira efetiva, buscam terminar a sua construção nacional, como o Brasil, e acabam adotando a ideia da constituição como "um plano de transformações sociais e do Estado, fundada na visão de um projeto nacional de desenvolvimento". Isso poderia explicar a concepção de constituição dirigente adotada pela Assembleia Nacional Constituinte de 1987-1988. A consequência natural seria a visão de que a crise da constituinte brasileira seria superada com o cumprimento do projeto constitucional de 1988, que concluiria a construção da Nação[612].

Pode-se deduzir que a pretensão de constitucionalizar tudo resulta numa teoria constitucional desprovida da política e redunda em um Estado "infértil"; por isso, a constituição dirigente não faria sentido. Faria sentido, sim, o projeto emancipatório da Teoria da Constituição Dirigente, que "inclui, expressamente, no texto constitucional, as tarefas que o povo brasileiro entende como absolutamente necessárias para a superação do subdesenvolvimento e conclusão da construção da nação, e que não foram concluídas". A título de reforço, justifica-se falar em constituição dirigente enquanto projeto nacional apto a realizar os anseios da soberania popular no Brasil[613].

Como dito anteriormente, no caso português, a proposta dirigente restou frustrada em face de posteriores reformulações que desvirtua-

611 Ibidem, p. 175.
612 Ibidem, p. 175.
613 Ibidem, p. 175.

ram o ideário programático, ao que pode ser acrescentada a mudança do Constitucionalismo Dirigente para um direito comunitário e internacional, inserido no contexto da União Europeia. Tais parâmetros, reitere-se, não possuem relação com o contexto constitucional brasileiro[614].

Acrescente-se que há dissonância entre a força jurídica vinculativa dos tratados internacionais, se devidamente contextualizados, uma vez que o papel exercido pela União Europeia em razão de sua força normativa em direção aos respectivos países membros não pode ser comparado com o "incipiente e pífio Mercosul"[615].

Para a compreensão do caráter dirigente da Constituição brasileira devemos proceder a uma análise constitucional que abranja o contexto social e político. Outra indagação que persiste é se no contexto social brasileiro, de exclusão e miséria, "a Constituição dirigente já teria perdido sua função transformadora e se tornado historicamente desnecessária"[616].

Deve-se destacar que a tese original de Canotilho referia-se à Constituição portuguesa que, diferentemente do texto constitucional brasileiro, este vocacionado à construção do chamado *Welfare State*, dispunha de um caráter inegavelmente socialista, visando o exercício do poder político pela classe trabalhadora e a instauração do socialismo português como modo de produção. A Constituição brasileira não prevê este vezo socializante, ao menos até sua "normalização constitucional" após sucessivas reformas de seu texto[617].

No Brasil, as promessas da modernidade não foram cumpridas, e, por essa razão, a Constituição também dirigente, no Brasil, ainda se faria historicamente necessária (para Canotilho, "as Constituições dirigentes não são arbitrárias quando elas acontecem; muitas das Constituições dirigentes estão ligadas a momentos de fratura, a momentos de revolução, a momentos de reconstrução de um país, e muitas vezes transportam ideias inovadoras, ideias generosas, e é isso que se esquece quando se fala, gene-

614 Ibidem, p. 175.

615 Streck, Lenio Luiz. *Jurisdição constitucional e hermenêutica. Uma nova crítica do direito.* Porto Alegre: Livraria do Advogado, 2002, p. 112.

616 Streck, Lenio Luiz. *Jurisdição constitucional e hermenêutica*, cit., p. 114.

617 Ibidem, p. 114.

ricamente, em maldade das Constituições dirigentes"[618]). Isto porque a fome e a seca sazonal em algumas regiões do Nordeste do Brasil ainda assolam o País; há concentração de renda e desigualdade social; o país ocupa a lista dos mais injustos; a população abaixo da linha da pobreza é alarmante; a alfabetização é uma meta ainda distante etc.[619].

Como as constituições dirigentes de Portugal (depois reformada) e a do Brasil (alterada *a posteriori* por mais de cem emendas constitucionais) foram forjadas em circunstâncias marcadas pelo declínio de regimes ditatoriais, ocasião para textos constitucionais emancipatórios, uma vez consolidadas as instituições democráticas, pergunta-se se não seria prejudicial a positivação, em termos constitucionais, de um normativismo revolucionário que atribua ao Estado toda a responsabilidade pela conduta da vida social.

Nessa linha, questiona-se se seria admissível abrir mão de um programa constitucional que vise transformar a realidade social brasileira, uma vez que no Brasil "o Estado ainda mereça posição de destaque no desenvolvimento da sociedade, não se verificando razoável, por enquanto, que lhe seja retirada a centralidade do processo de evolução social"[620].

Em outro plano de discussão, como posto no plano teórico, na Constituição Dirigente destacam-se as normas que dispõem sobre um programa constitucional de direção para o futuro – por exemplo, mecanismos jurídicos que garantam oportunidades iguais a todos os cidadãos. Nessa seara, situam-se as ditas normas constitucionais programáticas, definidas por José Afonso da Silva como:

> *[...] normas constitucionais através das quais o constituinte, em vez de regular, direta e imediatamente, determinados interesses, limitou-se a traçar-lhes os princípios para serem cumpridos pelos seus órgãos (legislativos, executivos, jurisdicionais e administra-*

618 COUTINHO, Jacinto Nelson de Miranda (Org.). *Canotilho e a constituição dirigente.* 2ª ed. Rio de Janeiro: Renovar, 2005, p. 39-40.

619 DERBLI, Felipe. O Princípio da Proibição do Retrocesso Social na Constituição de 1988. Rio de Janeiro: Renovar, 2007, p. 70.

620 Ibidem, p. 27.

tivos), como programas das respectivas atividades, visando à realização dos fins sociais do Estado[621].

O cerne do debate sobre esse tema versa a respeito da eficácia jurídica e aplicação direta dessas normas nos textos constitucionais. Já se alegou que as normas programáticas "não seriam passíveis de realização imediata devido ao fato de abrigarem direitos a prestações, cuja efetivação dependeria da atuação dos órgãos legiferantes ou da Administração"[622].

Outras críticas: as normas programáticas resultam em "ingovernabilidade", "excesso de carga" e "constituição não cumprida"[623]. O próprio Canotilho atesta que "o reconhecimento dessas prestações implica uma tendência para 'expectativas escaldantes' e reivindicações progressivas, inevitavelmente conducentes à 'sobrecarga do governo' e à 'ingovernabilidade'"[624].

Há, no entanto, posição intermediária que alude à ideia de uma "constituição viva", que corresponde à capacidade de abertura e de adaptação perante as transformações sociais, "permitindo uma interação com a soberania popular". Aliás, a expressão *living constitution*, de Howard Lee McBain[625] (1948), opôs-se ao método até então arraigado na cultura

[621] Silva, José Afonso da. *Aplicabilidade das normas constitucionais.* 3. ed. rev., ampl. e atual. São Paulo: Malheiros, 1998, apud Carvalho, Cláudia Paiva. Desafios democráticos para a constituição dirigente: entre vinculação e abertura constitucional, cit., p. 368.

[622] Carvalho, Cláudia Paiva. Desafios democráticos para a constituição dirigente: entre vinculação e abertura constitucional, cit., p. 368.

[623] Ibidem, p. 368.

[624] Canotilho, José Joaquim Gomes. *Constituição dirigente e vinculação do legislador: contributo para a compreensão das normas constitucionais programáticas.* 2. ed. Coimbra: Coimbra Editora, 2001, p. 392, apud Carvalho, Cláudia Paiva. Desafios democráticos para a constituição dirigente: entre vinculação e abertura constitucional, cit., p. 369.

[625] Howard Lee McBain (July 20, 1880 – May 7, 1936) foi um cientista político americano que adotou a terminologia "constituição viva", cujo sentido corresponde à ideia de que o texto constitucional é um "organismo vivo", apto a delimitar a organização estrutural do Estado, a forma de governo, o modo de aquisição e exercício do poder, por meio de um conjunto de normas jurídicas, escritas ou costumeiras que preveem direitos, prerrogativas, garantias, competências, deveres e encargos. Na expressão está contida também a ideia de que esse "organismo" atesta verdadeiros documentos abertos no tempo, em íntimo vínculo dialético com o meio circundante, com as forças presentes na sociedade, como as

jurídica norte-americana, denominado "originalismo", que prevê a interpretação da constituição conforme a intenção original dos legisladores constituintes[626].

Voltando ao constitucionalista José Afonso da Silva, este lembra, no entanto, que, em determinadas situações, as normas programáticas detêm eficácia imediata, direta e vinculante nos seguintes casos:

> *"I – quando estabelecem as ditas normas um dever para o legislador ordinário; II – quando condicionam o trabalho legislativo futuro, sancionando com a inconstitucionalidade as leis e atos editados em confronto com os seus preceitos; III – ao disporem sobre os fins sociais e à proteção da justiça social, informando a concepção do Estado e da sociedade e inspirando sua ordenação jurídica; IV – quando servem de norte para a integração e aplicação das demais normas constitucionais; V – ao condicionarem a atividade discricionária da Administração e do Judiciário; VI – ao criarem situações jurídicas subjetivas, de vantagem ou de desvantagem"*[627].

Ainda que essas normas estejam vinculadas com a proteção de "interesses juridicamente relevantes", não possuem, necessariamente, a capacidade de tutelar, diretamente, "direitos particulares desde logo exigíveis", mas "produzir (...) simples interesse, simples expectativa, interesse legítimo ou, até mesmo, direito subjetivo". Por exemplo, a disposição contida no art. 170, *caput*, da Constituição, acerca da ordem econômica: "tem por fim assegurar a todos existência digna, conforme os ditames da justiça social". A proteção em destaque corresponde a um interesse geral, sem corresponder ao poder de exigir a sua satisfação, tampouco fixar meios para que ela se efetive, visto que caberá ao legislador cumprir

crenças, as convicções, as aspirações, os anseios populares, a burocracia etc. Bulos, Uadi Lammêgo. *Constituição Federal anotada*. São Paulo: Saraiva, 2000, apud Carvalho, Cláudia Paiva. Desafios democráticos para a constituição dirigente: entre vinculação e abertura constitucional, cit., p. 369.

626 Carvalho, Cláudia Paiva. *Desafios democráticos para a constituição dirigente: entre vinculação e abertura constitucional*, cit., p. 373.

627 Silva, José Afonso da. *Aplicabilidade das normas constitucionais*. 7.ed. São Paulo: Malheiros, 2007, apud Dias, Mariana Dattoli Gouveia. A efetividade das normas constitucionais programáticas. Conteúdo Jurídico, p. 6.

a tarefa de completar o sentido da referida norma. Identifica-se, nesse caso, a expectativa de se concretizar a atividade estatal em momento posterior[628].

Na conclusão do Prefácio da 2ª edição de *Constituição dirigente e vinculação do legislador*, Canotilho escreveu, em outras palavras, que a Constituição dirigente está morta se entendermos o dirigismo constitucional como normativismo constitucional revolucionário, capaz de promover transformações emancipatórias. O mesmo se aplica a qualquer texto constitucional dirigente que esteja alheio aos processos de abertura do direito constitucional, ao direito internacional e aos direitos supranacionais. Em suma, "*Numa época de cidadanias múltiplas e de múltiplos de cidadania seria prejudicial aos próprios cidadãos o fecho da Constituição, erguendo-se à categoria de 'linha Maginot' contra invasões agressivas dos direitos fundamentais. Alguma coisa ficou, porém, da programaticidade constitucional. Contra os que ergueram as normas programáticas à 'linha de caminho de ferro' neutralizadora dos caminhos plurais da implantação da cidadania, acreditamos que os textos constitucionais devem estabelecer as premissas materiais fundantes das políticas públicas num Estado e numa sociedade que se pretendem continuar a chamar de direito, democráticos e sociais*"[629].

Frise-se que durante debate entre juristas brasileiros e o pensador português, no seminário "Jornadas sobre a Constituição Dirigente em Canotilho", afirmou-se que a teórica morte decretada pelo autor se apresenta relativa, pois a referida teoria não ingressou em declínio fatal, mas, ao contrário, teria evoluído ao atingir novos patamares conceituais e de conteúdo, entendimento este a ser tratado a partir do próximo parágrafo[630].

Há teóricos que ressaltam a questão do lapso decorrido entre a Revolução dos Cravos em Portugal (1974) e a elaboração da tese de Canotilho. Quando a República portuguesa ingressou na Comunidade Europeia, o texto da Constituição portuguesa de 1976 havia se submetido a inúme-

628 Ibidem, p. 7.

629 CANOTILHO, José Joaquim Gomes. *Constituição dirigente e vinculação do legislador*. 2º ed. Coimbra: Coimbra Editora, 2001. Prefácio, p. XXIX-XXX.

630 Ibidem, p. XXIX.

ras alterações que "minimizaram o conteúdo de revolução e socialismo[631] originalmente dispostos no texto"[632].

A partir de então, sendo revisto o pensamento do doutrinador lusitano, o próprio Canotilho passou a defender um "constitucionalismo moralmente reflexivo", que, *grosso modo*, significa abandonar o "dirigismo autoritário", este considerado já ineficiente, e postular "mecanismos aptos a complementar o projeto de modernidade, no âmago das complexas estruturas pós-modernas", diante do dinamismo da sociedade e do contratualismo firmado "na maior abrangência da extensão nacional em decorrência da transgressão de limites fronteiriços e da globalização"[633].

Confirmando seu posicionamento, Canotilho defendeu que *"o direito constitucional deixou de ser disciplina dirigente, para se volver em disciplina dirigida. Em vez de gravitar sobre si próprio, ganhando neste movimento de rotação os seus campos de atração autônomos, passou a fazer figura de satélite artificial dirigido"*. Isso explicaria o estudo de uma nova Teoria da Constituição, à luz de uma sociedade propensa a auto-organizar-se, "com feições remetentes ao pluralismo e à heterogeneidade" [634].

Mas apesar desse cenário evolutivo do constitucionalismo, infere-se que o dirigismo constitucional mantém suas bases tanto em relação à efetividade dos direitos fundamentais quanto ao que concerne à "positividade intrínseca aos direitos de ordem econômica e social, imprescin-

[631] Para Manoel Gonçalves Ferreira Filho, a Constituição de 1988, inspirada por um "marxismo vulgar", agravou a governabilidade brasileira ao sobrecarregar o Estado de tarefas, sem providenciar os correspondentes recursos, isto porque se preocupou com a distribuição de riquezas, independentemente da respectiva produção. Assim, o jurisconsulto propõe uma nova constituição: *"A superação da crise de ingovernabilidade não prescinde, ao invés, reclama uma nova Constituição. A de 1988 nasceu fora de época, ainda inspirada por um marxismo vulgar, intitulado de socialismo 'real', que logo se esboroou. É necessário jogar no arquivo essa obra do copismo de esquerda"*. O doutrinador defende o Estado mínimo, com base no princípio da subsidiariedade, devendo limitar-se à função fiscalizadora e incentivadora da iniciativa privada, mas não assumir o papel atuante pleno de formulador de políticas públicas. In Bercovici, Gilberto. A problemática da constituição dirigente: algumas considerações sobre o caso brasileiro. Brasília: *Revista de Informação Legislativa Brasília*, ano 36, n. 142, abr./jun. 1999, p. 42.

[632] Ibidem, p. 45.

[633] Ibidem, p. 45.

[634] Ibidem, p. 45.

díveis à realização das transformações emancipatórias de que necessita a sociedade"[635].

Entende-se que o constitucionalismo dirigente deixou de irradiar a noção de um normativismo capaz de promover, unicamente, "as transformações emancipatórias necessárias a cada Estado nacional", e sim vincular o legislador "à materialidade da Constituição, na proporção em que o Direito possa permanecer como mecanismo de efetivação de políticas públicas"[636].

Nesse passo, segundo Canotilho, a natureza dirigente da Constituição ainda persiste, pois "*os textos constitucionais devem estabelecer as premissas materiais fundantes das políticas públicas num Estado e numa sociedade que se pretendem continuar a chamar de direito, democráticos e sociais*"[637].

Saliente-se que o referido modelo de constitucionalismo moralmente reflexivo adequa-se ao contexto europeu, principalmente ao português, e o Constitucionalismo Dirigente continua aplicável a países periféricos, como ao Brasil, na medida em que estes países, e não aqueles, caminham, ainda, em direção ao "cumprimento do projeto de modernidade"[638].

[635] Ibidem, p. 45.

[636] Ibidem, p. 45.

[637] "Conquanto efetivamente Canotilho tenha introduzido sensíveis modificações em seu pensamento, não se pode dizer, todavia, que tenha decretado a morte da Constituição Dirigente. Na verdade, observa-se que nas palavras dele o fim do Constitucionalismo Dirigente encontrar-se-ia atrelado a duas circunstâncias: 1ª) entender-se o dirigismo constitucional como normativismo constitucional capaz de, por si só, operar transformações emancipatórias; e 2ª) o fechamento da constituição ao processo de abertura ensejado pelo direito internacional e pelos espaços supranacionais. É sob o influxo desses dois aspectos que ele compreende um constitucionalismo moralmente reflexivo como contraponto à Constituição Dirigente. E Canotilho reconhece que veio a perceber isso tarde e lentamente demais dando a compreender que a história já se encontrava finda, quando, na verdade, nalgumas experiências estatais, como no Brasil, o projeto constitucional dirigente encontra-se apenas deslanchando". TOMAZ, Carlos Alberto Simões de. Constituição Dirigente e democracia. A Constituição Dirigente (ainda) como suporte normativo do desenvolvimento do projeto de modernidade periférica do Brasil. *Revista do Tribunal Regional Federal da 1ª Região.* Brasília: TRF-1ª Região, 1989-v., número 7, ano 20, julho de 2008, p. 50, apud SCHOLZE, Victor. Emprego da teoria da constituição dirigente adequada à realidade brasileira, cit., p. 2.

[638] Ibidem, p. 3.

Há quem afirme que Canotilho "não refutou as funcionalidades e limitações impostas pela Constituição", e sim "pretendeu transcender políticas de caráter econômico-social a outros delineamentos", considerando-se os vieses de uma sociedade heterogênea. Por isso, nesse sentido, considera-se a Constituição Dirigente ainda aplicável[639].

Se, por um lado, há críticas à Teoria da Constituição Dirigente, por outro há uma linha doutrinária cujos fundamentos acenam para a constitucionalização do direito por meio da expansão efetiva dos princípios constitucionais e dos direitos humanos, com extensão que alcança o contexto político-econômico. Trata-se este do movimento chamado neoconstitucionalismo[640].

Teoriza-se, portanto, um "Constitucionalismo Dirigente renovado", integrado com a concepção neoconstitucionalista, com ênfase na efetividade normativa dos princípios constitucionais e garantida a integração com a jurisdição constitucional[641].

Considerando que em parágrafos anteriores aludimos ao modelo ou à teoria do direito reflexivo, a referida temática será brevemente tratada nos próximos parágrafos, a título de mera elucidação.

4.2.3. Constitucionalismo moralmente reflexivo – considerações teóricas

Seguindo a tese de um modelo de constitucionalismo moralmente reflexivo, o doutrinador lusitano fixou como parâmetros de um novo Direito a alteração do autoritarismo dirigente por um contratualismo.

Essa teoria postula que o Estado e seus instrumentos jurídico-normativos não mais conseguem regular a sociedade contemporânea. Nesse contexto, diante da complexidade da sociedade contemporânea e da inoperância do Estado, a própria sociedade assumiria esse papel "por meio da diferenciação interna em vários sistemas, cada um deles atuando em áreas determinadas e auto-organizando suas estruturas, ordenamento, identidade etc.". Logo, as normas gerais e padronizadoras do Estado deixariam de ser necessárias. Além disso: "*o ordenamento jurídico passaria a*

639 Ibidem, p. 3.

640 Ibidem, p. 4.

641 Ibidem, p. 4.

ser um ordenamento de coordenação, viabilizando a autonomia dos sistemas para maximizar sua racionalidade interna. Embora não possa impor soluções para os sistemas, o ordenamento jurídico levaria esses sistemas, com base nos princípios da 'responsabilidade social' e da 'consciência global', a uma reflexão sobre os efeitos sociais de suas decisões e atuação, induzindo-os a não ultrapassar situações limite em que todos perderiam"[642].

A partir da revisão de sua *Teoria da Constituição Dirigente*, Canotilho passa a sustentar um constitucionalismo moralmente reflexivo, ainda que continue a defender a necessidade de preservar um conteúdo material mínimo, capaz de vincular positivamente o legislador, imprescindível à consagração de direitos econômicos, políticos e sociais. O jusfilósofo defende "a substituição de um direito autoritariamente dirigente, mas ineficaz através de outras fórmulas que permitam completar o projeto da modernidade", como a "subsidiariedade, neocorporativismo, delegação", que permitiriam reforçar os instrumentos de cooperação e destacar as dimensões da responsabilidade ínsita à dinâmica da sociedade civil[643].

Nesse sentido, o dirigismo constitucional continuaria a persistir naquilo que é mais caro, ou seja, no plano dos "direitos fundamentais de liberdade, da positividade estatal ínsita aos direitos sociais e econômicos, necessários para uma vivência emancipatória e inclusiva, e nos serviços públicos, denunciando que jamais poderia ser desconstituído para implementação de uma ideologia em que se operasse uma retração na evolução do constitucionalismo"[644]. Transcrevemos:

> *"Portanto, quando coloca essas questões da 'morte' da constituição dirigente, o problema é averiguar por que é que se ataca o dirigismo constitucional. (...). O que se pretende é uma coisa completamente diferente da problematização que vimos efectuando: é escancarar as portas dessas políticas sociais e econômicas a outros esquemas que, muitas*

642 Bercovici, Gilberto. *A problemática da constituição dirigente: algumas considerações sobre o caso brasileiro*, cit., p. 41. Sobre a teoria reflexiva, *vide* FARIA, José Eduardo. *O direito na economia globalizada*. São Paulo: Malheiros, 2004, p. 203.

643 Dantas, Miguel, Calmon. Ode ou réquiem pela Constituição Dirigente? Disponível em www.facs.br/revistajuridica/edicao_maio2005/.../doc_01.doc. Acesso em: 14 de jan. de 2013, p. 52.

644 Ibidem, p. 52.

vezes, não são transparentes, não são controláveis. Então eu digo que a constituição dirigente não morreu.

Com efeito, não se vislumbra qualquer compatibilidade entre o constitucionalismo moralmente reflexivo e a ordem constitucional pátria, inclusive pelo deficitário sistema social instituído, pois não se pode admitir a substituição do constitucionalismo dirigente por formas que estimulem a cooperação e a responsabilidade da sociedade civil se não houve sequer uma implementação parcial da socialidade ínsita ao Estado Democrático de Direito, deslegitimando, por si só, a adoção de qualquer concepção ou teoria procedimental da constituição, pois não existem as condições materiais que permitam inferir-se ser suficiente a abertura do procedimento à legitimidade da deliberação"[645].

Há de se considerar a inviabilidade da concepção da teoria da constituição dirigente numa sociedade em que os direitos de primeira dimensão nem sequer gozam de um mínimo de eficácia social, "pois as liberdades públicas carecem, em grande parte, de uma efetividade ótima, dado o caráter interdependente das liberdades e dos direitos sociais, não sendo crível considerar a existência de liberdade de pensamento, de expressão, de informação, de cidadania, diante da manifesta ausência de um sistema de ensino que, efetivamente, atenda aos parâmetros e às tarefas impostas pelo art. 205 da Constituição Federal". Lembrando que se trata de uma mesma sociedade que considera cumprido o papel de um Estado na seara da educação ao considerar que se alfabetiza o indivíduo que sabe desenhar as letras do nome[646].

Mas é preciso considerar que o século XXI acena em sentido contrário às "formas totalizantes e planificadoras globais", uma vez que se abre hoje caminho para "instrumentos regulativos diferentes". Assim escreve Canotilho:

645 Canotilho, José Joaquim Gomes. Rever ou romper com a Constituição Dirigente? Defesa de um constitucionalismo moralmente reflexivo, In Cadernos de Direito Constitucional e Ciência Política, nº 15, São Paulo: Revista dos Tribunais, jan-jun. 1998, p. 15, apud Dantas, Miguel, Calmon. Ode ou réquiem pela Constituição Dirigente? *Revista do Curso de Direito da Unifacs*, cit., p. 53.

646 Ibidem, p. 55.

"A lei dirigente cede o lugar ao contrato, o espaço nacional alarga-se à transnacionalização e globalização, mas o ânimo de mudanças aí está de novo nos 'quatro contratos globais'. Referimo-nos ao contrato para as 'necessidades globais' – remover as desigualdades – o contrato cultural – tolerância e diálogo de culturas – contrato democrático – democracia como governo global e contrato do planeta Terra como desenvolvimento sustentado. Se assim for, a constituição dirigente fica ou ficará menos espessa, menos regulativamente autoritária e menos estatizante, mas a mensagem subsistirá, agora enriquecida pela constitucionalização da responsabilidade, isto é, pela garantia das condições sob as quais podem coexistir as diversas perspectivas de valor, conhecimento e ação"[647].

4.3. Princípio da proibição do retrocesso social como projeto de justiça na constituição dirigente

Cabe principalmente ao legislador, sob o manto da justiça social, o papel de assegurar a efetivação do programa constitucional, por isso assume, de forma intrínseca, um "comportamento legislativo negativo" quanto às disposições já contidas na Carta que versam sobre as garantias constitucionais nos planos social, econômico e cultural. Dito de outra maneira, à luz teórica do princípio da proibição do retrocesso social, o legislador, em tese, estaria submetido a um suposto "mecanismo de controle", impondo-lhe limites no tocante ao ato de legislar, pois, ao mesmo tempo, não se concebe a supressão das liberdades públicas, tampouco a redução ou violações de direitos sociais, como educação, saúde, trabalho digno etc.[648].

O pressuposto da segurança jurídica e o direito à estabilidade razoável das normas pertinentes aos direitos constitucionais encontram guarida no Estado de Direito. Nesse passo, por exemplo, "a manutenção de um patamar de segurança na esfera da seguridade e da previdência sociais se revela indispensável dentro da formatação de um Estado Social de Direito fundado no princípio mor da dignidade da pessoa humana". Tal garantia

[647] Ibidem, p. 55.

[648] SOUZA, Ítalo Roberto Fuhrmann e. *Princípio da proibição do retrocesso social e constitucionalismo dirigente*, cit., p. 28. *Vide*, também, MENDES, Conrado Hübner. A política do pânico e circo. In *Democracia em risco? 22 ensaios sobre o Brasil de hoje*. São Paulo: Companhia das Letras, 2019.

se reflete em paz social e "legitimidade das instituições do Estado. Enfim, o propósito do princípio da proibição do retrocesso social é o de garantir a "previsibilidade das relações contratuais do direito privado". Portanto, o princípio da proibição do retrocesso social consiste nessa finalidade[649].

Lembre-se de que o art. 5º, *caput*, da Constituição de 1988, erigiu o direito à segurança jurídica à categoria de direito fundamental, demonstrando clara preocupação com a "estabilidade das relações econômicas e sociais da população". Em específico, segundo o inciso XXXVI do art. 5º, "a lei não prejudicará o direito adquirido, o ato jurídico perfeito e a coisa julgada. Lembre-se, também, do preceito constitucional de que a lei penal não retroagirá, salvo para beneficiar o réu (inciso XL do art. 5º)[650].

Ainda que o referido princípio não esteja transcrito literalmente na Constituição, há na doutrina entendimento acerca de sua aplicação na Carta mediante interpretação sistemática: "*por este princípio, que não é expresso, mas decorre do sistema jurídico-constitucional, entende-se que se uma lei, ao regulamentar um mandamento constitucional, instituir determinado direito, ele se incorpora ao patrimônio jurídico da cidadania e não pode ser absolutamente suprimido*"[651].

Nesse contexto, se imaginarmos que, por via legislativa, garantiu-se um direito social, este "assume a condição de um direito subjetivo negativo", pois, em potencial, qualquer iniciativa de "suprimir o grau de concretização outorgado à norma constitucional" será passível de impugnação por via judicial. Dessa forma a doutrina se manifesta:

> "*Se a constituição (...) adquire força a partir do momento em que logra realizar sua pretensão de eficácia, nada mais natural do que obstar a simples revogação de lei que concretize alguns de seus comandos. O contrário seria inverter prioridades e achar que o*

[649] Souza, Ítalo Roberto Fuhrmann e. *Princípio da proibição do retrocesso social e constitucionalismo dirigente*, cit., p. 34-35.

[650] Ibidem, p. 35.

[651] Barroso, Luís Roberto. *O direito constitucional e a efetividade de suas normas: limites e possibilidades da constituição brasileira*. 5. ed., Rio de Janeiro: Renovar, 2001, apud Souza, Italo Roberto Fuhrmann e. *Princípio da proibição do retrocesso social e constitucionalismo dirigente*, cit., p. 36.

legislador não constituinte pode frustrar uma efetividade e uma eficácia constitucionais já adquiridas"[652].

Na verdade, o princípio da proibição do retrocesso social, que busca a salvaguarda de direitos fundamentais previamente assegurados, encontra sua origem na clássica formulação da teoria alemã dos limites dos limites (Schranken-Schranken), ressaltando-se que segundo a Lei Fundamental de Bonn - em 23 de maio de 2019 essa Constituição celebrou 70 anos -, o respectivo art. 19, inc. II, prevê que nenhum direito fundamental será ameaçado em seu "núcleo essencial". Logo, por preceito doutrinário, entende-se que a essência do direito fundamental (Wesensgehalt) "constituiria o elemento restritivo à atividade limitadora dos Poderes constituídos no âmbito dos direitos fundamentais". Ainda que o legislador esteja constitucionalmente autorizado a editar normas restritivas, pois, em princípio, sob ponto de vista doutrinário, inexistem direitos absolutos que não possam se submeter a restrição, para a doutrina o legislador mantém-se "vinculado à salvaguarda do núcleo essencial dos direitos restringidos"[653].

Exemplo de reconhecimento de um princípio da proibição de retrocesso social no direito brasileiro é o da dignidade da pessoa humana (inciso III do art. 1º da CF/1988), este erigido à condição de fundamento da República, que se mantém, a tal ponto, num patamar intocável de segurança ou estabilidade jurídica na esfera dos direitos sociais, lembrando que qualquer medida legal que vise um "patamar existencial aquém desta satisfação" deve ser declarada inconstitucional[654].

Em vista do exposto, avalia-se que a acepção do *princípio da proibição do retrocesso social* reserva estreito vínculo com a indisponível "conservação dos direitos já conquistados". Dessa forma, tampouco haverá cabimento

[652] MENDONÇA, José Vicente dos Santos. Vedação do Retrocesso: O que é e como Perder o Medo, in: *Revista de Direito da Associação dos Procuradores do Novo Estado do Rio de Janeiro*, vol. XII. Rio de Janeiro: Lúmen Juris, 2003. p. 222.

[653] CANOTILHO, José Joaquim Gomes. *Direito constitucional e teoria da constituição.* 3. ed. Coimbra: Almedina, 1998, p. 418.

[654] SOUZA, Ítalo Roberto Fuhrmann e. *Princípio da proibição do retrocesso social e constitucionalismo dirigente*, cit., p. 38.

para a retirada da legislação de direitos historicamente conquistados, o que colidiria com a "programaticidade constitucional", com a segurança jurídica, as expectativas legítimas de direito e a proteção da confiança dos indivíduos nas instituições estatais, sendo necessária a garantia de um patamar mínimo de seguridade social que se coadune com o princípio da dignidade da pessoa humana e com a proteção intangível do núcleo essencial dos direitos sociais[655].

Ocorre que, em face dos argumentos que sustentam a existência de um princípio proibitivo do retrocesso social no ordenamento jurídico brasileiro, pressupõe-se que o referido instituto jurídico deva ser aplicado com determinada parcimônia ou, digamos, ponderação, uma vez que seria equivocada a medida de "vedar, de forma absoluta, qualquer tipo de redução no campo de proteção de um direito social", mas sim compatível, em vista da "dinâmica das relações sociais", da "relativa capacidade prestacional do Estado" e dos contextos econômicos, a necessidade de uma certa relativização em termos de proibição de retrocesso:

> "*Claro está que não se pode pensar numa vedação absoluta do retrocesso dos direitos sociais. A Constituição aberta e plúrima, flexível à interpretação/concretização por meio do legislador infraconstitucional – o qual se serve dos cambiantes dados da realidade fática para estabelecer determinada padrão de normação – haver-se-ia transformado, à custa da vedação absoluta, numa Constituição dura como pedra. [...] A vedação do retrocesso, quando relativa, é importante mecanismo de proteção dos direitos fundamentais sociais. Esta proteção contribui para o fortalecimento da Constituição, que se torna mais identificada com a sociedade do qual é fruto*"[656].

Em conclusão, segundo a linha de entendimento ponderada, em que pese a presunção de inconstitucionalidade a toda iniciativa que tencione

[655] Sarlet, Ingo Wolfgang. Proibição de retrocesso, dignidade da pessoa humana e direitos sociais: manifestação de um constitucionalismo dirigente possível. In: *Constituição e democracia* – estudos em homenagem ao professor J.J Gomes Canotilho. São Paulo: Malheiros, 2006, p. 325.

[656] Mendonça, José Vicente dos Santos. Vedação do retrocesso: o que é e como perder o medo, in: *Revista de Direito da Associação dos Procuradores do Novo Estado do Rio de Janeiro*, vol. XII. Rio de Janeiro: Lúmen Júris, 2003.

"restringir o grau de concretização dos direitos fundamentais sociais", e o "compromisso constitucional do Estado brasileiro em promover o desenvolvimento dos direitos sociais", previstos em dispositivos constitucionais, como o art. 3º, incs. I e III; art. 5º, § 1º; art. 170, *caput*, incs. VII e VIII, seria de se admitir, porém, a medida tendente a restringir o grau de concretização dos direitos fundamentais sociais, contanto que "afinada com um juízo de razoabilidade e proporcionalidade", apta a restringir-se à "noção de núcleo essencial dos direitos sociais, assim como à de mínimo existencial[657].

Aliás, Segundo Canotilho:

> "*O núcleo essencial dos direitos sociais já realizado e efetivado pelo legislador encontra-se constitucionalmente garantido contra medidas estatais que, na prática, resultem na anulação, revogação ou aniquilação pura e simples desse núcleo essencial, de tal sorte que a liberdade de conformação do legislador, e a inerente auto-reversibilidade encontram limitações no núcleo essencial já realizado*"[658].

Logo, sob a perspectiva ponderada, haverá violação ao princípio da proibição do retrocesso social se a medida restritiva em questão afetar o núcleo essencial de direitos sociais fundamentais, ou na hipótese de essa iniciativa "resultar num patamar de prestações sociais aquém do mínimo existencial"[659].

4.4. A questão do programa constitucional - eficácia e efetividade

Os problemas da Constituição derivam tanto da ordenação dos limites e das competências quanto de fundamentação da ordem jurídica. Ressalte-se que uma constituição apenas definidora de competências e garantidora de liberdades formais atinge maior grau de efetividade. Por sua vez, uma *constituição programática*, por indicar linhas de atuação e direção, evi-

[657] Sarlet, Ingo Wolfgang. Proibição de retrocesso, dignidade da pessoa humana e direitos sociais, cit., p. 329.

[658] Canotilho, José Joaquim Gomes de. *Direito constitucional e teoria da constituição*, cit., p. 327.

[659] Sarlet, Ingo Wolfgang. Proibição de retrocesso, dignidade da pessoa humana e direitos sociais, cit., p. 326.

dencia a vinculação dos órgãos de direção política. Para Canotilho, pelo fato de a Constituição refletir a interdependência do Estado e da sociedade (ela é estatal e social), "o sentido normativo (...) concebe-se como prospectivamente orientado, sem fechar o sistema, pois não é apenas o garantidor do existente, mas deve ser o esboço do porvir"[660].

Questiona-se a força normativa da constituição programática, na medida em que seu campo de ação está nas mãos dos "detentores do poder político"[661].

No entanto, havendo "amplitude" e "indeterminação" do texto constitucional, isso não suporia uma indefinição quanto à possibilidade de a Constituição "regular a vida do Estado e da sociedade", na medida em que a Constituição não se "limita a deixar matérias abertas, mas a estabelecer, com caráter vinculante, o que não pode ficar aberto e indeterminado, além de estabelecer os procedimentos por meio dos quais podem ser decididas as questões abertas"[662].

No que se refere à eficácia do texto constitucional, lembre-se de que o arcabouço da Carta guarda vínculo com a realidade, pois, em essência, a norma constitucional "reside na vigência e na pretensão de eficácia (a situação regulada pretende ser concretizada na realidade), que não podem ser separadas das condições históricas". Em face dessa pretensão de eficácia, a Constituição procurará ordenar-se e conformar-se em função da realidade. Logo, "a Constituição adquire força normativa na medida em que logra realizar essa pretensão de eficácia"[663].

Segundo a literatura jurídica, à época das primeiras reflexões do pensamento constitucional brasileiro, Rui Barbosa (1849-1923), influenciado

[660] CANOTILHO, José Joaquim Gomes. *Constituição dirigente,* cit., p. 150-154 e 169-170; *Direito constitucional e teoria da constituição,* cit., p. 75 e ROCHA, Cármen Lúcia Antunes, *Constituição e constitucionalidade,* cit., p. 35 e 46, apud BERCOVICI, Gilberto. A problemática da constituição dirigente: algumas considerações sobre o caso brasileiro, cit., p. 39.

[661] CANOTILHO, José Joaquim Gomes. *Constituição dirigente,* cit., p. 176.

[662] HESSE, Konrad, *Escritos de derecho constitucional.* 2.ed. Madrid, Centro de Estudios Constitucionales, 1992, p. 3-4 e 7-8, apud BERCOVICI, Gilberto. A problemática da constituição dirigente: algumas considerações sobre o caso brasileiro, cit., p. 39.

[663] HESSE, Konrad. *A força normativa da Constituição.* Porto Alegre: Sergio Antonio Fabris Editor, 1991, p. 13-16, apud BERCOVICI, Gilberto. A problemática da constituição dirigente: algumas considerações sobre o caso brasileiro, cit., p. 39.

pela doutrina estadonunidense, ao refletir sobre a questão da eficácia das normas constitucionais e, consequentemente, das normas definidoras de direitos fundamentais, sistematizou a teoria das normas constitucionais em autoaplicáveis (*selfexecuting*), cuja aplicação prescinde de ato normativo regulador/concretizador, e não autoaplicáveis (*not self-executing*), que, em sentido contrário, dependem de leis ordinárias para a realização de seus efeitos[664].

A eficácia alcança sentido na seara jurídica e social. No mundo jurídico restringe-se "à possibilidade jurídica de aplicação da norma". Por exemplo, limita-se à produção de efeitos jurídicos ao regular situações ou comportamentos. No plano social, a eficácia se concretiza quando as condutas se comportam em conformidade com a norma. Diz-se que a eficácia da lei se manifesta em situações diversas (observância, execução, aplicação e uso do direito), mas esse processo submete-se a "bloqueios" se "o conteúdo do texto legal positivado for rejeitado, desconsiderado ou desconhecido nas diversas interações da sociedade"[665].

Nesse passo, como as normas programáticas detêm eficácia jurídica, estas também exercem perspectiva de efetividade[666], pois, tal como prevê o art. 5º, § 1º, da Lei Fundamental, "as normas definidoras dos direitos e garantias fundamentais têm aplicação imediata"[667].

Falar de "efetividade" ou "eficácia social" remete à noção de "implementação do programa finalístico que orientou a atividade legislativa",

[664] Silva, José Afonso da. *Aplicabilidade das Normas Constitucionais*. 6º ed. São Paulo: Malheiros, 2004, p. 11.

[665] Neves, Marcelo. *A constitucionalização simbólica*. São Paulo: Ed. Acadêmica, 1994, p. 42.

[666] Barroso, Luís Roberto. *O direito constitucional*, cit., p. 114.

[667] Quanto ao dispositivo em destaque (art. 5º, § 1º), comenta-se: "Trata-se de norma de cunho principiológico, uma espécie de mandado de otimização que estabelece aos órgãos estatais a tarefa de reconhecerem a maior eficácia possível aos direitos fundamentais. (...) tal dispositivo constitucional gera uma presunção em favor da aplicabilidade imediata das normas definidoras dos direitos e garantias fundamentais, de tal sorte que eventual recusa de sua aplicação, em virtude de ausência de ato concretizador, deverá ser necessariamente fundamentada e justificada. Com isto, se está a advogar que, frente a esta cláusula de máxima eficácia e efetividade dos direitos fundamentais, os órgãos estatais e mesmo os particulares deverão conduzir-se no sentido de conferir aos direitos fundamentais a maior carga possível de efeitos". In Sarlet, Ingo Wolfgang. *A Eficácia dos Direitos Fundamentais*. 6. ed., Porto Alegre: Livraria do Advogado Editora, 2006, 326.

de forma que a norma será efetiva se esta alcançar seu objetivo por força de sua eficácia (observância, aplicação, execução, uso) e, desse modo, concretizar-se o comando normativo no mundo real[668].

Em síntese, para vislumbrar a eficácia jurídica e social das normas constitucionais, isso requer uma interpretação sistemática (plano sintático), e que "os valores nela consagrados estejam em consonância com a história e os anseios populares (plano semântico), e que haja permanente pressão popular para que as elites políticas e econômicas cumpram com o disposto na Constituição e efetivem os princípios e valores lá previstos (plano pragmático)". Isso, talvez, afastaria as posições de que a Constituição de 1988 estaria repleta de "normas de intenção", desprovidas de "eficácia jurídica e imperatividade"[669].

Se, por exemplo, a Carta Constitucional de 1988 determina a construção de um Estado Social, isso se justifica pelo fato de que anteriormente a esse período nada havia sido implementado a contento nessa seara, por isso encontra abrigo o caráter compromissário da Carta, que visa a concretização de um Estado Social e Democrático de Direito[670].

Há quem afirme que a falta de efetividade da norma constitucional se deve à iniciativa de os tribunais nacionais negarem executoriedade às chamadas "normas programáticas" por serem estas assim entendidas como "meros programas", o que explicaria a intitulada "judicialização da política" ou o denominado "ativismo judicial" por parte de tribunais constitucionais, uma vez que os poderes Legislativo e Executivo mostram-se inertes na "consecução de políticas públicas no plano da saúde, da função social da propriedade, do direito ao ensino fundamental, além

[668] Silva, José Afonso da. *Aplicabilidade das normas constitucionais*. 3. ed. São Paulo: Malheiros, 1998, p. 65-66 e Barroso, Luís Roberto. *O direito constitucional*, cit., p. 82-83 e 231, apud Bercovici, Gilberto. A problemática da constituição dirigente: algumas considerações sobre o caso brasileiro, cit., p. 39.

[669] Dias, Mariana Dattoli Gouveia. A efetividade das normas constitucionais programáticas, cit., p. 7.

[670] Streck, Luiz Lenio. Jurisdição *constitucional e hermenêutica – uma Nova Crítica do Direito*. 2. ed. Rio de Janeiro: Forense, 2004. p. 123, apud Dias, Mariana Dattoli Gouveia. A efetividade das normas constitucionais programáticas, cit., p. 5.

do controle de constitucionalidade de privatizações irresponsáveis que contrariam frontalmente o núcleo político-essencial da Constituição"[671].

Conforme será exposto na última parte desta obra, cumpre reforçar que as promessas da modernidade ainda não foram cumpridas e, por isso, há quem defenda a pertinência da constituição também dirigente, lembrando que "(...) a crescente concentração de renda e a correlata desigualdade social ainda destinam ao Brasil um lugar de destaque no ranking dos países mais injustos, o percentual da população brasileira abaixo da linha da pobreza é alarmante, a alfabetização em algumas regiões brasileiras ainda se traduz em uma meta distante etc.". Diante de tamanha injustiça social, questiona-se como abrir mão de um programa constitucional que fixa diretrizes a serem cumpridas pelo Estado no âmbito social como um todo.[672].

Mas vale afirmar, por fim, que a vigência ou o caráter duradouro das disposições de uma constituição dirigente, como a de 1988, encontrará respaldo por meio da ação do Estado, esta compreendida no âmbito da decisão política deste[673].

4.5. A Constituição de 1988 – uma Constituição Dirigente, uma colcha de retalhos?

Entende-se que a Constituição "é a ordem jurídica fundamental de uma comunidade num dado período histórico", por estabelecer "os pressupostos de criação, vigência e execução do resto do ordenamento jurídico, além de conformar e determinar amplamente o seu conteúdo". Na Constituição encontramos os princípios e as diretrizes sob os quais devem formar-se a unidade política e as tarefas do Estado, mas não se limita a ordenar apenas a vida estatal, regulando também as bases da vida não estatal[674].

[671] Ibidem, p. 7.

[672] Souza, Ítalo Roberto Fuhrmann e. *Princípio da proibição do retrocesso social e constitucionalismo dirigente*, cit., p. 27.

[673] Sarcedo, Leandro. *Política criminal e crimes econômicos – uma crítica constitucional*, São Paulo: Alameda, 2012, p. 48.

[674] Konrad Hesse, *Escritos de Derecho Constitucional*. 2. ed. Madrid: Centro de Estudios Constitucionales, 1992, p. 3-4 e 7-8, apud Bercovici, Gilberto. A problemática da constituição

Trata-se a Constituição brasileira de 1988, como dito anteriormente, também de uma constituição dirigente, uma vez que "define, por meio das chamadas normas constitucionais programáticas, fins e programas de ação futura no sentido de melhoria das condições sociais e econômicas da população"[675].

Enquanto o art. 1º, inciso III, da Carta Magna, elegeu entre os seus fundamentos a dignidade da pessoa humana e o inciso IV do mesmo dispositivo erigiu à mesma categoria os valores sociais do trabalho, o artigo 3º e seus respectivos incisos expressam a natureza programática do texto constitucional: "*Constituem objetivos fundamentais da República Federativa do Brasil: I – construir uma sociedade livre, justa e solidária; II – garantir o desenvolvimento nacional; III – erradicar a pobreza e a marginalização e reduzir as desigualdades sociais e regionais; IV – promover o bem de todos, sem preconceitos de origem, raça, sexo, cor, idade e quaisquer outras formas de discriminação*". Esses princípios constitucionais fundamentais fazem parte da fórmula política do Estado, que o individualiza no tocante ao tipo de Estado, ao regime político, aos valores inspiradores do ordenamento, aos fins do Estado etc. Nesse sentido, "também define e delimita a identidade da Constituição perante seus cidadãos e a comunidade internacional. Em suma, a fórmula política é a síntese jurídica: política dos princípios ideológicos manifestados na Constituição. O que contraria essa fórmula política afeta a razão de ser da própria Constituição"[676].

O referido dispositivo constitucional consistiria numa "cláusula transformadora" da Carta, uma vez que "impede que a Constituição considere realizado o que ainda está por se realizar", daí impondo a obrigação de o Estado promover a transformação da estrutura econômico-social. Por extensão, a materialização do art. 3º "não significa a imediata exigência de prestação estatal concreta, mas uma atitude positiva, constante e diligente do Estado". Trata-se o dispositivo em questão de um compromisso

dirigente: algumas considerações sobre o caso brasileiro. Brasília: *Revista de Informação Legislativa*, a. 36, n. 142, abr./jun. 1999, p. 36.

675 Bonavides, Paulo. *Curso de Direito Constitucional.* 6ª ed., São Paulo, Malheiros, 1996, p. 335.

676 Bercovici, Gilberto. *Constituição econômica e desenvolvimento – uma leitura a partir da Constituição de 1988.* São Paulo: Malheiros, 2005, p. 37.

para a transformação da realidade brasileira, por isso a expressão "cláusula transformadora", que objetiva a superação do subdesenvolvimento[677].

Acrescente-se que, a exemplo das Constituições anteriores de 1934 e 1946, "a Constituição de 1988 construiu um Estado Social, ao englobar entre as suas disposições as que garantem a função social da propriedade (artigos 5º, XXIII, e 170, III), os direitos trabalhistas (artigos 6º a 11) e previdenciários (artigos 194, 195 e 201 a 204), além de uma ordem econômica fundada na valorização do trabalho humano e na livre iniciativa, tendo por objetivo 'assegurar a todos existência digna, conforme os ditames da justiça social'" (art. 170). A partir da Constituição de 1988, criaram-se ao Estado mecanismos capazes tanto de conceder quanto de fornecer os meios de garantir e efetivar os direitos sociais, como mandado de segurança coletivo, mandado de injunção e inconstitucionalidade por omissão[678].

4.6. Brasil – um caso de constitucionalismo peculiar a países de modernidade tardia?

No plano constitucional brasileiro, quando se alude aos fundamentos da constituição dirigente, trazidos por Canotilho, há autores que hoje sugerem a sedimentação, no campo jurídico, de um "constitucionalismo dirigente adequado a países de modernidade tardia". E o caso brasileiro se adequaria a esse pressuposto, diante da mudança de posicionamento do pensador português. Seria uma tentativa de defesa diante dos "devastadores 'ataques neoliberais' ao Estado brasileiro e de luta pela proteção dos direitos fundamentais – previstos na Constituição Federal de 1988 e nos tratados internacionais de direitos humanos ratificados pelo Brasil – e pela contínua construção da democracia"[679].

Essa tese critica a hipótese de uma Constituição eminentemente descritiva, a impor, supostamente, maior força normativa constitucional, condizente com a realidade verificada nas relações entre os detentores e destinatários do poder. Argumenta-se que esse modelo de Constituição

[677] Ibidem, p. 37.

[678] BONAVIDES, Paulo. *Curso de Direito Constitucional*, cit., p. 335.

[679] MOREIRA, Nelson Camatta. *Dignidade humana na Constituição Dirigente de 1988*. Belo Horizonte: *Revista Brasileira de Direito Público – RBDP*, ano 6, n. 21, abr. 2008, p. 1-21.

(descritiva) "não é a mesma coisa que a lei fundamental do reino", pois a Carta não pode se limitar a descrever o que acontece, devendo, ao contrário, assumir um caráter prescritivo, um dever-ser[680].

Em oposição ao argumento de que a concretização ideal de Direitos Fundamentais, originada dos direitos humanos, poderia emperrar o avanço democrático, defende-se que no caso do Brasil, onde o conteúdo programático ainda precisa alcançar seu objetivo, a postulação de uma sociedade igualitária, preocupada com a redução das desigualdades socioeconômicas e a erradicação da pobreza, ainda se faz necessária. Além desses objetivos de natureza compromissória e de vinculação dirigente, a Constituição continua assumindo "uma feição principiológica sustentada sobre a concretização dos Direitos Fundamentais". Se esse conteúdo ético-moral impregna a Constituição, pergunta-se como o ideal de concretização de Direitos Fundamentais poderia emperrar o avanço democrático. A resposta sugere que esse avanço somente seria obstado se ele se destinasse a poucas pessoas, pois, segundo se depreende do quadro nacional, uma minoria detém muito, e a maioria pouco possui. Logo, subentende-se que a efetivação de Direitos Fundamentais seria prejudicial a um grupo minoritário da democracia brasileira, grupo este que tem força suficiente para impor sua agenda em detrimento das previsões constitucionais[681].

Segundo a história dos Direitos Humanos, o mínimo existencial é capaz de oferecer uma vida digna aos cidadãos, e os correspondentes direitos estão positivados no texto Constitucional, o que obriga a sociedade, portanto, a "enfrentar de frente o problema da sua ineficácia por força de sua característica deontológica, impedindo que se possa virar as costas para a realidade". Logo, não há como compatibilizar "teorizações

680 Morais, Fausto Santos de. A teoria constitucional e a morte do caráter dirigente e compromissório: pressupostos para uma teoria da Constituição brasileira. *Conteudo Jurídico*, Brasília-DF: 16 jan 2020. Disponível em: https://conteudojuridico.com.br/consulta/Artigos/25711/a-teoria-constitucional-e-a-morte-do-carater-dirigente-e-compromissorio-pressupostos-para-uma-teoria-da-constituicao-brasileira. Acesso em: 16 jan 2020, p. 5.
681 Ibidem, p. 5.

universalizantes sobre a Constituição", visto que elas desconsideram a realidade própria da sociedade brasileira[682].

Pode-se reconhecer que a nação brasileira reivindica a redução da desigualdade socioeconômica, não se cabendo comparar a conjuntura de países onde o cenário econômico e social mostra-se mais equilibrado justamente por se tratar de sociedades mais homogêneas. Enquanto isso, no Brasil, por mais insólito que pareça, o embate político gira em torno da manutenção ou ampliação dos privilégios[683].

Fica claro que o contexto brasileiro difere frontalmente da condição encontrada em países já desenvolvidos e, consequentemente, o texto constitucional não pode ser compreendido "sob a perspectiva importada das Teorias da Constituição pensadas para o velho continente", por isso clama-se por uma teoria específica da Constituição Brasileira, "adequada aos países de modernidade tardia", na medida em que desde o advento da Carta de 1988, sob a promessa ou o compromisso de inaugurar o "Estado Democrático de Direito", na verdade até hoje não foram institucionalizadas, de fato, condições mínimas que permitam o gozo de uma vida digna por grande parte da população do País, fato que impacta diretamente na forma de participação democrática. Ocorre que nem sempre no Brasil é feita a "antropofagia", nos moldes propostos por Mário de Andrade. Em vez de trazer a experiência externa e adaptá-la à nossa realidade específica, desconsideram-se as peculiaridades intrínsecas a uma ex-colônia escravocrata e, ao aplicar os preceitos que deveriam melhorar a qualidade de vida da população, acabam muitas vezes resultando em mais violência e concentração de renda. Quando vai bem resulta apenas em migalhas aos mais pobres, sem resolver as questões de fundo, como a qualidade do processos educacional brasileiro. Como não surte efeito, essa antropofagia mal feita resulta em processo de autofagia, ou seja, desconstrói-se o tênue tecido de proteção social, alegando que é impeditivo para o crescimento nacional, mas esta automutilação só beneficia os segmentos historicamente já privilegiados da sociedade brasileira, propiciando, no

682 Ibidem, p. 5.

683 Ibidem, p. 6.

mínimo, a manutenção da enorme desigualdade econômica, social e educacional que existe desde tempos coloniais no Brasil[684].

Curioso, aliás, como em países do velho continente a flexibilização das normas foi implementada há bom tempo para "destrancar a pauta proposta pelo *welfare state*", enquanto no Brasil, apesar de as garantias de caráter assecuratório dos direitos sociais não terem sequer se aproximado do estado mínimo, caminha-se aqui para a supressão de direitos até então erigidos à condição de cláusula pétrea, pois, às escâncaras, ela tem resultado na deterioração de conquistas no plano da saúde, da previdência e do direito do trabalho. Em suma, se o Estado Social ainda não está minimamente presente entre os brasileiros, como relativizar ou precarizar direitos? Por tudo isso, é possível afirmar que o Brasil se encaixa na condição de "um país de modernidade tardia" e, nos "moldes dirigentes", talvez seja essa a forma de, satisfatoriamente, amenizar as três maiores chagas que assombram os países de modernidade tardia: "a falta de segurança e liberdade, a desigualdade política e a pobreza"[685].

O argumento para a previsão de Direitos Fundamentais na Constituição de 1988 é a seguinte: objetivamente, a maioria da população simplesmente não tem acesso a eles. Na visão jurídico-doutrinária, "*O pior é que a dogmática jurídica brasileira, principalmente aqueles que procuram desenvolver uma hermenêutica constitucional, não conseguem enxergar os esquemas que apresentem a baixa compreensão do papel da Constituição, pois estão imersos sobre condicionamentos do velho positivismo jurídico e refratários aos paradigmas típicos do esquema sujeito-objeto*"[686].

A Constituição Brasileira assemelha-se a um espelho que reflete a face ("oculta") da sociedade e revela a si própria seu passado e suas aspirações, bastando "uma postura hermenêutica de tomada da consciência sobre a situação histórica" para convencer-se de que há de se manter dirigente a

684 STRECK, Lenio Luiz; MORAIS, José Luis Bolzan de. *Ciência política e teoria geral do estado*. 4. ed. Porto Alegre: Livraria do Advogado Editora, 2004, p. 111-112.

685 STRECK, Lenio Luiz. *Jurisdição constitucional e hermenêutica*. Rio de Janeiro: Forense, 2004, p. 132.

686 STRECK, Lenio Luiz. *Hermenêutica jurídica e(m) crise*. Porto Alegre: Livraria do Advogado, 2009, p. 32.

Carta Magna brasileira. Se no Brasil a justiça social vacila, como reverter a situação?[687].

Se a necessidade de concretização de Direitos Fundamentais é um sinal de que a Constituição Dirigente "possui o poder para (re)formar a sociedade até o momento que ela própria desenvolva a capacidade à participação no jogo democrático", então a Carta Nacional[688] deve apresentar, de maneira categórica, "elementos como o caráter prescritivo e revolucionário da constituição material, identificados na teoria da constituição tradicional, como suporte para a transformação da heterogeneidade social"[689].

Segundo uma linha de entendimento, deseja-se uma Teoria da Constituição Dirigente Adequada a Países de Modernidade Tardia como alternativa àquelas sociedades que "ainda não conseguiram realizar as promessas da modernidade, estabelecendo um padrão digno de vida a sua população", o que justifica a premência de mantê-la no Brasil, desde que se imponham limites "ao exercício arbitrário do poder, juntamente com instrumentos para a concretização dos direitos básicos à população, esquematizados por normas prescritivas que, através da jurisdição constitucional, reclamam a força normativa da Constituição"[690].

Argumenta-se que, na verdade, "não há uma Teoria da Constituição, mas várias Teorias da Constituição, adequadas à sua realidade concreta." Daí, então, uma linha doutrinária que se baseia na noção de "continuidade do projeto de 'um' constitucionalismo dirigente (e não de 'o' constitucionalismo dirigente), moldado – a partir do movimento constituinte

[687] Morais, Fausto Santos de. A teoria constitucional e a morte do caráter dirigente e compromissório: pressupostos para uma teoria da constituição brasileira, cit., p. 6.

[688] Lembre-se hoje de que a constituição portuguesa em muito difere da Carta dirigente de 1976, pós-revolução dos Cravos de 25 de abril de 1974, na época de forte cunho socialista e repleta de promessas. A Constituição de 1976 submeteu-se a várias reformas, deixando para trás aquela natureza totalmente socializante. As referidas mudanças no texto constitucional atestam que aquele país acompanhou as mudanças e os avanços da humanidade, como a imposição de uma economia globalizada e de novos meios de comunicação e informação.

[689] Morais, Fausto Santos de. A teoria constitucional e a morte do caráter dirigente e compromissório: pressupostos para uma teoria da constituição brasileira, cit., p. 6.

[690] Ibidem, p. 6.

pós-ditadura militar no Brasil – de acordo com as características/necessidades pátrias, logicamente inseridas também num contexto de transformações globais"[691].

Nesse sentido, a teoria de constituição adequar-se-ia a uma teoria condizente a um país periférico, como o Brasil, cujo Estado social se submeteu ao impacto da globalização neoliberal. Logo, torna-se vital a salvaguarda de "um núcleo mínimo valorativo, construído/reconhecido socio-historicamente, a fim de se manter, em países desse jaez, o *status quo* social, servindo à "permanência das estruturas reais de poder, em desacordo com o modelo textual de Constituição, cuja efetivação relevante importaria profundas transformações sociais"[692].

À época dos trabalhos da constituinte, registre-se a relação entre os direitos fundamentais e a democracia como pressupostos para a implementação do projeto constitucional de 1988. Pretendia-se participar do processo de reconstrução do Estado de Direito, após anos de autoritarismo militar, e, também – "em oposição ao positivismo e revelando um compromisso com os ideais do pensamento comunitário" – propiciar "um fundamento ético à nova ordem constitucional brasileira, tomando-a como estrutura normativa que incorpora os valores de uma comunidade histórica concreta". Nesse contexto, "os representantes deste constitucionalismo 'comunitário' se contrapõem à ideia de que a tarefa primordial da Constituição é a defesa da autonomia dos indivíduos (e da sociedade) contra um poder público inimigo, por meio da criação de um sistema fechado de garantias da vida privada"[693].

Como se nota, a discussão envolve os pressupostos da atual teoria constitucional-dirigente, inserida num contexto global extremamente complexo.

Continuando, lembre-se de que a atuação dos constitucionalistas "comunitários" no processo constituinte dos anos 1980 foi fundamental para a incorporação, por parte da Constituição de 1988, de todos esses compromissos, tal como disposto no preâmbulo da Carta, que prevê "a igualdade e a justiça como valores supremos da sociedade brasileira; ao

691 Moreira, Nelson Camatta. *Dignidade humana na Constituição Dirigente de 1988*, cit., p. 2.
692 Ibidem, p. 2.
693 Ibidem, p. 5.

definir os objetivos e fundamentos do Estado Brasileiro, destacando a dignidade da pessoa humana e a construção de uma sociedade justa e solidária; ao adotar diversos institutos processuais que asseguram o alargamento do círculo de intérpretes da Constituição, revelando um compromisso com a soberania popular e com a democracia participativa; e finalmente quando confere ao Supremo Tribunal Federal atribuições jurídico-políticas de uma Corte Constitucional"[694].

Diante desse cenário, a Constituição de 1988 surgiu como uma "Constituição-compromisso", pois "além de descortinar um roteiro extensivo para o atingimento das renovadas metas sociais-democráticas, sua missão mais notória foi, sem dúvida, a de coroar e dar fecho ao processo de transição lenta e gradual projetado pelos arquitetos do declínio da ditadura militar"[695].

Em síntese, o texto constitucional fundamentou-se nos princípios da proteção e efetivação dos direitos humanos e da sedimentação da democracia. Vista como uma Carta-compromissária, a Constituição de 1988 condensou um "projeto de pacificação nacional ao lado de um elenco de direitos à esperança, a serem efetivados segundo a capacidade transformadora da sociedade e da classe política brasileira, do que propriamente uma solução acabada de organização social e política para um país marcado por impenitentes contrastes classistas e regionais"[696].

Os constituintes de 1988 pretenderam alicerçar "objetivos programáticos" que "não poderiam ser aplicados no momento da elaboração do texto constitucional", ou seja, submeteram "os futuros governos e a sociedade à realização de princípios constitucionalmente aventados para a transformação da realidade social"[697].

No entanto, não se cumpriu a implementação das promessas da modernidade por meio de um Estado Democrático de Direito, principalmente quando se discute a efetivação de direitos sociais. Atribui-se à globalização neoliberal a frustração dessa conquista mal acabada, "que

694 Ibidem, p. 6.
695 Ibidem, p. 7.
696 Ibidem, p. 8.
697 Ibidem, p. 8.

impactou e segue impactando o Estado na modernidade", resvalando em outro pilar do Estado Democrático de Direito, a democracia[698].

Opina-se no sentido de que uma Teoria da Constituição Dirigente adequada a países de modernidade tardia, esta também entendida como uma "teoria da Constituição dirigente-compromissária adequada a países periféricos", deve resgatar as promessas da modernidade que não foram cumpridas, uma vez que colocam em xeque os dois pilares que sustentam o próprio Estado Democrático de Direito[699].

Mas o "sustentáculo" que mantinha unidos Nação e Estado mostrou-se não tão sólido como parece. "*O romance secular da Nação com o Estado está chegando ao fim; não exatamente um divórcio, mas um arranjo de 'viver juntos' está substituindo a consagrada união conjugal fundada na lealdade incondicional. Os parceiros estão agora livres para procurar e entrar em outras alianças; sua parceria não é mais o padrão obrigatório de uma conduta própria e aceitável. (...) Parece haver pouca esperança de resgatar os serviços de certeza, segurança e garantias do Estado. A liberdade da política do Estado é incansavelmente erodida pelos novos poderes globais providos das terríveis armas da extraterritorialidade, velocidade de movimento e capacidade de evasão e fuga*"[700].

Com a crise do "Estado-providência (assistencial)", o equilíbrio entre a liberdade e a igualdade está ameaçado. Em uma sociedade desagregada, ciência e lei são postas em xeque, mercado e privatização ocupam a ordem do dia, e a segurança detém primazia em relação à solidariedade.[701].

Logo, se o modelo de sociedade solidária deixou de interagir com o Estado-providência, e este não pôde cumprir suas promessas programáticas, o fracasso aparente dessa formulação permitiu "a lógica de uma sociedade individualista e, paradoxalmente, globalizada[702].

Argumenta-se que nesse tipo de sociedade "qualquer perspectiva mais racionalista ligada ao normativismo e ao Estado se torna extremamente limitada", engessando as "possibilidades de decisão numa socie-

698 Ibidem, p. 9.
699 Ibidem, p. 10.
700 Bauman, Zygmunt. *Modernidade líquida*. Rio de Janeiro: Zahar, 2001, p. 212.
701 Moreira, Nelson Camatta. Dignidade humana na Constituição Dirigente de 1988, Belo Horizonte: *Revista Brasileira de Direito Público – RBDP*, ano 6, n. 21, abr. 2008, p. 12.
702 Ibidem, p. 12.

dade extremamente complexa, marcada pela incerteza e pela ausência de definições absolutas"[703].

Além disso, considera-se que como o direito e o tempo vinculam-se entre si e com a sociedade, a questão também do problema "está na falta de sincronia entre o tempo do direito estatista em face dos acontecimentos de uma sociedade globalizada. O paradigma jurídico moderno não é capaz de atender às inúmeras contingências dessa forma de sociedade"[704].

Em um cenário de crise da soberania estatal, "associada às crises estrutural, funcional e política", no plano constitucional a conjuntura mostra-se desfavorável, uma vez que se manifesta um processo de desconstitucionalização, esta promovida num mundo em que as ideias neoliberalistas assumem forma. Se, por um lado, a Constituição assegurou os direitos individuais, "transformando-se, posteriormente, num terreno de intermediação e negociação entre interesses e valores conflitantes", por outro seu conteúdo programático tornou-se sinônimo de "freio da competitividade dos agentes econômicos e como obstáculo da expansão da economia"[705].

Diante dessa condição nebulosa, em que o Estado ainda apresenta sobrevida, pergunta-se qual seria então o papel atual da Constituição dirigente compromissária. Enquanto o sentido estrito da força normativa da constituição constitui um legado do século XX em face do pós-Guerra, a constituição dirigente, programática e compromissária, assume o relevante papel de conferir sentido "à relação Constituição-Estado-Sociedade para se alcançar a finalidade maior desse trinômio, que é o bem comum[706], sem que haja a possibilidade de haver retrocessos.

A Constituição Brasileira, promulgada em 1988, enfrenta muitos questionamentos em vários dos seus aspectos por parte de intelectuais de todos os espectros ideológicos. No próximo capítulo serão discutidas as principais críticas à Constituição no que diz respeito à sua aplicabilidade e ao seu teor, tido em alguns momentos como "utópico e socializante" por alguns analistas. Em seguida, a discussão se centrará no Judiciário que,

[703] Ibidem, p. 12.
[704] Ibidem, p. 12.
[705] Ibidem, p. 13.
[706] Ibidem, p. 14.

para alguns pensadores, saiu extremamente fortalecido após a promulgação da Constituição, na medida em que lhe foi concedido um excesso de poderes, resultando em problemas institucionais de toda ordem, que se refletem na fragilidade da democracia brasileira.

Capítulo 5
CRÍTICAS GERAIS À CONSTITUIÇÃO DE 1988 – UMA COLCHA DE RETALHOS

Comentaremos agora alguns aspectos da Constituição Brasileira de 1988 que são alvo de críticas por economistas, juristas, filósofos, parlamentares e outros pensadores, em cuja visão, linhas gerais, a Carta estaria desvinculada da realidade e o texto, além de pouco funcional e confuso, em razão dos inúmeros princípios, resultaria em insegurança jurídica devido à ampla margem para interpretações.

O economista liberal e diplomata **Roberto Campos**[707], por exemplo, foi um dos mais ácidos críticos da Constituição de 1988, que chamava de "dicionário de utopias". Em sua autobiografia, *A lanterna na popa*, fez severos questionamentos à Lei Maior. Em sua visão, a aprovação do texto constitucional da forma que foi feita representou a vitória do "nacional-obscurantismo". Para ele, a Constituição tinha três faces de acordo com o lado que fosse observado: era "*saudavelmente libertária no aspecto político, cruelmente liberticida no campo econômico e comoventemente utópica no social*"[708]. Os constituintes, na sua opinião, ficaram extasiados com o poder que lhes conferiu a população e extrapolaram, em muito, o mandato que lhes fora conferido, avançando em todos os temas da vida nacional, de forma irresponsável, o que promoveu um confronto aberto entre o processo de glo-

[707] Roberto de Oliveira Campos (1917-2001) foi um economista, professor, escritor, diplomata e político brasileiro. Nascido em Mato Grosso de uma família de origem humilde, formou-se em Filosofia e Teologia em um seminário católico, seguindo a carreira diplomática após passar no concurso do Itamaraty.

[708] Campos, Roberto. *O século esquisito*. São Paulo: Topbooks, 1990, p. 191 e artigo Críticas de Roberto Campos à Constituição ainda ecoam. Disponível em: conjur.com.br/2012-nov-25/embargos-culturais-criticas-roberto-campos-constituicao-ainda-ecoam.

balização e nossa estrutura constitucional. Campos chegaria a dizer que os deputados constituintes resolveram até "brincar de Deus":

> *"Durante a gravidez e o parto da nova Constituição, os constituintes brincaram de Deus. Concederam imortalidade aos idosos. Aboliram a pobreza por decreto. Legislaram custos, acreditando que legislavam benefícios. Tabelaram juros, esquecendo-se que o governo é o principal demandante de crédito. Dificultaram despedidas, sem se dar conta de que assim desencorajariam novas contratações. O resultado dessas frivolidades será mais inflação e menos emprego. Nem chegaram a aprender que, num país sem inimigos externos que lhe ameacem a sobrevivência, o verdadeiro nacionalismo é criar empregos".*

O economista, que acompanhou o processo de redação do texto constitucional, acrescentou:

> *"Tenho lido e relido o texto constituinte, um dicionário de utopias de 321 artigos. Pouco ou nada se parece com as constituições civilizadas que conheço. Seu teor socializante cheira muito à infecta Constituição portuguesa de 1976, da qual Portugal procura agora desembaraçar-se, a fim de embarcar na economia de mercado da Comunidade Econômica Europeia. O voto aos 16 anos dizem copiado da Constituição da Nicarágua. A definição de empresa nacional parece só existir na Constituição de Guiné-Bissau. Em ambos os casos, nem o mais remoto odor de civilização*[709].

De forma irônica, pontificou que:

> *Os estudiosos de Direito Constitucional, aqui e alhures, não buscarão no novo texto lições sobre arquitetura institucional, sistema de governo ou balanço de poderes. Em compensação, encontrarão abundante material anedótico. Que constituição no mundo tabela juros, oficializa o calote, garante a imortalidade dos idosos, nacionaliza a doença e dá ao jovem de 16 anos ao mesmo tempo o direito de votar e de ficar impune dos crimes eleitorais? Nosso título de originalidade será de criarmos uma nova teoria constitucional: a do progressismo arcaico*[710].

709 Campos, Roberto. *A lanterna na popa.* São Paulo: Topbooks, 1994, p. 91.
710 Ibidem, p. 229.

Para Campos, economista de tradição liberal e defensor do pensamento de Frederic Hayek e de Milton Friedman[711], a Constituição, tal como estava redigida, colocaria o Brasil na contramão do processo de globalização inspirado pelo neoliberalismo. Isso seria caracterizado pelo excesso de regulamentação e apego ao Estado de bem-estar social. Ele considerava que isso traria consequências funestas por alijar o País das novas situações propiciadas pela globalização[712].

> *"Que contribuição trará a nova Constituição para inserir o Brasil nessa onde modernizante? Rigorosamente, nenhuma. O Brasil está desembarcando do mundo. Em vez da 'desregulamentação', o Estado fará planos globais e normatizará a atividade econômica. Em vez de encorajar o Poder Executivo a intensificar a privatização, amplia-se o monopólio da Petrobrás, nacionaliza-se a mineração, a União passa a ser proprietária e não apenas administradora do subsolo, os governos estaduais falidos terão o monopólio do gás canalizado. Enquanto a Inglaterra, o Japão e a Espanha, entre outros, privatizam suas grandes empresas telefônicas, o Brasil transforma em monopólio estatal todas as telecomunicações, inclusive a transmissão de dados. Na sociedade da informação isso representa enorme concentração de poder nas mãos da 'nomemklatura' estatal, sujeita a frequentes perversões ideológicas"*[713].

[711] Milton Friedman (1912 - 2006) - Economista americano, defensor da teoria monetarista, professor da Faculdade de Economia da Universidade de Chicago, identificada pela sua orientação dita liberal e mais comumente conhecida como "Escola de Chicago". Efetuou uma interpretação claramente liberal do processo de desenvolvimento econômico, focando mais especificamente nas políticas monetárias, a exemplo de sua história monetária dos Estados Unidos. Considerava que a inflação é, antes de tudo, um fenômeno monetário, produzido por excesso de emissões por parte dos governos. Assessorou ex-alunos chilenos da Universidade de Chicago nas reformas econômicas empreendidas pelo país andino, colaborando para a orientação liberal do Chile, entre as décadas de 1970 a 1990. Todavia, a referida doutrina foi adotada durante a ditadura sanguinária de Pinochet e solidificada na década de 1990. Obras: *Ensaios de economia positiva*; *Capitalismo e liberdade*; *Uma história monetária dos EUA*; e *Causas e consequências da inflação*.

[712] Importante ressaltar que parte das críticas do Roberto Campos não subsistem mais, tendo em vista o advento principalmente das Emendas Constitucionais 6, 7, 8, 9 e 28. Podemos citar também as Leis 8.031/1990 e 9.491/1997, que tratam da desestatização.

[713] CAMPOS, Roberto. *A lanterna na popa*, cit., p. 227.

Tudo isso, para o intelectual, comprovaria que uma nova Constituição seria insuficiente para promover melhora nas condições de vida dos brasileiros, que seriam vítimas de uma doença chamada *constitucionalite*, caracterizada pelo excesso de apego à forma, que nem de longe resolveria os problemas estruturais da sociedade brasileira.

> *"O povo percebe que a 'constitucionalite' não lhe melhorou as condições de vida. Aliás, se isso acontecesse, os ingleses estariam perdidos, pois não têm constituição escrita. E os japoneses ainda pior, pois sua constituição foi escrita pelos americanos vitoriosos na guerra. Ante a prosperidade japonesa, chegar-se-ia à bizarra conclusão que a melhor constituição é a escrita pelos inimigos"*[714].

De acordo com Campos, a Carta reconhecia o que reputava de "comparações absurdas", como conferir ao peão de Piancó o mesmo salário que um trabalhador do ABC paulista, região famosa pela alta qualificação técnica dos seus operários. Dizia, ainda, lamentando, que a Constituição de 1988 promete aos brasileiros uma segurança social sueca com recursos moçambicanos. Para brincar, gostava de fazer troça dizendo que os constituintes instituíram a "velhice eterna e garantida". Em um texto, dizia o que faria para se preservar, após a promulgação a Constituição:

> *"P.S: Logo após a promulgação pedirei, como idoso, um 'mandado de injunção' para que o Bom Deus seja notificado de que tenho garantia de vida, mesmo na ocorrência de doenças fatais (art.230) sendo, portanto, inconstitucional afastar-me de meus compromissos terrestres".*

Para Campos, a Constituição seria absolutamente incapaz de fazer valer o Estado que se desenhou em sua confecção, voltado a propiciar melhores condições de vida para toda a população, por causa de suas próprias contradições. Segundo Paulo Roberto de Almeida, no capítulo em que ele faz uma análise dos dispositivos econômicos da Constituição de 1988:

[714] Ibidem, p. 245.

"Um dos erros dos constituintes – desculpável, talvez, pela sua generosidade intrínseca e boa fé – e da Constituição foi o de pretender construir um Estado de bem-estar social, um sistema social democrático avançado, característico de países da Europa Ocidental, antes que o Brasil tivesse galgado patamares mais elevados de acumulação de riquezas e graus igualmente elevados de produtividade no trabalho. A maior parte dos países ocidentais criou uma rede – por vezes excessivamente generosas – de benefícios sociais, depois de ter níveis satisfatórios de renda e produção de riquezas, o Brasil pretendeu fazê-lo sem antes alcançar níveis de acumulação de riquezas. O Estado, historicamente, cabe lembrar, é incapaz de fazê-lo nas condições do contrato social criado pela Constituição de 1988. O próprio Estado que no passado foi um razoável indutor do crescimento econômico e do desenvolvimento tecnológico é atualmente, até por força dos próprios interesses corporativos surgidos no bojo da Constituição, um obstrutor desses mesmos processo de crescimento e desenvolvimento.

Tais erros podem ter sido cometidos pelos constituintes na crença ingênua de que se estava distribuindo a riqueza desigualmente distribuída na sociedade. A constatação de que a via escolhida leva a impasses estruturais como os aqui constatados deveria promover uma conscientização e a adoção de uma outra rota. Persistir nestes equívocos cometidos numa época de redenção do autoritarismo e de adoção de políticas sociais não seria mais ingenuidade ou simples ignorância. Representaria uma demonstração de estupidez econômica incompatível com o nível de educação política – mas talvez não econômica – já alcançado pela sociedade brasileira"[715].

No que diz respeito à sua área de atuação, a economia, na qual militou e pesquisou por décadas, Roberto Campos é ainda mais impiedoso e irônico:

"O detalhismo anti-inflacionário da Carta Magna chega a ser comovente. O Congresso não pode aumentar despesas (Art. 165). É obrigatório o orçamento unificado (Art. 162). Nenhum investimento cuja execução ultrapasse um exercício financeiro, poderá ser iniciado sem prévia inclusão no orçamento plurianual de investimentos (Art. 162). Nenhum crédito especial ou suplementar pode ser aberto sem prévia autorização legislativa e indicação dos recursos correspondentes (Art. 161). Em suma, não existiriam nem os subsídios do orçamento monetário, nem os projetos faraônicos. E o endivida-

[715] ALMEIDA, Paulo Roberto de. *A Constituição contra o Brasil – ensaios de Roberto Campos sobre a Constituinte e a Constituição de 1988*. São Paulo: LVM Editora, 2018, p. 427.

> *mento externo e interno estaria em níveis franciscanos. (...) a inflação é inconstitucional. Na Constituinte de 1988, a lógica econômica entrou de férias"*[716].

Ao se referir a essa obra de Campos e à sua análise da Carta Magna, o desembargador federal do Trabalho aposentado e professor da Fundação Getúlio Vargas (FGV), Ney Prado, pontuou, referindo-se a Campos como um "profeta involuntário", que previu os problemas que a Constituição de 1988 causaria ao País:

> *"A Constituição de 1988 é um documento provocativo, inegavelmente criativo, mas, por suas características, desestabilizador da vida nacional. Não há exageros em afirmar-se que seu advento provocou enorme insegurança jurídica, dificultou a governabilidade, inibiu os negócios e investimentos internos e externos, sem falar nos conflitos sociais que gerou, em níveis jamais experimentados entre nós. São grandes as perplexidades suscitadas pelas inovações da Carta de 1988. Essas perplexidades têm se refletido no Parlamento, no Executivo e nos Tribunais, bem como nos inúmeros seminários e congressos em que as novas instituições vêm sendo analisadas e debatidas. Há quase um geral reconhecimento, que o nosso Magno Diploma Jurídico trouxe mais dúvidas do que certezas, tornando-se, sem dúvidas, um entrave à governabilidade e ao desenvolvimento do país. Roberto Campos, profeta involuntário, antecipou todos esses problemas ainda durante a Constituinte, e esforçou-se denodadamente em reduzir a maior parte das irracionalidades propostas. Os artigos aqui coligidos constituem a prova irrefutável de sua luta".*

À época da Constituinte, uma parte da bancada do Partido dos Trabalhadores, representada por uma ala de esquerda mais radical, defendia a tese de que o partido não deveria assinar a Constituição. Na prática, o PT negou a Constituição, mas, por se tratar aquele momento de um formalismo, uma exigência legal, acabou ocorrendo a respectiva assinatura, apesar da alegação de que o texto representava os interesses do

[716] Artigo de Roberto Campos, "Nosso querido nosocômio" (3/02/1985), in: Almeida, op. cit., p. 82-83.

Centrão, isto é, estava sendo submetido aos interesses do pensamento de centro-direita[717].

O filósofo e professor da Universidade Estadual de Campinas (Unicamp), Roberto Romano, por sua vez, também não poupou críticas à Constituição. A seu ver, a Carta brasileira originou-se, na verdade, de uma espécie de golpe de Estado parlamentar. "Julgo ser importante definir a gênese desta Constituição e a forma pela qual ela foi elaborada. Ela não resultou de um movimento que expressasse a soberania popular. No meu entender (muito pessoal) resultou de um verdadeiro golpe de Estado dado pelo Congresso Nacional que se autoinstituiu com a condição de constituinte e se autoconcedeu essa função, reunindo parlamentares que passaram todo o regime ditatorial servindo ao governo autoritário"[718]. Ficou-se a mercê de parlamentares acostumados à servidão, mas que foram escolhidos precipuamente para redigir a Constituição. A Carta, portanto, desde o início tem uma história pouco edificante do ponto de vista republicano e da soberania popular.

Muitos dos problemas relativos à Carta Magna surgem na própria concepção dela, como aponta o professor: "A Constituição, como está, torna tudo muito confuso. É urgente: todas as pessoas que se consideram republicanas e democráticas devem lutar pela convocação de uma assembleia nacional constituinte da qual surja um documento que respeite a soberania popular"[719].

O intelectual aponta como um dos principais desafios à nossa democracia, justamente, a falta de republicanismo, em que as pessoas são vistas de forma distinta, sobretudo quando se tem em conta o tratamento dado aos políticos. "Em uma república só existem homens comuns", dispara. "O cidadão é obrigado a respeitar um político corrupto que se chama de excelência e quem é honesto é desrespeitado 24 horas por dia. Se a pes-

[717] Azevedo, Reinaldo. O PT e a Constituição: assinou, mas não tragou! *Revista Veja* (blog do jornalista). Disponível em https://webcache.googleusercontent.com/search?q=cache:XKhnTyJX8yUJ:https://veja.abril.com.br/blog/reinaldo/o-pt-e-a-constituicao-assinou--mas-nao-tragou/+&cd=2&hl=pt-BR&ct=clnk&gl=br. Acessado em 23 nov. 2020.

[718] Machado, Ricardo. A gênese golpista da Constituição. Revista do Instituto Humanitas Unisinos – Edição 428, 30 setembro 2013 disponível em: htpp://www.ihuonline.unisinos.br/artigo/5185-roberto-romano-5. Acessado em 16/10/20.

[719] Ibidem, acessado em 16/10/2020.

soa for de cor negra, mais desrespeitada ainda, se for pobre, mais ainda", complementa. Para Romano, a perda de credibilidade dos poderes deriva da falta de clareza das atribuições específicas dos operadores do Estado e, também, de uma postura mais crítica e autônoma. "Essa perda de credibilidade é uma questão central quando não se tem a definição determinada dos poderes. É bom lembrar que no Nazismo, por exemplo, todas as leis radicais, como a racial, foram aceitas pelos tribunais alemães. E quando se tem juízes que se curvam à razão de Estado de quem está no poder, não existe mais democracia, não existe mais república, nem liberdade"[720], avalia.

Para o professor, a falta de clareza da Constituição traz problemas, inclusive, para o Judiciário na aplicação das leis. Segundo ele,

> *"Quando a Constituição é uma colcha de retalhos de emendas, cuja origem política vem de um golpe de Estado, cria-se para o Judiciário um verdadeiro palimpsesto, um puzzle. Caso mantenha-se a Constituição como está, a cada dia haverá mais dificuldade para que o Judiciário exerça seu múnus de maneira objetiva e inquestionável. Tanto é verdade, que existe no plano eleitoral uma intromissão da Justiça em atribuições que não são dela. No Maranhão, a população elegeu um governador, houve uma acusação de fraude (alguns eleitores teriam vendido o voto) e a Justiça anula a eleição e coloca como governadora a senhora Roseane Sarney, segunda colocada, em vez de ouvir o povo soberano do Maranhão. A justiça tutela o eleitor e não respeita a vontade popular. Por uma questão de forma ela abole a soberania popular no Maranhão. Existem problemas como este pipocando pelo Brasil inteiro. A Constituição, como está, torna tudo muito confuso. Urge que todas as pessoas que se consideram republicanas e democráticas comecem a lutar pela convocação de uma assembleia nacional constituinte que redija um documento que respeite a soberania popular"*[721].

Na visão do filósofo, o STF, tido como o guardião da Constituição, em muitos momentos, colocou-se contra a cidadania, descumprindo seu papel constitucional.

[720] Ibidem, acessado em 16/10/2020.
[721] Ibidem, acessado em 16/10/2020.

"Quando houve o apagão, durante o governo Fernando Henrique Cardoso, foi instituída uma multa ao consumidor e arguida a constitucionalidade junto ao STF, que por sua vez deu uma sentença inaceitável do ponto de vista republicano. A Corte disse que, se não houvesse multa, o consumidor brasileiro não economizaria e não colaboraria com o governo. A culpa do apagão não foi do povo, porque o povo paga os impostos. A culpa foi da falta de investimento no setor elétrico que exigia inversão de recursos, novas tecnologias e tudo o mais que não foi feito. Em vez de culpabilizar quem era o culpado, o STF se voltou contra a cidadania. É muito difícil ouvir que o STF é o protetor da Constituição, porque protegê-la significa proteger o autor dela, que é o povo. Isso é a decisão que Hobbes, no Leviatã (São Paulo: Rideel, 2005), define de maneira magnífica – para que exista comunidade política é o povo que é o autor da lei. Os governantes e os juízes são apenas os atores da lei e, portanto, para agir precisam ser autorizados pelo povo soberano. Essa é uma visão que no Brasil está totalmente invertida. Quando se vê um deputado ou um vereador que exige que um cidadão lhe chame de excelência, temos a inversão absoluta do princípio republicano. Essa inversão, que ocorre nos cargos mais baixos de uma república, se repete de maneira fantástica na presidência do país. A presidência age como um imperador que controla um exército vencedor que dita as regras para todos os Estados brasileiros, de onde surge outra ficção, que são nossas federações. Não somos federações, somos o império do poder central"[722].

Nesse sentido, para Romano, a Constituição de 1988 acabou por consagrar a centralização administrativa, o que é danoso para a cidadania.

"O primeiro desafio é do pleno respeito à soberania popular. Por enquanto, não temos essa soberania plenamente acatada pelos operadores do Estado. O segundo desafio é promover a federação no Brasil, dando efetiva autonomia, como preconiza a Carta, aos Estados e aos Municípios, inclusive do ponto de vista fiscal e financeiro. É absolutamente indecente ter uma federação na qual, a cada período, prefeitos se dirigem a Brasília para mendigar um pequeno aumento no fundo de participação dos municípios. Em uma federação todos sabem que os gastos maiores e mais importantes são feitos pelos municípios. Temos uma situação injustificável de centralização. O terceiro ponto é a famosa reforma política, mas que não comece pelo fim e sim pelo princípio, que é a redemocratização dos partidos políticos. Finalmente, é preciso fazer uma espécie de

[722] Ibidem, acessado em 16/10/2020.

reinstauração mínima da fé pública para o Brasil. Enquanto não estiver afastado o fantasma da reeleição, haverá sempre a propaganda funcionando, em vez de funcionarem o ato administrativo e o ato político. É lamentável que o Brasil tenha mergulhado na ditadura do marketing político. O último ponto é o fim do privilégio da prerrogativa de foro. Trata-se de uma falta de republicanismo absoluto. Não sei como o STF, quando se arroga o título de protetor da Constituição, aceita a existência de cidadãos de duas classes, aqueles que têm privilégio de foro e os que não têm. Isso significa que não existe república. Esses são os desafios mais imediatos"[723].

Um outro elemento complicador, citado pelo professor Roberto Romano, é uma certa confusão entre parlamentarismo e presidencialismo presente na Constituição. Embora, segundo ele, o primeiro regime fosse o preferido na época da promulgação da Constituição, o eleito, na prática, foi o presidencialismo. Mas a questão não ficou muito bem resolvida, o que é foco de muitas crises na relação entre Executivo e Legislativo. O pensador afirma:

"O regime parlamentarista era a ideia geral das forças progressistas – e, no entanto, acabou misturando presidencialismo com parlamentarismo, o que torna as presidências da república praticamente incapazes de governar, pois elas não têm previsão de controle. Há um misto de regimes porque com os plebiscitos – se o país queria monarquia ou república e parlamentarismo ou presidencialismo – venceram a república e o presidencialismo. Como se trata de uma república oligárquica, temos no Congresso Nacional grupos dirigentes que pressionam o poder Executivo. Existe uma força no Congresso altamente explosiva em relação à presidência da República. Como as prerrogativas quase imperiais do presidente foram mantidas, o diálogo entre Executivo e Legislativo se torna uma guerrilha perene. Quando se analisam as emendas constitucionais uma após a outra, percebe-se que são tentativas de impor as prerrogativas ou do presidente ou do Congresso. Uma das mais nocivas foi a emenda da reeleição, que permitiu a Fernando Henrique Cardoso mais um mandato e que faz, agora, com que nossos presidentes da República, quando ainda não terminaram seu primeiro mandato, estejam preocupados com o palanque e a demagogia para o segundo mandato. Isso retira da

[723] Ibidem, acessado em 16/10/2020.

presidência e do Congresso o tempo necessário para se dedicar ao que é precípuo às suas funções, ou seja, governar"[724].

O senador **Francisco Dornelles** (PP-RJ), que relatou o capítulo referente à Ordem Econômica na Constituição de 1988, classificou de "estatizante" e "socializante" várias partes da Carta Maior. Para Dornelles, esse viés foi ocasionado pelo clima "progressista" da época em que ela foi redigida, nos estertores da ditadura militar. Isso, na visão do senador, um economista de perfil liberal, criou "amarras" tão fortes no sistema econômico brasileiro que até hoje, passados quase 30 anos de sua edição, ainda estão, ao menos parcialmente, presentes. "Os parlamentares identificados com esta visão estatizante queriam um Estado gigante, maior intervenção na economia, a inclusão na Constituição de regras detalhadas de política econômica, mais próprias de um partido político do que de uma Constituição"[725], disse.

O resultado disso, de acordo com Dornelles, foi, por exemplo, a estatização da exploração do subsolo, da mineração, do petróleo, do gás e das comunicações. "Aquilo não refletia o pensamento da sociedade, tanto que no momento em que os liberais chegaram ao poder, isso foi modificado", comenta, ao lembrar a primeira gestão do ex-presidente Fernando Henrique Cardoso (PSDB).

"Na minha visão, a Constituição tinha que cuidar dos direitos e das garantias individuais, da organização do Estado, definir as competências da União, dos estados e dos municípios, estabelecendo as regras de alternância do poder, da organização dos Poderes, sem entrar em detalhes, principalmente na ordem econômica e social. A Ordem Econômica da Constituição de 1988 foi totalmente estatizante, eu diria socializante"[726], argumenta o parlamentar carioca.

[724] Ibidem, acessado em 16/10/2020.

[725] RICHARD, Ivan e LOURENÇO, Iolando. Agência Brasil, Memória EBC, edição de 10 de abril 2013. Disponível em: http://memoria.ebc.com.br/agenciabrasil/noticia/2013-10-04/marco-entre-ditadura-e-democracia-constituicao-de-1988-completa-25-anos, acesso em 20 out 2019.

[726] Ibidem, acesso em 20 out. 2019.

Para Dornelles, muitos gargalos enfrentados hoje pelo Brasil são fruto do detalhamento da Constituição, provocados, por exemplo, pela divisão de temas em comissões e pela falta de diálogo desses colegiados durante a elaboração do texto. Ele ressaltou que, durante a Constituinte, as comissões não se comunicavam, o que criou sobreposições de assuntos relacionados entre si, trazendo mais complicações ao texto da futura Constituição.

Outro problema que se revelou grave, em sua visão, foi o sistema tributário definido na Constituição. Para Dornelles, os estados e municípios saíram fortalecidos, mas no capítulo da Ordem Social se criou "quase um sistema paralelo em que se permitiu que fossem instituídas contribuições sobre a folha de pagamento, a receita, o faturamento, o lucro, sem ter as limitações e garantias que foram estabelecidas no capítulo da Ordem Tributária". Isso, de acordo com ele, foi estabelecido sem que a receita das contribuições fosse compartilhada com estados e municípios. "Com isso, a União utilizou esse sistema tributário para enfraquecer estes outros entes da federação", explicou[727].

Gustavo Binenbojm, professor titular da Faculdade de Direito da Universidade do Estado do Rio de Janeiro (Uerj), considera que a Constituição, que tem mais deveres do que direitos, por vezes, torna ingovernável o País. Um dos problemas, em sua opinião, é o sistema partidário excessivamente fragmentado e capturado por interesses de corporações, denominações religiosas e até de facções criminosas. "Para piorar, o Supremo errou ao derrubar a lei da cláusula de barreira, alegando que a Constituição não admitiria aquela restrição", lembra. Também se pode creditar à Carta de 1988 a criação de um presidencialismo de coalizão que impõe custos elevadíssimos à governabilidade, e não favorece uma relação de cooperação saudável entre Legislativo e Executivo[728].

Alexandre de Moraes, quando ministro da Justiça em 2016, afirmou que "O poder de um Ministério Público é muito grande, mas nenhum poder pode ser absoluto", em alusão ao que consta do art. 127 da Carta de 1988, no sentido de que se trata de "instituição (...) essencial à função jurisdi-

[727] Ibidem, acesso em 20 out. 2019.
[728] *O Globo*, 8 out. 2016.

cional do Estado, incumbindo-lhe a defesa da ordem jurídica, do regime democrático e dos interesses sociais e individuais indisponíveis"[729].

5.1. Presidencialismo de coalizão e seus atores: Executivo, Legislativo e Judiciário – um artifício para remediar a derrota do parlamentarismo

Como se disse, o **presidencialismo de coalizão** assumiu contorno próprio com o advento da Constituição de 1988, elaborada inicialmente para ser parlamentarista. E os reflexos podem hoje ser sentidos de forma efetiva em nossos indicadores sociais de qualidade de vida, uma vez que, como se espera, as decisões políticas incidem diretamente no dia a dia do cidadão.

Trata-se de um regime político híbrido porque reúne características do parlamentarismo e do presidencialismo, pois nele vários partidos ocupam as pastas ministeriais, compondo o Executivo, de forma que em situações normais, prevalecendo os acordos políticos, haverá sustentação política para o presidente governar: "Principalmente no que se refere à taxa de êxito de aprovação de proposições legislativas de iniciativa do Poder Executivo. Essa é a característica mais enfatizada pela ciência política"[730].

Em ambiente democrático propício, as instituições deveriam funcionar, à luz das normas, em sua plenitude, em harmonia com os supostos "bons resultados cumulativos de seus governos, expressos em boas condições gerais de vida social, da economia, dos serviços públicos e privados"[731].

729 Bergamo, Mônica. Nenhum direito é absoluto, e País precisa funcionar, diz ministro da Justiça. *Folha de S. Paulo*, 16 maio 2016.

730 Teles Filho, Eliardo. "Presidencialismo de coalizão" vive improviso há quase 30 anos. Consultor Jurídico. Disponível em https://www.conjur.com.br/2017-jul-01/observatorio-presidencialismo-coalizao-improviso-30-anos, 1 jul. 2017. Acessado em 10 maio 2020.

731 Abranches, Sergio. *Presidencialismo de coalizão – raízes e evolução do modelo político brasileiro*. Rio de Janeiro: Companhia das Letras, 2018, p. 330-331.

Na história brasileira, diante dos impasses em âmbito político e social, os acordos acabam postergando "o enfrentamento de conflitos e clivagens enraizadas em nosso tecido social"[732].

Na verdade, o nosso presidencialismo de coalizão deriva de nossa diversidade social. Além disso, provém dos seguintes fatores: "das disparidades regionais e das assimetrias de nosso federalismo, que são mais bem acomodadas pelo multipartidarismo proporcional"[733].

5.1.1. O Poder Executivo no presidencialismo de coalizão

O presidente, no contexto do presidencialismo de coalizão, como pré-requisito, deve desempenhar papel indispensável no campo político, devendo criar condições para formar um grupo majoritário que lhe dê sustentação. Para isso, deve dispor de habilidade para articular, juntamente com o partido em que esteja filiado, as necessárias coalizões partidárias. E mais: "uma vez obtido esse apoio político, precisa manter a ofensiva e mostrar quem é o capitão do time. Comando e iniciativa. Isso é coisa de presidente. É o que requer o presidencialismo. Ao mesmo tempo, precisa ter flexibilidade e habilidade para negociar com o Congresso, encontrar o ponto de entendimento comum em cada matéria. Coisa de político. É o que requer a coalizão"[734].

Aliás, é importante que se diga, o presidencialismo de coalizão não surgiu do nada, quando da elaboração da Constituinte de 1988. Relembre-se que a Constituinte, de um lado, "adotou o modelo de Presidência

[732] "O compromisso necessário para aprovação do texto constitucional de 1988 ficou aquém de nossas necessidades constitucionais, e que só uma Constituinte, uma Reconstituinte, isolada dos afazeres legislativos ordinários e cercada por regras de precaução política, pode fazer a revisão institucional e constitucional de que precisamos. A mudança para nos ajustarmos ao século XXI pressupõe que examinemos nossa arquitetura institucional como um todo, não apenas a forma de governo ou o regime eleitoral. Precisaremos refundar nossa República. Por que Reconstituinte? Porque ela iria reescrever o pacto constitucional de uma nação existente e de uma democracia que, embora falha, tem se mostrado resiliente". Ibidem, p. 89.

[733] Ibidem, p. 14.

[734] Ibidem, p. 14.

da Carta autoritária de 1967, concentrando nela poderes legislativos que, de fato, lhe deram o controle da agenda no processo legislativo"[735].

Para se ter ideia, dentre oito modalidades de poderes legislativos da Presidência da República, a Carta de 1946 trazia apenas "a exclusividade da iniciativa de apresentar projetos de lei para criar ministérios, cargos públicos e carreiras do serviço público, dar aumentos salariais para o funcionalismo e outras atribuições afins"[736].

No modelo de presidencialismo de coalizão da Constituição de 1988, o Executivo detém a iniciativa exclusiva de propor projetos de lei orçamentária e sobre matéria tributária. Sem contar que dispõe do recurso das medidas provisórias, em substituição aos decretos-leis, estes da época do período militar. Ainda, o presidente pode invocar projetos de lei para votação em caráter de urgência. Em suma, ao presidente, no poder, foram agregados "elementos centralizadores oriundos do regime militar", sendo-lhe possível, em determinada medida, sobrepor-se ao Legislativo[737].

Como se disse, o presidente da República, ao ocupar "o centro do sistema político no presidencialismo", pode encontrar-se, digamos, em um centro mais forte ou mais fraco. Logo, a capacidade de o presidente governar dependerá de apoio parlamentar, que lhe propiciará transformar em leis seus projetos políticos. No entanto, o poder de que o presidente dispõe para editar medidas provisórias serve-lhe de munição para enfrentar grupos opostos a seu governo. Mas lembre-se, esse poder foi mitigado em face da propositura de emendas sucessivas à Constituição pelas outras Casas, por exemplo[738].

5.1.2. O Poder Legislativo no presidencialismo de coalizão

Sobre o papel do Legislativo, a Constituição assegura-lhe o controle do processo legislativo, seja no âmbito da presidência da Câmara, do Senado, seja no contexto das lideranças partidárias[739].

[735] Ibidem, p. 75.
[736] Ibidem, p. 75.
[737] Ibidem, p. 75.
[738] Ibidem, p. 78-79.
[739] "Esse poder dos líderes de partido é legado da experiência da própria Constituinte. O regimento da Câmara institucionalizou o colégio de líderes, formado pelo presidente

No Senado, a presidência e os líderes exercem papel de indisfarçável importância, na medida em que "a concentração de poderes fez bastante diferença em relação à Segunda República, quando os líderes tinham papel menor e os parlamentares podiam exercer expressiva liderança individual[740].

Diante da "fragmentação eleitoral e a heterogeneidade do eleitorado", o partido de um presidente dificilmente obtém maioria no Congresso. A tendência, até pelo perfil do eleitorado nacional, é de eleger-se um Congresso fragmentado e heterogêneo. Isso impõe a iniciativa de coalizões[741].

A Constituição de 1988 trouxe equivalência ao Poder Legislativo do Senado e da Câmara, visto que o primeiro deixou de ser apenas a "câmara

da Câmara e pelos líderes dos partidos, blocos parlamentares, da maioria e da minoria. Ele deve ser ouvido, segundo o regimento, em praticamente todas as decisões de organização dos trabalhos legislativos, entre elas a fixação do número de deputados por partido ou bloco nas poderosas comissões permanentes, a composição de comissões especiais, a organização da agenda com a previsão das proposições a serem apreciadas no mês subsequente. Além disso, tem a faculdade de propor a convocação de sessões extraordinárias, requerer a prorrogação do prazo da sessão legislativa ou da ordem do dia, a convocação de sessão secreta e preferência para exame de matérias na ordem do dia. Talvez o recurso mais eficaz e relevante do colegiado para manejar a agenda legislativa seja o de requerer urgência para as matérias. Assim, ele pode desobstruir a pauta e acelerar a tramitação de medidas que foram objeto de negociação com o presidente da República. Tal feixe de atribuições confere ao colégio de líderes poder de controle sobre a agenda e o processo legislativo". Ibidem, p. 76.

[740] "Não é surpresa que no impasse entre presidencialistas, a solução de compromisso convergisse para o presidencialismo de coalizão. Não como escolha preferencial, mais por rejeição recíproca às alternativas. Nas circunstâncias brasileiras, a escolha pelo presidencialismo multipartidário se materializa no presidencialismo de coalizão. Não necessariamente na cooptação ou no toma-lá-dá-cá, métodos clientelistas de formação de coalizões. Mas no governo necessariamente de coalizão, a qual, em princípio, pode ser formada com base em projetos e valores". Ibidem, p. 76.

[741] Entende-se por "coalização": uma espécie de acordo prévio, pelo qual os partidos se dispõem a apoiar os projetos do Executivo, sob determinadas condições, a serem negociadas no momento da discussão e votação de cada um. Nunca é uma delegação de poderes. Nem é um voto de confiança num programa de governo que levaria à aprovação das medidas nele previstas" Ibidem, p. 77. Destaque-se que, durante a Terceira República, houve certa "coerência partidária nas coalizões governamentais e a aprovação das medidas de interesse do presidente da República", algo mais reiterado do que na Segunda República. Ibidem, p. 76-77.

revisora", ao ganhar o poder de "iniciar legislação". Em ambas as Casas, o papel da maioria é salutar. Em suma: "O Senado passou a ter todas as competências da Câmara e várias outras, a ele privativas, dentre as quais se destaca a de julgar e impedir o presidente da República, poder que foi ampliado por decisão do Supremo Tribunal Federal no processo de *impeachment* de Dilma Rousseff. Esse novo status do Senado é uma diferença decisiva do presidencialismo de coalizão 'reformado', comparado ao modelo original da Segunda República. Tal simetria de poderes tem sido a tendência dos presidencialismos latino-americanos"[742].

No Senado, a representação igualitária dá poder de veto aos estados inferiorizados numericamente na Câmara. Em face da equivalência de poderes legislativos das duas Casas, "a 'Câmara Popular', eleita e composta por critérios de proporcionalidade eleitoral e bancadas relativas ao tamanho da população dos estados, e a 'Câmara Federativa', composta por número igual de senadores por estado, eleitos pelo voto majoritário, institucionalizou um novo jogo nas deliberações do Congresso"[743].

Na medida em que o Senado perdeu a função de revisor, em última instância, e caso este inicie o processo legislativo, a Câmara detém o poder de alterar o que foi aprovado anteriormente. Com isso, o projeto retorna ao Senado para proferir a última palavra, e vice-versa[744].

[742] Ibidem, p. 77.

[743] Ibidem, p. 78.

[744] "A diversidade da representação das duas Casas é responsável, por exemplo, pela dificuldade, até agora intransponível, de fazer uma reforma tributária. Todas as propostas terminam por colocar em confronto estados mais ricos, em geral produtores (com maiores bancadas na Câmara), a estados mais pobres, na maioria consumidores (que somam maior número de cadeiras no Senado). Essa diversidade aumentou a complexidade dos cálculos para a formação e o manejo das coalizões de governo. Criou a necessidade de equilibrar interesses e forças de duas bancadas de composição partidária distinta, representando núcleos de interesses diferenciados. Além disso, as bancadas no Senado tendem a ser menos fragmentadas do que na Câmara. As estratégias legislativas tanto do presidente da República quanto das bancadas, nas duas Casas, se alteraram. Passaram a fazer parte dos cálculos a possibilidade de escolher a Casa de origem da legislação e o fato de que a mudança da proposição força o retorno à origem para deliberação final. Quando uma Casa vota uma proposição, entra no seu cálculo decisório o fato de que ela pode ser modificada, no todo ou em parte, pela outra. Já houve casos de projetos aprovados com a expectativa de que pontos de impasse fossem resolvidos pela outra Casa. Na 'volta à origem', podem-

Se, como reiterado, dadas as suas singularidades, no presidencialismo de coalizão ater-se-á o presidente a uma grande coalizão, cabendo-lhe, para obter êxito, notória habilidade para mediar conflitos entre os poderes políticos da República, por outro lado, essa engrenagem não fará parte do nosso processo legislativo nem das regras eleitorais.

Em que pese o caráter presente de governabilidade do presidencialismo de coalizão no Brasil, há déficits que se aprofundam de forma óbvia, tais como questões institucionais, motivadoras de impasses entre Executivo e Legislativo[745].

Por exemplo, a questão da reeleição fez presidentes em exercício mudarem a lógica de suas decisões em primeiro mandato: "O ciclo político-econômico leva presidentes a manejar a política macroeconômica para influenciar as eleições, agrava-se muito quando há reeleição, sobretudo quando dominam coalizões clientelistas"[746].

Nota-se instabilidade no presidencialismo de coalizão, diante de conflitos entre Executivo e Legislativo, quando a governabilidade, a estabili-

-se reabrir as negociações, usualmente tripartites, envolvendo o Executivo, a Câmara e o Senado". Ibidem, p. 78.

745 Ibidem, p. 341.

746 "O exame das experiências americana e francesa mostra que raramente ela dá bons resultados. No Brasil, só o segundo mandato de Lula foi de melhor desempenho que o primeiro, porque colheu os frutos das políticas econômicas do FHC II e do Lula I. Mas foi a exceção para demonstrar a regra. No final do seu período, para eleger uma candidata dificílima, Lula promoveu um desajuste fiscal, que Dilma aprofundou, criando um gigantesco problema para os anos que se seguiram ao seu breve segundo mandato. O ciclo político-econômico também ocorre quando não há reeleição. Todavia, ele tende a ser mais longo, mais intenso, e seu impacto fiscal negativo muito maior, quando há. Principalmente quando um mesmo partido elege e reelege presidentes em sucessão. Claro que os efeitos da reeleição podem ser mitigados, como nos Estados Unidos, com a proibição de exercer mais de dois mandatos presidenciais, consecutivos ou não. O fato é que, na política sul-americana, a tendência caudilhista de retorno de ex-presidentes ao cargo e de reeleição recorrente tem se revelado bastante negativa, em todas as dimensões da vida. A reeleição reforça exponencialmente as tendências oligárquicas de nossa cultura política. Produz evidente esgotamento das energias criativas do governo. A rotatividade no cargo e a renovação da liderança presidencial oxigenam a democracia e criam a oportunidade para mudanças de estilo e orientação das políticas públicas. A reeleição inibe o surgimento espontâneo de novas lideranças e permite ao presidente produzir um sucessor. A alternância tende a encorajar o respeito por experiências bem-sucedidas dos antecessores". Ibidem, p. 342.

dade do mandato presidencial e o funcionamento pleno das instituições estão sendo afetados. Veja-se o que se sucedeu no País, em que houve dois *impeachments*, em trinta anos, entre quatro presidentes eleitos, acabaram levantando certas dúvidas sobre o caráter funcional desse modelo[747]. Quanto ao Judiciário, a ser tratado a seguir em linhas gerais, veremos como atua no presidencialismo de coalizão de hoje[748].

5.1.3. O Judiciário no presidencialismo de coalizão

No auge da ditadura militar no Brasil, o Supremo, por exemplo, foi pressionado por aquele modelo repressivo, não podendo enfrentar de frente as contendas políticas[749]. Em tempos de democracia, por sua vez, o Judiciário, no presidencialismo de coalizão, acabou, em razão dos conflitos entre Executivo e Legislativo, por judicializar o contencioso político e, em decorrência, motivar debates sobre a sua própria atuação jurisdicional. Além disso, o que se discute hoje é o ativismo do Judiciário e a forma como, por vezes, expressa partidarismo ou politização[750].

[747] Idem, p. 344. "A versão do presidencialismo de coalizão da Terceira República padece de grande instabilidade constitucional, que já levou a número desconfortável de emendas modificativas. Como a realidade cotidiana é dinâmica, a Constituição, muito extensa, e a correlação social e política de forças varia bastante, surge a necessidade de emendar seguidamente a Constituição. Nos trinta anos de existência da Carta de 1988, foram aprovadas 105 emendas à Constituição. Quase quatro emendas por ano de vida da Constituição. Essa emendação sem fim apequena a Constituição, colocando-a no patamar da legislação ordinária, apenas com quórum mais qualificado para aprovação. Resulta em maior dificuldade e instabilidade do presidencialismo de coalizão. O presidente precisa de votos suficientes não só para aprovar as emendas necessárias ao sucesso de seu governo, mas também para bloquear iniciativas de reformas que julgue prejudiciais. Daí a elevação da maioria necessária à governança efetiva pelo presidente para três quintos de cada Casa do Congresso. As coalizões suficientes, ou mínimas, de 51% se tornam insuficientes. A coalizão suficiente para normalidade política tem que alcançar o número de votos necessários à aprovação de emendas constitucionais. Com a hiperfragmentação, esse imperativo resulta em coalizões enormes, dificílimas de manejar, como lamentou a ex-presidente Dilma Roussefff em sua defesa junto ao Senado". Ibidem, p. 363.

[748] Ibidem, p. 341.

[749] Com o AI-5 em vigor, três ministros do Supremo, considerados "subversivos", foram aposentados: Hermes Lima, Victor Nunes Leal e Evandro Lins e Silva.

[750] Ibidem, p. 83. Algo evidente no auge da crise do governo Dilma: "Era a politização do Judiciário se aprofundando. Só iria piorar. Exemplar desses desvio de atenção foi a decla-

Mas é preciso evidenciar que o aludido partidarismo do Judiciário não é a regra, visto que, ao ser provocado, precisa necessariamente intervir, como um poder moderador, se estiverem envolvidas questões políticas controvertidas entre Executivo e Legislativo, ou haver "instabilidade das coalizações", dada a natureza multifacetada de cada partido político. Em suma: "O presidencialismo de coalizão é bastante afetado pela mudança nos humores dos partidos na coalizão. Isso pode acontecer em todo regime no qual o governo depende de uma aliança multipartidária majoritária"[751].

Portanto, o Judiciário, direta ou indiretamente, acaba interferindo em questões políticas, ou seja, no modelo político brasileiro, devido a suas decisões[752]. Talvez o motivo resida no fato de que, diferentemente dos regimes parlamentaristas, não dispomos de "mecanismos políticos ágeis para enfrentar impasses previsíveis entre o Executivo e o Legislativo, entre partidos governistas e oposicionistas ou entre a União e as unidades da federação. Essa falta de mecanismos propriamente políticos para resolução de conflitos leva a impasses, crises políticas e paralisia decisória. O único recurso é a judicialização"[753].

ração do ministro Gilmar Mendes de que 'a titular do cargo não tem mais condições de ser presidente. (...) Para jogador ruim, até as pernas atrapalham'. Naquele momento, a titular do cargo reunia todas as condições constitucionais de ser presidente, e não estava em tela de juízo a qualidade de seu governo ou sua competência para governar". Ibidem, p. 312.

[751] Ibidem, p. 365.

[752] Ibidem, p. 365.

[753] "Há uma conexão entre o alargamento dos poderes do Legislativo e do Executivo e a ampliação do papel do Judiciário na intermediação de conflitos e no controle constitucional. O poder do Congresso se avulta por nossa tradição legiferante. Na nossa cultura político-institucional tudo tem que estar na lei. Como a aplicação das leis sempre foi perturbada pelo patrimonialismo, pelo nepotismo, por privilégios e prerrogativas excludentes, como o privilégio de foro, a confiança nelas é baixa. A própria legitimidade das leis é baixa, fato expresso nos argumentos recorrentes de conveniência particular, tipo "é legal, mas não é legítimo", para justificar a desobediência a leis e regulamentos. Essa desconfiança nas leis ordinárias, associada a uma cultura de transgressão, a demanda de garantia adicional de direitos, privilégios, prerrogativas e interesses pela Constituição. A própria Constituição é fonte de incerteza e dúvidas, porque muitos de seus artigos permanecem sem regulamentação apropriada". Ibidem, p. 365.

Como sabemos por reiterados estudos, a Carta brasileira exagera em sua extensão ao dispor sobre temas ou até mesmo institutos jurídicos que poderiam se encontrar em leis esparsas. Como consequência inevitável, discute-se no Judiciário, via controle de Constitucionalidade, desde dispositivos constitucionais a artigos da legislação ordinária em confronto recíproco, o que sobrecarrega a atividade judiciária. Ao final, houve banalização do texto constitucional[754].

É certo que a instabilidade política e períodos de crise das instituições podem ocorrer ocasionalmente em qualquer país do mundo. E no caso brasileiro os casos se dão de forma reiterada. Se recuarmos no tempo, e recorrermos, com profundidade, às origens desses problemas, reconhecendo em cada ator sua própria culpa ao longo dessa trajetória, talvez encontremos um novo caminho de estabilidade[755].

[754] "Embora no Brasil o presidente da República seja mais forte do que é nos Estados Unidos, nosso Congresso também tem muitos poderes. O modelo de presidencialismo adotado pela Constituição de 1988, da maneira como operacionalizou a separação e interdependência entre os Poderes, prevê a cooperação, mas também estimula o conflito entre eles. A Constituição fortaleceu o Legislativo, ampliando sua capacidade de fiscalizar e controlar o Executivo, no entanto, ao esmo tempo, deu ao Executivo o poder de legislar por meio de medidas provisórias. Após sucessivas modificações, as medidas provisórias que não forem votadas em 120 dias perdem a eficácia. Ainda assim, é clara a ampliação de poderes presidenciais na segunda experiência com o presidencialismo de coalizão, e ela aumentou a responsabilidade do Judiciário na mediação política entre os dois, e aumentou o escopo do controle constitucional dos atos legislativos e de governo. O modelo adotado imprimiu "uma face fortemente política ao Judiciário". Essa persona política da instituição é reforçada pela estrutura monocrática da Suprema Corte, que confere ampla autoridade pessoal aos ministros, com ampla autonomia para tomar decisões liminares. A concessão de liminares na função de controle de constitucionalidade de decisões do Legislativo e do Executivo é muito vulnerável a controvérsias de natureza política, preferências subjetivas do magistrado, e podem se transformar ainda em fonte de conflito interinstitucional. A disputa política passou a ter como palco não apenas os plenários do Congresso, como também varas e tribunais de Justiça. A Lava Jato foi uma clara demonstração dessa politização, e colocou no centro de ataques políticos juízes de primeira instância, como Sergio Moro, o Ministério Público, em particular o procurador-geral da República, e a Suprema Corte. Contudo, não creio que se possa, com realismo, eliminar a judicialização da política para evitar que ela leve à politização do Judiciário". Ibidem, p. 366.

[755] Ibidem, p. 16.

5.1.4. Algumas conclusões

Ressalte-se que o regime político vigente apresentou ao País "boas políticas públicas: o fim da hiperinflação, com o Plano Real, e a redução da pobreza e da desigualdade, com as políticas de transferência de renda aos mais pobres, do Bolsa Escola ao Bolsa Família. Mas gerou enormes déficits que impedem nosso progresso em sintonia com as transformações globais em aceleração deste século"[756].

Ladislaw Dowbor discorda do posicionamento apresentado no parágrafo anterior, no que tange à percepção de que os déficits impedem o crescimento. Para ele a política econômica do governo após o chamado golpe de 2016 está baseada numa imensa farsa: "a de que as políticas redistributivas da era progressista quebraram o país enquanto o novo poder, com banqueiros no controle do dinheiro, iria reconstruí-lo. Segundo o conto, como uma boa dona de casa, vão ensinar responsabilidade, gastar apenas o que se ganha. A grande realidade é que os juros extorquidos pelos banqueiros geraram o rombo"[757].

Em relação ao déficit propriamente dito, explica: "houve um superávit nos anos 2010 até 2013 (gastou menos do que recolheu) e um déficit insignificante de 20 bilhões em 2014, e moderado em 2015, 116 bilhões de reais, 2% do PIB, perfeitamente normal. Na União Europeia, por exemplo, um déficit de até 3% do PIB é considerado normal, com variações entre um ano e outro. Ou seja, fica claro que, ao contrário do que dizem, os gastos com as políticas públicas não causaram nenhum 'rombo' como tem sido qualificado. E em termos políticos é importante ressaltar que em 2013, quando começam as grandes denúncias contra a 'gastança' e a guerra contra o governo, ainda temos um bom superávit de 75 bilhões. Em 2015, já com o banqueiro Joaquim Levy, o déficit atinge 2,0% do PIB, e sobe para 159 bilhões em 2016, para retornar para 1,8% do PIB em 2017. De toda forma, a realidade é que o poder dos banqueiros não reduziu aqui nenhum déficit, e que o déficit da era Dilma era incomparavelmente

[756] ABRANCHES, *Presidencialismo de coalizão – raízes e evolução do modelo político brasileiro*, cit., p. 330.

[757] DOWBOR, Ladislau. *A era do capital improdutivo*: A nova arquitetura do poder, sob dominação financeira, sequestro da democracia e destruição do planeta. 2. ed., São Paulo: Autonomia Literária, 2018, p. 230.

mais baixo, 0,4%. A justificativa econômica para o golpe, na sua dimensão financeira, e tão amplamente difundida, de que Dilma tinha quebrado as contas públicas é simplesmente uma farsa, ou como hoje se chama, uma narrativa"[758].

Nossa história mostra que, sem exceção, todos os presidentes da Terceira República se empenharam para fazer "reformas". E os próximos assim o farão. Pode-se afirmar que "Reforma" se transformou numa entidade permanente e quase mítica da política brasileira. "É parte obrigatória das promessas de campanha e da agenda dos governos. Se ainda são necessárias tantas e tão profundas reformas, significa que o sistema institucional e político não compromete seriamente sua legitimidade"[759].

Dadas as singularidades do presidencialismo de coalização, "principalmente a dependência da Presidência da República para com uma grande coalizão, com graus irredutíveis de heterogeneidade, ele requer mecanismos muito ágeis de mediação institucional e resolução de conflitos entre os poderes políticos da República. Mecanismos que não estão presentes no nosso processo legislativo, nem nas regras eleitorais. Esse tipo de mediação está também fora do escopo do poder moderador razoável do Judiciário"[760].

Apesar de o presidencialismo de coalizão no Brasil conferir governabilidade, no entanto apresenta déficits que estão se aprofundando. No campo institucional, por exemplo, as "crises de impasse polarizado entre Executivo e Legislativo"[761].

Se o segundo mandato de Lula foi considerado de melhor desempenho que o primeiro, isto se deveu aos frutos colhidos das políticas econômicas do FHC II e do Lula I. Mas para eleger Dilma, "Lula promoveu um desajuste fiscal, que Dilma aprofundou, criando um gigantesco problema para os anos que se seguiram ao seu breve segundo mandato"[762].

[758] Ibidem, p. 232.

[759] Abranches, *Presidencialismo de coalizão – raízes e evolução do modelo político brasileiro*, cit., p. 364.

[760] Ibidem, p. 341.

[761] Ibidem, p. 341.

[762] Ibidem, p. 341.

Aponta-se que um ponto crítico considerável do presidencialismo de coalizão "tem a ver com a governabilidade, a estabilidade do mandato presidencial e o funcionamento pleno das instituições, quando há conflito entre Executivo e Legislativo". Vide os dois *impeachments* em trinta últimos anos da Constituição brasileira: "*Impeachments* são processos traumáticos, rupturas políticas graves, nada triviais. Espera-se que rupturas políticas dessa magnitude sejam raras. Evitaram mal maior, alguns diriam". Esse mal maior, o autoritarismo militar[763].

Em suma:

> "A versão do presidencialismo de coalizão da Terceira República padece de grande instabilidade constitucional, que já levou a número desconfortável de emendas modificativas. Como a realidade cotidiana é dinâmica, a Constituição, muito extensa, e a correlação social e política de forças varia bastante, surge a necessidade de emendar seguidamente a Constituição. Nos trinta anos de existência da Carta de 1988, foram aprovadas 105 emendas à Constituição. Quase quatro emendas por ano de vida da Constituição. Essa 'emendação' sem fim apequena a Constituição, colocando-a no patamar da legislação ordinária, apenas com quórum mais qualificado para aprovação. Resulta em maior dificuldade e instabilidade do presidencialismo de coalizão. O presidente precisa de votos suficientes não só para aprovar as emendas necessárias ao sucesso de seu governo, mas também para bloquear iniciativas de reformas que julgue prejudiciais. Daí a elevação da maioria necessária à governança efetiva pelo presidente para três quintos de cada Casa do Congresso. As coalizões suficientes, ou mínimas, de 51% se tornam insuficientes. A coalizão suficiente para normalidade política tem que alcançar o número de votos necessários à aprovação de emendas constitucionais. Com a hiperfragmentação, esse imperativo resulta em coalizões enormes, dificílimas de manejar, como lamentou a ex-presidente Dilma Roussefff em sua defesa junto ao Senado"[764].

Além disso, a probabilidade de "choques paralisantes" entre Executivo e Legislativo aumenta na mesma proporção em que há vários partidos

[763] Ibidem, p. 344.
[764] Ibidem, p. 363.

para se firmar acordos antes de garantir a governabilidade. Nesses casos, "aumenta também a probabilidade de contrariedades entre governo e oposição no Congresso. (...). Há, ainda, divergências entre as unidades federativas e a União, agravadas pela extrema concentração fiscal e regulatória na União. Ao contrário dos regimes parlamentaristas, nosso modelo não dispõe de mecanismos políticos ágeis para enfrentar impasses previsíveis entre o Executivo e o Legislativo, entre partidos governistas e oposicionistas ou entre a União e as unidades da federação. Essa falta de mecanismos propriamente políticos para resolução de conflitos leva a impasses, crises políticas e paralisia decisória. O único recurso é a judicialização"[765].

Outros problemas: "Há uma conexão entre o alargamento dos poderes do Legislativo e do Executivo e a ampliação do papel do Judiciário na intermediação de conflitos e no controle constitucional. O poder do Congresso se avulta por nossa tradição legiferante. Na nossa cultura político-institucional tudo tem que estar na lei. Como a aplicação das leis sempre foi perturbada pelo patrimonialismo, pelo nepotismo, por privilégios e prerrogativas excludentes, como o privilégio de foro, a confiança nelas é baixa. A própria legitimidade das leis é baixa, fato expresso nos argumentos recorrentes de conveniência particular, tipo 'é legal, mas não é legítimo', para justificar a desobediência a leis e regulamentos. Essa desconfiança nas leis ordinárias, associada a uma cultura de transgressão, a demanda de garantia adicional de direitos, privilégios, prerrogativas e interesses pela Constituição. A própria Constituição é fonte de incerteza e dúvidas, porque muitos de seus artigos permanecem sem regulamentação apropriada"[766].

Diante das excessivas crises na curta história da Terceira República, é preciso recuar no tempo, consultar as raízes, passar pelas singularidades da nossa história, consultar os eventos, verificar padrões recorrentes e descontinuidades relevantes.

Desde a independência, o Brasil realiza reformas para contornar crises, revoltas e revoluções que acabam em conciliação, como afirma o his-

[765] Ibidem, p. 365.
[766] Ibidem, p. 365.

toriador José Honório Rodrigues[767]. Será que este tipo de presidencialismo não é mais uma conciliação que caracteriza o jeitinho brasileiro?

5.2. Outras críticas à Constituição de 1988 – questionamentos de centro-direita

O ministro do Supremo Tribunal Federal (STF) e ex-presidente do Tribunal Superior Eleitoral (TSE), Gilmar Mendes, criticou, em palestra no Centro de Estudos Judiciários (CEJ), a Constituição de 1988. Para ele, há excessivo detalhamento das emendas constitucionais. A Emenda Constitucional 29, que trata do sistema de saúde, na opinião de Mendes, equivale a uma "promessa de lei complementar ainda não cumprida". Emendas como essa, em sua visão, estabelecem fórmulas que ele chama de "enquanto" – enquanto não vier a lei. Para o ministro, a Constituição trouxe uma série de "dificuldades e armadilhas" à sociedade brasileira.

O texto que resultou da constituinte, conforme salientou o ministro, foi aberto, e não um texto técnico, como normalmente acontecia no constitucionalismo brasileiro.

"Claro que isso depois prepara uma série de dificuldades e armadilhas. O constituinte percebeu o risco desse texto analítico", avaliou, durante o evento, que recebeu o título de "A Constituição de 1988 e o Supremo Tribunal Federal"[768].

Outros pontos de vista:

"Ao descer a minúcias orçamentárias e financeiras, o texto constitucional cria vinculações que não são realistas, obrigando sucessivos governos a gastarem capital político em medidas de desvinculação", comenta Gustavo Binenbojm[769], professor da UERJ.

[767] Ao longo da história brasileira algo como uma farsa reiterada pode ser depreendida dos acordos políticos: "A ressureição dos mortos, os fantasmas e os espectros travam o processo histório e impedem a vitória do novo e do jovem. Daí os zeros da História, quando temos de refazer tudo, ao contato do vivo no passado e do presente vivo". RODRIGUES, José Honório. *Conciliação e reforma*. Rio de Janeiro: Civilização Brasileira, 1965, p. 7.

[768] Inf. do Conselho de Justiça Federal disponíveis em https://www.cjf.jus.br/cjf/noticias/2013/setembro/gilmar-mendes-201ca-constituicao-de-1988-permitiu-a-estabilidade-institucional-no-brasil, acessado em 19/10/20.

[769] *O Globo*, edição de 24/02/2017, p. B-6.

"A Constituição cometeu vários excessos por culpa dos parlamentares. O texto deveria tratar primordialmente das regras do jogo democrático e não de economia, administração, educação ou saúde, uma vez que muito do conteúdo relativo a esses pontos na Constituição não dependem somente dela, mas de legislações adequadas". A opinião é do ex-senador gaúcho pelo PMDB, **José Fogaça**, que, em 1988, aos 41 anos de idade, foi um dos responsáveis pela elaboração do texto final da Constituição Cidadã, como a chamava Ulysses Guimarães. "Quem põe isso na Constituição, põe em demasia. Isso podia ser perfeitamente e seria tão bem estruturado se nós puséssemos apenas na lei"[770], diz.

Fogaça também era crítico da instituição das medidas provisórias, por considerar que elas não são compatíveis com o presidencialismo. "A medida provisória é nada mais do que um decreto do Executivo com efeito e valor de lei, que é assinada em um dia e passa a valer no seguinte, sem ter passado pelo Congresso e com caráter provisório. Posteriormente, pode ou não ser aprovada, mas já produziu resultados no mundo jurídico. Isso acaba sendo um obstáculo à construção de uma democracia melhor, mas enfim, estabelecida a regra do jogo tem sido cumprida"[771].

Ao completar 28 anos de promulgação, em 2016, a Constituição foi objeto de um editorial do jornal *O Estado de S. Paulo*[772] que apontava uma série de problemas da Carta Magna, principalmente no que diz respeito a temas econômicos que o documento, em vez de melhorar, trazia mais dificuldades ainda, ao vincular despesas aos entes públicos sem suficiente provisão de fundos. A continuar assim, afirma o texto, o colapso financeiro é "quase um destino". A seguir, alguns trechos:

> *"(...) As manifestas qualidades da Constituição de 1988 não dissimulam, contudo, suas deficiências. Basta ver que, se for levada ao pé da letra, a Carta constrange a capacidade financeira do Estado, impondo uma situação em que o colapso é quase um destino. Benefícios, dotações e vinculações constitucionais não apenas imobilizam 90% da União, como têm crescimento vegetativo o que, com o passar do tempo, coloca o País na rota da insolvência fiscal, mesmo que a carga tributária tenha contínua expansão.*

[770] *O Globo*, edição de 20/03/2016, p. A-8.

[771] Ibidem, p. A-8.

[772] Um olhar crítico sobre a Constituição, 5 de outubro de 2016, p. A-2.

Sem a necessária liberdade para decidir as despesas de acordo com as prioridades, o governo, qualquer governo, não pode dar um padrão razoável de qualidade ao uso que faz do dinheiro público. Remendos como a Desvinculação de Receita da União (DRU) e medidas no campo tributário, têm evitado o colapso da política fiscal. Mas não passam de remendos.

Os quase três decênios da Carta evidenciam, por isso, a necessidade de sua ampla reforma. Já foram aprovadas 93 reformas constitucionais e, mesmo assim, não se conseguiu garantir funcionalidade à Carta de 1988 que, repleta de boas intenções, nasceu mal calibrada. O tempo nada mais fez do que evidenciar seu desequilíbrio.

O Estado oriundo da Constituição de 1988 tinha o propósito de 'assegurar o exercício dos direitos sociais e individuais, a liberdade, a segurança, o bem-estar, o desenvolvimento, a igualdade e a justiça como valores supremos de uma sociedade fraterna, pluralista e sem preconceitos', dispõe o preâmbulo. Certamente é compreensível tal aspiração. Não é compreensível, porém, supor que esse estado de coisas será assegurado pelo poder público, como se ele fosse detentor de uma fonte infinita de recursos.

Nos termos em que foi formulada – e especialmente na forma pela qual foi interpretada – a Constituição de 1988 tem sido causas de cíclicas crises, tanto fiscais como políticas. Não é razoável achar que, por exemplo, que a simples menção a direitos sociais é suficiente para eliminar nossa histórica desigualdade social e nivelar as profundas deficiências dos serviços públicos básicos, como saúde, educação e segurança. No entanto, foi isso que a Carta fez, impondo ao Estado um sem-fim de obrigações.

A disfuncionalidade da Constituição decorrente do fato de prometer mais do que podia entregar foi agravada pela pela interpretação de que todas estas bem-intecionadas promessas eram cláusulas pétreas, impedindo posteriores modificações. Nesse tópico, a Assembleia Constituinte inspirou-se na Constituição Portuguesa de 1976, com o seu amplo rol de itens 'pétreos', como se tornar tudo inamovível asseguraria um Estado de bem-estar social. O legislador brasileiro esqueceu-se, porém, de acompanhar a experiência de Portugal que, para garantir funcionalidade a sua Constituição, se viu obrigado a promover quatro profundas reformas constitucionais. Lá, entenderam que a fórmula originalmente aprovada não estava funcionando. Aqui, parece ainda perdurar juvenil deslumbramento com o texto constitucional.

(...) Esses 28 anos são também a comprovação empírica de que não basta assegurar tudo na lei, de forma idealista, sem ter disponibilidade de meios, tal irrealismo simplesmente trava o Estado. Tem-se, agora, oportunidade única para debater e reformar corajosamente a Constituição de 1988. O Brasil merece e a realidade exige esse debate".

5.3. Críticas de centro-esquerda à Constituição

Líderes de esquerda também criticaram a Constituição de 1988 à época de sua promulgação. O então deputado constituinte e líder do PT, **Luiz Inácio Lula da Silva**, depois presidente da República, reconheceu, em um pronunciamento em plenário, alguns avanços de ordem social no texto, mas reclamou que o documento final não atendeu às demandas dos trabalhadores no que diz respeito à reforma agrária - que não foi prevista na Constituição - em termos de alguns direitos trabalhistas que não avançaram como esperado e pela manutenção do poder dos militares, ao contrário do que se esperava, entre outros problemas. Em suas palavras[773]:

> *"(...) Houve alguns avanços na Constituição, mas foram avanços aquém daquilo que a classe trabalhadora esperava acontecesse aqui, na Constituinte. Entramos aqui querendo 40 horas semanais e ficamos com 44 horas; entramos aqui querendo férias em dobro e ficamos apenas com um terço a mais nas férias; entramos aqui querendo o fim da hora extra ou, depois, a hora extra em dobro, e ficamos apenas com 50%, recebendo menos do que aquilo que o Tribunal já dava. Algumas conquistas consideradas importantes não passaram, nem sequer de perto, para que a classe trabalhadora pudesse ter o sabor e o prazer de festejar essas conquistas. Sobre a questão da reforma agrária, esta Assembleia Nacional Constituinte teve o prazer de dar aos camponeses brasileiros um texto mais retrógrado do que aquele que era o Estatuto da Terra, elaborado na época do marechal Castello Branco. Os militares continuam intocáveis, como se fossem cidadãos de primeira classe, para, em nome da ordem e da lei, poderem repetir o que fizeram em 1964, ou o que foi feito agora no Haiti.*
>
> *O latifundiário brasileiro deve estar festejando, juntamente com o Sr. Ronaldo Caiado[774], a grande vitória dos proprietários de terra que, em 5 séculos, não avançaram um milímetro para entender que a solução para os problemas graves deste País está no dia em que tivermos capacidade para elaborar uma reforma agrária que possa distribuir a terra e, ao mesmo tempo, o Estado garantir os meios. Poderíamos mencionar,*

[773] Discurso proferido na sessão de 22 de setembro de 1988, publicado no DANC de 23 de setembro de 1988, p. 14313-14314.

[774] Ronaldo Caiado era, então, presidente da União Democrática Ruralista (UDR), grupo que unia produtores rurais ricos e era ligado à direita política. Posteriormente, Caiado se tornou deputado federal. Em 2018 elegeu-se governador do seu Estado, Goiás.

ainda, o anúncio feito pelo Líder do PMDB, de que mais ou menos 200 artigos serão regulamentados por legislação ordinária ou lei complementar. A própria CNI (Confederação Nacional da Indústria) elaborou um documento, possivelmente mais volumoso do que a própria Constituição, mostrando os artigos que, do seu ponto de vista, precisam ser regulamentados por lei ordinária e por lei complementar. Todos nós, constituintes, sabemos perfeitamente bem que na elaboração das legislações complementar e ordinária teremos um trabalho insano tanto quanto o foi o desta Constituição. Todos sabemos que teremos eleições em 89, que teremos eleições em 90 e que possivelmente até lá não tenhamos quórum para regulamentar um único artigo de lei.

Ressalto dois pontos importantes: a questão da estabilidade no emprego, que todos sonhávamos ou pelo menos uma parte sonhava conquistar. Esta vai ter que ser regulamentada por lei complementar. Sabemos que apenas os Princípios Gerais não garantem a efetivação da democracia, que apenas a efetivação de alguns princípios gerais não garantem à classe trabalhadora viver em regime efetivamente democrático. É possível que, dependendo dessa correlação de forças existentes na Constituinte e permanecendo no Congresso, pouca coisa será regulamentada e algumas, possivelmente, serão regulamentadas em prejuízo da classe trabalhadora. Sabemos que é necessário um trabalho insano de arregimentação do movimento popular. Sabemos que é necessário um trabalho insano de arregimentação do movimento sindical, dos partidos políticos progressistas, para que possamos manter a sociedade permanentemente pressionando o Congresso, para que ele possa regulamentar a legislação em benefício da classe trabalhadora brasileira. Poderia citar a questão do direito de greve, possivelmente a maior conquista obtida nesta Constituinte. Mesmo assim vai depender da regulamentação do que são categorias essenciais, vai depender de definirmos o que é abuso, porque, dependendo da cabeça política do empresariado brasileiro, a própria decretação de uma greve já pode ser caracterizada como abuso e todos sabem que a lei ainda existe neste País para punir os fracos, e não os poderosos.

(...) Ainda não foi desta vez que a classe trabalhadora pôde ter uma Constituição efetivamente voltada para os seus interesses. Ainda não foi desta vez que a sociedade brasileira, a maioria dos marginalizados, vai ter uma Constituição em seu benefício. Sei que a Constituição não vai resolver o problema de mais de 50 milhões de brasileiros que estão fora do mercado de trabalho. Sei que a Constituição não vai resolver o problema da mortalidade infantil, mas imaginava que os Constituintes, na sua grande maioria, tivessem, pelo menos, a sensibilidade de entender que não basta, efetivamente, democratizar um povo nas questões sociais, mas é preciso democratizar nas questões econômicas. Era preciso democratizar na questão do capital. E a questão do capital continua

intacta. Patrão, neste País, vai continuar ganhando tanto dinheiro quanto ganhava antes, e vai continuar distribuindo tão pouco quanto distribui hoje".

Ao final, o PT, que tinha 16 dos 594 parlamentares constituintes[775], acabou votando contra o texto da Constituição, mas o assinou, "para legitimar o processo constitucional do qual participou", de acordo com nota da direção da legenda.

O professor de Ciência Política da Universidade Federal de Pernambuco (UFPE), Jorge Zaverucha, também critica o que chama de excessivo poder concedido aos militares na Constituição de 1988. De acordo com o pesquisador, que se refere ao artigo 42 da Carta Magna, que confere às Forças Armadas o status de "mantenedores da lei e da ordem", esse privilégio não existe em democracias avançadas em torno do mundo[776].

[775] Foram 594 parlamentares no total, sendo 487 deputados federais eleitos no pleito de 15 de novembro de 1986 e 25 suplentes. Ainda atuaram 82 senadores, sendo 49 do pleito de 1986, 23 eleitos em 1982 e dez suplentes. O presidente da Mesa Diretora foi Ulysses Guimarães. Havia dois vice-presidentes, Mauro Benevides e Jorge Arbage.

[776] Outra vantagem dos militares, este no campo financeiro, diz respeito à sua aposentadoria, muito mais favorável do que a dos servidores civis e a anos-luz do trabalhador da iniciativa privada. Ao contário dos seus colegas do serviço público e dos demais trabalhadores, eles não terão, de acordo com a reforma da Previdência, aprovada no Senado em 2 de dezembro de 2019, idade mínima para aposentadoria e deixarão o serviço ativo com a garantia de sua renda integral. Receberão,também, os mesmos salários que o pessoal da ativa, ou seja, terão direito à integralidade e à paridade dos vencimentos. Havia a previsão de economia de R$ 97 bilhões em dez anos com a aposentadoria dos fardados, mas este valor caiu para R$ 10,45 bilhões. Os integrantes das Forças Armadas pagarão 10,5% de contribuição à Previdência, enquanto os civis arcarão, de acordo com o salário, com valores que variam entre 7,5% e 11,68%. Auditoria do Tribunal de Contas da União (TCU) demonstrou que o governo federal gasta em média 19 vezes mais para subsidiar o rombo da aposentadoria de um militar do que a de um funcionário privado do Regime Geral de Previdência Social (RGPS). O levantamento "Panorama do Sistema de Previdência Social do Brasil" afirma que o governo gastou, com subsídios do ano todo de 2018, R$ 6.447 por aposentado civil do setor privado, enquanto o gasto com os militares chegou a R$ 121.677. Fontes: Uol Economia, de 30/10/2019 e 04/12/19. Por fim, o texto da Previdência dos militares, o projeto 1.645/2019, privilegia os oficiais-generais em detrimento dos demais militares de patentes mais baixas. Os generais terão direito a uma gratificação especial, a gratificação de representação, que pode chegar a 73% do seu salário enquanto no caso dos demais não ultrapassa 12%. Fonte: revista Nova Democracia, edição de 4 de setembro de 2019. Com relação à aposentadoria, setores militares defendem que, apesar da aparente

"Só vi isso ser replicado no Chile, onde Pinochet fez a sua Constituição – ou seja, à direita – e quando os sandinistas tomaram o poder, à esquerda, na Nicarágua", comparou. "A gente precisa entender que as Forças Armadas são o braço armado do poder civil. É o poder civil que tem de garantir a existência do poder militar para o fim que foi criado e não o contrário. O Exército existe para defender a soberania do Estado". De acordo com o especialista, como o conceito de "ordem" é carregado de subjetivismo, o artigo pode ser usado até para justificar um golpe de Estado. A razão disso é que cada ator político pode interpretar a norma de sua maneira. "Os militares, se acharem necessário, poderão, em último caso, tomar o poder e argumentar que isso foi feito legalmente de acordo com o artigo 142", argumenta Zaverucha. O professor de Direito da USP, Elival da Silva Ramos, apresenta outro argumento: "O poder militar está claramente subordinado ao presidente. Este não pode, por exemplo, decretar intervenção em outros poderes da República", argumenta. A Garantia da Lei e da Ordem (GLO), de acordo com Ramos, encontra-se prevista no artigo 142 e mesmo assim em situações-limite[777].

Outro ponto envolvido nessa questão que deve ser destacado, de acordo com o professor, é o fato de os códigos penais militares e os tribunais militares continuarem em vigor, com amparo da Constituição, mesmo após o fim da ditadura militar. Ele lembrou que os códigos disciplinar e de processo penal militar foram redigidos em 1969, durante os chamados anos de chumbo. "Obviamente, as Forças Armadas criaram essas normas para favorecer seus integrantes." Segundo o especialista, os vizinhos Chile, Argentina e Uruguai extinguiram os códigos militares que vigoraram durante os seus respectivos regimes de exceção durante a transição para a democracia. O então presidente Fernando Henrique Cardoso, de acordo com ele, chegou a criar uma comissão para rever os códigos brasileiros, mas o projeto não seguiu adiante e sofreu forte opo-

vantagem, militares não têm direito constitucional à greve e à constituição de sindicatos, ao contrários dos civis, e podem ser convocados a qualquer tempo em caso de necessidade, também em desvantagem com relação aos seus colegas dos serviço público.

[777] Fellet, João, BBC Brasil, 1 junho 2018.

sição de setores ligados à caserna. "A reação foi imensa, FHC achou que, naquele momento, não convinha enfrentar os militares"[778].

A manutenção da Lei de Segurança Nacional (LSN), em sua versão de 1983 (Lei 7.170/83), mesmo durante o período democrático também significa, para Zaverucha, um privilégio dos fardados. Em sua visão, essa legislação é incompatível com uma democracia sólida, como deveria ser a brasileira. "A LSN foi criada para punir mais severamente quem fosse considerado 'inimigo da pátria'. Na democracia, não temos inimigos e sim pessoas com ideias conflitantes, o que é muito diferente"[779]. Da mesma forma, de acordo com o cientista político, os países vizinhos também aboliram leis semelhantes quando retornaram ao regime democrático. Jorge Zaverucha destaca que a Carta Magna já sofreu várias emendas, mas nenhuma no capítulo sobre as Forças Armadas, o que demonstra a força e a coesão de setores ligados às instituições militares. Um dos poucos avanços, em sua visão, após a promulgação da Constituição, foi a criação do

[778] O Brasil é o único pais do mundo que paga benefícios para filhos e netos de militares, além de magistrados e ministros do Tribunal de Contas da União (TCU). No caso dos primeiros, isso se deve a um decreto assinado pelo marechal Deodoro da Fonseca, em 1889, que tinha como objetivo amenizar a dor dos familiares dos militares com a Guerra do Paraguai (1864-1870), garantindo uma pensão para as filhas destes. Hoje, o benefício foi cassado para quem fez academias militares a partir de 2003, mas preservou o direito das que já recebiam. Com isso, muitas filhas e netas destes grupos privilegiados continuam recebendo pensões em valores que podem chegar a R$ 15 mil. *Exame*, edição de 9 de outubro de 2008, p. 16.

[779] No final do segundo semestre de 2019, o presidente Jair Bolsonaro indicou que poderia utilizar a Lei de Segurança Nacional (LSN) contra o seu rival, o ex-presidente Luiz Inácio Lula da Silva, libertado da prisão em 8 de novembro de 2019, quando o STF decidiu sobre a inconstitucionalidade da prisão após a segunda instância, sob acusação de que este estaria "insuflando protestos" contra ele. Seu filho, o deputado federal Eduardo Bolsonaro (PSL-SP), e o ministro da Economia, Paulo Guedes, também se colocaram favoráveis à criação de um "novo AI-5", legislação da ditadura militar para conter seus "inimigos" contra manifestantes eventualmente "insuflados" pelo petista. Juristas e líderes democráticos, entre os quais o presidente do STF, Dias Toffoli, e da Câmara, Rodrigo Maia, contestaram a ideia de Bolsonaro e seus aliados. O ministro do STF, Ricardo Lewandowki, por sua vez, lembrou ao presidente da República que ele poderia sofrer um pedido de *impeachment* se continuasse defendendo a quebra do regime democrático.

Ministério da Defesa, em geral comandado por um cidadão comum[780], que tinha sob sua liderança os comandantes militares das três Armas, confirmando a força do poder civil[781].

Segundo alguns juristas, mais identificados com a esquerda, a Constituição perdeu sua efetividade, em função das várias reformas a que foi submetida e de decisões políticas a ela posteriores, como a Emenda Constitucional n. 95, aprovada durante o governo de Michel Temer (PMDB), em 2016, que estabelece que, durante 20 anos, não podem ser elevados os gastos com educação e saúde, bastante contemplados na Carta Magna. Para estes especialistas, reformas de caráter neoliberal e o chamado "Golpe de 2016" praticamente descaracterizaram a Constituição, que não atende mais aos anseios da população brasileira como um todo. Para completar, a Lei 13.467, de 13 de julho de 2017, que mudou vários pontos da legislação trabalhista, fragilizando a CLT e permitindo, por exemplo, a terceirização ampla e irrestrita dos trabalhadores, foi outro fator a fazer com que a atual Constituição seja vista como, em sua visão, uma espécie de "ilusão constitucional", incapaz de prover avanços democráticos ao País. Tido como um guardião da Carta Magna, o STF, na opinião dos autores do texto abaixo, tem contribuído para apequenar e enfraquecer o texto constitucional, desatendendo aqueles que deveriam ser seus beneficiários, a população, principalmente os mais pobres. A seguir, algumas considerações sobre a questão[782].

> *"Está aberta a temporada de celebrações dos trinta anos da Constituição de 1988! Ministros do STF, juristas, cientistas políticos, jornalistas têm organizado eventos e*

[780] O primeiro ministro da Defesa, no segundo mandato de FHC, em 1999, foi o senador Élcio Álvares, sucedido por Geraldo Magela Quintão, José Viegas Filho, José Alencar, Waldir Pires, Nelson Jobim, Jacques Wagner, Aldo Rebelo e Raul Jungman. Durante o mandato de Michel Temer, em 2018, a tradição foi quebrada, com a indicação do general de Exército Joaquim Silva e Luna, o que foi seguido por Bolsonaro, em 2019, que indicou o também general Fernando Azevedo e Silva.

[781] Para professor, Constituição de 88 dá brecha para novo golpe militar. Fórum. Disponível em https://www.editoraforum.com.br/noticias/para-professor-constituicao-de-88-da-brecha-para-novo-golpe-militar/. Acesso em 16 jan. 2020.

[782] Bello, Engo; Bercovici, Gilberto; e Lima, Martonio MOnt'Alverne Barreto. O fim das ilusões constitucionais de 1988?, cit., p. 1800-1803.

publicado livros e textos por ocasião do aniversário da 'Constituição Cidadã', a maioria em tom de euforia, festejo e crença em um futuro próspero – para o País e o próprio texto constitucional.

Este não é o nosso caso. No limiar dos trinta anos da Constituição Federal de 1988, pensamos sob a perspectiva da mudança a ser operada e dos obstáculos a tais transformações tanto no debate intelectual, como no papel do Poder Judiciário, notadamente do STF.

Esvaziada em seu sentido original de seu caráter desenvolvimentista, dirigente e garantista, por concepções teóricas estadunidenses e europeias recepcionadas no Brasil, a Constituição de 1988 restou incapaz de revelar-se instrumento contra açoites desferidos com a implementação material do neoliberalismo na década de 1990, com a sua consolidação nos anos 2000, bem como com o golpe de 2016 e seus desdobramentos econômicos e políticos.

(...) Ao dirigismo constitucional foi imputada a responsabilidade maior pela 'ingovernabilidade'. O curioso é que são apenas os dispositivos constitucionais relativos a políticas públicas e direitos sociais que 'engessam' a política, retirando a liberdade de atuação do legislador. E os mesmos críticos da constituição dirigente são os grandes defensores das políticas de estabilização e de supremacia do orçamento monetário sobre as despesas sociais. A imposição, pela via da reforma constitucional e da legislação infraconstitucional, das políticas ortodoxas de ajuste fiscal e de liberalização da economia, não acarretou qualquer manifestação de que se estava 'amarrando' os futuros governos a uma única política possível, sem qualquer alternativa.

(...) Em contraposição aos parâmetros normativos da Constituição de 1988, a doutrina constitucionalista brasileira formou a chamada 'doutrina brasileira da efetividade', cujo ponto de partida é o debate sobre a natureza das normas constitucionais de acordo com a sua eficácia e os limites da sua aplicabilidade, a partir da obra de José Afonso da Silva – que classifica as normas constitucionais como de eficácia plena, contida e limitada. A intenção é ir além da ênfase nos planos da existência, validade e eficácia das normas constitucionais, para se investir na seara da efetividade, entendida como esfera de concretização das normas constitucionais, especialmente as de direitos fundamentais.

Uma das práticas recorrentes tem sido a utilização do instituto da mutação constitucional como estratégia de burla ao processo democrático e de reescrita da Constituição por magistrados não eleitos, sem mandato nem controle social democrático tem sido usada no sentido contrário da própria Constituição: não para atualizá-la; mas exatamente fazer com que retroceda no seu projeto desenvolvimentista, dirigente e garantista; per-

vertendo até mesmo o sentido original da mutação constitucional. O caso da garantia constitucional da presunção da inocência (art. 5º, LVII) é emblemático da destruição do texto constitucional pelo STF, sob a justificativa da 'mutação constitucional'. Não houve mutação constitucional alguma, houve quebra constitucional, uma violação explícita da Constituição de 1988.

No sentido econômico, a suspensão das normas constitucionais de direitos sociais foi definida pela Emenda Constitucional nº 95, de 2016, que altera o Ato das Disposições Constitucionais Transitórias para instituir o chamado 'Novo Regime Fiscal', que, entre outras medidas, determina o congelamento por vinte anos de investimentos do governo federal nas áreas de saúde e educação. Ausente nas constituições de quaisquer outros países, tal medida de exceção foi justificada pela necessidade de recomposição das finanças do governo federal em razão de grave crise econômica.

A Emenda Constitucional nº 95, de 2016, que instituiu o 'Novo Regime Fiscal' e suspendeu a Constituição de 1988 por vinte anos, se insere neste fenômeno, que ocorre em um contexto de estado de exceção econômico permanente, em que se utilizam as medidas emergenciais a todo o momento para salvar os mercados, caracterizando uma subordinação do Estado ao mercado, com a exigência constante de adaptação do direito interno às necessidades do capital financeiro, que busca reduzir a deliberação democrática ao mínimo necessário, como se esta fosse uma mera formalidade.

No sentido de reforçar o estado de exceção econômico, dois novos golpes foram desferidos contra a Constituição de 1988: (i) a promulgação da Lei nº 13.467, de 13 de julho de 2017, que descaracteriza a CLT (Consolidação das Leis do Trabalho), reduzindo uma série de direitos trabalhistas (férias, décimo terceiro salário, entre outros) ao instituir mecanismos jurídicos ('pejotização', terceirização, contrato intermitente, entre outros) que viabilizam modalidades de trabalho flexível e temporário; (ii) o julgamento pelo Supremo Tribunal Federal, em 30 de agosto de 2018, da ADPF 324 e do RE 958.252, no qual a corte terminou de dizimar juridicamente o direito fundamental ao trabalho ao reconhecer a possibilidade (e a 'constitucionalidade'!) de terceirização de atividades (meio e fim) de empresas para outras empresas.

A partir dos anos 2000, esse embate arrefeceu, mas continuaram as disputas entre os vários grupos políticos e econômicos em torno da constituição. O recrudescimento do ataque à constituição mudou de lugar e, embora continue com apoio no Legislativo e Executivo, passou a ser desferido preponderantemente a partir do STF. Com o golpe jurídico-parlamentar-midiático de 2016 e as contínuas violações ao texto constitucional por todos os poderes da República, o sistema constitucional brasileiro de 1988 simplesmente colapsou.

A Constituição de 1988 não fará parte de qualquer caminho para a resolução da atual crise nacional, pois ela perdeu o potencial de limitar e orientar a composição e dinâmica das relações políticas e sociais. De tanto ser desrespeitada, seja pelo golpe jurídico-parlamentar-midiático de 2016, seja por reiteradas decisões contrárias ao seu texto tomadas pelo STF, seja pelos falsos argumentos da 'governabilidade' que tanto utilizam nossos auto intitulados juristas, ficou só a folha de papel, descolada dos fatores reais de poder. Os guardiões formalistas do rito simulam conservar a utilidade da constituição como orientadora da composição institucional do aparelho de Estado, afirmando reiteradamente que 'as instituições estão funcionando'. Isso não é verdade. O texto constitucional de 1988 foi perdendo força e resiliência; o tecido constitucional esgarçou-se.
Com a vitória do golpe de Estado de 2016 e a morte matada (e 'para sempre') da Constituição de 1988, adentramos no século XXI já vencidos, retrocedendo a passos largos rumo ao século XIX. A impressão que fica destes trinta anos de vigência meramente formal da Constituição de 1988 é que não passaram de uma 'ilusão constitucional' (Lênin), ecoando as considerações feitas há cerca de um século pelo grande escritor Lima Barreto: 'A Constituição é lá pra você?'".

A Constituição brasileira, tal como foi formulada, fortalece a concentração de riqueza, por causa das inúmeras salvaguardas que há no texto, elaborado em meio à tentativa de um grande acordo nacional. Em outras palavras:

> (...) "a elaboração de nossa Constituição deu-se num contexto de forte desconfiança entre os grupos e as forças políticas que participaram do processo de transição, daí a estratégia de buscarem proteger ao máximo ambições e interesses, entrincheirando-os no texto da Constituição na forma de um ambicioso conjunto de políticas públicas e também no fortalecimento do sistema de freios e contrapesos. Nessa direção, os constituintes buscaram fortalecer as agências de aplicação da lei, com o objetivo de ampliar os mecanismos de proteção dos compromissos assumidos durante o processo constituinte.
> Imersos numa cultura política corporativista e patrimonialista, os constituintes não se descuidaram, por outro lado, de inserir no texto da Constituição privilégios, interesses de grupos e setores econômicos, assim como prerrogativas institucionais e corporativas. O resultado dessa estratégia maximizadora foi uma Constituição ambiciosa, ubíqua e detalhista. Em termos políticos,

criou um modelo marcado por um sistema partidário bastante fragmentado e pelo fortalecimento das instâncias de controle e aplicação da lei, com múltiplas possibilidades de veto sobre as decisões majoritárias. No que se refere ao arbitramento dos conflitos distributivos, a Constituição conjuga direitos sociais de viés progressista com inúmeros mecanismos regressivos que favorecem a concentração de riquezas nas mãos de alguns setores. Esse compromisso maximizador funcionou como uma espécie de 'seguro' no decorrer do processo de transição e consolidação da democracia, possibilitando que as diversas classes sociais, correntes políticas e ideológicas e grupos de interesse se dispusessem a coordenar os seus conflitos por intermédio das regras estabelecidas pela Constituição"[783].

5.4. O Judiciário, o Ministério Público e os problemas constitucionais

Se a Constituição tem problemas, conforme apontado por vários especialistas, o que dizer do poder responsável por sua guarda e aplicação, o Judiciário?

O Estado Democrático de Direito brasileiro prioriza a soberania, a cidadania, a dignidade da pessoa humana, os valores sociais do trabalho e da livre iniciativa e o pluralismo político, estes enaltecidos como fundamentos da República Federativa do Brasil (art. 1º, incisos I a V).

Segundo a Constituição, art. 6º, são direitos sociais: educação, saúde, alimentação, trabalho, moradia, transporte, lazer, segurança, previdência social, proteção à maternidade e infância, assistência aos desamparados.

Aparentemente, supor-se-ia que apenas ao Executivo, por meio da gestão da administração pública, e ao Legislativo, mediante a elaboração de leis, caberia efetivar os referidos direitos, mas o Judiciário e os demais órgãos que compõem o sistema judicial também compartilham dessa responsabilidade, visto que, em observância ao princípio da inafastabilidade da jurisdição, o cidadão pode livremente ter acesso à Justiça, postular e ter seus direitos protegidos:

> "A Constituição tornou o controle judicial inafastável, deu às instituições já pertencentes a esse sistema mais autonomia e segurança, criou novos atores

[783] Vieira, Oscar Vilhena. *A batalha dos poderes*. São Paulo, Companhia das Letras, 2018, p. 24.

e ampliou as possibilidades de acesso ao controle judicial de constitucionalidade. De espaço de resolução de conflitos de direito privado, trabalhista e de responsabilização criminal, as instâncias judiciais passaram a funcionar também como esferas de controle e redefinição do processo e das escolhas dos agentes políticos e dos atores privados"[784].

Sob o ponto de vista jurídico, a Constituição de 1988 ampliou o campo de atuação do Ministério Público – ainda que em 1985, com a edição da Lei da Ação Civil Pública, já tenha aumentado o seu campo de atuação –, ao possibilitar-lhe as seguintes proposituras: "de ações no âmbito civil, administrativo e penal, bem como em uma atuação extrajudicial, por meio da adoção de medidas administrativas para apurar a existência de irregularidades e, quando necessário, estabelecer acordos de ajustamento de conduta com entidades públicas e privadas"[785], tornando-o praticamente um quarto poder.

Além disso, com a criação do Código do Consumidor, o Estatuto da Criança e do Adolescente, o Estatuto do Idoso, o Estatuto da Pessoa com Deficiência, as possibilidades de atuação do Ministério Público, no âmbito cível, seja como demandante, seja como fiscal da aplicação da lei, foram ampliadas. E na seara penal, a instituição passou a conduzir investigações e negociar transações penais[786].

Ocorre que, diante do que se tem noticiado pela imprensa, verifica-se um desvirtuamento quanto ao âmbito de atuação do Ministério Público. E o próprio Supremo Tribunal já se manifestou contrariamente a esse des-

[784] LIMA, Rafael Bellem de; e VASCONCELOS, Natália Pires de. O sistema de justiça brasileiro: atores, atuação e consequências do arranjo constitucional. In MENEZES FILHO, Naercio; e SOUZA, André Portela. *A carta – para entender a Constituição*. São Paulo: Todavia, 2019, p. 83.

[785] Antes da promulgação da Carta de 1988, o Ministério Público estava vinculado ao Executivo, cabendo-lhe, então, a titularidade da ação penal. Mas com a vigência do Texto Constitucional, a instituição passou a contar com autonomia orçamentária e administrativa, e promotores e procuradores equipararam-se a magistrados, com a concessão da vitaliciedade, inamovibilidade, irredutibilidade de vencimentos e autonomia funcional. Idem, p. 88.

[786] LIMA, Rafael Bellem de; e VASCONCELOS, Natália Pires de. O sistema de justiça brasileiro: atores, atuação e consequências do arranjo constitucional, cit.., p. 89.

vio de finalidade quando, por exemplo, em sessão da Segunda Turma, o então ministro Teori Zavascki considerou que houve "espetacularização" no episódio em que foi apresentada a denúncia contra o ex-presidente Lula, e assim afirmou: "Nós todos tivemos a oportunidade de verificar um espetáculo midiático com forte divulgação que se fez lá em Curitiba, não com a participação do juiz, mas do Ministério Público Federal e da Polícia Federal. Se deu notícia sobre organização criminosa colocando o presidente Lula como o líder dessa organização criminosa dando a impressão, sim, de que se estaria investigando essa organização criminosa. Mas aquilo que foi objeto do oferecimento da denúncia, efetivamente, não foi nada disso. (...) Houve esse descompasso. Essa espetacularização do episódio não é compatível nem com aquilo que foi objeto da denúncia nem parece compatível com a seriedade que se exige na apuração desses fatos"[787].

Em outro caso, a Procuradoria-Geral da República, órgão máximo do Ministério Público Federal, manifestou-se em nota do dia 12 de julho de 2019 de forma crítica em relação aos procuradores da Operação Lava-Jato: "É inadmissível que o Estado, para reprimir um crime, por mais grave que seja, se transforme, ele mesmo, em um agente violador de direitos fundamentais. A investigação, acusação e punição de crimes em situação alguma podem se confundir com uma cruzada moral ou se transformar num instrumento de perseguição de qualquer natureza"[788].

A Carta de 1988 conferiu maior independência a juízes e demais atores do sistema de Justiça, tanto que, sob o manto de princípios e direitos constitucionais, verifica-se uma "dispersão decisória no Judiciário", ou seja, "cada juiz decide da forma que entende e, desse modo, é impossível ter posições claras de como o Judiciário, institucionalmente, decide. A melhor forma de ilustrar isso é que não existe um poder Judiciário propriamente no Brasil, e sim 17 mil magistrados"[789]. Neste contexto é pos-

[787] LINDNER, Julia; e MOURA, Rafael Moraes. Teori diz que procuradores da Lava Jato fizeram "espetáculo midiático" em denúncia contra Lula. *O Estado de S. Paulo*, 4 out. 2016.

[788] *Veja*, 15 jul. 2019.

[789] DA ROS, Luciano. Entrevista concedida ao jornal *El País*. Cf. André de Oliveira, *El País*, 20 jun. 2016, apud LIMA, Rafael Bellem de; e VASCONCELOS, Natália Pires de. O sistema de

sível ocorrer diversas interpretações de cunho objetivo, afetando a segurança jurídica.

É preciso reconhecer que hoje muito mais pessoas têm acesso à Justiça, mas o sistema judiciário tornou-se um dos mais caros do mundo, o que não assegurou, necessariamente, maior segurança jurídica, apesar do emparelhamento judicial instituído a partir de 1988[790]:

> "O sistema de justiça passou por profundas transformações a partir de 1988. Dos 245 artigos do texto original da Constituição, 44 foram dedicados diretamente à Justiça e às chamadas funções essenciais ao seu exercício, sem contar as diversas referências indiretas aos órgãos do sistema. Dentre as principais inovações destacam-se a criação do Superior Tribunal de Justiça e dos Tribunais Regionais Federais, a constitucionalizaçao da Defensoria Pública e de carreiras da Advocacia Pública e a ampliação do acesso ao controle de constitucionalidade de leis perante o Supremo Tribunal Federal[791].

Como sabemos, a Justiça brasileira é lenta e favorece os maus litigantes, ou seja, aqueles que desejam postergar o cumprimento de suas obri-

justiça brasileiro: atores, atuação e consequências do arranjo constitucional. In Menezes Filho, Naercio; e Souza, André Portela. *A carta*, cit., p. 84.

790 "O Poder Judiciário brasileiro divide-se entre as Justiças especiais, como a Justiça Militar, Eleitoral e do Trabalho, e a Justiça comum, que lida com todos os demais temas. A Justiça comum se divide, por sua vez, em dois grandes níveis, federal e estadual, a depender do tipo de norma ou problema jurídico que dá causa à ação dos atores. Cada um desses dois níveis foi organizado de forma descentralizada e muito capilarizada: em regiões, seções judiciárias e varas para o âmbito de atuação federal; e em comarcas e varas para o âmbito de atuação estadual. O estado de São Paulo, por exemplo, está dividido em 56 comarcas judiciais para a Justiça estadual e 44 seções judiciárias para a Justiça Federal, na primeira instância. Em segunda instância, cada estado possui um Tribunal de Justiça, para a Justiça estadual, e faz parte de uma das cinco regiões que dividem os tribunais da Justiça Federal. Além disso, tanto a Justiça Federal quanto a estadual contam com juizados especiais para o julgamento de causas de menor complexidade ou valor.
Sobre essa estrutura, há dois tribunais superiores, o Superior Tribunal de Justiça (STJ) e o Supremo Tribunal Federal (STF), que funcionam, na prática, como últimas instâncias recursais, para violações às leis federais e às normas constitucionais, respectivamente, cabendo ao STF, ainda, o controle abstrato de constitucionalidade". Ibidem, p. 86.

791 Ibidem, p. 84-85.

gações. Esse cenário acaba afastando as partes que, em tese, poderiam ter seus direitos analisados de forma mais diligente e célere. Lembre-se de que, não por acaso, "os maiores litigantes brasileiros sejam órgãos públicos, que se valem do sistema de precatórios para protelar o pagamento de suas dívidas, e empresas de consumo em massa, como operadoras de telefonia móvel e internet e bancos, que têm mais incentivos econômicos para se defender de eventuais demandas judiciais do que para corrigir falhas na prestação de serviço"[792].

A Constituição de 1988 tornou o Judiciário protagonista dos poderes da República, com "alto poder coercitivo". As contínuas reformas legislativas e constitucionais, que supostamente trariam racionalidade ao trâmite processual e cumprimento de direitos, só ajudaram a trazer incertezas, desde ao cidadão comum, que se vê, por contraditório, cercado por injustiças, até entre os próprios atores da justiça, como ministros, desembargadores, juízes, promotores, procuradores, defensores e advogados.

Saúde, educação, previdência, trabalho são direitos que se encontram no plano etéreo, apesar de, sob olhar constitucional, serem assegurados a todos e a despeito de inúmeras propostas legislativas e de inúmeros marcos regulatórios. A realidade é que poucos têm acesso a atendimento médico digno, a saúde de qualidade, a uma aposentadoria capaz de garantir sobrevivência do cidadão médio e ao pleno emprego. Como se nota, continuamos insistindo a pegar o caminho errado da história.

Uma pesquisa coordenada pelo professor Luciano Da Ros, da Universidade Federal do Rio Grande do Sul (UFRGS), demonstrou que o Judiciário brasileiro é caro e ineficiente, além de muito lento. "O orçamento destinado ao Poder Judiciário brasileiro é muito provavelmente o mais alto por habitante entre todos os países do hemisfério ocidental", diz. De acordo com a pesquisa, que usou dados do estudo *Justiça em números*, do Conselho Nacional de Justiça (CNJ), o País gasta 1,3% do PIB com a Justiça ante, por exemplo, 0,13% da Argentina, 0,14% dos Estados Unidos, 0,32% da Alemanha e 0,28% em Portugal.

O percentual supramencionado era maior do que o Produto Interno Bruto (PIB) de 12 Estados brasileiros considerados individualmente,

[792] Ibidem, p. 105.

aponta o levantamento. O porcentual de 1,3% do PIB equivale a 2,7% do total gasto pela União, pelos Estados e municípios no ano de 2013 e a R$ 306,35 por habitante. Outro estudo, apresentado pela Fundação Getúlio Vargas (FGV), mostra que, enquanto o custo do Judiciário é financiado pelo povo, os salários vão para uma elite. Somente 3,1% dos promotores paulistas, de acordo com o estudo, ganham o equivalente ao teto constitucional. Todo o restante recebe mais, numa média que gira em torno de R$ 46 mil por mês. Não é diferente em relação aos juízes.

O coordenador executivo do Fórum de Economia da FGV e autor do levantamento, Nelson Marconi, constatou situações abusivas como salários de desembargadores próximos a R$ 200 mil mensais. E vem de longe esse abuso. De acordo com ele, "O Judiciário, no geral, sempre teve uma política remuneratória feita com certa autonomia. Antes da reforma constitucional de 1998, eles podiam, por exemplo, se autoconceder aumentos salariais sem passar necessariamente pelo Congresso, através de Resolução. Havia uma liberdade muito grande", afirma. O professor observa que a lei é burlada por meio de vantagens pessoais ou auxílios "que eles interpretam como fora do teto. Muitas vezes, a manobra que eles usam para poder aumentar a remuneração deles é esse tipo de benefício"[793].

O professor observa que a lei é burlada por meio de vantagens pessoais ou auxílios, vistas como se não fossem salário direto. "Muitas vezes, a manobra que os magistrados usam para poder aumentar a remuneração deles é esse tipo de benefício". Marconi exemplifica com um caso de Mato Grosso. "Eu li que eles iam começar a pagar aula de ginástica para os juízes. Esse tipo de coisa você não consegue incorporar no teto. Não é um pagamento em salário. É um benefício, como um carro que você está concedendo para a pessoa, um motorista. Não tem como você saber o tamanho desse benefício", explica. O economista esclarece que esse auxílio é caracterizado como despesa de custeio, não de pessoal, o

[793] Poder Judiciário brasileiro é o mais caro dos países do Ocidente, diz pesquisador da UFRG. Sintrafesc – Sindicato dos Trabalhadores no Serviço Público Federal – SC. Disponível em http://www.sintrafesc.org.br/poder-judiciario-brasileiro-e-o-mais-caro-dos-paises-do-ocidente-diz-pesquisador-da-ufrg/, acessado em 10 maio 2020.

que prejudicaria a transparência e facilitaria os excessos, observados em vários tribunais[794].

Para ele, parte do Judiciário confunde a função do serviço público com o privado. "Se você vai para o setor público, a lógica é outra. Defender o Estado, o cidadão. Pode-se ter uma remuneração razoável, mas não se pode querer ganhar o mesmo que num escritório privado". E é assim que é possível encontrar valores acima do teto, portanto inconstitucionais. "A questão é que, na interpretação deles, determinadas parcelas da remuneração não estariam sujeitas ao teto. Ninguém está recebendo sem uma interpretação por trás da Constituição", afirma.

Em agosto de 2017, o juiz Mirko Vincenzo Giannotte recebeu de salário R$ 503.928,79, ou seja, pouco mais de meio milhão de reais, o que equivaleu a R$ 451 mil em valores líquidos. Titular da 6.ª vara de Sinop, a 477 quilômetros de Cuiabá (MT), o magistrado, exposto em sucessivas reportagens pela imprensa, afirmou que "não estava nem aí" para as denúncias. Certamente, seu salário mensal é maior que o rendimento da maioria absoluta das pequenas empresas brasileiras. Depois da divulgação do caso, a então presidente do STF e do CNJ, ministra Carmem Lúcia, determinou que todos os tribunais do País enviassem ao CNJ listas de salários dos seus juízes e desembargadores. Nem todos mandaram as informações[795]. A seguir, os dados sobre os gastos com poderes judiciários no mundo:

[794] Poder Judiciário brasileiro é o mais caro dos países do Ocidente, diz pesquisador da UFRG, cit., acessado em 10 maio 2020.

[795] Informações do site Diário do Centro do Mundo, edição de 24/06/2012, p. 6.

newsletter. observatório de elites políticas e sociais do brasil. v. 2, n.9. 2015.

Gráfico 1. Despesa do Poder Judiciário como (%) percentual do Produto Interno Bruto, países selecionados

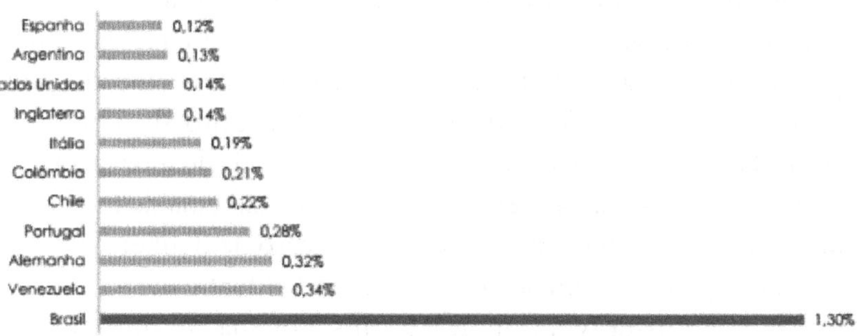

Fontes: CNJ 2014; European Commission for the Efficiency of Justice (CEPEJ) 2014, 32; Centro de Estudios de Justicia de las Américas (CEJA) 2007; National Center for State Courts (NCSC) 2012; Supreme Court of the United States (SCOTUS) 2012.

O jurista Oscar Vilhena Vieira questiona[796] qual a razão de os constituintes de 1988 terem conferido tanto poder ao STF que o deixaram como a última palavra em quase todas as questões constitucionais. Para Vieira, a razão foi o medo dos membros da Assembleia Constituinte de que a democracia não se estabilizasse no Brasil, aliado à fragmentação política no momento em que a Constituição foi promulgada.

> "(...) *A desconfiança generalizada associada à fragmentação política criaram um forte incentivo para que os constituintes buscassem maximizar seus próprios interesses, assim como os de seus representados. O resultado foi um entrincheiramento de privilégios, prerrogativas, competências, mas também um longo catálogo de direitos legítimos no texto constitucional. Isso explica a adoção de um documento tão amplo, minudente e, em diversos aspectos, contraditório.*
>
> *O contrato sem a espada, no entanto, é de pouca valia, como já nos ensinou Thomas Hobbes. Daí a necessidade de se constituir um árbitro forte, confiável a todas as partes, conferindo a ele poderes para garantir os inúmeros compromissos firmados no pacto constitucional. Ao Supremo, assim, atribuiu-se a tarefa de proteger a Constituição, mediar as disputas entre os poderes, julgar políticos e supervisionar as demais instâncias da Justiça*".

[796] *Folha de S. Paulo*, 9 dez. 2017, p. B-2.

Isso, na visão do especialista, trouxe outros problemas: "o exercício sistemático de tantos poderes tem, no entanto, exacerbado a fragmentação da jurisdição do Supremo, ampliando o risco de contradições e incongruências nos seus julgados. Essas inconsistências, por sua vez, ampliam a desconfiança da sociedade no Tribunal, como mostra o último índice de confiança (ICJ), produzido pelo FGV Direito SP. A preservação da autoridade do Tribunal depende da transferência de uma larga parcela de suas atribuições para as demais instâncias do sistema de Justiça, assim como uma radical reformulação do seu processo de deliberação, privilegiando a colegialidade em detrimento das individualidades".

O também jurista Ives Gandra Martins, por sua vez, questionou, no artigo "Crítica ao protagonismo", na *Folha de S. Paulo*, uma certa tendência a "aparecer" por parte dos ministros do Supremo Tribunal Federal (STF), motivada, em sua visão, pela mudança em sua composição e pela chegada da TV Justiça, que passou a exibir as sessões mais importantes, após os governos de Luiz Inácio Lula da Silva e Dilma Rousseff, o que tem feito da Corte Suprema um "protagonista" em muitos assuntos, deixando de ser um "legislador negativo" para tornar-se um "legislador positivo"[797]. Ives Gandra considera que, com essa prática, o STF, em vez de proporcionar segurança jurídica à sociedade, faz exatamente o contrário.

> *"(...) Asseguradas pelo artigo segundo da Constituição, a autonomia e a independência foram respeitadas pelo STF (Supremo Tribunal Federal) durante vários anos, até que uma rápida mudança da composição da corte, em poucos meses alterou esse procedimento.*
> *A partir de 2003, com os presidentes do PT, chegaram à suprema corte inúmeros ministros – hoje, oito dos 11 magistrados foram indicados por petistas.*
> *Desde que lá sustentei, pela primeira vez, em 1962, o Supremo não sofrera mudanças bruscas, de tal maneira que qualquer novo integrante adaptava-se rapidamente ao espírito própria do colegiado, prestigiando sua jurisprudência. Dizia-se, então, que a justiça fazia-se nas instâncias inferiores, cabendo ao Pretório Excelso dar estabilidade às instituições.*

[797] Edição de 12 de julho de 2016, p. A-3 – Opinião, seção tendências/debates.

(...) A rápida mudança, todavia, de sua composição e a introdução da TV Justiça, que permitiu o acesso de círculos não jurídicos às discussões nos tribunais tornaram o STF um protagonista, além de suas próprias fronteiras, passando de legislador negativo para positivo.
Assim, legislou sobre fidelidade partidária, eleição de candidatos derrotados para substituir governadores afastados, alargamento de hipóteses de união estável para pessoas do mesmo sexo, instituição da impunidade para o aborto eugênico, culpabilidade sem trânsito em julgado, com encarceramento nas ações penais antes da decisão final, assunção de funções exclusivas do Legislativo para afastamento de parlamentares e definição de regimentos internos do Legislativo, quando o seu próprio regimento interno é intocável, além de outras intervenções normativas de menor impacto. (...)
Tenho, reiteradamente, declarado admiração aos 11 ministros da Suprema Corte, mas nem por isso, muito mais velho que eles, sinto-me confortável em vê-los, poder técnico que são, transformarem-se em poder político.
Creio que esse protagonismo crescente resulta em insegurança jurídica e, ao invés de ser, como era no passado, uma corte que garantia a estabilidade das instituições, por mais que sua intenção seja essa, termina por trazer um nível de instabilidade maior, visto que contra a lei inconstitucional pode-se recorrer ao Judiciário, mas contra a invasão de competências não há a quem recorrer.
Creio que valeria a pena a reflexão, não só por parte dos eminentes juristas que compõem a máxima instância mas também de professores, doutrinadores e operadores de direito, sobre se o momento não é de retornar-se a efetiva autonomia e independência dos Poderes, nenhum deles invadindo seara alheia, valorizando-se, assim, o artigo segundo da Lei Suprema.
Para mim, o Supremo não é um 'legislador constituinte', mas, pelo artigo 102, exclusivamente um guardião da Carta da República"[798].

Para a professora de Direito da Fundação Getúlio Vargas (FGV), Eloíza Machado de Almeida, algumas inovações constitucionais executadas pelo STF nos últimos tempos têm gerado uma série de incertezas entre parlamentares. Segundo ela, as principais garantias constitucionais a parlamentares – inviolabilidade por suas opiniões, palavras e votos, a impossibilidade de prisão após a diplomação, salvo em flagrante delito

[798] Ibidem, p. A-3.

ou crime inafiançável – assim como a designação de foro e a prerrogativa de as casas legislativas revisarem ordens de prisão têm sido restringidas pelo Supremo.

> "(...) Por exemplo, ao receber a denúncia criminal contra Jair Bolsonaro por incitação ao crime e injúria no episódio em que afirmou que a deputada Maria do Rosário (PT) 'não merecia ser estuprada', o tribunal não estendeu a garantia constitucional dada às palavras e opiniões quando estes a usam para praticar crimes 'alheios à função'.
> (...) Para decretar a prisão do então senador Delcídio do Amaral, houve uma interpretação bastante ampla da figura do flagrante de crime inafiançável. Já para Eduardo Cunha, então presidente da Câmara dos Deputados, inovou-se com a aplicação de medida cautelar de suspensão do exercício do mandato" [799].

Essa inovação do Tribunal tem gerado uma série de incertezas. Uma delas, sobre a aplicação de medidas cautelares em substituição à prisão e que afetassem o mandato eletivo, foi ponderado pelo tribunal no caso Aécio Neves: em decisão apertada, por 6 votos contra 5, o STF reafirmou o poder de aplicar medidas cautelares, mas entendeu que seria o caso de submeter a decisão judicial a uma revisão pelas casas legislativas.

Regra geral, o Supremo Tribunal Federal tende a restringir as imunidades parlamentares como "resposta à crise ética e moral do País". O Supremo constrói, a cada decisão, um sistema político tutelado.

5.5. CNJ – Conselho Nacional de Justiça

Órgão destinado a fiscalizar a atuação de juízes, desembargadores e tribunais sob supervisão da sociedade civil, o Conselho Nacional de Justiça (CNJ) tem sido criticado por juízes que dizem ser ele e seus conselheiros, integrantes de tribunais superiores, parciais em apuração de processos. Quatro juízes do Rio de Janeiro que chamaram o *impeachment* da ex-presidente Dilma Rousseff (PT) de "golpe", acusaram o CNJ de "seletividade" no processo. Os magistrados André Nicollit, Rubens Casara, Simone Nacif e Cristiane Cordeiro discursaram em um ato em defesa de Dilma

[799] Inovações do STF geram série de incertezas, *Folha de S. Paulo*, 8 de dezembro de 2017, p. A-5

em Copacabana e foram acusados pelo CNJ de externarem posicionamento político. A principal crítica dos Quatro de Copacabana, como ficaram conhecidos os magistrados, é que não houve o mesmo tratamento a magistrados e promotores que se posicionaram contra a ex-presidente.

A manifestação que motivou a abertura do procedimento ocorreu em 17 de abril de 2016, na zona sul do Rio, organizada pela produtora de funk Furacão 2000 e por movimentos de esquerda. Os conselheiros entenderam que era necessário apurar conduta político-partidária por parte dos magistrados, que negaram as acusações. Ainda em 2016, o Tribunal de Justiça do Rio havia arquivado um pedido de apuração sobre o caso, mas o CNJ decidiu abrir reclamação disciplinar para investigar as falas dos quatro magistrados. O corregedor nacional de Justiça, João Otávio Noronha, foi o relator do processo. No caso, ele entendeu que os juízes fizeram pronunciamento político-partidário. "Os indícios são claros de que os magistrados praticaram, querendo ou não, manifestações de cunho partidário, se não político-partidário, que a um juiz não é dado falar", disse nas alegações do caso. Seu voto foi seguido pelos outros conselheiros presentes, entre eles a ministra do STF e então presidente do CNJ, Carmem Lúcia.

Se condenados, os magistrados podem sofrer penas que vão da advertência à aposentadoria compulsória. Após a abertura da ação disciplinar, entidades passaram a encampar a defesa dos quatro magistrados e refutar a decisão do CNJ. A juíza Laura Brenda, presidente da Associação Juízes para a Democracia, contestou a ação. "Evidentemente, existe uma perseguição, porque eram juízes progressistas, disseram que era golpe - discordância da posição majoritária do Judiciário - porque estavam em evento com pessoas do funk e não engravatados". Para embasar as acusações de seletividade contra o grupo, entidades como a associação questionam declarações do próprio corregedor João Otávio de Noronha críticas a Lula e Dilma[800]. As falas foram publicadas nos jornais.

5.6. Jornais e Revistas - críticas à Constituição

No editorial intitulado "Realidade e Ficção", o jornal *O Estado de S. Paulo* defendeu a Reforma da Previdência, então proposta pelo presidente

[800] MARQUES, José. *Folha de S. Paulo*, edição de 4/12/2017, p. A-9.

Michel Temer, para enfrentar os graves problemas fiscais do Brasil. A opinião do jornal expressa no texto calcou-se principalmente no relatório *Aspectos fiscais da Seguridade Social*, divulgado pelo Tesouro Nacional dias antes da data de 2 de dezembro de 2017, quando foi publicado o editorial. De acordo com o documento, o rombo do INSS correspondia a 2,8% do Produto Interno Bruto (PIB) do Brasil naquele ano. Se o Congresso não aprovar a Reforma, consubstanciada na Proposta de Emenda à Constituição (PEC 287-2016), que trata do tema, diz o texto opinativo, o déficit pode chegar a 11,3% do PIB em 2060, tornando impraticável a Previdência Social.

O jornal lembrou que a Constituição de 1988, em seu artigo, 201, consagrou o princípio distributivo como um dos norteadores da formulação de políticas relacionadas à Previdência Social, que tem características onerosas, ou seja, para fazer jus aos benefícios previdenciários futuros, como pensões e aposentadorias, os cidadãos precisam contribuir para o financiamento no presente. Segundo o editorial,

> *"(...) Ainda de acordo com o relatório do Tesouro Nacional, a não aprovação da Reforma da Previdência significa jogar sobre as costas de crianças e jovens que hoje têm até 25 anos – mais de 80 milhões de brasileiros – um ônus de cerca de R$ 110 mil por pessoa a fim de que o déficit atuarial do setor possa ser zerado.*
> *Os que não agem agora com firmeza e coragem diante desse descalabro – um assalto às futuras gerações – parecem ter uma ideia ficcional do Estado, como se num passe de mágica essa entidade imaginária será capaz de prover os recursos necessários para o sustento da Previdência. Trata-se de um gravíssimo equívoco. Ignorar um problema não o torna menos grave e tampouco facilita sua solução.*
> *O tempo pode curar muitas feridas, mas no caso da Previdência ele só os agrava. Mais nociva do que o passar do tempo, no entanto, é a tibieza dos que colocam interesses eleitorais acima do interesse público".*

O ex-presidente do Tribunal de Justiça (TJ) paulista, Renato Nalini, questionou em artigo a quantidade de leis no País; em sua opinião, levava ao "caos judicial" e tornava ficção a segurança jurídica. Abaixo, alguns trechos:

"A missão atribuída ao Judiciário é fazer incidir a vontade concreta da lei sobre as controvérsias. Dito assim, parece fácil. Mas de que lei falamos? O Brasil tem uma tradição normativa prolífica. Há norma para tudo. No sistema vigente, a Constituição é o ápice e o fundamento da validade para todas as normas que vêm a seguir. Se uma lei não é compatível com a Constituição, ela não é apenas nula; ela não existe.

Mas o que o operário do direito enfrenta hoje é um problema grave: o excesso de normas. Ninguém consegue saber quantas e quais são as leis vigentes na República. Todas as tentativas para fazer uma consolidação das Leis no Brasil falharam. A máquina de 'fazer normas' não para de funcionar.

Este ano, a Constituição fará 27 anos. Já está adulta. Nem por isso chegou a produzir todos os efeitos pretendidos. Há 5 anos, por ocasião do seu 22.º aniversário, o quadro já era desanimador: haviam sido editadas mais de 4,15 milhões de normas, ou seja; 774 normas por dia útil. Em matéria tributária, foram produzidas 249.124 normas. Ou mais de duas normas tributárias por ano. Foram 13 as reformas tributárias até então. Foram criados inúmeros tributos. Cada norma tem, na média, 3 mil palavras. O termo 'direito' aparece em 22% delas. E os temas por elas abordados vão de saúde, educação, salário, segurança, trabalhos, tributação e meio ambiente. São verbetes que aparecem em 45% de toda a legislação.

A 'Carta Cidadã' despertou o apetite do legislador. Antes de sua promulgação em 1988, editava-se uma norma geral para cada grupo de 300 habitantes. A partir de 1988, foi editada uma norma para cada grupo de 47 habitantes. Depois, querem que o juiz conheça a lei. É possível? O caos normativo deriva no caos judicial e ambicionada 'segurança jurídica' é uma ficção. Uma utopia cada vez mais longínqua neste Brasil de volúpia legiferante"[801].

Editor executivo da revista *IstoÉ*[802], o jornalista Antonio Carlos Prado, na seção *Última Palavra* da publicação, questionou a proposta de feminicídio – assassinato de mulheres –, incluída na revisão do Código Penal e chancelada pela então presidente Dilma Rousseff. Para Prado, a pretexto de proteger a mulher, a nova legislação fez exatamente o contrário, ou seja, acabou havendo uma discriminação às avessas. "É como se estivéssemos criando uma outra espécie de ser humano dentro da própria espécie humana: a mulher, não mais atingida pelo homicídio, como são todas as

[801] *Diário de S. Paulo*, em 26/02/2015.
[802] Edição 2361, de 04/03/2015, p. 74.

pessoas assassinadas no planeta, mas sim protegida pelo feminicídio se o crime ocorrer em seu lar." Na visão do articulista, isso tem a ver com a tradição cartorial brasileira na crença dos legisladores de que "decretos e leis, pelo simples fato de estarem escritos, têm força suficiente para regrarem o comportamento social dos cidadãos".

> *"(...) Pura ilusão que vem se repetindo, por exemplo, nas tentativas de se oferecer nos códigos penais maior proteção às mulheres contra a violência masculina – isso desde os tempos do Brasil-colônia até os nossos dias. Estão agora no Congresso, pautado para ser votado em 2015, o novo Código Penal. Novamente, dá-se destaque à tutela da segurança da mulher por parte do Estado, novamente incorre-se em erros. O primeiro deles é decretar-se tal segurança, ou seja, pouco se aprendeu com a Lei Maria da Penha. Os casos de agressões a mulheres aumentaram no País após sua promulgação, como mostram as estatísticas oficiais, e nem poderia ser diferente; leis, somente porque estão no papel, não mudam temperamento nem personalidade de homens agressivos.*
>
> *O segundo equívoco é a proposta de inclusão no novo Código Penal do 'crime de feminicídio'. À primeira vista, ele parece salvaguardar a mulher, mas na verdade acaba criando uma espécie de discriminação pelo avesso. E não é a primeira vez que isso acontece. Quando ainda era colônia, o Brasil submetia-se às Ordenações Filipinas e elas previam que o marido que flagrasse a mulher em adultério poderia matar o rival, desde que esse 'marido não fosse peão' e a adúltera não estivesse se relacionando extraconjugalmente 'com um fidalgo'. Fácil entender a discriminação indireta: a concubina de fidalgo era tido como 'menos adúltera' do que aquela que traísse o marido com um homem sem nobreza.*
>
> *Depois, vieram os códigos de 1830, 1890 e 1940, todos cuidando da violência contra a mulher no âmbito conjugal e familiar. Restrito assim às fronteiras domésticas, o assassinato cometido pelo esposo traído ganhou o eufemismo de 'legítima defesa da honra' e quase sempre o criminoso saía absolvido do Tribunal do Júri. Demorou-se muito a entender que a honra é um patrimônio subjetivo de cada pessoa, que ninguém suja a honra de ninguém porque ela não é transferível de um indivíduo para outro. Agora, com o projeto de feminicídio vem o preconceito pelo avesso.*
>
> *Finalmente, tem-se que o feminicídio é inconstitucional. O Estado de Direito pressupõe que 'a lei é igual para todos' e tal isonomia não se dá apenas na aplicação, mas também na elaboração da lei. Se a violência praticada contra a mulher no campo doméstico é automaticamente 'crime qualificado', implicando condenação mais dura, também automaticamente tem que ser 'qualificado' o crime dentro de casa por uma mulher con-*

tra o seu marido. O projeto do novo código, no entanto, esqueceu-se disso. E esqueceu-se ainda de que já existem qualificadoras como 'meio cruel', 'motivo fútil' e 'impossibilidade de defesa da vítima' às quais a qualificadora do feminicídio irá inevitavelmente se sobrepor – e processualmente uma ou outra ou ambas terão de ser anuladas. É claro que há séculos é preciso inibir a violência masculina contra a mulher, mas não chegaremos a lugar algum caminhando fora da Constituição do País".

No artigo "Brevíssimo vocabulário do bem" na *Folha de S. Paulo*[803], Claudio Weber Abramo, diretor-executivo da Transparência Brasil, organização dedicada ao combate à corrupção, esmiuçou algumas expressões relacionadas à questão da cidadania muito usadas no cotidiano das pessoas, frequentemente utilizadas de forma equivocada. Com isso, o especialista, filho de um dos maiores jornalistas da história do Brasil, Claudio Abramo, buscou explicar por que a corrupção não causa tanto repúdio no Brasil. "Cultura de corrupção é a expressão predileta de quem não tem o que dizer a respeito das causas de corrupção nem de como combatê-la".

"'Cidadania'. Juntamente com 'ética', compõe o currículo nuclear da escola do bem. Quem fala em cidadania não raro revela ignorar que se trata de assunto prático – cidadania é exercida por quem defende direitos específicos, o que por sua vez depende da presença de motivos concretos para tanto (ter água em casa, contar com um posto de saúde no bairro etc.). Não se aprende a exercer cidadania no abstrato.
'Cultura da corrupção'. Expressão predileta de quem não tem o que dizer a respeito das causas da corrupção e de como combatê-la. Implica que seríamos todos corruptos, o que transforma a vítima em culpado e, de quebra, absolve empresários rapinantes, funcionários públicos ladrões e políticos meliantes.
'Democracia direta'. Contradição em termos. Postula que o exercício da política deve dar-se a despeito da formulação de projetos de organização sócio-econômica através do agrupamento de interesses semelhantes (a saber, política).
'Educação'. Filhote da 'cultura da corrupção', é sinônimo de catecismo doutrinário. Não se ocupa de assuntos irrelevantes como matemática e português.
'Educação Moral e Cívica'. Arcaísmo originário do regime militar. O mesmo que 'educação para a cidadania'.

[803] Edição de 15 de fevereiro de 2015, p. A-3.

'Ética'. Expressão guarda-chuva para qualquer situação que envolva a moralidade e pedra fundamental da Educação Moral e Cívica do bem. Costuma ser usada em lugar de 'moral', pois dizer que 'falta ética a Fulano' soa menos ofensivo do que dizer 'Fulano é imoral'.

Quanto à noção de que seria possível ensinar moralidade em sala de aula, qualquer estudante de filosofia poderia informar que moral se aprende vivendo. Por outro lado, caso se pretenda ensinar ética em sentido estrito, isso obrigará alunos do curso primário a estudarem Kant, Spinoza e companhia.

'Impunidade'. Nunca usada no sentido estrito (não aplicação de uma punição definida pela Justiça, coisa rara no Brasil), se refere a situações em que alguém sobre cuja culpabilidade se tem alguma convicção não está sendo processado, ou ainda não foi condenado na Justiça. Costuma ser atribuída a eflúvios vagos de natureza 'ética', sem menção à lentidão do Judiciário brasileiro e à sua principal causa – um sistema recursal que garante a réus endinheirados pagar advogados caros para protelar a conclusão de processos.

Como réus pobres não podem pagar os tais advogados, a lentidão para os ricos é, assim, manifestação da desigualdade de classes – algo que se tornou anátema mencionar no Brasil, sendo muito mais seguro atribuí-la a fatores subjetivos inatingíveis. Com isso não só se evita antagonizar interesses que é melhor deixar quietos como também se garante que o problema permanecerá intocado.

'Mundo real'. Ente abstrato um tanto desconhecido.

'Transparência'. Muito empregada como sinônimo de 'ética', mesmo em situações que vêm à luz porque houve transparência propriamente dita (ou seja, disponibilidade de informação). 'Falta transparência?', pergunta o repórter que consulta dados publicados pela Câmara dos Deputados dando conta do uso de verba indenizatória por parlamentares. Não falta quem responda que sim. 'Verdade'. Qualquer coisa, desde que soe bem".

A psicanalista Anna Veronica Mautner traçou, em um artigo na *Folha de S. Paulo*[804], algumas das grandes mudanças pelas quais passamos nos dias de hoje no que diz respeito à vida em comunidade. A articulista se espanta, por exemplo, com o fato de muita gente dizer que se orgulha de não conhecer seus vizinhos o que, para ela, soa como uma heresia. "Orgu-

[804] O ninho onde o hoje nasceu, edição de 25 de fevereiro de 2015, p. A-3.

lhar-se de não conhecer ninguém da rua ou de nunca ter conversado com o vizinho é coisa recente, modernidade. Que diabo de orgulho é esse?".

> *"Pode ser que alguém já tenha escrito sobre como era a vida da classe média paulistana nos meados do século 20, em ruas de pequeno comércio. Na frente ficavam as lojas; atrás, os moradores e, nos fundos, os quintais – todos muito parecidos; poucos não tinham hortênsias e pelo menos um limoeiro.*
> *Para nós, mulheres, havia dois pontos de encontro para trocar ideias: no quintal, por cima do muro, ou na calçada, no final do dia.*
> *Praticávamos todo um ritual para ir à calçada conversar com as vizinhas. Tínhamos que estar de banho tomado, cabelo penteado e roupa bem passada. Não se tratava de elegância, mas sim de respeito. Já nos fundos ninguém pensava em etiqueta. Se estávamos lá era porque estávamos trabalhando – lavando, passando, cozinhando.*
> *O bar da esquina era o ponto de encontro dos homens. Parece complicado, mas era absolutamente natural e ninguém tinha nenhuma dúvida sobre qual era seu lugar e como se comportar nele.*
> *A rotina semanal e mensal era comum a todos os moradores. Não se recebiam visitas e não se visitava ninguém durante a semana. Passear e visitar era coisa para se fazer sábado e domingo. Essa rigidez não pesava a ninguém: era assim a rotina e acabou! Quem ainda tiver avó ou parente idoso que morava nesse tipo de bairro que pergunte.*
> *Orgulhar-se de não conhecer ninguém da rua ou de nunca ter conversado com vizinho é coisa recente, modernidade. Hoje em dia as pessoas se orgulham de morar há 30 anos num edifício e não conhecer nem o vizinho de parede. Que diabo de orgulho é esse? Tentei pensar na origem disso e não cheguei a nenhuma conclusão.*
> *Não havia questão de classe social nem cultural, pois todo mundo era muito parecido ou pelo menos aparentava ser. Ser diferente não era mérito, era mera esquisitice inútil, pois só gerava solidão. A classe média sabia das novidades pelos vendedores ambulantes.*
> *As mulheres estavam habituadas a atender os prestadores de serviços – encanadores, eletricistas, marceneiros – e também os vendedores ambulantes que traziam, do Brás e do Bom Retiro, áreas de atacadistas, as 'penúltimas novidades'. Para conhecer as últimas era preciso ir até a cidade.*
> *Os vizinhos eram muito iguais na convivência e muito diferentes na origem. Havia os estrangeiros, imigrantes de além-mar, e os migrantes de outros cantos do Brasil.*
> *Em poucos meses, todos adquiriam hábitos muito semelhantes fora do muro das casas. Ninguém se orgulhava ou se envergonhava de ser diferente. Apenas aniversários, noivados e casamentos eram momentos de exibir as diferenças.*

> *Os Natais não eram iguais. Muito menos as Páscoas e outras comemorações familiares. Mas o 1º de maio era sempre dia de piquenique para todos. A rua desses bairros era o caldeirão onde nascia o mundo futuro. Dentro de casa cada um se esmerava em manter suas tradições; fora, quanto mais parecido melhor. Era sinal de adaptação.*
> *Como isso foi dar nesses bairros modernos em que cada um é de um jeito e ninguém parece com ninguém, dentro ou fora de casa?*
> *Será que nos igualamos diante da tela da televisão? Nós, no bairro, perdemos muito da nossa autonomia. A televisão nos ensinou a pôr a mesa, a servir os pratos e a nos comportarmos. A televisão nos invadiu e nos ensinou a sermos iguais dentro de casa. A chegada da TV em cores acabou com o universo privado de cada um. Passamos a ter mais unanimidade do que intimidade.*
> *Eu vivi todo esse processo e sinto ainda palpitação ao lembrar não só o quanto ganhei mas também o quanto venho perdendo".*

O jornalista e escritor Marcelo Rubens Paiva, em artigo no *Estadão* de 1º de novembro de 2014[805], esmiuçou declarações contra a democracia – em particular contra a eleição da presidente Dilma Rousseff pouco tempo antes –, feitas pela atriz Debora Albuquerque Clhaema. Ex-participante do programa *Legendários*, de Marcos Mion, ela postou na internet um desabafo que rapidamente se tornou viral, com 8 milhões de visualizações: "quer saber, estou me preparando para ir para Orlando, onde mora o meu pai. Eu sou rica, bem-sucedida e muito bem de vida, e tentei ajudar vocês, imbecis, burros, que votaram na p.... da Dilma. Vocês são muito burros e vão depender do Bolsa Família, bolsa-miséria, pro resto da vida... Eu não, eu tenho condições de sair desse País, que vai virar Cuba, que vai virar uma ditadura, vocês são burros, estragaram o Brasil!".

O articulista, filho do deputado Rubens Paiva, que foi assassinado pela ditadura militar pós-1964, recorre ao filósofo Renato Janine Ribeiro e ao escritor francês Jacques Ranciére para explicar a razão do comportamento da moça bem nascida, "uma loiraça de corpo malhado" como a define, para explicar a razão do seu comportamento:

805 Democracia e ódio. *O Estado de S. Paulo*, 1º de novembro de 2014, p. C-10.

"(...)Para o filósofo Janine Ribeiro, democracia não é um Estado acabado, mas algo desdenhado desde os gregos: o empenho insolente dos pobres em invadir o espaço que era dos seus superiores, enquanto a ideia de separação social continua presente e forte.
Deborah odiou o resultado da apuração. Odiou ser contrariada. Achou que ela estava certa, e os outros, não. Prefere se mudar de país a aceitar ser governada por aquela escolhida numa votação apertada por 'burros imbecis', a maioria.
Para todos os que acreditavam que o poder cabia de direito aos que a ele eram destinados por nascimento ou eleitos por suas competências, democracia quando surgiu na Grécia era sinônimo de aberração.
Em 'O Ódio à Democracia' (Boitempo), Rancière afirma que a democracia é, em primeiro lugar, essa condição paradoxal da política, esse ponto em que toda legitimidade se confronta com ausência de legitimidade última, com contingência igualitária que sustenta a própria contingência não igualitária, por isso que suscita o ódio. O governo de qualquer um está fadado ao ódio infindável de todos aqueles que têm que apresentar títulos para o governo dos homens (nascimento, riqueza ou ciência).
Governos eleitos foram obrigados a aceitar diversidade na moral, religião, orientação sexual, apesar dos conflitos. Recusar a hierarquia é parte do jogo democrático. Aceitar a divergência, obrigação legal. É inútil procurar o que une acontecimentos de natureza tão distinta. Todos os sintomas, enumera Rancière, traduzem um mesmo mal e se chama democracia, 'o reino dos desejos ilimitados':
1. Um sistema representativo como critério pertinente de democracia é um compromisso instável, uma resultante de forças contrárias, que muda de tempos em tempos.
2. As eleições são livres. Em essência, asseguram a reprodução, com legendas intercambiáveis, do mesmo pessoal dominante. Mas as urnas não são fraudadas. Qualquer um pode se certificar disso sem arriscar a vida.
3. A administração não é corrompida, exceto na questão dos contratos públicos, em que ela se confunde com os interesses dos partidos dominantes. As liberdades dos indivíduos são respeitadas, à custa de notáveis exceções em tudo que diga respeito à proteção das fronteiras e à segurança do território.
4. A imprensa é livre. Quem quiser fundar um jornal, uma revista ou um canal de TV com capacidade para atingir o conjunto da população, sem a ajuda das potências financeiras, pode ter dificuldades, mas não será preso. Mais ainda hoje, no mundo digital,
5. Direitos de associação, reunião e manifestação permitem a organização de uma vida democrática, isto é, uma vida política independente da esfera estatal. Os 'direitos do homem e do cidadão' são os direitos daqueles que os tornam reais.

Segundo Aristóteles, o Estado oligárquico de direito realiza esse equilíbrio bem-sucedido dos contrários por onde os maus governos se aproximam do impossível bom governo. No seu caso, Deborah, sua oligarquia foi vencida por outra. Foi por pouco, mas foi. Odeie a derrota, não a democracia".

Para analisarmos o que acontece no Brasil de hoje em relação à democracia, à Constituição e a suas leis, é necessário que se caracterize o que aconteceu e acontece no pensamento mundial, desde a antiguidade até o período contemporâneo e que se reflete atualmente em nosso panorama político, social, econômico e intelectual. Afinal, o Brasil utilizou de princípios e conceitos retirados de outras constituições para o seu "pacto social", realizando verdadeira mixórdia em seus pactos sociais de 1824 a 1988, dificultando no caso concreto a aplicação em sua essência das nossas Cartas, principalmente a de 1988. Mas quais foram esses princípios e conceitos?

Portanto, é necessário uma análise desde os sofistas até John Rawls em relação à política, ao Estado, à Justiça, ao direito, ao poder, à liberdade e à governança, para tentarmos entender a nossa complexa situação atual (constituições, democracia etc.), ou seja, quais as consequências ou não desses pensadores na organização do Estado brasileiro, de ontem e de hoje.

REFERÊNCIAS

ABRANCHES, Sergio. *Presidencialismo de coalizão - raízes e evolução do modelo político brasileiro*. Rio de Janeiro: Companhia das Letras, 2018.

ABREU, Alzira Alves de *et al* (Coord.). *Dicionário histórico-biográfico brasileiro: pós-1930*. 2. ed. rev. e atual. Rio de Janeiro: FGV, 2001. 5 v.

AB'SÁBER, Tales. *Lulismo, carisma pop e cultura anticrítica*. São Paulo: Hedra, 2012.

—. *Dilma Rousseff e o ódio político*, São Paulo: Hedra, 2015.

ADAMS, Ian e DYSON, R. W. *50 pensadores políticos essenciais da Grécia antiga aos dias atuais*, Rio de Janeiro: Difel, 2006.

ADORNO, Sérgio. *Os Aprendizes do Poder*. Rio de Janeiro: Editora Paz e Terra, 1988.

AGOSTINHO, Santo. *A Cidade de Deus*: parte II, Petrópolis: Vozes, 2010.

ALMEIDA, Ângela Mendes, *A República de Weimar e a ascensão do nazismo*. Col. Tudo é História, São Paulo: Brasiliense, 1990.

ALMEIDA, Leandro Thomaz de. "Matar um homem não é defender uma doutrina, é matar um homem": notas sobre a estratégia argumentativa de Sébastien Castellion no caso Miguel Servet. *Revista USP de Letras Clássicas*, São Paulo, v. 17, n. 1, p. 97-108, 2013.

ALMEIDA, Paulo Roberto de. *Nunca antes na diplomacia: a política externa brasileira em tempos não convencionais*. Curitiba: Appris, 2014.

—. *Formação da diplomacia econômica no Brasil: as relações econômicas internacionais no Império*. 3. ed. Brasília: Funag, 2017.

—. *A Constituição contra o Brasil – ensaios de Roberto Campos sobre a Constituinte e a Constituição de 1988*. São Paulo: LVM Editora, 2018.

—. *Contra a corrente: ensaios contrarianistas sobre as relações internacionais do Brasil. 2014-2018*. Curitiba: Appris, 2019.

—. *Miséria da diplomacia*: a destruição da inteligência no Itamaraty. Boa Vista: Editora da UFRR, 2019.

—. *O Itamaraty num labirinto de sombras*: ensaios de política externa e de diplomacia brasileira. Brasília: Diplomatizzando, 2020.

—. *O Mercosul e o regionalismo latino-americano*: ensaios selecionados, 1989-2020. Brasília: Diplomatizzando, 2020.

—. *A ordem econômica mundial e a América Latina*: ensaios sobre dois séculos de história econômica. Brasília: Diplomatizzando, 2020.

—. *Uma certa ideia do Itamaraty: a reconstrução da política externa e a restauração da diplomacia brasileira*. Brasília: Diplomatizzando, 2020.

ALMOND, Mark. *O livro de ouro das revoluções*. São Paulo: Ediouro, 2011.

ALVES, Cleger Francisco. A influência do pensamento de Benjamim Constant na formação do Estado Imperial Brasileiro, Brasília: *Revista de informação legislativa*, v. 45, n. 180, p. 65-75, out./dez. 2008.

AMARAL, Diogo Freitas do. *História do pensamento político ocidental*. Coimbra: Almedina, 2012.

ANDERSON, PERRY. *Espectro - da direita à esquerda no mundo das ideias*. São Paulo: Boitempo, 2011.

ANTUNES, Ricardo. *A desertificação neoliberal no Brasil (Collor, FHC e Lula)*. São Paulo: Autores Associados, 2004.

—. *O privilégio da servidão*. São Paulo: Boitempo Editorial, 2018.

AQUINO, Fernando; AQUINO, Rubim Santos Leão de; VIEIRA, Fernando Antonio da Costa; AGOSTINO, Carlos Gilberto Werneck; e ROEDEL, Hiran. *Sociedade brasileira: uma história através dos movimentos sociais*. Rio de Janeiro: Record, 1999.

AQUINO, Tomás de. *Suma Teológica I e II*. Coleção Os Pensadores. São Paulo: Nova Cultural, 2000.

ARANHA, Maria Lúcia de Arruda. *Maquiavel – a lógica da força*. 2. ed. São Paulo: Moderna, 2006.

ARAUJO, Cícero Romão Resende de. *A forma da república da constituição mista ao Estado*. São Paulo: Martins Fontes, 2013.

ARAÚJO, Rosalina Corrêa de. *O Estado e o Poder Judiciário no Brasil*. Rio de Janeiro: Lumen Juris, 2000.

ARRETCHE, Zaira Maria. *A ideia da representação nas teorias democráticas elitista* - republicana e democracia radical. Dissertação (mestrado em Ciências Humanas) - Universidade Federal de Pelotas: Pelotas, 2011.

ARISTÓTELES, *A política*. Lisboa: Publicação Europa-América, 1995.

ARMESTO, Felipe Fernandéz. *Américo: o homem que deu nome ao continente*. São Paulo: Companhia das Letras, 2002.

ARON, Raymond. *O marxismo de Marx*. São Paulo: Benvirá, 2012.

ARRAES, Virgílio Caixeta. O novo é o velho: o conservadorismo como força política na Itália. Meridiano 47, Brasília, v. 2, n. 10\12, p. 17-19, abr./jun. 2001. Disponível em: <http://periodicos.unb.br/index.php/MED/article/view/4679/3921>. Acesso em: 19 nov. 2019.

ASSUNÇÃO, Moacir e ASSUNÇÃO, Marcondes Pereira. *Ficha limpa, a lei da cidadania*. Realejo, Santos, 2010.

—. *Nem heróis nem vilões - curepas, cambás, macaquitos e caboclos e outras revelações da sangrenta Guerra do Paraguai*. São Paulo: Record, 2012.

— *São Paulo deve ser destruída*. Rio de Janeiro: Record, 2015.

—. *Os homens que mataram o facínora – a história dos grandes inimigos de Lampião*. Rio de Janeiro: Record, 2007.

AVELLAR, Hélio de Alcântara. *História administrativa e econômica do Brasil*. São Paulo: Fename, 1970.

AZEVEDO, Antonio Carlos do Amaral. *Dicionário de nomes, termos e conceitos históricos*. São Paulo: Lexicon, 2012.

BALEEIRO, Aliomar. *Constituições brasileiras, 1891*. 3. ed., v. II. Brasília: Senado Federal, 2012.

— e SOBRINHO, Barbosa Lima. *Constituições brasileiras – 1946*. 3. ed., v. V. Brasília: Senado Federal, 2001.

—; CAVALCANTI, Themístocles Brandão; BRITO, Luiz Navarro. *Constituições brasileiras – 1967*. 3. ed., v. VI. Brasília: Senado Federal, 2012.

BANDECCHI, Brasil. *História econômica e administrativa do Brasil*. 4. ed. São Paulo: Didática Irradiante, 1970.

BARACHO, José Alfredo de Oliveira. Teoria da Constituição. *R. Inf. Legis*. a. 15, n. 58, abr/jun, 1978.

BARAQUIM, Noella e LAFFITTE, Jacqueline. *Dicionário Universitário dos Filósofos*. São Paulo: Martins Fontes, 2007.

BARATA, Carlos Eduardo de Almeida e BUENO, Antônio Henrique da Cunha. *Dicionário das famílias brasileiras*. São Paulo: Originis-X, 1999, 2 v.

BARBOSA, Alexandre de Freitas; e KOURY, Ana Paula. Rômulo Almeida e o Brasil desenvolvimentista (1946-1964): ensaio de reinterpretação. *Revista Economia e Sociedade*. Campinas, v. 21, Número Especial, p. 1108, dez. 2012.

BARRETO, Tobias. *A questão do poder moderador e outros ensaios brasileiros*. Petrópolis: Editora Vozes, 1977.

BARROSO, Luís Roberto. *O direito constitucional e a efetividade de suas normas: limites e possibilidades da constituição brasileira*. 3. ed. Rio de Janeiro: Renovar, 1996.

BASTOS, Abguar. *Enciclopédia dos temas brasileiros- história da política revolucionária no Brasil*, 1º volume: 1900-1932; 2º volume: 1933-1945. São Paulo: Ler e Viver, 1978.

BATISTA, Felipe de Alvarenga. *Os Tratados de Methuen de 1703, guerras, portos, panos e vinhos*. Rio de Janeiro: Ed. UFRJ, 2014.

BAUMAN, Zygmunt. *Modernidade líquida*. Rio de Janeiro: Zahar, 2001.

BEARD, Henry e CERF, Christopher. *Dicionário do politicamente correto*. São Paulo: L&PM, 2007.

BEER, Max. *História do socialismo e das lutas sociais*. São Paulo: Expressão Popular, 2006.

BELO, Filomena; e OLIVEIRA, Ana. *A Revolução Francesa*. Lisboa: Quimera, 2001.

BENEDINI, Giuseppe Federico. A Rússia czarista e as origens da Revolução: um ensaio. *Cadernos do Tempo Presente*, n. 19, mar./abr. 2015.

BENEVIDES, Maria Victoria de Mesquita. *O governo Kubitschek*. Rio de Janeiro: Editora Paz e Terra, 1979.

—. *A cidadania ativa*. 3.ed. São Paulo: Ática Editora, 1991.

BERCOVICI, Gilberto; LIMA, Martonio Mont'Alverne Barreto; BELLO, Enzo. O fim das ilusões constitucionais de 1988? *Revista Direito & Práxis*, Rio de Janeiro, p. 1-43, 2018.

—. A problemática da constituição dirigente: algumas considerações sobre o caso brasileiro. Brasília: *Revista de Informação Legislativa*, a. 36, n. 142, abr./jun. 1999.

—. Carl Schmitt, o estado total e o guardião da constituição, *Revista Brasileira de Direito Constitucional*, n. 1, jan./jun. - 2003.

—. *Constituição econômica e desenvolvimento - uma leitura a partir da Constituição de 1988*. São Paulo: Malheiros, 2005.

—; MASSONETTO, Luís Fernando. A constituição dirigente invertida: a blindagem da Constituição Financeira e a agonia da Constituição Econômica. Coimbra: Faculdade de Direito da Universidade de Coimbra, *Boletim de Ciências Económicas*, v. XLIX, 2006.

BERTOLLI FILHO, Claudio. *A gripe espanhola em São Paulo 1918*. São Paulo: Paz e Terra, 2009.

BEWES, Diccon. *Swiss watching*, London: Nicholas Brealey Publishing, 2010.

BIGNOTTO, Newton. *Maquiavel - filosofia passo a passo*. Rio de Janeiro: Jorge Zahar, 2003.

BITTAR, C. B. Eduardo; ALMEIDA, Guilherme Assis de. *Curso de filosofia do direito*. 7. ed. São Paulo: Atlas, 2009.

BOBBIO, Norberto. *A era dos direitos*. Rio de Janeiro: Elsevier, 1992.

—. *Nem com Marx, nem contra Marx*. São Paulo, UNESP, 2006.

—, BOVERO, Michelângelo. *Sociedade e Estado na Filosofia Política Moderna*. São Paulo: Brasiliense, 1991.

— *et al*. *Dicionário de Política* - A-K. 13. ed. Brasília: UnB, 2007.

BÖCKENFÖRDE, Ernst-Wolfgang. *História da filosofia do direito e do estado - Antiguidade e Idade Média*. Porto Alegre: Sergio Antonio Fabris Editor, 2012.

BOCZAR, Sônia, Referendo e iniciativa popular na perspectiva dos modelos suíço e norte-americano (*dissertação de mestrado na Universidade de São Paulo – USP*). Orientador: Manoel Gonçalves Ferreira Filho, 1994.

BODIN, Jean. *Os seis livros da República* – livro primeiro. Trad. José Carlos Orsi Morel. São Paulo: Ícone, 2011.

BOLLE, Monica Baumgarten de. *Como matar a borboleta-azul: uma crônica da era Dilma*. Rio de Janeiro: Intrínseca, 2016 (edição digital).

BONAVIDES, Paulo. *Curso de Direito Constitucional*. 6. ed., São Paulo, Malheiros, 1996.

— e ANDRADE, Antônio Paes de. *História constitucional do Brasil*. Rio de Janeiro: Editora Paz e Terra, 1991, p. 92.

— e —. *História constitucional do Brasil*. 8. ed. Brasília: Editora OAB, 2006.

BORGES, Alexandre Walmott. *Clássicos de direito constitucional*. Curitiba: Clássica Editora, 2013.

BORGES, Maria de Lourdes Alves. *História e metafísica em Hegel*: sobre a noção do espírito no mundo. Porto Alegre: EdiPUCRS, 1998.

—. *A atualidade de Hegel*. Florianópolis: Universidade Federal de Santa Catarina, 2009.

BORJA, Sergio Augusto Pereira. *O projeto democrático*. São Paulo: Ricardo Lenz Editor, 2001.

—. Estudo sobre o bloco-constitucional da antiga URSS. *Revista Justiça e História*. Porto Alegre: Tribunal de Justiça do Estado do Rio Grande do Sul, v. 7, n. 13, p. 175–231, 2007.

BOTELHO, Catarina Santos. A história faz a constituição ou a constituição faz a história? - Reflexões sobre a história constitucional portuguesa. *Revista do Instituto do Direito Brasileiro da Faculdade de Direito da Universidade de Lisboa - RIDB*, 2013.

BOTTOMORE, Tom. *Dicionário do Pensamento Marxista*. Rio de Janeiro: Jorge Zahar Editor, 1983.

BOWDER, Diana. *Dicionário biográfico – quem foi quem em Roma Antiga*. São Paulo: Art Editora, 1995.

BRAGA, Hugo Wolovikis. Lavagem de dinheiro e o estudo do Tratado de Cooperação Jurídica em Matéria Penal entre a República Federativa do Brasil e a Confederação Suíça. *Revista do Tribunal Regional Federal da 1ª Região*, v. 18, n. 10, out. 2006.

BRANDÃO, Cláudio; SALDANHA, Nelson; FREITAS, Ricardo (coords.). *História do Direito e do pensamento jurídico em perspectiva*. São Paulo: Atlas, 2012.

BRAUDEL, Fernand. *Memórias do Mediterrâneo*. Lisboa: Terramar Editores, 2001.

BROCHADO, Mariá. O estado suíço e seus cantões. *Revista Veredas do Direito*. Belo Horizonte: Dom Helder - Escola de Direito, ano 1, n. 2, p. 103-112, 2004.

BROWN, Archie. *Ascenção e queda do comunismo*. Rio de Janeiro: Record, 2011.

BUARQUE, Felício. *Origens republicanas*. São Paulo: Editora Edaglit, 1962.

BUENO, José Pimenta. (Marquês de São Vicente). *Direito Público Brasileiro e análise da Constituição do Império*. São Paulo: Ed. 34, 2002.

BULOS, Uadi Lammêgo. *Curso de direito constitucional*. São Paulo: Saraiva, 2007.

BURKE, Edmund. *Reflexões sobre a Revolução em França*. Brasília: Editora UnB, 1982.

BUSHKOVITCH, Paul. *História concisa da Rússia*. São Paulo: Edipro, 2014.

CAENEGEM, R. C. Van. *Uma introdução histórica ao direito constitucional ocidental*. Lisboa: Fundação Calouste Guberkian, 1998; São Paulo: Martins Fontes, 2000.

CAGGIANI, Ivo. *David Canabarro, de tenente a general*. Porto Alegre: Martins Editora, 1992.

CALDERA, Alejandro Serrano. *Os dilemas da democracia*. São Leopoldo: Editora Unisinos, 1996.

CALDEIRA, Jorge. *Mauá, empresário do Império*. Rio de Janeiro, Nova Fronteira, 1995.

CALLINICOS, Alex. *A vingança da história* – o Marxismo e as revoluções do Leste Europeu, Rio de Janeiro: Jorge Zahar, 1982.

CALVIN, John. "Commentaries on Daniel". In *On God and Political Duty*. Indianapolis: Bobbs-Merrill, 1956.

CAMPOS, Raimundo C. B. e ALMEIDA JR., Antonio M., *Curso Abril Vestibular – história geral*, n. 09, São Paulo: Abril Cultural, 1972.

CAMPOS, Roberto. *O século esquisito*. São Paulo: Topbooks, 1990.

—. *A Lanterna na Popa*. São Paulo: Topbooks, 1994.

CANOTILHO, José Joaquim Gomes. *Constituição dirigente e vinculação do legislador: contributo para a compreensão das normas constitucionais programáticas.* 2. ed. Coimbra: Coimbra Editora, 2001.

—. Rever ou romper com a constituição dirigente? Defesa de um Constitucionalismo moralmente reflexivo. *Revista do Processo.* São Paulo: Revista dos Tribunais, abr.-jun. 2000.

—. *Direito constitucional e teoria da constituição.* 3. ed. Coimbra: Almedina, 1998.

CARNEIRO, Glauco. *História das revoluções brasileiras.* São Paulo: Edições O Cruzeiro, 1965.

CARONE, Edgar. *A República Velha – as instituições e classes sociais.* São Paulo: Difel, 1978.

—. *Evolução política do Brasil,* vol 2. São Paulo: Difel, 2000.

CARVALHO, Claudia Paiva. Desafios democráticos para a constituição dirigente: entre vinculação e abertura constitucional. Brasília: *Revista Jurídica da Presidência,* v. 14, n. 103, jun./set. 2012.

CARVALHO, José Murilo de. *Visconde do Uruguai.* São Paulo: Editora 34, 2002.

—. *A construção da ordem - teatro de sombras.* Rio de Janeiro: Editora Civilização Brasileira, 2003.

CARVALHO, Laura. *Valsa brasileira - do boom ao caos econômico.* São Paulo: Todavia, 2018.

CARVALHO, Manuel Proença de. *Manual de ciência política e sistemas políticos e constitucionais.* 3.ed. Lisboa: Quid Juris Sociedade Editora, 2010.

CARVALHO, Marcus J.M e CÂMARA, Bruno Dornelas. *A Praieira revisitada: considerações sobre o debate.* Brasília: Instituto Nacional do Livro - MEC, 1971.

CASTELLS, M.; HALL, P.; HALL, P.G. (2004). *Technopoles of the world: the making of twenty-first-century industrial complexes.* London: Routledge.

CASTRO, Celso. *A Proclamação da República,* Rio de Janeiro: Jorge Zahar, 2000.

CASTRO, Therezinha de. *História da civilização brasileira.* v. II, Rio de Janeiro: Record: 1969.

CAVA, Bruno. *A multidão foi ao deserto - as manifestações no Brasil em 2013.* São Paulo: Annablume, 2013.

CEREZO, Miguel Castro (Coord.). *História do Brasil - das origens ao século XXI.* Enciclopédia do Estudante, São Paulo: Moderna, 2008.

CERQUEIRA, Marcelo. *A Constituição na história.* Rio de Janeiro: Revan, 2002.

CHÂTELET, François. *Hegel.* Rio de Janeiro: Jorge Zahar, 1995.

—; DUHAMEL, Olivier; PISIER-HOUCHNER, Évelyne. Trad. Carlos Nelson Coutinho. *História das ideias políticas*. Rio de Janeiro: Jorge Zahar Editor, 1985.

CHEVALLIER, Jean-Jacques. *As grandes obras políticas*: de Maquiavel aos nossos dias. Rio de Janeiro: Agir, 1973.

CHIAVENATO, Julio José. *As lutas do povo brasileiro - do "descobrimento" a Canudos*. São Paulo: Moderna, 1988.

CÍCERO. *Da República*. Coleção Mestres pensadores. São Paulo: Editora Escala, 1995.

CIORAN, Emile Michel. *Antologia do retrato - De Saint-Simon a Tocqueville*. Rio de Janeiro: Rocco, 1998.

COELHO, Diva Julia Sousa da Cunha Safe; COELHO, Saulo de Oliveira Pinto; DINIZ, Ricardo Martins Spindola. Constituição, constitucionalismo e efetividade na China: ilações entre cultura tradicional, práxis política e discurso constitucionalista no contexto chinês. *Revista da Faculdade de Direito UFPR*, Curitiba, PR, Brasil, v. 62, n. 3, p. 187-220, set./dez. 2017. ISSN 2236-7284.

COMPARATO, Fábio Konder. *A afirmação histórica dos direitos humanos*. 2.ed. São Paulo: Saraiva, 2001.

—. A constituição de 1988: o direito e o avesso. In BENEDITO, Alexandre; FREITAS, Aline da Silva; e COSTA, Pedro Vitor Melo (orgs.). *Constituição Federal 30 anos - há o que comemorar?* Londrina: Thoth Editora, 2019.

CONSTANT, Benjamin. *Principes de politique*, Hofmann/Droz, 1980, t. I e II.

—. Da liberdade dos antigos comparada à dos modernos. Trad. Loura Silveira. Revista Filosofia Política, n. 2, 1985, p. 7-25. Disponível em: http://caosmose.net/candido/unisinos/fa/benjamin.doc. Acesso em: 17 jul. 2018.

COQUARD, Olivier. *Marat, o amigo do povo*. São Paulo: Scritta, 1996.

CORDEIRO, Néstor Luís. *A invenção da filosofia*, São Paulo: Odysseus, 2011.

CORDON, Juan Manoel e MARTÍNEZ, Tomás Calvo. *História da filosofia*. Coimbra: Edições 70, 1995.

COSTA, João Cruz. *Pequena história da República*. Rio de Janeiro: Civilização Brasileira, 1968.

COSTA, Maria Emilia Viotti da. *Da Monarquia à República - momentos decisivos*. 6.ed., São Paulo: Brasiliense, 1994.

COUTELLE, José Eduardo. Por que a Inglaterra não aderiu ao Euro? São Paulo: *Revista Superinteressante*, 4 jul. 2018.

COUTINHO, Sheyla Yvette Cavalcanti Ribeiro. Os princípios no direito constitucional brasileiro: diretrizes de regulação a partir dos trabalhos de Ronald Dworkin e Hans-Georg Gadamer. *Revista Teorias do Direito e Realismo Jurídico*, 2016.

CROISET, A. *As democracias antigas*. Rio de Janeiro: Garnier, 1923.

CROUZET, Maurício (Coord). *História geral das civilizações (17 v.)*. Trad. Vítor Ramos e J. GUINSBURG. São Paulo: Divisão Europeia do Livro, 1960, v. IV e XV.

CRUZ, Leonildo e CIRNE, Liana. *A Constituição Traída*. Curitiba: Hedra, 2017.

CUNHA, Diogo. O negacionismo como estratégia política e discurso de ódio, disponível em https://www.cartamaior.com.br/?/Editoria/Politica/O-negacionismo-como-estrategia-politica-e-discurso-de-odio-E-algumas-licoes-da-experiencia-francesa-/4/43903. Acesso em 08 jan 2020.

CUNHA, Paulo; e CABRAL, Fátima (orgs.). *Nelson Werneck Sodré - entre o sabre e a pena*. São Paulo: Unesp, 2006.

CUNHA, Paulo Ferreira da. *Miragens do direito*. Campinas: Milenium, 2002.

DAHL, Robert. *Sobre a democracia*. Brasília: Editora UnB, 1998.

DALLARI, Dalmo de Abreu. *Elementos de teoria geral do Estado*. 3.ed. São Paulo: Saraiva, 1976.

—. *A constituição na vida dos povos*. 2.ed. São Paulo: Saraiva, 2012.

DANTAS, Miguel Calmon. Ode ou réquiem pela Constituição Dirigente? Disponível em www.facs.br/revistajuridica/edicao_maio2005/.../doc_01.doc. Acesso em: 14 de jan. de 2013.

DANTAS, Monica Duarte (org.). *Revoltas, motins, revoluções: homens livres e libertos no Brasil do século XIX*. São Paulo: Alameda Editorial, 2011.

DAHRENDORF, Ralf. *Reflexões sobre a revolução na Europa*. Rio de Janeiro: Zahar, 1991.

D'ARAUJO, Maria Celina. *O Estado Novo*. Col. Descobrindo o Brasil, Rio de Janeiro: Zahar, 2000.

DARNTON, Robert e DUHAMEL, Olivier. *Democracia*. São Paulo: Record, 2001.

D'ÁVILA, Luiz Felipe. *As Constituições do Brasil*. São Paulo: Brasiliense, 1993.

DELGADO, Paulo. 30 anos de uma constituição traída: "nunca foram solucionados os enigmas da Constituição de 88". In BENEDITO, Alexandre; FREITAS, Aline da Silva; e COSTA, Pedro Vitor Melo (orgs.). *Constituição Federal 30 anos - há o que comemorar?* Londrina: Thoth Editora, 2019.

DELLAGNEZZE, René, *Os 100 anos da Revolução Russa de 1917, a Constituição da Federação da Rússia e os direitos humanos*. Disponível em https://docplayer.com.br/61778350-Os-100-anos-da-revolucao-russa-de-1917-a-constituicao-da-federacao-da-russia-e-os-direitos-humanos.html cit., Acesso 20 jan 2020.

DENT, N. J. H. *Dicionário Rousseau*. Trad. Álvaro Cabral. Rio de Janeiro: Jorge Zahar, 1996.

DENISVO, A. e KIRICHENKO, M., *Soviet State Law*, Moscow: Foreign Languages Publishing House, 1960.

DEROSA, Cristian. *O poder moderador e o legado de Benjamin Constant no Brasil*. Disponível em http://hid0141.blogspot.com.br/2011/04/o-poder-moderador-e-o-legado-de.html. Acesso em 04 dez. 2019.

DIAS, Mariana Dattolli Gouveia. *A efetividade das normas constitucionais programáticas*. Publicado no site *Conteúdo Jurídico*, em 24 de maio de 2015, disponível em https://conteudojuridico.com.br/consulta/Artigos/39393/a-efetividade-das-normas-constitucionais-programaticas, Acesso 12 dez 2019.

Dicionário Larousse Cultural da Língua Portuguesa. São Paulo: Nova Cultural, 1990.

Dictionnaire historique de la Suisse (DHS). Hauterive: Editions Gilles Attinger, 2002.

DIDEROT e D'ALEMBERT. Trad. Maria das Graças de Souza. *Verbetes políticos da enciclopédia*. São Paulo: Unesp, 2006.

DIMOULIS, Dimitri. *Dicionário Brasileiro de Direito Constitucional*. 2.ed. São Paulo: Saraiva, 2012.

—. A introdução do controle de constitucionalidade difuso na Grécia - um caso de "ativismo judicial" na Europa do século XIX. *Revista Brasileira de Direito Constitucional*, n. 1, jan. jun. 2003.

DINUCCI, Aldo. *Górgias de Leontinos*. Col. Sofistas. São Paulo: Oficina do Livro, 2017, v. I.

D'IPPOLITO, Francesco e FIGUEIREDO Marcelo. *Mani Pulite Operação Mãos Limpas - 25 anos depois*. Extraído do site migalhas.com.br (Migalhas de peso). Acesso em 13 nov 2019.

DISTEN, Yoran. *Guerra, agressão e legítima defesa*. Barueri: Manole, 2001.

DÓRIA, Palmério. *O príncipe da privataria*. São Paulo: Geração Editorial, 2013.

DOWBOR, Ladislau. *A era do capital improdutivo*: A nova arquitetura do poder, sob dominação financeira, sequestro da democracia e destruição do planeta. 2. ed., São Paulo: Autonomia Literária, 2018.

DRAIBE, Sônia Miriam. O "Welfare State" no Brasil: características e perspectivas. *Ciências Sociais Hoje*, 1989. São Paulo: ANPOCS e Vértice, 1989.

DULCI, Luiz. *Um salto para o futuro*. São Paulo: Editora Perseu Abramo, 2013.

DUNN, John. *A história da democracia – um ensaio sobre a libertação do povo*. São Paulo: Unifesp, 2016.

DUPEUX, Louis. *História cultural da Alemanha*, Trad. Elena Gaidano, São Paulo: Civilização Brasileira, 1992.

DUQUE-ESTRADA, Luiz Gonzaga; Francisco Foot Hardman (ORG.); e Vera Lins (Orgs.). *Revoluções brasileiras*. São Paulo: Unesp, 1998.

DUROZOI, Gérard e ROUSSEL, André. *Dicionário de filosofia*, São Paulo: Papirus, 1993.

DUVERGER, Maurice, *As modernas tecnodemocracias*. São Paulo: Paz e Terra, 1975.

DWORKIN, Ronald. *A raposa e o porco-espinho - justiça e valor*. São Paulo: Martins Fontes, 2015.

—. *O império do direito*. 3.ed. São Paulo: Martins Fontes, 2014.

DWYER, Frank. *Danton*. Col. Os grandes líderes São Paulo: Nova Cultural, 1987.

EAGLETON, Terry. *Marx*. São Paulo: Unesp, 1999.

ELIAS, Norbert. *Os alemães*. Rio de Janeiro: Jorge Zahar, 1996.

Enciclopédia Barsa Universal. São Paulo: Barsa Planeta, 1964. v. 17.

Enciclopédia do Mundo Contemporâneo. 3.ed. São Paulo: Publifolha, 2002.

ESPÍNDOLA, Alberi. *Rousseau - pontos e contrapontos*. São Paulo: Barcarolla, 2012.

SILVA, Nuno J. Espinosa Gomes da. *História do direito português*. Lisboa: Fundação Calouste Gulbenkian, 2006.

FAORO, Raymundo. *Os donos do poder*. Porto Alegre: Editora Globo S.A., 1976.

FARIA, José Eduardo. *Retórica política e ideologia democrática: a legitimação do discurso liberal*. Rio de Janeiro: Graal, 1984.

—. *O direito na economia globalizada*. São Paulo: Malheiros, 2004.

FARHAT, Said. *Dicionário Parlamentar e Político: o processo político e legislativo no Brasil*. São Paulo: Melhoramentos, 1996.

FÁTIMA, Branco Di. *Dias de tormenta: os movimentos de indignação que derrubaram ditaduras, minaram democracias e levaram a extrema direita ao poder no Brasil*. São Paulo: Geração Editorial, 2019.

FAYE, Emmanuel. *Heidegger* – a introdução do nazismo na filosofia. São Paulo: É Realizações, 2015.

FERGUSON, Niall. *Empire: The rise and demise of the British world order and the lessons for global power* (em inglês). [S.l.]: Basic Books, 2002.

FERNANDES, Antonio Teixeira. *O estado democrático e a cidadania*. Porto: Edições Afrontamento, 1998.

FERNANDES, Antonio José. *Introdução à ciência política*. Porto: Porto editora, 2010.

FERNANDES, Luís. As armadilhas da globalização. *In* Carrion, Raul K.M. e VICENTINI, Paulo G. Fagundes. *Globalização, neoliberalismo, privatizações – quem decide este jogo?*, Porto Alegre: UFRGS, 1997.

FERRO, Marc. *História de França*. Lisboa: Edições 70, 2011.

FILGUEIRAS, Luiz e GONÇALVES, Reinaldo. *A economia política do governo Lula*. Rio de Janeiro: Contraponto, 2007.

FITZGERALD, Ross (Org.). *Pensadores políticos comparados*, Col. Pensamento Político, v. 52, Brasília: Editora UnB, 1980.

FIUZA, Ricardo Arnaldo Malheiros. *Revista Informativo Legislativo*. Brasília, ano 29, n. 113, jan./mar. 1992.

FLORENZANO, Modesto. *As revoluções burguesas*. Col. Tudo é história. São Paulo: Brasiliense, 1981.

FLORY, Thomas. *El Juez de Paz y el Jurado en el Brasil Imperial*. México: Fondo de Cultura Econômica, 1986.

FORTES, Luiz R. Salinas. *O iluminismo e os reis filósofos*. Col. Tudo é História. São Paulo: Brasiliense, 1993.

FRANÇA, R. Limongi. Reforma do Código ou Consolidação das Leis Civis?. *Enciclopédia Saraiva do Direito*. São Paulo: Saraiva, v. 25, 1977.

FRANCO, Afonso Arinos de Melo. *Curso de direito constitucional brasileiro*. Rio de Janeiro: Forense, 1960.

—. *História e teoria dos partidos políticos no Brasil*. São Paulo: Editora Alfa Omega, 1974.

FRASER, Antonia. *A conspiração da pólvora - terror e fé na Revolução Inglesa*. Rio de Janeiro: Record, 1998.

FRIEDE, Reis. Que não se culpe a Constituição de Weimar! *Revista de Direito*. Universidade Federal de Viçosa, 2019.

FRIEDRICH, Carl J. *Uma introdução à teoria política*. Rio de Janeiro: Zahar, 1970.

FROTA, Guilherme de Andrea. *Quinhentos anos de história do Brasil*. Rio de Janeiro: Biblioteca do Exército, 2000.

FURET, François. História das Revoluções, n. 6, v. I, *Revista O Cruzeiro*, São Paulo: Editora Três, 1974.

— e OZOUF, Mona. *Dicionário Crítico da Revolução Francesa*. Rio de Janeiro: Nova Fronteira, 1989.

GALBRAITH, John Kenneth. *1929 – A Grande Depressão*. São Paulo: Larousse, 1996

—. *A Paz indesejável? Relatório sobre a utilidade das guerras*. Paris: Calmann-Lévy edit., 1968.

GALGANO, Francesco. *Le Institutioni dell'Economia Capitalística*. Bologna: Zanichelli, 1984.

GAULD, Charles A. *Farquhar, o último titã – um empreendedor americano na américa latina*. São Paulo: De Cultura, 2006.

GERHARD COLM, Theodore Geiger. *A economia dos Estados Unidos*. Trad. Octávio Mendes Cajado. São Paulo: Cultrix, 1968.

GIANOTTI, José Arthur. *Lições de filosofia primeira*. Companhia das Letras, São Paulo, 2001.

GILISSEN, John. *Introdução histórica ao direito*. 3.ed. Lisboa: Fundação Calouste Gulbenkian, 2011.

GIORDANI, Mário Curtis. *História da Grécia*. Petrópolis: Vozes, 1984.

—. *História de Roma*. 3. ed. Petrópolis: Vozes, 1972.

—. *História do mundo feudal*. 3.ed. Petrópolis: Vozes, 1997.

—. *História do século XX*. São Paulo: Ideias e Letras, 2012.

GODOY, Arnaldo Sampaio de Moraes. O direito constitucional francês. Teresina: *Revista Jus Navigandi*, n. 1656, 13 jan. 2008.

GOMES, Fernanda da Silva. *Rousseau - democracia e representação*. Florianópolis: Universidade Federal de Santa Catarina, 2006.

GONÇALVES, Míriam (Org.). *Enciclopédia do golpe*. Bauru: Canal 6 Editora, 2018, 2 v.

GONZÁLES, Horácio. *Karl Marx*. São Paulo: Brasiliense, 1984.

GONZÁLEZ, Justo. *História del Cristianismo*. Miami: Editorial Unilit, 1994.

GORCZEVSKI, Clóvis; BOTELHO, Edison; LEAL, Mônica Clarissa Hennig. *Introdução ao estudo da ciência política, teoria do Estado e da Constituição*. Porto Alegre: Verbo Jurídico, 2007.

GOYARD-FABRE, Simone. *O que é democracia?* Trad. Claudia Berliner. São Paulo: Martins Fontes, 2003.

GRACIELA, Nayara. *O federalismo e a democracia na Suíça*. Disponível em http://www.conteudojuridico.com.br/artigo,o-federalismo-e-a-democracia-na-suica,32163.html. Acesso 15 dez. 2019.

GRANT, Michael. *Civilização clássica - história resumida (Grécia e Roma)*. Rio de Janeiro: Jorge Zahar, 1994.

GRAU, Eros Roberto. *O direito posto e o direito pressuposto*. 4. ed. São Paulo: Malheiros, 2002.

GRAY, John. *Voltaire*. Col. Grandes filósofos. São Paulo: Unesp, 2012.

GRAZIA, Sebastian de. *Maquiavel no inferno*. Trad. Denise Bottmann. São Paulo: Companhia das Letras, 1993.

GRINBERG, Keila. *Código Civil e cidadania*. Rio de Janeiro: Jorge Zahar Editora, 2001.

Grunberg, Gérard. *La France vers le bipartisme? La présidentialisation du PS et de l'UMP*. [S.l.: s.n.], 2007.

GRUPPI, Luciano. *Tudo começou com Maquiavel*. São Paulo: L&PM Editores, 1996.

GHELERE, Gabriela Doll. *A liberdade individual para Benjamin Constant*. Dissertação de mestrado. Universidade de São Paulo - Departamento de Filosofia: São Paulo, 2008.

GUERRA, Elizabete Olinda. Vida e pensamento político de Carl Schmitt: breves considerações, *Profanações*, Ano 4, n. 1, p. 64-75, jan./jul. 2017.

HAMILTON, Alexander; MADISON, James e JAY, John. *Os federalistas*. Brasília: UnB, 1984.

HAMLYN, D. W. *Uma história da filosofia ocidental*. São Paulo: Jorge Zahar Editor, 2002.

HAMPSON, Norman. *A primeira revolução europeia*. Lisboa: Editorial Verbo, 1996.

HIRST, Paul. *A democracia representativa e seus limites*, Rio de Janeiro: Zahar, 1992.

HOBSBAWM, Eric J. *A era dos extremos*: o breve século XX. 2. ed. São Paulo: Companhia das Letras: 1997.

HOETZSCH, Otto. *A evolução da Rússia*. Lisboa: Editorial Verbo, 1966.

HOLLOWAY, Thomas H. *Vida e morte do Convênio de Taubaté - a primeira valorização do café*. Trad. Márcio Doctors. Rio de Janeiro: Paz e Terra, 1978.

HOUAISS, Antonio. *Dicionário Houaiss da Língua Portuguesa*. Rio de Janeiro: Objetiva, 2001.

HUISMAN, Denis. *Dicionário dos filósofos*. São Paulo: Martins Fontes, 2001.

HUME, David. *História da Inglaterra - da invasão de Júlio Cesar à revolução de 1688*. 2.ed. São Paulo: Unesp, 2017.

—. Col. *Os pensadores*. 3.ed. São Paulo: Abril, 1984.

HUSZAR, George B. *Aplicações práticas da democracia*. Trad. J. L. Melo. Rio de Janeiro: Record, 1965.

IGLÉSIAS, Francisco. *Constituintes e Constituições brasileiras*. Coleção Tudo é História. São Paulo: Brasiliense, 1982.

IGLÉSIAS, Francisco. *Trajetória política do Brasil: 1500 - 1964*. São Paulo: Companhia de Letras, 1993.

QUEIROZ, Maria Isaura Pereira de. *O messianismo no Brasil e no mundo*. 3.ed. São Paulo: Alfa-Ômega, 2003.

JANOT, Rodrigo e CARVALHO, Jaílton de. *Nada menos que tudo: bastidores da operação que colocou o sistema político em xeque*. São Paulo: Planeta, 2018.

JANUZZI, Giovanni. *Uma breve história da Itália*. Buenos Aires: Letemendia, 2005.

JEFFERSON, Thomas. *Escritos políticos*. Col. Os Pensadores. São Paulo: Abril Cultural, 1979.

JINKINGS, Ivana; DORIA, Kim e CLETO, Murilo (org.). *Por que gritamos golpe?* São Paulo: Boitempo Editorial, 2016.

JOHANN, Ernst e JUNKER, Jörg. *A República de Weimar (1918-1933)*, Excerto da História da Cultura Alemã dos Últimos Cem Anos. Munique: Nymphenburger Verlagshandlung, 1974.

JONES, Peter V., *O mundo de Atenas*. São Paulo: Martins Fontes, 1997.

JUDT, Tony e SNYDER, Timothy. *Pensando o século XX*. Rio de Janeiro: Objetiva, 2014.

KAGAN, Donald. *A guerra do Peloponeso*. Rio de Janeiro: Record, 2006.

KANT, Immanuel. *A religião nos limites da simples razão*. Trad. Artur Morão. Covilhã: LusoSofia, 2008.

—. *Doutrina do direito*. São Paulo: Ícone, 2013.

—, *Crítica da razão prática*. São Paulo: Martins Fontes, 1998.

KAUFMANN, A. e HASSEMER, W. *Introdução à filosofia do direito e à teoria do direito contemporâneas*, 2. ed. Lisboa: Fundação Calouste Gulbekian, 2015.

KEANE, John. *vida e morte da democracia*. Coimbra, Edições 70, 2011.

KELLER, Vilma (colab. especial). "*Café Filho*" (verbete). Rio de Janeiro: CPDOC | FGV - Centro de Pesquisa e Documentação de História Contemporânea do Brasil. Extraído de http://www.fgv.br/cpdoc/acervo/dicionarios/verbete-biografico/joao-cafe-filho. Acesso em 18 dez 2019.

KELLY, Paul *et al*. Trad. Rafael Longo. *O livro da política*. São Paulo: Editora Globo, 2013.

KELSEN, Hans. *Autobiografia de Hans* Kelsen. Trad Gabriel Nogueira Dias e José Ignácio Coelho Mendes Neto. Rio de Janeiro: Forense Universitária, 2011.

KERVÉGAN, Jean-François. *Hegel, Carl Schmitt* – O político entre a especulação e a positividade. Barueri: Manole, 2006.

KOERNER, Andrei. O Poder Judiciário na Constituição da República. *Dissertação de Mestrado em Ciência Política* - USP - S.P., 1992.

KOIFMAN, Fábio (Org.) *Presidente do Brasil - de Deodoro a FHC*. Rio de Janeiro: Editora Rio, 2002.

KONRAD, Diorge. *Em tribunais, política e justiça não nascem irmãs*, publicada no site www.vermelho.org.br, disponível in http://www.vermelho.org.br/coluna.php?id_coluna_texto=4983&id_coluna=14. Acesso em 12 dez. 2019.

KOSHIBA, Luiz; PEREIRA, Denise Manzi Frayze. *História do Brasil*. São Paulo: Atual, 1996.

KRITSCH, Raquel. Política, religião, revolução e soberania em "Reflexões sobre a revolução em França" do conservador E. Burke. *Revista Espaço Acadêmico*, n. 123, ago 2011.

KUGELMAS, Eduardo. *Marquês de São Vicente*. São Paulo: Editora 34, 2002.

LACOMBE, Américo Jacobina. A Cultura Jurídica in *História Geral da Civilização Brasileira*. T.II, v. 3. O Brasil Monárquico. Dir. HOLANDA, Sérgio Buarque. São Paulo: Editora Difel, 1976.

LATINI, A. Sidney. *A implantação da indústria automobilística no Brasil*. São Paulo: Alaúde, 2007.

LEAL, Aurelino. *História constitucional do Brasil*, Rio de Janeiro: Imprensa Nacional, 1915.

LEAL, Victor Nunes. *Coronelismo, Enxada e Voto*. São Paulo: Alfa Omega, 1986.

LEGROS, Robert. *O advento da democracia*. Lisboa: Instituto Piaget, 2001.

LEPAPE, Pierre. *Voltaire: nascimento dos intelectuais no século das luzes*. Rio de Janeiro: Jorge Zahar, 1995.

LIGUORI, Guido; e VOZA, Pasquale (orgs.). *Dicionário gramsciano (1926-1937)*. São Paulo: Boitempo Editorial, 2017.

LIMA, Heitor Ferreira. *História político-econômica e industrial do Brasil*. São Paulo: Companhia Editora Nacional, 1970.

—. *História do pensamento econômico no Brasil*, São Paulo: Editora Nacional, 1978.

LINDOSO, José Antônio Spinelli. União Soviética: da Nova Política Econômica (NEP) à construção do "socialismo num só país". Universidade Federal do Rio Grande do Norte: *Revista Cronos*, v. 14, n. 1, p. 114, 2013.

LIPSON, Leslie. *A civilização democrática*, v. I. Rio de Janeiro: Zahar Editores, 1966.

LOPES, José Reinaldo de Lima. *O direito na história - lições introdutórias*. 3.ed. São Paulo: Atlas, 2008.

—; ACCA, Thiago dos Santos; QUEIROZ, Rafael Mafei Rabelo, *O direito na história*, São Paulo: Método, 2006.

LOPEZ, Luiz Roberto. *História do Brasil contemporâneo*. Porto Alegre: Editora Mercado Aberto, 1993.

LOUREIRO, Isabel. *A revolução alemã* [1918 – 1923], Col. Revoluções do Século XX, São Paulo: Editora UNESP, 2005.

MABOTT, J. D. *O Estado e o cidadão: uma introdução à teoria política.* Rio de Janeiro: Zahar, 1968.

MACIEL, José Fabio Rodrigues; AGUIAR, Renan. *Manual de História do Direito.* 9. ed. São Paulo: Saraiva, 2019.

—; Madeu, Diógenes. *Introdução ao estudo e à teoria geral do direito.* São Paulo: Saraiva, 2015.

— (Coordenador). *Formação Humanística em Direito.* 2. ed. São Paulo: Saraiva, 2015.

—. *Teoria Geral do Direito*: segurança, valor, hermenêutica, princípios, sistema. São Paulo: Editora Saraiva, 2004.

MALACARNE, Cassiano. *Decretais de Gregório IX* (Livro 5, Títulos 1-2). Tese de doutorado. Porto Alegre: Universidade Federal do Rio Grande do Sul, 2016.

MANFRED, A. Z. *A concepção materialista da Revolução Francesa.* São Paulo: Global, 1989.

MANNION, James. *O livro completo da filosofia.* São Paulo: Madras, 2004.

MANSO, Bruno, SOLANO, Esther e NOVAES, Willian. *Mascarados, a verdadeira história dos adeptos da tática black bloc.* São Paulo: Geração Editorial, 2014.

MARÉS, Carlos F. de Souza Filho. O Direito Envergonhado (O direito dos juízes no Brasil), in *Estudos jurídicos* - PUC, n. 1, Curitiba, 1993.

MARIA, José. *História da República.* São Paulo: Editora Síntese, 1956.

MARQUES, J. Luiz. *O socialismo.* Porto Alegre: UFRGS, 1991.

MARTINS JUNIOR, José Izidoro. *História do direito nacional.* Rio de Janeiro: Typographia da Empreza Democrática Editora, 1895. Disponível em http://www2.senado.leg.br/bdsf/handle/id/224218. Acesso em 13 nov. 2019.

MARTINS, Carlos Estevam. Da globalização da economia à falência da democracia. *Economia e Sociedade*, Campinas, (6): 1-23, jun. 1996.

MARX, Karl. *Manuscritos econômico-filosóficos.* Trad. Jesus Ranieri. São Paulo: Boitempo Editorial, 2004.

MASCARO, Alysson Leandro. *Filosofia do direito*, 6. ed. São Paulo: Atlas, 2018.

MASSIE, Robert K. *Catarina, a grande - retrato de uma mulher.* Rio de Janeiro: Rocco, 2012.

MATTOSO, José. *História de Portugal - antes de Portugal.* Lisboa: Círculo de Leitores. 1992, v. I.

MCCOOK, Alison. *Is peer review broken?.* Reprinted from the Scientist 20(2) 26, 2006.

MEIRELLES, Domingos. *1930, Os órfãos da Revolução*. Rio de Janeiro: Record, 2005.

—. *As noites das grandes fogueiras – uma história da Coluna Prestes*. Rio de Janeiro: Record, 2000.

MELO, Clóvis. *Os ciclos econômicos do Brasil*. Rio de Janeiro: Ed. Laemmert, 1969.

MELLO, F. I. M. Homem de. A Constituinte perante a História. In *A Constituinte de 1823*. LIMA SOBRINHO, Barbosa *et al*. Brasília: Centro Gráfico do Senado, 1973.

MELLO, Evaldo Cabral de. *Frei Joaquim do Amor Divino Caneca*. São Paulo: Editora 34, 2001.

MELLO FRANCO, Afonso Arinos. *Estudos de direito constitucional*. Rio de Janeiro: Freitas Bastos, 1957.

MENDES, Conrado Hübner. A política do pânico e circo. In *Democracia em risco? 22 ensaios sobre o Brasil de hoje*. São Paulo: Companhia das Letras, 2019.

MENDES JR., Antonio; RONCARI, Luiz e MARANHÃO, Ricardo. *Brasil - história, texto e consulta*. São Paulo: Brasiliense, 1979. 4v.

MENDONÇA, J. X. Carvalho. *Tratado de direito comercial brasileiro*. Rio de Janeiro: Livraria Freitas Bastos, 1953.

MENDONÇA, José Vicente dos Santos. Vedação do Retrocesso: O que é e como Perder o Medo, in: *Revista de Direito da Associação dos Procuradores do Novo Estado do Rio de Janeiro*, vol. XII. Rio de Janeiro: Lúmen Juris, 2003.

MENDOZA, Plínio Apuleyo; MONTANER, Carlos Alberto; e LLOSA, Álvaro Vargas. *A volta do idiota*. Rio de Janeiro: Odisseia Editorial, 2007.

MENEZES, Paulo Braga de. *As constituições outorgadas ao Império do Brasil e ao Reino de Portugal*. Rio de Janeiro: Arquivo Nacional, 1974.

MENEZES FILHO, Naercio; e SOUZA, André Portela. *A carta - para entender a Constituição*. São Paulo: Todavia, 2019.

MERCADANTE, Paulo. *A consciência conservadora no Brasil*. Rio de Janeiro: Editora Civilização Brasileira 1972.

MILL, Stuart. *Considerações sobre o governo representativo*. Brasília: Editora UnB, 1981.

MONTEIRO, Daniel Lago. Anarquia e conformação das coisas: algumas observações sobre revolução, história e linguagem em Edmund Burke. *Revista dos Departamentos de Filosofia da Universidade Federal do Paraná e da Universidade Federal de São Carlos*, v. 8, n. 1, 2011, p. 11-22.

MONTEIRO, Tobias. *História do Império: a elaboração da independência*. Belo Horizonte: Itatiaia-Edusp, 1981.

MONTESQUIEU, Charles Louis de Secondat. *Do espírito das leis*. Col. Os Pensadores. São Paulo: Abril Cultural, 1973.

—. *O espírito das leis*. Trad. Pedro Vieira Mota. São Paulo: Saraiva, 1987.

MOOREHEAD, Alan. *A Revolução Russa*. São Paulo: Ibrasa, 1960.

MORAES, Alexandre de. *Constituição da República: um projeto de nação - Homenagem aos 30 anos*. Brasília: OAB Editora, 2018.

MORAES, Alexandre de. *Direito constitucional*. 34. ed. São Paulo: Editora Atlas, 2018.

—. *Direitos humanos fundamentais - teoria geral*. 11. ed. São Paulo: Grupo GEN/Atlas, 2016.

—. *Improbidade administrativa*. 2. ed. Rio de Janeiro: Forense, 2016.

—. *Pareceres de direito público*. 2. ed. São Paulo: Atlas, 2015.

—. *IV Relatório Supremo em números - O Supremo e o Ministério Público*. Rio de Janeiro: FGV Rio, 2015.

—. *Jurisdição Constitucional e Tribunais Constitucionais - Garantia Suprema da Constituição*. 3. ed. São Paulo: Atlas, 2013.

—. *Presidencialismo*. 2. ed. São Paulo: Atlas, 2013.

—. *Constituição do Brasil Interpretada e Legislação Constitucional*. 9. ed. São Paulo: Atlas, 2013.

—. *Os 20 Anos da Constituição da República Federativa do Brasil*. São Paulo: Editora Atlas, 2009.

—. *Manual Atlas - Constituição da República Federativa do Brasil*. 30. ed. São Paulo: Editora Atlas, 2009.

—; SMANIO, G. P. *Legislação Penal Especial*. 10. ed. São Paulo: Editora Atlas S/A, 2008.

—. *Direito constitucional administrativo*. 4. ed. São Paulo: Editora Atlas, 2007.

—. *Constitucionalismo social*. São Paulo: LTr, 2003.

—. *Agência Reguladoras*. São Paulo: Editora Atlas, 2002.

—. *Administração Pública*. São Paulo: Revista dos Tribunais, 2002.

—. *Arguição de descumprimento de preceito fundamental: análise à luz da Lei nº 9.882/99*. São Paulo: Editora Atlas, 2001.

—. *Direito constitucional - Questões Ministério Público e Magistratura*. 2. ed. São Paulo: Editora Atlas, 2001.

MORAES, João Baptista Mascarenhas de. *A FEB pelo seu comandante*. Rio de Janeiro: Biblioteca do Exército Editora, Rio de Janeiro, 1947.

MORAES, Ricardo Quartim de. A evolução histórica do Estado Liberal ao Estado Democrático de Direito e sua relação com o constitucionalismo dirigente. *Revista de Informação Legislativa*, Brasília, ano 51, n. 204, p. 269-285, out./dez. 2014.

MORAIS, Fausto Santos de. A teoria constitucional e a morte do caráter dirigente e compromissório: pressupostos para uma teoria da Constituição brasileira. *Conteúdo Jurídico*, Brasília-DF: 16 jan 2020. Disponível em: https://conteudojuridico.com.br/consulta/Artigos/25711/a-teoria-constitucional-e-a-morte-do-carater-dirigente-e-compromissorio-pressupostos-para-uma-teoria-da-constituicao-brasileira. Acesso em: 16 jan 2020.

MOREIRA, Nelson Camatta. Dignidade humana na Constituição Dirigente de 1988. Belo Horizonte: *Revista Brasileira de Direito Público - RBDP*, ano 6, n. 21, abr. 2008.

MOREIRA, Ivone. Análise do conceito de natureza humana em Burke e Rousseau, *Gaudium Sciendi*, n. 5, p. 149-166, dez. 2013.

MORO, Sergio Fernando. Considerações sobre a operação *manipulite. R. CEJ, Brasília*, n. 26, p. 56-62, jul./set. 2004.

MORRISON, Wayne. *Filosofia do direito - dos gregos ao pós-modernismo.* 2. ed. São Paulo: Martins Fontes, 2012.

MOSS, Robert. *O colapso da democracia.* Lisboa: Edições FP, 1979.

MOSSÉ, Claude. *Péricles, o inventor da democracia.* São Paulo: Estação Liberdade, 2008.

—. *Dicionário da Civilização Grega.* Trad. Carlos Ramalhete. Rio de Janeiro: Jorge Zahar Editor, 2004.

MOURA, Clóvis. *Rebeliões da senzala, quilombos e guerrilhas.* São Paulo: Anita Garibaldi, 2014.

MOURA, Maurício e CORBELINI, Juliano. *Eleição disruptiva – por que Bolsonaro venceu.* São Paulo-Rio de Janeiro: Record, 2019.

MOURRE, Michel. *Dicionário de história universal.* Lisboa: ASA, 2005.

NABUCO, Joaquim. *Um estadista do Império.* Rio de Janeiro: Editora Nova Aguilar S/A, 1975.

NASCIMENTO, Maria das Graças. *Voltaire, a razão militante.* São Paulo: Moderna, 2004.

NASCIMENTO. Walter Vieira do. *Lições de história do direito.* Rio de Janeiro: Forense, 1990.

NEME, Mario. *Fórmulas políticas no Brasil holandês.* São Paulo: Difusão Europeia do Livro - Difel-Edusp, 1971.

NETO, Cláudio P. S. e SARMENTO, Daniel. *Direito constitucional- teoria, história e métodos de trabalho.* Belo Horizonte: Fórum, 2012.

NETO, Lira. *Getúlio (1930-1945): do governo provisório à ditadura do Estado Novo.* São Paulo: Companhia das Letras, 2013.

NETTO, Vladimir. *Lava-jato.* São Paulo: Geração Editorial, 2015.

NEVES, Guilherme Pereira das. *E receberá mercê: a mesa da consciência e Ordens e o clero secular no Brasil -1808-1828*: Rio de Janeiro: Arquivo Nacional, 1997.

NEVES, Marcelo. *A constituição simbólica*. São Paulo: Ed. Acadêmica, 1994.

NICOLA, Ubaldo. *Antologia ilustrada de filosofia*. Rio de Janeiro: Globo, 2005.

NIEBUHR, H. Richard. *As origens sociais das denominações cristãs*. Trad. Antônio Gouvêa Mendonça. São Paulo: Aste, 1992.

NOBRE, Marcos. *Imobilismo em movimento - da abertura democrática ao governo Dilma*. São Paulo: Companhia das Letras, 2013.

NOGUEIRA, Octaciano. *Constituições Brasileiras*: 1824. Coleção Constituições Brasileiras. Brasília: Senado Federal e Ministério da Ciência e Tecnologia, Centro de Estudos Estratégicos, 2001.

NUNES, Silvio Gabriel Serrano. *As origens do constitucionalismo calvinista e o direito de resistência: a legalidade bíblica do profeta em John Knox e o contratualismo secular do jurista em Théodore de Béze* (tese de doutorado). Universidade de São Paulo: São Paulo: 2017.

OLIVEIRA, Cecília Helena Lorenzini de Salles. Nação e cidadania: a constituição de 1824 e suas implicações políticas. Bragança Paulista: *Revista Horizonte*, 1998.

—. *Zacarias de Góes e Vasconcelos*. São Paulo: Editora 34, 2002.

OLIVEIRA, Liziane Paixão de. A soberania frente à globalização. *Revista do Programa de Mestrado em Direito do UniCEUB*, Brasília, v. 2, n. 1, p. 202-225, jan./jun. 2005.

OLIVEIRA, Raul José de Galaad. *Poder soberano e Constituições europeias*. Disponível em http://www2.Senado.leg.br/bdsf/bitstream/handle/id/771/R154-05.pdf?sequence=4. Acesso em 31 out. 2019.

OLIVEIRA, Reginaldo Gomes de; MAGALHÃES, Maria das Graças dias. A questão do Pirara: Roraima. Universidade Federal de Roraima: *Revista de Ciências Humanas*, n. 14, 2008.

OSBORNE, Catherine. *Filosofia pré-socrática*. Porto Alegre: L&PM Pocket Encyclopaedia, 2013.

PACHUKANIS, B. Eugeni. *Teoria geral do direito e do marxismo*. São Paulo: Boitempo Editorial, 2017.

PADOVANI, Humberto e CASTAGNOLA, Luiz. *História da filosofia*. São Paulo: Melhoramentos, 1998.

PAIM, Antonio. *Marxismo e descendência*. Col. História e Pensamento. São Paulo: Vide Editorial, 2009.

— e BARRETO, Vicente. *Evolução do pensamento político brasileiro*. Belo Horizonte: Itatiaia, 1989.

PAPINEAU, David. *Filosofia – grandes pensadores, principais fundamentos e escolas filosóficas*. São Paulo: Publifolha, 2009.

PATARRA, Ivo. *Petroladrões*. São Paulo: Luneta, 2016.

PAUPÉRIO, Arthur Machado. *Teoria democrática do Estado*, Rio de Janeiro: Forense Universitária, 1997.

PEIXINHO, Manoel Messias. *Os direitos fundamentais nas constituições francesas*. Disponível em http://www.publicadireito.com.br/artigos/?cod=b1bc40d056bad6ec. Acesso em 22 nov. 2019.

PELLEGRIN, Pierre. Trad. BERLINER, Claudia. *Vocabulário de Aristóteles*. São Paulo: Martins Fontes, 2010.

PENNA, Lincoln de Abreu. *Uma história da República*. Rio de Janeiro: Nova Fronteira, 1989.

PEREIRA, Maria Helena da Rocha. *Estudos de história da cultura clássica - cultura grega*. LIsboa: Fundação Calouste Gulbenkian, 2017.

PEREIRA, Merval. *O lulismo no poder*. Rio de Janeiro: Record, 2010.

PÉRRONET, Michel. *Revolução Francesa em 50 palavras-chaves*. Trad. Rita Braga. São Paulo: Brasiliense, 1989.

PERRY, Marvin. *Civilização ocidental, uma história concisa*. 4. ed., Martins Fontes: São Paulo, 2015.

PIGNERO, Jean. *As constituições democráticas do terceiro milênio*. Porto: Edições Enfrentamento, 1990.

PILAGALLO, Oscar. *A história do Brasil no século 20* (1900-1920). Col. Folha explica, Publifolha, São Paulo, 2002.

—. *A história do Brasil no século 20 (1920-1940)*. Col. Folha Explica. 2.ed. São Paulo: Publifolha, 2009.

—. *A história do Brasil no século 20 (1960-1980)*. 2.ed. São Paulo: Publifolha, 2009.

—. *A história do Brasil no século 20 (1980-2000)*. 2. ed. Col. Folha Explica. São Paulo: Publifolha, 2009.

PLOKHY, Seehii. *O último império: os últimos dias da União Soviética*. São Paulo: Leya, 2014.

PIRES, Francisco Murari. O *methodus* e a *Clio* tucidideana: as figurações heroicizantes do historiador. Belo Horizonte: *Varia história*, v.28, n. 47, jan./june, 2012.

POLETTI, Ronaldo. *Constituições brasileiras, 1934*. 3. ed. Brasília: Senado Federal, 2012, v. III.

POLITZER, Georges. *Princípios elementares de filosofia*. São Paulo: Fulgor, 1967.

POMAR, Pedro Estevam da Rocha. *Massacre na Lapa: como o Exército liquidou o Comitê Central do PCdoB*. São Paulo: Fundação Perseu Abramo, 1976.

PONDÉ, Luiz Felipe. *Guia politicamente incorreto da filosofia – um ensaio de ironia*. São Paulo: Leya, 2012.

POPPER, Karl. *A Sociedade Aberta e seus Inimigos*. Belo Horizonte: Itatiaia, 2006.

PORTO, Walter Costa. *Constituições brasileiras – 1937*. 3.ed. Brasília: Senado Federal, 2012, v. 4.

—. *Dicionário do voto*. Brasília: Giordano, 1995.

POSADA, Adolfo. *La Nouvelle Constitution Espagnole*. Paris: Librairie du Recueil Sirey, 1932.

PRADEAU, Jean François (coord.). *História da filosofia*. São Paulo: Vozes, 2011.

PRADO JR., Caio. *Evolução política do Brasil e outros estudos*. São Paulo: Editora Brasiliense, 1999.

—. *Evolução política do Brasil*. São Paulo: Editora Brasiliense, 1972.

PRIORE, Mary Del. *Histórias da gente brasileira: República: memórias (1889-1950)*, v. 3. Rio de Janeiro: Leya, 2017.

RAMON, Isabel de Cabo. *Turquia, Grécia y Chipre - historia del Mediterráneo oriental*. Barcelona: Universidad de Barcelona, 2005.

RAMOS. Dirceo Torrecillas. *Autoritarismo e democracia*. São Paulo: Madras, 1988.

RAMOS, Flamarion Caldeira; MELO, Rúrion e FRATESCHI, Yara. *Manual de filosofia política*. 2.ed. São Paulo: Saraiva, 2015.

RAMOS, Marcelo Maciel. *Os fundamentos éticos da cultura jurídica ocidental*. São Paulo: Alameda Editorial, 2012.

RANCIÈRE, Jacques. *O ódio à democracia*. São Paulo: Boitempo, 2005.

RANIERI, Nina. *Teoria geral do Estado*. São Paulo: Manole, 2004.

RAWLS, John. *Conferências sobre a história da filosofia política*. São Paulo: Martins Fontes, 2012.

—. *Uma teoria da justiça*. Lisboa: Presença, 1993.

REALE, Giovanni. *Sofistas, Sócrates e socráticos menores*. São Paulo: Edições Loyola, 1998.

RÉGIS, Osni de Medeiros. Observações sobre a nova Constituição da União Soviética. *Revista Sequência*, ano I, 1º semestre, p. 29-36, 1980.

REIS FILHO, Daniel Aarão. *A revolução alemã* - mitos e versões. São Paulo: Brasiliense, 1984.

RÉMOND, René. *O século XX - de 1914 aos nossos dias*. São Paulo: Cultrix, 1974.

—. *Introdução à história do nosso tempo* – do antigo regime aos nossos dias. Lisboa: Gradiva, 2017.

REVUNENKOV, V. G. *História dos tempos atuais* - 1917-1957. Rio de Janeiro: Editora Vitória, 1961.

RICHARD, Lionel. *A República de Weimar*. Trad. Jônatas Batista Neto. São Paulo: Companhia das Letras, 1983.

RISCAL, Sandra Aparecida. *O conceito de soberania em Jean Bodin: um estudo do desenvolvimento das ideias de administração pública, governo e Estado no século XVI*. Campinas: Universidade Estadual de Campinas, Faculdade de Educação (tese de doutorado), 2001.

RIZZI, Ester Gammardella. *Democracia e transformações sociais no estado parlamentar: Kirchheimer e a República de Weimar*. São Paulo: Faculdade de Direito da Universidade de São Paulo (dissertação de mestrado), 2011.

ROCHA, Cleidson de Jesus. *Princípios de política - o Estado segundo Benjamin Constant*. Acre: UFAC. [s.d].

ROCHA, Justiniano José. *Ação, reação, transação*. Rio de Janeiro: [s.e], 1855.

RODRIGUES, Gefferson Ramos. Ordem na baderna. Rio de Janeiro: UFF, *Revista de História*, fev. 2017.

RODRIGUES, José Honório. *Conciliação e reforma*. Rio de Janeiro: Civilização Brasileira, 1965.

RODRIGUES, Theófilo Codeço Machado; FERNANDES. Pedro de Araújo. *Constituições soviéticas*: da dissolução do Estado ao Estado-Partido. Rio de Janeiro: *Revista Direito e Práxis*, v. XX, n. X, 2018.

RODRÍGUEZ, Ricardo Vélez. *O liberalismo francês - a tradição doutrinária e a sua influência no Brasil*. Disponível em https://www.academia.edu/11727947/O_LIBERALISMO_FRANC%C3%8AS_-_A_TRADI%C3%87%C3%83O_DOUTRIN%C3%81RIA_E_A_SUA_INFLU%C3%8ANCIA_NO_BRASIL. Acesso 20 jan. 2020.

—. *Benjamin Constant de Rebecque e as origens do liberalismo doutrinário*. Juiz de Fora: UFJF, 2011.

—. *A democracia liberal segundo Alexis de Tocqueville*. São Paulo: Mandarim, 1998.

ROMERO, Jose Luiz Beired. *Breve história da Argentina*. São Paulo: Ática, 1996.

ROQUE, José Manuel de Carvalho. *Weimar* – Factores de colapso de um regime. 2013. Instituto Superior de Ciências Sociais e Políticas, Universidade Técnica de Lisboa (dissertação de mestrado). Disponível em: https://www.repository.utl.pt/handle/10400.5/5881. Acesso em: 30 out. 2019.

ROSENBERG, Arthur. *Democracia e socialismo*. São Paulo: Global, 1986.

ROSENFIELD, Denis L. *O que é democracia*. São Paulo: Brasiliense, 1984.

ROUSSEAU, Jean Jacques. *O contrato social e outros escritos*. São Paulo: Cultrix, 1990.

Royal Society. *Knowledge, networks and nations: scientific collaborations in the twenty-first century*. United Kingdom: Elsevier, 2011.

SADEK, Maria Tereza e QUIRINO, Celia. *O pensamento político clássico*. São Paulo: T.A Queiroz Editor, 1992.

SAINT-CLAIR, Clóvis. *Bolsonaro: o homem que peitou o Exército e desafia a democracia*. Rio de Janeiro: Máquina de Livros, 2018.

SALDANHA, Nelson. *Formação da teoria constitucional*. Rio de Janeiro Renovar, 2000.

SALGADO, Plínio. *História do Brasil*. São Paulo: FTD, 1970, v. 2.

SALLES, Hyllo Nader de Araújo. *Negócios e negociantes em uma conjuntura crítica: o porto de Salvador e os impactos da mineração - 1697-1731*. Juiz de Fora: Universidade Federal de Juiz de Fora, 2014.

SALOMÃO, Khalid Fernandes. *Reflexões sobre soberania, uma trajetória do pensamento clássico às questões contemporâneas*. Rio de Janeiro: PUC (dissertação de mestrado), 2007.

SANDRINI, Marcos. *As origens gregas da filosofia*. São Paulo: Vozes, 2011.

SARCEDO, Leandro. *Política criminal e crimes econômicos – uma crítica constitucional*. São Paulo: Alameda, 2012.

SARLET, Ingo Wolfgang. Proibição de retrocesso, dignidade da pessoa humana e direitos sociais: manifestação de um constitucionalismo dirigente possível. In: *Constituição e democracia* - estudos em homenagem ao professor J.J Gomes Canotilho. São Paulo: Malheiros, 2006.

—. *A eficácia dos direitos fundamentais*. 6. ed.. Porto Alegre: Livraria do Advogado Editora, 2006.

SCANTIMBURGO, João de. *O Brasil e a Revolução Francesa*, São Paulo: Pioneira, 1973.

SCHIOPPA, Antonio Padoa. *História do direito na Europa*. São Paulo: Martins Fontes, 2014.

SCHMIDT, Paulo. *Guia politicamente incorreto dos presidentes da República*. São Paulo: Leya, 2017.

SCHMITT, Carl, *Teologia política*. Belo Horizonte: Del Rey, 2006.

SCHOLZE, Victor. Emprego da teoria da constituição dirigente adequada à realidade brasileira. Teresina: *Revista Jus Navigandi*, ano 19, n. 4129, 21 out. 2014.

SCHUMPETER, Joseph A. *Capitalismo, socialismo e democracia*. São Paulo: Editora Unesp, 2017.

SCHWANITZ, Dietrich *et al. Cultura geral – tudo o que se deve saber*. São Paulo: Martins Fontes, 2009.

SCHWARCZ, Lilia Moritz. *Lima Barreto – triste visionário*. São Paulo: Companhia das Letras, 2002.

—; STARLING, Heloísa. *Brasil: uma biografia*. São Paulo: Companhia das Letras, 2015.

SCRUTON, Roger. *O que é conservadorismo*. São Paulo: É Realizações, 2015.

SCURR, Ruth. *Pureza fatal*. Rio de Janeiro: Record, 2009.

SECCO, Lincoln, *História do PT*. Cotia: Ateliê Editorial, 2018.

SEGRILLO, Ângelo. *Os russos*. São Paulo: Contexto, 2012.

SELLERS, Charles, MAY, Henry; Mc MILLEN, Neil R. *Uma reavaliação da história dos Estados Unidos*, Rio de Janeiro: Jorge Zahar Editor, 1990.

SEN, Amartya. *A ideia de justiça*. São Paulo: Companhia das Letras, 2011.

Senado Federal, *Constituição do Brasil e Constituições estrangeiras*. Brasília: Gráfica do Senado Federal, 1987.

SÉRGIO, António. *Breve interpretação da história de Portugal*. Coleção Clássicos Sá da Costa. Lisboa: Livr. Sá da Costa, 1972.

SERRA, Antonio Truyol y. *História da filosofia, do direito e do Estado*. Lisboa: Instituto das novas profissões, 1993. 2 v.

SEVERO, Jose Antônio. *Cinzas do Sul*. Rio de Janeiro: Record, 1998. v.2.

SGARBI, Adrian. *O referendo*. São Paulo: Renovar, 1999.

SIEYÈS, Abade. *Exposição refletida dos direitos do homem e do cidadão*. 2. ed., São Paulo: Atlas, 2015.

SILVA. Beatriz Coelho. *Jacobinismo*. Rio de Janeiro: Centro de Pesquisa e Documentação de História Contemporânea do Brasil (CPDOC), 2017.

SILVA, Hélio e CARNEIRO, Maria Cecília Ribas. *Os presidentes: Artur Bernardes - 12º presidente do Brasil (1922-1926)*. São Paulo: Editora Três, 1984.

— e —. *Os presidentes – Epitácio Pessoa 11º Presidente do Brasil 1919-1922*. São Paulo: Editora Três, 1984.

— e —. *Os presidentes – Washington Luís - Revolução de 30 (1926-1930)*. São Paulo: Editora Três, 1984.

SILVA, Ivan de Oliveira. *Curso moderno de filosofia do direito*. São Paulo: Atlas, 2012.

SILVA FILHO, João Antonio da. *A democracia e a democracia em Norberto Bobbio*. São Paulo: Verbatim, 2014.

SILVA, José Afonso da. *Curso de direito constitucional positivo*. 16. ed. São Paulo: Malheiros, 1999.

—. O sistema representativo e a democracia semi-direta: democracia participativa. São Paulo: *Revista do Advogado*, 2003.

—. *Aplicabilidade das normas constitucionais*. 6. ed. São Paulo: Malheiros, 2004.

SILVA, Joseane Suzart Lopes da. Teixeira de Freitas, o jurista que sedimentou o direito privado em prol da sociedade. Disponível em https://www.conjur.com.br/2017-out-23/teixeira-freitas-jurista-sedimentou-direto-privado#top. Acessado em 20 jan. 2020.

SILVA, Rogério Forastieri da. *A Revolução Francesa*. São Paulo: Núcleo 1989.

SILVA, Sergio S.; SZMRECSÁNYI, Tamás. *História econômica da Primeira República*. São Paulo: Edusp-Hucitec, 2002.

SILVEIRA, Denis Coitinho. Teoria da justiça de John Rawls: entre o liberalismo e o comunitarismo. Revista *Trans/Form/Ação*, São Paulo, 30(1): 169-190, 2007.

SILVEIRA, Renato de Mello Jorge. A aplicação da teoria da cegueira deliberada nos julgamentos da operação Lava Jato. *Revista Brasileira de Ciências Criminais*. Vol. 122/2016, p. 255-280, set. / out. 2016.

SIMÕES, Edson. *Intercâmbio cultural Brasil-Japão*. Coordenação: Kiyoshi Harada. São Paulo: Cadaris Comunicação, 2016 (coautoria).

—. *Tribunais de Contas – controle externo das contas públicas*. São Paulo: Saraiva, 2014.

—. *Tratado de Direito Financeiro*. Coordenação: Ives Gandra da Silva Martins, Gilmar Mendes e Carlos Valder Nascimento. Saraiva, São Paulo, 2013 (coautoria).

—. *Tratado de Direito Municipal*. Coordenação: Ives Gandra da Silva Martins e Mayr Godoy. São Paulo: Quartier Latin, 2012 (coautoria).

—. *Constituição Federal. 20 anos. Avanços, contribuições e modificações no processo democrático brasileiro*. Coordenação: Ives Gandra da Silva Martins e Francisco Rezek, Revista dos Tribunais, São Paulo, 2008 (coautoria).

—. *USP 70 Anos – Imagens de uma história vivida*. Organização: Shozo Motoyama (USP-CHC – Universidade de São Paulo, Centro de Interunidade de História da Ciência). São Paulo: Edusp, 2006 (coautoria).

—. *Construindo o futuro – 35 anos de pós-graduação da USP*. Organização: Shozo Motoyama (USP-CHC). São Paulo: Parma, 2004 (coautoria).

—. *50 Anos do CNPq – Conselho Nacional do Desenvolvimento Científico e Tecnológico contados pelos seus presidentes*. Organização: Shozo Motoyama (USP-CHC). São Paulo: Fapesp, 2002 (coautoria).

—. *Centenário: contribuição da imigração japonesa para o Brasil moderno e multicultural*. São Paulo: Paulo's Comunicação e Artes Gráficas, 2011 (coautoria).

—; ANTUNES, Celso. *Curso de geografia do Brasil*. São Paulo: Harba, 1985.

SIMONSEN, Roberto. *História econômica do Brasil* (1500-1820). Brasília: Edições do Senado, 2005.

SINGER, André. *Os sentidos do lulismo: reforma gradual e pacto conservador*. São Paulo: Companhia das Letras, 2012.

SKIDMORE, Thomas E. *Brasil de Getúlio a Castelo* – 1930-64. São Paulo: Companhia das Letras, 2010.

SKINNER, Kentin. *As fundações do pensamento político moderno*. São Paulo: Companhia das Letras, 1996.

SMITH, Douglas. *Rasputin, fé, poder e declínio dos Romanov*. São Paulo, Companhia das Letras, 2008.

SOARES, Luiz Eduardo. *O Brasil e o seu duplo*. São Paulo: Todavia, 2018.

SOARES, Marco Antônio Striquer. *Plebiscito, o referendo e o exercício do poder*. São Paulo: Celso Bastos, 1998.

SODRÉ, Nelson Werneck. *A Coluna Prestes*. Rio de Janeiro: Civilização Brasileira, 1978.

—. *História militar do Brasil*. São Paulo: Expressão Popular, 2010.

—; MELLO, Maurício Martins; UCHOA, Pedro Celso; FIGUEIRA; Pedro Alcântara; FERNANDES, Rubens Cézar; SANTOS, Joel Rufino dos. *História nova do Brasil*. São Paulo: Loyola, 1993.

SOLANO, Esther; MANSO, Bruno Paes; e NOVAES, Willian. *Mascarados*. São Paulo: Geração Editorial, 2014.

SOBOUL, Albert. *A Revolução Francesa*. São Paulo: Difel, 1982.

SOUTO MAIOR, Armando de. *História do Brasil*. São Paulo: Companhia Editora Nacional, 1968.

—, Armando de. *Quebra-quilos, lutas sociais no outono do Império*. São Paulo: São Paulo, 1978.

—, Laerte. *Luiz Carlos Prestes na Poesia*. Curitiba: Travessa dos Editores, 2006.

SOUSA, José Antonio Soares de. *A vida do Visconde de Uruguai*. São Paulo: Cia. Editora Nacional, 1944.

SOUZA, Braz Florentino de Henriques. *Do Poder Moderador*. Brasília: Senado Federal, 1978.

SOUZA, Ítalo Roberto Fuhrmann e. O princípio da proibição do retrocesso social como categoria autônoma no direito constitucional brasileiro: Conceito, fundamentação e alcance normativo frente a atual dogmática dos direito fundamentais. *Revista Brasileira de Estudos Constitucionais*. Belo Horizonte, v. 6, n. 23, jul./set. 2012.

SOUZA, Jessé; GRILLO, André. *A ralé brasileira, quem é e como vive*. São Paulo: Contracorrente, 2009.

—. *A radiografia do golpe*, São Paulo: Leya, 2015.

—. *A tolice da inteligência brasileira – ou como o país se deixa manipular pela elite*. São Paulo: Leya Brasil 2015.

—. *A elite do atraso – da escravidão à Lava Jato*. São Paulo: Leya 2017.

—. *A classe média no espelho – sua história, seus sonhos e ilusões, sua realidade*. São Paulo: Sextante, 2018

—. *Subcidadania brasileira: para entender o país além do jeitinho brasileiro*. São Paulo: Leya Brasil, 2018.

—. *A guerra contra o Brasil: como os EUA se uniram a uma organização criminosa para destruir o sonho brasileiro*. São Paulo: Sextante, 2020.

SOUZA, Maria das Graças de. *Natureza e ilustração sobre o materialismo de Diderot*. São Paulo: Unesp, 2002.

—. *Ilustração e história*. São Paulo: Fapesp, 2001.

SPECTOR, Céline. *Vocabulário de Montesquieu*. São Paulo: Martins Fontes, 2011.

SPIRE, Arnaud. *Marx esse desconhecido*. Lisboa: Edições Piaget, 2004.

STRECK, Lenio Luiz. *Hermenêutica jurídica e(m) crise*. Porto Alegre: Livraria do Advogado, 2009.

—. *Jurisdição constitucional e hermenêutica*. Rio de Janeiro: Forense, 2004.

—; MORAIS, José Luis Bolzan de. *Ciência política e teoria geral do estado*. 4. ed. Porto Alegre: Livraria do Advogado Editora, 2004.

TÁCITO, Caio. *1988 - Constituições brasileiras*. 3.ed.. Brasília: Senado Federal, 2012.

TAVARES, Ana Lucia de Lyra. A Constituição Brasileira de 1988: subsídios para os comparatistas. *Revista de informação legislativa*, v. 28, n. 109, p. 71-108, jan./mar. 1991.

TAVARES, Luís Henrique Dias. *História da Bahia*. 4. ed. Salvador: Itapuã, 1969.

TELLES, Ignácio da Silva. *A experiência da democracia liberal*. São Paulo: Revista dos Tribunais, 1977.

TEPEDINO, Gustavo José Mendes; FACHIN, Luiz Edson (Org.). *Doutrinas essenciais*: obrigações e contratos. São Paulo: RT, 2011, p. 15, v. 1.

THALMANN, Rita. *A República de Weimar*. Trad. Álvaro Cabral. Col. Cultura contemporânea, n. 11, Rio de Janeiro: Jorge Zahar Editora, 1988.

TOCQUEVILLE, Alexis de. *Lembranças de 1848, as jornadas revolucionárias de Paris*. São Paulo: Companhia das Letras, 1991.

—. *Igualdade social e liberdade política*. São Paulo: Editora Nerman, 1988.

—. *Viagens à Inglaterra e à Irlanda*. São Paulo: Imaginário, 2000.

TOMAZELI, Luiz Carlos, *O estado liberal e a democracia direta*. Porto Alegre: EDIPUCRS, 1999.

TORRES, João Camilo de Oliveira. *A democracia coroada* - teoria política do Império do Brasil. Rio de Janeiro: Vozes, 1964.

—. *Interpretação da realidade brasileira*. Rio de Janeiro: Livraria José Olympio, 1969.

—. *O Conselho de Estado*. Rio de Janeiro: Edições G.R.D., 1965.

TRAGTENBERG, Maurício. *A Revolução Russa*. 2. ed. São Paulo: Unesp, 1988.

TREVELYAN, G. M. *História concisa da Inglaterra*. Lisboa: Editora Europa-América, 1942, v I e II.

TREVISAN, Leonardo. *A República Velha – história popular do Brasil*. São Paulo: Global, 1982.

VAINFAS, Ronaldo. *Dicionário do Brasil Colonial* (1500-1808). Rio de Janeiro: Objetiva, 2001.

—. *Dicionário do Brasil Imperial* (1822-1889). Rio de Janeiro: Objetiva, 2002.

VASCONCELOS, Arnaldo. *Direito, humanismo e democracia*. 2.ed. São Paulo: Malheiros, 2006.

VERDÚ, Pablo Lucas. Lugar de la Teoria de la Constitución em el marco del derecho político. *Revista de Estudios Políticos*, Instituto de Estudios Políticos, v. 188, mar./abr., 1973.

VIANNA, Oliveira. *O idealismo da Constituição*. 2. ed. São Paulo: Companhia Editora Nacional, 1939.

VIEIRA, Oscar Vilhena. *A batalha dos poderes*. São Paulo, Companhia das Letras, 2018.

VILANI, Maria Cristina Seixas. *Origens medievais da democracia moderna*, Inédita: [s.l], 2000.

VILLA, Marco Antonio. *A história das constituições brasileiras*. São Paulo: Leya Brasil, 2012.

—. *Década perdida – 10 anos de PT no poder*, Rio de Janeiro: Record, 2013.

VILLAVERDE, João. *Perigosas pedaladas*. São Paulo: Geração Editorial, 2016.

Vocabulário Ortográfico da Língua Portuguesa. 5. ed. Rio de Janeiro: Academia Brasileira de Letras, 2009.

VOEGELIN, Eric. *História das ideias políticas - Idade Média até Tomás de Aquino*. São Paulo: É Realizações, 2012, v. II.

VOLTAIRE. *Comentários políticos*. São Paulo: Martins Fontes, 2001.

WALSH, R. *Notices of Brazil*. Boston: Richardson, 1831, v. II.

WARDE, Walfrido. *O espetáculo da corrupção, como um sistema corrupto e o modo de combatê-lo estão destruindo o País*. São Paulo: Leya, 2017.

WEBER, Max. *A ética protestante e o "espírito" do capitalismo*. São Paulo: Companhia das Letras, 2004.

WEEKS, Willian Earl. *Bulding the continental empire: the american expansionism from the revolution to the Civil War*. New York: American Ways, 1996.

WEFFORT, Francisco Corrêa. *Os clássicos da política*. 11. ed. São Paulo: Ática, 2006. v. 2.

WERTHEIN, Jorge. *Aspectos éticos da sociedade da informação: a marca da UNESCO no debate global*. Brasília: Observatório da Sociedade da Informação - Unesco, 2003.

WIKER, Benjamin. *Dez livros que estragaram o mundo e outros cinco que não ajudaram em nada*. Lisboa: Alêntheia, 2015.

WILLIAM, Wagner. *O soldado absoluto*. Rio de Janeiro: Record, 2002.

WILSON, Arthur M. *Diderot*. São Paulo: Perspectiva, 2012.

WITTMAN, Donald. A. *O mito do fracasso da democracia*. Rio de Janeiro: Bertrand Brasil, 1999.

WOLFF, Jonathan. *Introdução à filosofia política*. São Paulo: Madras, 2010.

WOKLER, Robert. *Rousseau*. São Paulo: L&PM Pocket Encyclopaedia, 2012.

WOODCOCK, George. *História das ideias e movimentos anarquistas - a ideia*. São Paulo: L&PM, 2003.

ZAGREBELSKY, Gustavo. *A crucificação e a democracia*. São Paulo: Saraiva, 2016.

ZIMMER, Robert. *O portal da filosofia*. São Paulo: Martins Fontes, 2010.

ZSCHIRNT, Christiane. *Livros, tudo o que você não pode deixar de ler*. São Paulo: Globo, 2000.

[s.a]. *Robespierre – o líder da Revolução Francesa*. Col. Grandes Personagens da História Universal, fascículo 48, São Paulo: Abril, 1988.

